CITY DEVELOPMENT LAW FIRM 建纬

话说建纬

创始人一甲子的专业积淀与引领

陈沸 主编
顾卓敏 副主编

法律出版社 LAW PRESS
北京

图书在版编目（CIP）数据

话说建纬：创始人一甲子的专业积淀与引领 / 陈沸主编；顾卓敏副主编. -- 北京：法律出版社，2024.
ISBN 978 - 7 - 5197 - 9275 - 6

Ⅰ. D922.297.4

中国国家版本馆 CIP 数据核字第 2024YG1229 号

话说建纬
——创始人一甲子的专业积淀与引领
HUASHUO JIANWEI
—CHUANGSHIREN YIJIAZI DE ZHUANYE JIDIAN YU YINLING

陈　沸　主　编
顾卓敏　副主编

策划编辑　冯雨春
责任编辑　张　颖
装帧设计　鲍龙卉

出版发行　法律出版社
编辑统筹　法律应用出版分社
责任校对　王语童
责任印制　刘晓伟
经　　销　新华书店

开本　710 毫米 × 1000 毫米　1/16
印张　34.25　　**字数**　507 千
版本　2024 年 8 月第 1 版
印次　2024 年 8 月第 1 次印刷
印刷　天津嘉恒印务有限公司

地址：北京市丰台区莲花池西里 7 号（100073）
网址：www.lawpress.com.cn
投稿邮箱：info@lawpress.com.cn
举报盗版邮箱：jbwq@lawpress.com.cn

销售电话：010 - 83938349
客服电话：010 - 83938350
咨询电话：010 - 63939796

书号：ISBN 978 - 7 - 5197 - 9275 - 6　　**定价**：158.00 元

凡购买本社图书，如有印装错误，我社负责退换。电话：010 - 83938349

我们为什么要出这本书？

陈　沸

朱树英，他曾先后为上海延安东路复线隧道工程、上海浦东国际机场、苏州新加坡工业园区、国家博物馆、中国电信软件园、中央电视台新台址、深圳证券交易所新办公楼、上海迪士尼乐园以及上海申通地铁集团多条地铁建设等大型工程项目提供优质的非诉讼法律服务。

▲朱树英

他曾获得上海市劳动模范、上海市首届“东方大律师”、全国优秀律师、全国优秀中国特色社会主义事业建设者、2011 年钱伯斯“终身成就奖”、2015 年至 2023 年钱伯斯“律政之星”等荣誉。

2023 年《亚洲法律概况》放榜，朱树英律师蝉联“建设工程领域杰出律师”称号。依我看，真正意义上的专业律师必须具备三个特质：一是仍在出庭；二是还可以写出华章、著书立说；三是尚能讲起大课，下自成蹊。朱律师虽年逾古稀，但他均做到了，佩服万分。

尤其值得一提的是，第十一届上海市律师协会会长季诺，曾师从朱树英律师，并担任过主任助理；第十二届上海市律师协会会长邵万权，正是朱律师从十多年前开始悉心培养的建纬所现主任。中国直辖市之一——上海连续两届的律师协会会长皆受朱树英律师的带教和培养，这不能不说是中国律师界的一个传奇，更绝非偶然。

最近读宋词。李煜的赤子之心；范仲淹的天下胸怀；晏殊的惜怜当下；欧阳修的迎难而上；王安石的敢为天下先；苏轼的苦中亦作乐；李清照纵然悲凄仍不失自我；陆游哪怕成泥碾尘也要香如故；辛弃疾金戈铁马热血豪情，仗剑行天下以慰社稷苍生，无不让我陷入深思。每一个人，在历史的长河中，似乎应该留下些什么。朱红赤诚，百尺树干，英姿勃发，这几个词取一字，便构成了朱树英律师的执业风貌。他是建纬的创始人，在专业与行业间游刃有余，驰骋六十载，他的点滴与宏大，或可为后来者提供清朗镜鉴，为中国律师业未来的发展留下一个开阔样板间，从尺度到质地，可堪明思笃学。

忆往昔，2002 年春天，厦门。中国民商法实务论坛现场，彼时我作为论文作者上台演讲，朱律师任评委，专业且犀利的点评，让我印象深刻，这是我们第一次见面。现如今我已达知天命之年，加入建纬已逾 15 年。我能在中国律师界两个传奇式人物的麾下工作，实属荣幸，他们是曾先后担任中华全国律师协会民事专业委员会主任的曹星律师与朱树英律师。我从他们身上看到了律师界前辈的那种吃苦耐劳且对专业孜孜以求的精神。朱树英律师身上的标签，以我与他相识二十余年的深解，若用设限的文字总结，那就是“自律勤奋、笔耕不辍、提携后辈”。

朱律师于1965年考入上海八建技工学校，随后分配至八建下属的八〇二工程队，投入建设行业大潮中。后来通过不断学习，他不仅获取了汉语言文学文凭，还取得了法律专业大学学历且考取了律师资格。六十年一甲子，弹指一挥间，朱律师可谓把握住了每一个机会。他在我国市场经济初期，创立了上海市建纬律师事务所。那种敏锐的洞察力，不是所有人都具备的。实践证明，这一步，不仅走得及时，更是在时代潮头立下一桅风帆。伴随我国一个个重大基建项目的落地，在日益复杂的大跨度开发中，朱律师奔走于此，保驾护航，专业赋能，洒下了辛勤的汗水。

建纬律师事务所已经走过30年。作为建纬所的创始人，他至今仍不知疲倦地奔走着。我想原因不外乎两点：一是信念。一个人的能量大小，取决于内心信念坚定的程度，朱律师的心中有着明确的目标，有着坚定的信念，那就是一定要把“建纬”打造成一家伟大的律所。二是引领。作为“精神领袖”，他在专业化道路上执着的模样，激励着一代又一代建纬人勇毅前行。大家争相模仿，出书、讲课、研发法律服务产品在建纬所已蔚然成风，同仁为建筑行业解决疑难复杂法律问题的初心也一直没有改变。

▲建纬杭州所成立15周年之际，朱树英主任（左）与本文作者陈沸律师（右）在杭州云栖竹径风景区休闲畅聊。陈律师特别就省人大代表履职能力的提升向朱主任请益，朱主任曾连任两届上海市政协常委

韩愈在《进学解》中有云："业精于勤，荒于嬉；行成于思，毁于随。"古往今来，多少成就事业的人是因独立思考而有所成就，因玩乐随俗而败坏荒废。一个人，学问和品行的精疏成败，关键在于是"勤"还是"嬉"，是"思"还是"随"；如果要想取得事业上的精进和成功，就必须做到"勤"和"思"。

从专业化律师过渡到建筑行业专家，需要长时间的付出，更需要耐得住寂寞，可谓三十年磨砺重剑。2016年至2017年，中共中央、国务院办公厅和住建部先后发文，要求加快推进工程总承包模式。而后，朱律师受住建部等相关部门的委托，负责《完善工程组织实施方式研究》课题组工作，带领建纬旗下的众多律师，起草、拟定《房屋建筑和市政基础设施项目工程总承包管理办法》和《建设项目工程总承包合同（示范文本）》，为我国工程总承包法规制度建设呕心沥血，作出了突出的贡献。近期，他又继续探索完善我国的工程组织实施方式，提出中国特色的工程总承包模式的完善需要与时俱进，且发表论文大胆求证投建营一体化的建设总承包模式，在业内引发强烈反响。重剑无锋，朱律师探讨出一部稳重、大气而开阔的专业价值典籍。

我常在凌晨四五点收到朱律师的信息，彼时一定是他的奇思妙想又出现了，他会不时征求我对一些专业问题的看法与意见。众所周知，在建纬之前，国内鲜有主攻房地产与建设工程领域的专业律师事务所。我曾说道，朱律师对专业与行业方向的判断能力特别强。当然，这源于他的独立思考能力。如果是"前有来者"，势必有道路标识，但人迹未至的道路是没有这种标识的，只能靠自己审视，再在独立思考后作出判断。这真的需要开阔的视野、顶端的格局和异禀的天赋。

我们为什么要出这本书？通过如上的铺垫，想必大家已经明了。朱律师六十年如一日，从建筑行业到律师行业，再从律师行业到建筑行业，他打造的不仅仅是一家律师事务所，更多的是一种精神的传承。

同时，我们希望本书的出版，能为中国建设工程法学界增添亮色，为年轻一辈法律人提供精神食粮，并希望中国建设工程法律领域的研究水平不断精进。在时代的洪流中，中国法律人不仅需要怀抱法治理想，还需要具备专业化的法律实务能力，能够直面问题，发挥专业素养，推动中国的法治实践。这也是中国未来的法律人面临的历史重任。本书若能预此大流，当幸甚焉。

陈沸

高级律师

上海建纬（杭州）律师事务所主任

建纬全国管理委员会委员、风险控制委员会负责人

浙江省第十三届、第十四届人大代表

浙江省人大财政经济委员会委员

中南财经政法大学法律专业合作硕士研究生导师

专业领域：建设工程与房地产法、民商事诉讼与仲裁、公司法律顾问

目　　录

第一部分

专业积淀

第二部分

专业引领

第一部分

专业积淀

01 朱树英

——上海八建技工学校65－1木工班最出挑的同学

刘东平

引　言

俗话说，“是金子在哪里都会发光”，这句话放在朱树英律师身上特别合适。很多人都知道朱树英做律师之前曾在上海市第八建筑工程公司有一段独特的木工经历，却鲜有人知他在做木工时也是善于钻研、精雕细琢的一把好手，其从“小木工”成长为“东方大律师”的美谈也一直为业界津津乐道。

本篇文章通过朱树英在上海八建技工学校65－1木工班的同学——原上海市第八建筑工程公司质量科科长、公司关联企业总工程师刘东平之口，了解他在木工班那段初显“工匠精神”的往事。

▲刘东平

我叫刘东平，是原上海市第八建筑工程公司（以下简称上海八建）质量科科长、公司关联企业的总工程师。我曾就读上海八建技工学校（以下简称八建技校）65－1木工班，我们班同学中优秀者众多，但最出挑者当数我们班长朱树英。

说起我同学朱树英，也就是上海市建纬律师事务所创始人，我们之间的缘分不可谓不深。我们都出生于1949年，是中华人民共和国的同龄人，共同经历和见证了新中国的成长和发展。初中时期我们均就读于上海大境中学，1965年7月初中毕业后，命运的齿轮再一次将我俩牵系在一起，我们一起入学八建技校，成为八建技校65－1木工班的同学。

一、志学之年，低头耕耘

我俩入学八建技校时都年仅16岁，至今已跨入一甲子60年。因朱树英的“特别”让我对当时入学的细节仍然历历在目，这种“特别”现在看来是朱树英一直能成为八建技校65－1木工班里最出挑同学的最初表现。我记得那是1965年，我们班同学入学报到时间是9月6日，而朱树英由于考试成绩优异而备受老师青睐，于是在入学前就被任命为我们木工班班长，需要提前一周报到。那时候的朱树英就已然体现出有别于其他同学的积极与努力，比我们提前一周即8月30日便去学校报到。而这一天，当时看似普通，只是朱树英入学八建技校的日子，如今再看，这一天更是朱树英因入学木工技术班而为日后进入施工企业奠定良好开端的一天。从这一天起，朱树英一步一步迈着坚实的步伐开启了他与建设工程领域的不解之缘。也是从这一天起，建设工程领域出现了一位奋苦耕耘、一次又一次通过自身不懈努力“逆天改命”、逐渐成长为开拓创新的中国建筑工程法律领域的领军人物、行业泰斗级人物——朱树英。

当年我们八建技校共有学生100人，分为木工、泥工和油漆工三个班。我和朱树英都分配在木工班，在八建技校只学习了不到一年，我们便因“文化大革命”而被迫停课。眼看着学业已然荒废，上海八建便给我们这批企业培养的学生两个选择：一是留在学校等候复课后继续读书；二是转为学徒直接进入企业班组当工人。我和朱树英再次有缘都选择了转学徒，我被分配到八〇一工程队木工班组，朱树英被分配到八〇二工程队木工班组。自此，我俩便各自开启了在企业内不同的发展道路。

虽然我们被分配在木工学徒的岗位，做着“苦力活”，浸润于“不规不圆，不矩不方”的建筑木工手艺多年，但我俩都未曾抱怨命运的安排，反而都怀着乐观的心态，积极迎接命运赠予我们的所有机遇与挑战，我们各自在岗位上默默耕耘、拼命工作，后来也都取得了不错的收获。我在八〇一工程队所属的木工班努力工作，后来参加了青工突出队，并一直专注于施工技术和质量管理两个方向的发展，后成为上海八建质量科科长、公司关联企业的总工程师。而朱树英则靠着自身努力，在工作岗位孜孜不倦地刻苦钻研技术，把自己练成了一把木匠技术好手。听说，朱树英的师傅对他的带教十分严苛，他自己也努力刻苦学习。他们木工满师考试题目是做一个小板凳，这是个技术难度很高的考题。他师傅要求他自己反复试验，把做好的小板凳用绳子拴住丢到河里，24 小时后拿上来退出四个腿看是否有水浸痕迹，以此考察榫卯是否严丝合缝。朱树英严格按师傅的要求反复试验达到了要求。他当年木工满师通过考试的小板凳，50 多年了还一直在使用。

▲朱树英在木工满师时做的小板凳

他在钻研技术的同时，还不断研究提高工效的方法，果不其然他率先在研究提高木工技术和工效方面取得突破，于是在全公司木工青工技术竞赛中同时获得木工技术含量最高的装木门和装翻窗两个单项比赛第一名，他用孜孜不倦的努力和远超同龄人的实力再一次向我们班级同学展现了其出挑、卓越的表现。不久，因为其自身的勤奋与努力，朱树英被公司领导青睐，直接被提干担任了工程队负责员工培训的专职教师，开启了他企业教师的新职业生涯。自此，我俩也开始分别走向技术和政工两条不同的职业发展道路。

▲朱树英在青工装木门比赛中荣获第一名

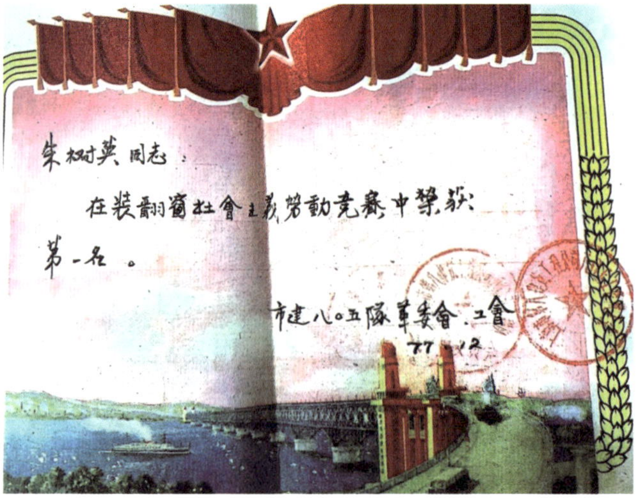

▲朱树英在装翻窗社会主义劳动竞赛中荣获第一名

二、而立之年，自强不息

这之后，虽然我与我们班长朱树英各自在上海八建两个不同基层单位内努力工作、不断进步，但他不断脱颖而出、不断突飞猛进，着实令我们所有的同学连声赞叹，朱树英也逐步成为我们所有同学心中的骄傲。

俗话说，君子之交淡如水，由于我俩踏上不同的职业发展路径，我和朱树英在工作上接触和交集并不多，但作为多年的好同学，我一直不由自主从内心默默关心、关注着朱树英的发展和进步。我们班里所有同学亦看着朱树英通过一步一个脚印的努力拼搏不断拉开和我们之间的差距，朱树英多次出众的表现令我们同学无比惊叹：在担任专职教师期间，他竟然在工作之余业余读了1年教学法，读了4年成人教育的中文大专专业，成为全公司第一个取得大专学历的员工，于是被调到公司经理办公室担任总经理秘书。令我们同学更难以理解和意想不到的是，他居然又去读了律师培训班，通过了难度较高的考试并取得律师执业资格，从而成为上海建工集团第一个由兼职律师担任的公司法律顾问室副主任，后来担任了主任。其间，还在上海市联合律师事务所的上海大学文学院分所担任兼职律师，师从翟建主任。

即便朱树英已经取得令人“艳羡”的成果，已经让我们所有同学望尘莫及，但这些收获却从未曾让朱树英努力的脚步有一丝倦怠。朱树英再一次刷新我们眼界，则是他毅然选择去华东政法学院读了3年的成人法学班，并取得了法学本科学历。由此，我们65－1班所有同学都认为朱树英已成为我们班的骄傲，也是八建技校名副其实的骄傲。大家都说朱树英的腿上绑着镗锣，走到哪里响到哪里。而他下一次的“走”，则是1992年4月他被上海市建设委员会借调离开上海八建，去筹建上海市建纬（原名建设）律师事务所，这算是彻底离我们所有同学“绝尘而去”了。而这镗锣再响之时，朱树英已成为中国建筑工程法律领域的领军人物，亦有称其为“律师之师”的。

回顾朱树英从1965年入学八建技校以来到他被借调离开组建律师事务所，我和我们班同学都无比坚定地确信并满怀雀跃地期待：朱树英自身所拥有的积极进取和勇争第一的性格，同时辅之以他在建筑施工企业不同岗位工作28年的丰富积淀以及熟悉建筑行业的专业特长，成为建工行业专业律师的他未来也必然能够作出卓尔不凡的贡献和功绩。

三、知命之年，兢兢业业

果然，朱树英担任专业律师后，在其执业领域继续创造着无比优异的成绩。如1993年，朱树英为中建一局四公司代理并赢得标的2000万元的工程拖欠款索赔案——北京新万寿宾馆巨额工程款拖欠及索赔案，建设部①有关领导对此案的评价是：不论是追回工程款和索赔款的数额，还是依法解决工程款的效果和影响，都堪称中国建筑业追欠索赔第一案。

2004年朱树英与我们上海八建“再续前缘”，他在代理“老娘家”上海八建为原告的一个标的为3638万元的工程款案件时，再次验证了我们所有同学对他的期待。该案件中我们上海八建作为施工单位、承包人，在工程合同履行过程中与对方发生争议，合同已被解除，上海八建作为承包人却一直拿不到被拖欠的工程款，不得已提起诉讼，请求发包人支付工程款。由于朱树英以往在上海八建优异且出众的表现，上海八建一如既往地信任他，选择委托他代理该案件。朱树英果然不负众望，其以对当事人极端认真负责的律师精神和深厚法学功底加持的专业表现取得胜诉，再次让上海八建对朱树英称赞不已。

在该案的初次质证过程中，上海八建虽然提交了能够证明被告发包人曾书面确认欠款的证据，然而对方却出示一份“撒手锏”，作为证明双方已

① 现为住房和城乡建设部。

进行结算的书面证据，表示发包人已不再拖欠承包人款项。若发包方的这份证据被法院支持，那么上海八建要求工程欠款的主张必将失利。

开庭后朱树英将这一情况认真仔细地向上海八建的领导与项目负责人进行了汇报，上海八建的领导与项目负责人回复说发包人提供的证据属于过程中的中间证据，之后双方又签订过最后的补充协议，在最后的补充协议中发包人明确承认是欠付这些工程款的。

朱树英敏锐抓住本案的关键问题，即最后的补充协议显然对本案上海八建取得胜诉至关重要，在明确本案关键证据后朱树英便全力搜寻该证据。由于补充协议在原来的项目经理处，且该原项目经理因与企业出现矛盾已经离职，故在调离前没有办理过工作交接与资料移交。又是朱树英主动请缨，直接要来了原项目经理的电话，经过好一番劝说，原项目经理才松口说："资料虽没移交但都没丢，都塞在我家楼道储藏室，可以去搜寻。"朱树英团队经过大半天的清理，终于在废纸麻袋中找到了这份至关重要的补充协议原件。

该案件中，朱树英律师再一次表现出他出挑的能力，通过敏锐的洞察力和超强的责任心帮助"老娘家"转危为安，夺回了诉讼的主动权，也为案件最终的调解成功奠定了扎实的基础。

▲朱树英与老友小聚

时光荏苒，岁月匆匆。朱树英与我的缘分更多在八建技校读书、上海八建工作时期，虽然我们老来也会偶尔聚在一起打牌，但他显然更多地把自己的精力倾注于他一手创办的建纬所的成长事业中。而今“上海建纬”已成为我国建设工程领域的“金字招牌”和顶尖卓越律所，这都离不开朱树英一直以来的辛勤付出和不懈耕耘。朱树英的鸿鹄之志以及水滴石穿、坚韧不拔的品质从读书期间一直延续到如今，值得同辈、后辈学习和膜拜。得遇此友，何其幸哉!

作者简介

刘东平，出生于 1949 年 5 月 25 日，在建筑行业深耕 50 余年，1983 年 7 月加入中国共产党。其担纲负责的多起工程获得上海市建设工程白玉兰奖、国家优质工程金奖和中国建设工程鲁班奖，为企业赢得了荣誉；其曾在重大工程建设中，六个年度被上海市重大工程办公室评为上海市重大工程建设功臣，1995 年被上海市经济建设委员会评为上海市质量先进工作者。

02 大腿上绑镗锣“野蛮生长”的怪才

宣学明

引　言

关于朱树英律师，有一句颇为“响亮”且贴切的评价，那就是“朱树英是大腿上绑镗锣，走到哪里响到哪里”，这句话来自朱树英早年在上海市第八建筑工程公司工作时，同事们给予的生动评价。本篇文章正是这句评价的典故和来源。我们也将从这篇文章中看到，朱树英是用怎样的勤奋好学和刻苦钻研，让自己在人生不同阶段，一步一步实现超越，成为现象级的海派大律师。正所谓“人生在勤，不索何获”，希望朱树英“野蛮生长”的勤学苦干之经历，能够给读者诸君以思考和启发。

▲宣学明

我是宣学明，和朱树英同岁，都是中华人民共和国的同龄人，曾是朱树英在上海市第八建筑工程公司下属八〇二工程队的同事，后又一起调到八〇五工程队、八〇六工程队。我在单位先后担任团支部书记、党支部书记、党总支书记、工程处主任。朱树英则先后提任专职教师、工会干事等职，直到1984年年底他调到公司担任总经理秘书。朱树英在上海市第八建筑工程公司先后工作的28年中，我们在一个单位共事约有15年，所以，我对朱树英比较熟悉，对于他在原单位的往事更有话语权。

朱树英在八〇二工程队时的最大特点是工作上刻苦钻研，“野蛮生长”。早在木工班当学徒时，朱树英就在钻研木工技术方面显露出与众不同的勤奋好学和刻苦钻研。平时，他会“缠着”木工技术人员和老师傅探究技术要领。在远郊住宿单位时，他也会利用周末休息时间亲自研制称手的木工工具。以木工技术难度较大的木门窗安装为例，他会自己委托打铁铺把单位发的3公分的木工凿刀改造成5公分的新工具，使装门的工效提高了近一倍。不多久，他就成了木工班年轻木工中的一把技术好手。1978年3月，我在公司担任团支部书记时，组织全公司年轻木工在当时的宝山钢铁厂住宅楼工地开展技术比赛。朱树英作为八〇二工程队的选手参赛，他在四小时内以高出定额一倍以上的工效，完成12扇门包括门锁安装的优异成绩，也可以说，以近乎“野蛮”的突出成绩，获得全公司青工木门安装技术比赛第一名；还同时获得技术要求更高的翻窗安装比赛第一名。

朱树英是由公司技工学校分配来工程队的，队领导把他当作有文化的木工对待。每每遇到要求比较高或者比较复杂的工作时，往往会安排给朱树英去做。朱树英也都圆满完成，甚至比预想的做得更好，他的“野蛮生长”也给领导带来比较棘手或为难的“事端”。1970年，工程队发生一起食堂财务室被盗案，经当地闸北公安局侦查破案，一个作案的员工被抓。当时的公检法是一体办公的，针对单位员工盗窃案，一般会要求所在单位派员协助办案，所派人员被称为“群办”，由是，工程队经研究后派朱树英去当“群办”。谁知过了大半年，公安局竟派人来协商，说朱树英在当“群办”工作中表现突出，公安局缺少工作人员，希望所在单位能支持公安局，同意调朱树英去刑侦科工作。公安局来协商调人，工程队当然不同意，但又不能不考虑双方的关系，不得已，以朱树英是单位重要的骨干员工为由，委婉地拒绝了公安局的调人协商事宜。更有甚者，上海建工局工会于1974年组织“上海建筑史编写组”，以抢救上海建筑和挖掘健在老建筑人士的史料，要求每家公司派一人参加编写组。公司与工程队协商，指名派朱树英参加编写组。上级来商量，工程队不便拒绝。谁知一借过了近两年还不见返还，再一打听说是其他借用人都已回原单位，上海建工局工会想留下朱树英。工程队又是一番周折，还请公司出面协调，终于把朱树英要了回来。

朱树英担任专职教师后连续十年如一日坚持在职读书提升自我。1978年年底，由于在公司木工技术比赛中的优异成绩和优秀的工作表现，朱树英被提干担任负责员工业余培训的专职教师。这份工作原本十分轻闲，他的工作只要求组织年轻工人参加补习高中文化业余学习，但朱树英却异于全公司所有的专职教师，要求自己能直接为员工上课。他以“能为单位节省外聘老师的费用”为由，请求领导同意了他外出读书以提升工作能力。任专职教师后的第一年即1979年，他就在上海教育学院读了1年的教学法，学会了如何讲课，这便为他以后几十年的外出讲课培养了扎实的基本功。从1980年开始，他又以提升讲课水平为由，获批准外出在黄浦区业余大学读了4年的在职中文，取得了中文大专学历，也成了全公司第一个获得大专学历的员工。他在5年专职教师工作期间近乎“野蛮”地通过自己的刻苦努力，成长为一名施工企业培养的新知识分子。

由此，朱树英开始从事专职教师工作并进入工会，同时兼管企业的宣传工作。1984年中国与日本外事有所突破，3000名日本青年访华。当时的上海虹桥机场陈旧落后，年初开始，八〇六工程队承接了虹桥机场的改扩建施工任务，并且要求在6个月内完工和交付使用。这个工程项目的施工周期非常紧，技术要求又非常高，前来上海参加施工管理工作的日本技术人员认为：半年内要完成这样一个工程是吹牛、讲大话，是不可能完成的。

▲朱树英被上海市第八建筑工程公司评为“先进教师”

在公司领导的带领下，工程队调集精兵强将，在这个工程的施工过程实行“24小时三班倒”的连续施工模式。为动员、发挥全体员工为祖国增光的工作积极性，工程队决定开展现场“大干快上”的劳动竞赛活动，选派朱树英下到工地负责组织劳动竞赛活动。朱树英在连续半年的时间里吃住在施工现场，坚持参加每晚零点整召开的施工例会。为了掌握当天的施工进展和第二天的施工任务，他经常累了就直接睡在工地上。朱树英当时已中文专业毕业，具有较强的文字能力和特长，于是他收集了当时工程队的24块黑板，采用工地黑板报形式每天第一时间报道施工进度、劳动竞赛成果及先进班组和个人典型。有一天，我到工地看到这些黑板报宣传报道作用显著，于是增派了擅长黑板画的团总支书记，让其也下工地协助朱树英的工作，朱树英负责写宣传稿件，团总支书记配以作画强化宣传效果。当我看到工地24块黑板报内容被不断更新，问及朱树英这些宣传内容是否留存时，竟然得知由于时间紧任务重，朱树英的宣传稿件全部是徒手直接写到黑板上的，于是我又增派武装干事，把黑板报内容抄录留底。朱树英利用语言文字的专业能力，在施工现场的劳动竞赛中发挥了积极作用，极大地推进了施工进展。

在“大干快上”、为国增光精神鼓励下，我们八〇六工程队承接的虹桥机场改扩建工程终于在预期的6个月内完成，也因此得到了市政府相关部门及虹桥机场改扩建工程指挥部的充分肯定，并被誉为创造“上海速度”的范例。鉴于朱树英在虹桥机场改扩建工程施工过程中的突出表现，当年他被评为公司先进生产（工作）者，荣立三等功，并被上海建工局党委评为优秀政工干部。

▲朱树英被上海建工局党委评为“优秀政工干部”

▲朱树英被评为公司先进生产（工作）者

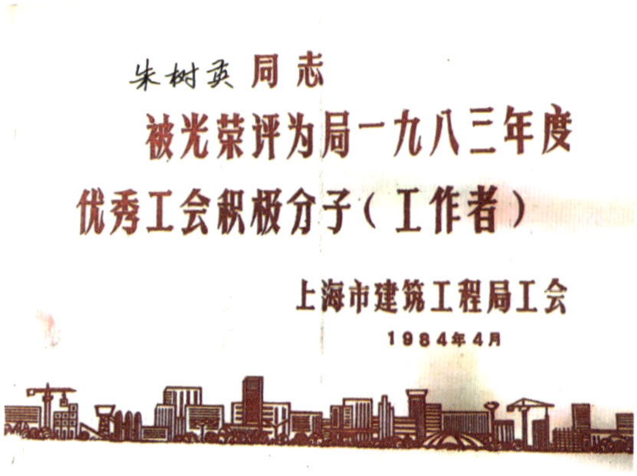

▲朱树英被上海市建筑工程局工会评为“优秀工会积极分子（工作者）”

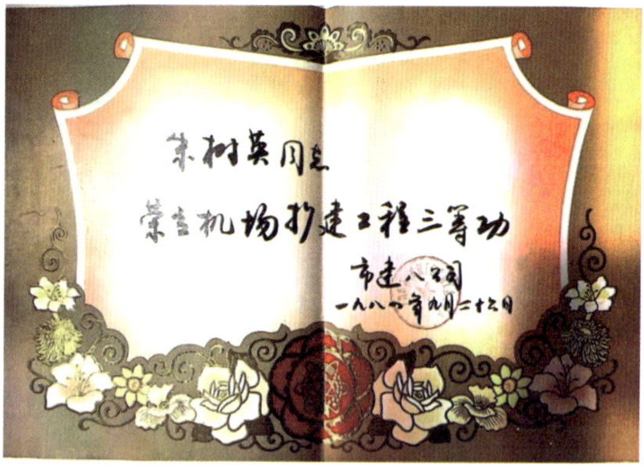

▲朱树英荣立机场扩建工程三等功

回头看，大概也正是因为朱树英在虹桥机场改扩建工程中的突出表现，使八〇六工程队少了一员大将，也是工程队的一大“损失”。当年年底，朱树英被调到公司经理办公室担任总经理秘书，这就结束了他在施工一线工程队的工作，到公司进一步发挥他的专业知识和无穷能量。朱树英是35岁时调去公司的，而他在那之前就已经考入上海大学文学院的律师培训班，开始向法律领域进军。我们大家都在一个工程队里发愤图强，他却通过自己的努力朝着当时我们都没有想过的律师行业发展，所以当时几乎我们所有的同事都认为朱树英是施工企业的“另类”，是一个“野蛮生长”的怪才。当然必须承认的是，他的确做什么工作都出类拔萃，都无比优秀。在朱树英离开工程队时，我们全体政工干部给他送了一本影集，并签名留念，影集上的题词是“祝大腿上绑镗锣的朱树英在新的工作岗位继续发挥聪明才智”。

在我和朱树英共事的一方小“天地”里，坊间流传着他“野蛮生长”“另类”“怪才”之类的传说，是同仁对他为自己既定目标而不懈追求的调侃，也是诙谐的评说。客观地说，我自己也认为朱树英能把领导交代的工作都做得比预想的还要好。朱树英调到公司后不久就通过了律师资格考试，在公司法律顾问室工作 8 年后又被市建设委员会借调筹建律师事务所，后来一路的勤奋努力把建纬所也建设和发展得越来越好。

1997 年 10 月我被组织派往重庆工作，先后在重庆近 4 年时间，令我没有想到的是，朱树英在重庆的影响也这么大。在重庆作为直辖市后，我被派驻先后担任上海市建工（集团）总公司重庆办事处主任和上海市人民政府驻重庆（西南）办事处业务处长。由于工作关系，我经常接触当地市建委、司法局以及律师行业人员，每每说起我来自上海建工集团，就会有人说到朱树英。他们对出身“小木匠”成为“大律师”的朱树英的情况都如数家珍、赞赏有加，钦佩敬仰之情溢于言表。他们有人给我介绍说：朱树英代理一个四川省高级人民法院一审上诉到最高人民法院二审改判的案件，当事人是重庆某受让国有土地房地产公司，该公司支付 2500 多万元对价并受让 7370 平方米的国有土地使用权后，因项目转让合同是否有效引起纠纷。四川省高级人民法院一审审理判决房地产转让合同无效，该房地产公司败诉。经一审代理律师介绍，当事人来上海找到朱树英希望其代理上诉。经过朱树英的努力，最高人民法院最终接受朱树英他们的代理意见，依法支持了上诉人的主要观点，撤销了一审判决，改判本案项目转让合同有效。代理如该案这类一审败诉的案件，考验的正是律师对立法本意、法律原则以及法律体系中各项规定的深刻理解和系统运用，需要律师具备深厚的法律功底。朱树英对法律法规法律体系潜心研究，且长期在诉讼第一线，积累了丰富的实战经验。作为朱树英的老同事，我听了也感到十分荣光。

▲正中间最高楼即为中国最高楼“上海中心大厦”

数年后，命运的牵引让我和朱树英再次交集。2009 年 5 月，我被派到上海建工集团承建的中国高楼“上海中心大厦”项目经理部担任联合党委副书记、副总经理。2015 年 11 月，上海中心项目经理部接到上海市政府安排的德国建筑代表团来访考察的接待任务，由于德国代表团中有建筑方面的专业律师，市政府法制办安排的中方接待人员中就有既懂法律又懂建筑的朱树英。我作为项目接待方的负责人，向包括朱树英在内的来访人员介绍了项目的建设情况。这是我向来访贵宾介绍项目建设情况最特殊的一次，作为曾经的老同事，我深感荣幸又万般感慨。

无论是当年工地辛苦劳作的小木匠，还是之后担任专职教师、工会干事、总经理秘书，再到后来做专业律师，朱树英在每一个岗位做每一件事情都精益求精，力求做到最好、做到极致。作为朱树英 50 多年的老同事，一路见证了他从“小木匠”成长为如今的“大律师”，我想发自内心地说一句：建筑行业能够培养出朱树英这样一位大律师，这既是朱树英个人不懈努力的成功，也是行业法制建设不断完善的荣耀。有幸同行，殊途同归！

作者简介

宣学明，1968 年 10 月被分配进入上海市第八建筑工程公司，通过党组织的培养教育，从一个普通工人被提拔到在基层单位和公司担任领导工作。2009 年 5 月开始参与上海中心大厦工程，任总承包项目经理部联合党委副书记、副总经理。历时6年多的努力付出，见证了超级工程的建成，为上海陆家嘴金融贸易区矗立起一座全新的绿色“垂直城市”贡献了力量。2017年5月参加编写“超级工程”丛书（《超级工程（文化篇）：上海中心大厦》《超级工程（管理篇）：上海中心大厦》《超级工程（科技篇）：上海中心大厦》）。

03 专业人生，只为一件事而来

何重建

引 言

如果说交友之道有段位，那么“以文会友”绝对是其中最为文雅浪漫的一种方式。朱树英律师就曾结交这样一位“文章挚友”：二人因共同参与撰写《上海建筑史》而结缘，此后数十年，二人同在建筑领域发挥智慧、挥毫泼墨，亦有不少合作的经典文章问世，传为佳话。

由朱树英的挚友何重建为我们带来的回忆文章，追述了他们五十年的深厚情谊，也让我们认识了一个以专业务实为乐趣、享受专业人生的智者——朱树英。“平生一宝剑，留赠结交人”，此去经年，朱树英与何重建这两位“完美主义者”惺惺相惜的深厚友谊，也促进了彼此在各自专业领域不断进取，最终顶峰相见，在业界制高点继续书写人生新的辉煌答卷。

五十年的深情厚谊，此刻凝聚笔端，现于读者诸君眼前，邀您共赏。

▲何重建

我叫何重建，1947 年生人，大朱树英 2 岁。我是在 1974 年秋天认识朱树英的，可以说我们已神交 50 载了。当时上海市建工局工会组织撰写《上海建筑史》，我代表上海市第七建筑工程公司，朱树英代表上海市第八建筑工程公司参加编写组。我负责撰写引领行业的“人物志”，朱树英则负责撰写上海的重要建筑历史。2022 年 11 月，建纬律师事务所组织青年律师到上海外滩游学考察，朱树英对上海外滩主要建筑，如汇丰银行、海关大楼、中国银行等细细介绍，如数家珍，原因就在于当年他对外滩“万国建筑博览”有过深入的专业调查。在编写组的两年多时间里，我们在同一个办公室工作，下乡采访时也同吃同住，结下了深厚的友谊。他探究问题的钻劲，清晰的文字表达能力，给我留下了深刻的印象。

编写组工作结束后，我回到上海市第七建筑工程公司，他回到上海市第八建筑工程公司，但我们一直保持着良好的关系。他 1976 年结婚时，我和编写组的一些同事前去祝贺；我 1977 年准备结婚时，他知道我有一对从江西带回来、尚未加工过的“赤膊”樟木箱，便主动提出帮我加工，做油漆、包角、上锁，还亲自踏着黄鱼车，把加工好的箱子，从上海西南端的漕河泾出发，送到十几公里外上海东北角的齐齐哈尔路——我未婚妻家，令我万分感动。后来我才知道，1976 年他从《上海建筑史》编写组回公司后，仍回木工班组工作，风里来雨里去，十分辛苦。但他手脚勤快，技术精湛娴熟，一天能安装近 20 樘住宅门，效率比彼时的一般木工高出一倍以上。现在想想，那些年的确是他最艰苦的时候。一个建筑工地的小木匠，一个全国知名的大律师，这两个悬殊的身份，确实就发生在同一个人的身上。2005 年，朱树英搬了新家，他邀请我去玩。吃饭的时候，和他的夫人邵女士聊起 1976 年他们结婚时，还是在漕河泾向当地农民借的房子。回首往昔让人忍不住感慨，近 30 年过去，我们各自的境遇都发生了翻天覆地的变化。

经过 4 年在职中文专业的业余大学深造，朱树英已锻炼出极为优秀的写作能力。1984 年上海虹桥机场建设时，他在机场工地负责宣传工作，那时我已经在《建筑时报》当记者。到机场采访后，以他为主执笔，我们合作写了一篇题为《创造上海速度的人们》的通讯，随即在工地广播站反复播出，这篇通讯的文字大气磅礴，专业生动，充满激情，极大鼓舞了一线员工的士气。此后，“上海速度”被上海各大媒体广泛使用，其实朱树英和我是“始作俑者”。

▲1984 年，本文作者何重建（右）和朱树英（左）在虹桥机场改扩建工地施工现场采访时合影

后来他调到经理办公室任总经理秘书，在华东政法学院本科毕业后，又当上了律师，不久就创办了建纬律师事务所。我还记得他最早的办公地点在延安东路一幢房子的阁楼上，我曾经去看过，地方不大。没有几年，随着事业的发展，他又“挪窝”了。律师事务所的新址在建国西路岳阳路口，是上海社科院的一幢房子，建纬所占了整个三层，有十几个房间，兵强马壮，令人刮目相看。上海市律师协会第十一届会长季诺，还有现在方达律师事务所合伙人王盈盈等人，当时都曾在这里先后成为他的助理。

搬新址后他找我去，是商谈建纬所与《建筑时报》合作的事。我十分钦佩他的智慧和眼光，所以建纬所凡在建筑工程法律服务方面有新的思考或重大创新，《建筑时报》都会及时报道出来。20 世纪 90 年代，恰逢中国建筑业大发展，建筑行业迫切需要一个有力的宣传载体，对整个行业进行专业引领和宣传报道。《建筑时报》抓住这个机遇，经过不懈努力，终于成为由中国建筑业协会、建设部建筑管理司和上海建工集团三家主管单位合办的行业报刊。而报社也和建纬所建立起了长期的战略合作关系，双方合作默契，我们合办的“建筑法苑”，成为报社的“拳头栏目”，读者对这个栏目评价很高，不少施工企业的读者就是冲着“建筑法苑”专栏而订阅报纸的；而建纬所也通过这个专栏扩大了法律服务的知名度，形成双赢。朱树英早在《建筑时报》的前身《建工报》时就被评为“优秀通讯员”，之后又在《建筑时报》获得了一系列显著的荣誉。我退休后，我的学生孙贤程接替上来，与建纬所仍然保持着良好的合作关系。

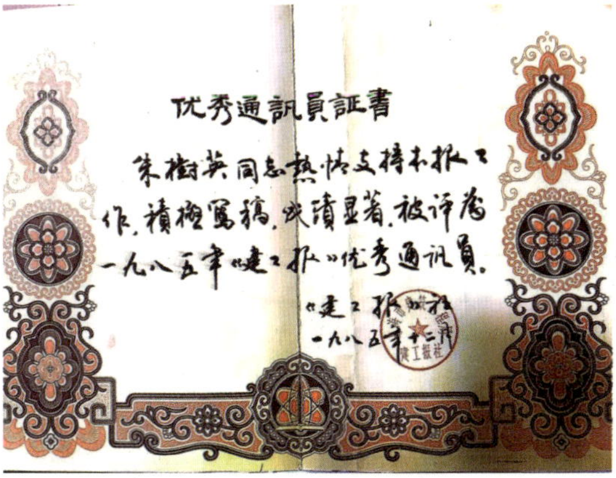

▲朱树英被评为 1985 年《建工报》优秀通讯员

20 世纪 90 年代末，“解决农民工拖欠款”问题，成为业内人士共识、国务院高度重视的问题。其实，这正是我们报社与建纬所，主要是我和朱树英多年来坚持不懈为之奔走呼吁的结果。其中一个“标志性”动作，是在原《合同法》出台后，我们共同策划了一场层次很高的有关工程款拖欠问题解决的研讨会，地点在北京。会议由我和时任全国律师协会副秘书长袁江共同主持，朱树英在会上发表了十分重要的观点。当时出席会议的，有国家建设部总工程师、最高人民法院民一庭庭长及一位专门起草司法解释的处长，还有法学专家梁慧星，以及部分省、市法院和建设主管部门的领导。这次会议影响很大，朱树英和部领导的讲话被一再引用，这是后话。

建纬所在建筑法律服务中，专业性和前瞻性始终领先于同行，这与朱树英“更好地服务建筑业”的强烈意识和不懈努力是分不开的。当年我和朱树英经常一起去建设部，与部司领导保持着良好的沟通。记得有一个中午，事情比较急，我们没有预约，直接进了当时主管建筑业的俞正声副部长办公室汇报工作，想不到受到俞部长的热情接待，请示的问题得到了圆满的肯定和支持。建设部建筑业管理司的几任司长，如姚兵、金德钧、吴慧娟、朱中一等，都很重视、欣赏建纬所在建筑法律服务方面的超前思路和做法，建纬所经常会承担建设部相关项目的研究工作，在意识和做法上领先同行，原因就在于此。

▲本文作者何重建（左）和朱树英（右）在住建部向总工程师、原建筑市场司司长金德钧（中）当面汇报工作

朱树英对专业法律研究的专注、投入和勤奋，在生活上的自律，是令人钦佩的。有一年我和他及另外一位《上海建筑史》编写组的老朋友，好不容易约好一起到武当山旅游，我们坐一辆 SUV 从武汉出发，一路上，我和那位老朋友在前面聊得很欢，他却在后座用手提电脑写文章。除了偶尔打打牌，朱树英可以说没有其他什么爱好，也几乎没有什么应酬，一般晚

上 8 点左右就上床睡觉，凌晨三四点就起床工作。用他的话说，这是头脑最清醒的时候，是考虑问题和写文章的最好时间，也便于早点上班避开“早高峰”。所以从当年律所初创到如今他退出律所主任的岗位，30 余年如一日，上班第一个到的往往都是他。

朱树英小我 2 岁，50 年来我们始终相互理解、支持。我很理解他，因为我们有着共同的理念——凡做的事情，一定要拼尽全力做到极致，站上业界的制高点。研究中国传统文化是我的爱好，为此，我于 2002 年提前 5 年退休，70 岁时受聘担任国家二级社团——国际易学联合会易学与现代数理研究会执行会长，被中央民族大学聘为研究员。我曾经出版过 3 本专业著作，2021 年起用了 2 年半时间写出并出版了 89 万字的《五行精纪注释》，受到国内外业界人士广泛好评。今年我已经 77 岁，还在继续写书。与朱树英不同的是，我有旅游的爱好，从 2021 年起，我连续 3 年入藏自驾游，几乎走遍了整个大西北。

我曾经问过朱树英：人生如此丰富多彩，你这样不是写文章，就是飞来飞去在外面讲课，不是放弃了很多美好的事物吗？他回答说，这正是我的爱好啊。

专业人生，只为一件事而来，这就是我所认识的朱树英。

作者简介

何重建，1947 年生人。曾任《建筑时报》副总编辑，参与《上海建筑施工志》编辑。退休后，成为台湾梁湘润大师在大陆的首位入室弟子。曾任国际易学联合会易学与现代数理研究会执行会长、梁湘润禄命文化研究会会长；曾被聘为中央民族大学道教与术数学研究中心研究员、中国五术教育协会（台湾）第七届名誉会长。曾应邀赴澳洲、美国、德国进行学术交流，出版《五行精纪注释》等多本学术著作。

04 “眼界”决定高度，“细节”决定成败

——回顾与朱树英一起编史修志的日子

陈子法

引 言

什么人有资格编史修志？大致想来其人应该要有吃苦耐劳、甘于寂寞的精神，又要具备深厚文学底蕴与扎实专业能力。本篇文章走近我们的就是一位编史人——《上海建筑史》编写组副组长陈子法先生，他要为大家讲述的是20世纪七八十年代与朱树英一起参编此书的故事。

走近一座座建筑，了解上海的前世今生，让我们一起去看看朱树英是如何跟随陈子法先生去践行“建筑可阅读”，又是如何践行“眼界”决定高度，“细节”决定成败的。

▲陈子法

1974年初秋的一天，朱树英走进了坐落在北京东路江西中

路口的上海建筑工程局大楼。担任编写组副组长的我与他第一次交谈时，他始终面带微笑却话语稀缓，这让我顿生一丝忧心，因为到这个编写组工作，要跑采访、会调查、善分析、能编撰。于是我明确地告诉他：“我们一起走进了一个全新的工作领域——编写《上海建筑史》。离开建筑工地，走进建筑史的研究，虽然共同点都是‘建筑’，但其中不同之处和工作要求无疑有着巨大的‘落差’；编写组希望每个人都能独立全能，至少也是独当一面不拖后腿。”朱树英还是带着微笑，但却很坚毅而爽直地说：“我知道这项工作的要求很高，让我有站在国际饭店下面仰望楼顶之感，但我会非常努力地朝着24层爬上去。”对于已有一些创作和编写实践的我来说，深知攀爬这24层高楼的难度，而我也希望自己能对他的能力提升有所帮助。

朱树英没有食言，他把能参加《上海建筑史》的编写，看作踏入工作岗位以来最大的一件幸事、一个极为宝贵的机会。他对同事说，我们都是来自第一线工地的建筑工人，这样的机会是可遇而不可求的，是知识与能力可以走向高处的学习和成长的机会。他这样说，也真真切切地这样身体力行着。

懂得宝贵就知珍惜，知道珍惜就会付诸努力。在《上海建筑史》编写组的2年多时间里，朱树英攀爬了一个又一个的高坡。第一个便是可以称为拓展视野的“眼界坡”。他迅速地从面对锯斧刨凿的工具、工地上一幢建筑的工种工序、进度节点的认识，走向面对森林般的城市建筑群落，去熟悉绵延数百年，特别是近百年的上海发展史和其间的上海建筑，从而尽可能详尽地了解上海的城市和建筑业这两条沿革线的发展轨迹及其关系。多年的建筑工地生活，助力了他在编写工作中学习中西建筑文化乃至城市人文精神，了解建筑工程、中外建筑师事务所的兴盛，营造厂的肇始及崛起，行业帮派及其管理……视野由此扩展，眼界亦由此放大。正因为这样，朱树英得以站上了一个高处，能够有机会更为宏观地解读近现代建筑及建筑业，了解社会及经济的发展与更迭；近距离感知城市建设、金融资本及百年间上海建筑业产业结构的变化等，不一而足。

同时，曾经的一线工地生活，又使朱树英能很快地走进每项工程的“内部”，轻车熟路地与一批又一批老“建筑人”毫无隔阂地交流讨论。他注重了解设计、施工、材料等各相关方面的关系，包括合作与变化，融合与冲突等。为此，他总是不厌其烦、尽可能地详尽调查力求深解，即使是施工现场偷工减料的一些“诀窍”也被他一一了解到。例如，现场在用木斗计量水泥时，往往先往桶底浇水，使水泥厚厚黏住，从而减少水泥用量，这就是他最先从一个包工头处了解到的。

有一天，朱树英采访回来，带来了一个老上海建筑界惊心动魄的轶闻故事。说上海茂名路上 13 层的老锦江大厦即华懋公寓，1925 年开工，1929 年竣工时地上建筑是 14 层，但是后来整整沉降了一层，成了人们口中的 13 层楼。原因是承包人王荪记营造厂在地基施工时把 75 英尺的花旗松木桩一截为二打入地下，才导致大楼整体下沉 2.6 米。说明当年建筑界偷工减料由来已久，也说明当时设计的保险系数非常大，即便如此严重的偷工减料，建筑物至今还是安全使用了 70 多年。我们后来从相关资料查到，这个故事所言不虚。

看似了解一个项目几个细节并无大用，可一旦从各角度、各层次的联系出发，对众多工程的大量细节有了更广泛的了解，人就会自然地产生一种极其敏锐的审视力。朱树英后来在涉及工程项目的法律问题应对中，对复杂的各方关系，对总分包各层次各工种之间合同、承诺、变化、矛盾等“易发点”的把握和处理，总是游刃有余，其实这正是源于洞察力的锻炼和提升。胸有全链方能把握节点，只有把握细节才能防止粗枝大叶，减少并避免疏漏，特别是不少细节往往都是“落锤”的关键。我想这也许是朱树英攀爬的第二个高坡：提升洞察力的“细节坡”。

▲陈子法参与相关会议的照片记录

在《上海建筑史》编写组，有一项让朱树英最为难忘的工作：采访建筑界前辈，其中包括旧时建筑业著名营造厂业主、包工头、建材供应商，还有许多不同工种的老建筑工人。为此朱树英和我有过许多的交流讨论，我也认真地跟他讲采写前的准备，采访交谈中的话题、提问、控制节奏与方向等技术性要求，特别是采访完成时，要争取做到对这段采访内容能腹中已有初稿，写时少些烦恼，减少再次补充采访所面临的时间和精力的重复消耗。

对上海营造业历史资料的采访调研，让朱树英有机会当面拜访第一代留洋归来的建筑师庄俊、上海工业建筑设计院原院长陈植、上海民用建筑设计院原院长、上海轻工业设计院等多位留洋归来、志在报效祖国的建筑大师。庄俊老先生当时已经88岁，坐在轮椅上接待了我和朱树英。由于听力损失，语言表述模糊，全靠庄老的夫人充当翻译。采访得知，庄老留美完成学业后，即毫不犹豫归国报效。江西中路的金城银行、南京东路的东海大楼等建筑均为庄老轰动沪上的名作。其中经典的设计，基础桩的创新技术（如沪上第一次采用斜面长桩提高基础承压力），使当时以西方设计事务所为主的上海，有了众多让国人引以为傲且才气横溢的建筑师，他们的经典建筑作品受到了业界和全社会的一致称赞。我记得还有一次是要访问一位老建筑师，他不仅有淮海公寓等当时的标志性建筑设计，而且还是沪上新式里弄最早的设计者。那天去到他家时，老先生带着狐疑的眼光，将我和朱树英请进门，等待来者先开口。朱树英明白了，老先生是觉得这么两位没有专业背景的年轻人，能谈什么呢？在极其礼貌地对老先生的接待表示感谢后，朱树英介绍了编写组近期的主要工作和收获，正在调研的课题，以及已经拜访过的建筑师、营造厂原业主，已了解到的上海建筑史基本内容，特别是新采访到的资料等；我简单讲了对上海各类建筑的分阶段认识。大量的建筑史料，让老先生看到了我们的努力，立即将我们二人请到里间继续交谈。在我们离开时，老先生拉着朱树英的手，开心地说：以后有事直接来找我，我会尽力帮助你们！古建园林专家、同济大学陈从周教授，因其当时尚不算高龄故排在很晚才去访问。陈老不仅热情接待，还在一间无人知晓、堆满书刊的屋子里，几乎是爬着进去，为编写组找到了搜寻已久的《营造月刊》。对这些老前辈的采访，我们不仅获得了许多鲜活可靠的史料，更让我们对这些近现代中国建筑史上的拓荒者，产生了无比的崇拜和敬仰。

建筑业前辈大师为中国建筑业的雄起，为建筑的设计与创新不惜殚精竭虑、呕心沥血的精神品格和如一追求，深深印入朱树英心中。他让自己的思想观念，攀登上了“崇贤”的认识高度，坚持崇尚先贤、学习先进。这也成为他日后长期勤勉自律，守正创新，“为人讲风格、谋事讲格局”的一大动力，使他有了马不扬鞭自奋蹄的自觉性。

在编写组的日子，朱树英勤奋得似乎有些过头了。他不知疲倦地奔走于全市各处采访调查：到徐家汇藏书楼，钻进大量的报刊中查找旧时营造动态及资料；坐长途汽车到高桥、川沙、南汇等当时郊县档案馆借阅县志等资料；一清早进乡镇茶馆店铺候访老建筑工人……可谓栉风沐雨，十分辛苦。既要东西奔波，又要有极大的耐心和细心，仔细查阅寻找文图资料。

朱树英坚持认真地对待每一次调查、每一次采访，手提包里笔记本记得密密麻麻。而需要交给编写组汇总存放的材料，他又总是书写得清晰整洁，字迹工整。在这两年的时间里，他得以编汇资料、讨论写作、撰写文章，努力提高写作水平。有一次，为了确保自己写的稿件能够更好地完成，朱树英居然清晨5点多钟赶到浦东，敲开尚未起床的我的家门，请我对他昨天刚写好的稿件提出意见——虽然他扰了我的睡梦，但我却十分感动于他的工作态度。因为我太清楚，写好文章本是必须吃苦的差事。

实践出真知，磨砺出剑锋。朱树英的文字表达能力也因此得到迅速提高。一个建筑工地的小秀才，2年后已成为能进行谋篇布局、驾词驭文，独立完成一部书的作者了。编写组工作结束后，我们依然交往甚密，尤其写作上交流甚多。每逢他向别人介绍我时，总不忘认真地告诉人家，这是我的老师。即使数十年后，朱树英功成名就、著作等身了，他依然如此。其实，他从我处虽然有所获教，但我们一直是亦师亦友，互相裨益的挚友之交。

经历是人生的财富。参加《上海建筑史》编写组的时候，朱树英抓住了这个难得的机会，当结束编写组工作的时候，他得到了宝贵的收获。这段经历时间虽不算长，但内容却很浓烈、纷繁，具有远超过2年时间的纵深度和影响力。这也许印证了朱树英说过的一段话，那是他用墨斗与工作敬业作比喻的自勉。他说：人的前行努力就如使用墨斗，只有将墨线吸足墨汁，把准了起点和端点，才能实现直而准、浓郁清晰的墨线。两年恍如一瞬间，朱树英清晰地留下了一行向高处攀登的足迹，到达了一个新高度的出发点。我长他几岁，打心底里赞赏他从不言难、不言累，“不缓行”的“可持续”精神。

人的一生会有许多坡要攀爬，你可以选择多攀登几个高坡，也可以选择少攀一些，甚至可选择绕坡而去。但有些紧要的高坡你能不能登攀上去，将对你的人生道路产生重要甚至不可逆转的影响。朱树英睿智地锁定了紧要的几个高坡，努力地实现了跨越，从而扩展了眼界和视野，收获了洞察力的提升，树立了以先贤精英为标杆的自觉性，提升了自己在社交、文字及口头表述等多方面的能力，为再学习、再登新途做好了充足的准备，储存了雄厚的动能。

完成《上海建筑史》编写任务后，我们各奔东西，都自觉奋发进取，但时不时还有联系。1985 年，我在上海市总工会生产部工作期间，曾负责上海劳动模范材料的申报撰写和审查工作。当年，上海市第八建筑工程公司申报的劳模人选是陆叔明，而负责撰写劳模材料的正是朱树英。没想到仅过了几年，朱树英的写作水平大有长进。在参加总工会关于劳模材料交底会后，朱树英起草的陆叔明劳模材料，在审查时一稿通过。更没想到，朱树英后来也被评为 2004 年至 2006 年来自律师界的上海市劳动模范。这些年来，每当朱树英在工作中取得新的成就，我们几个老哥们都会由衷地表示感佩和祝贺。就在 2023 年 9 月 17 日，得知朱树英卸任主任后的接班人邵万权当选上海市律师协会会长，我们当即准备花篮，由我撰写了对联“敬业握真谛，格高行万里”，并附贺文：

欣闻邵万权主任荣任上海市律师协会会长，荣获“第五届东方大律师”光荣称号，令我们万分欣喜且激动。特专致热诚祝贺。

山高人为峰。今日贵所的高光盛誉，是建纬所创始主任朱树英，率众负重创业，垒石筑峰；是邵万权主任守正创新，与全所同仁力举“专精特新”之旗，方得载誉海上领军，标新当今律界。

故特敬数言，以表仰慕诚贺之意。

陈子法　陈林寿　何重建　兰宁馨

徐祖恂　吕颂宪　陈雪虎　程树德

2023 年 9 月

▲祝贺邵万权主任担任上海市律师协会会长

我非常高兴地看到，朱树英站上新的高地，仍然带着他的“墨斗”追寻未来和远方。

作者简介

陈子法，上海市原机械施工公司工人，公司宣传、工会干事。曾任上海市总工会生产部副部长，上海市实事工程立功竞赛委员会办公室副主任。为上海经济时报创始法定代表人、副总编。是《铁水奔腾》《海底激流》《向阳列车》等报告文学、小说散文集的作者或编辑；撰写过不少建设工程新闻报道；退休后为上海市茶叶行业协会创会秘书长，主持市茶协工作10年。

05 同桌同窗同行　归来仍是少年

林　玲

引　言

我还是曾经那个少年，没有一丝丝改变……回忆起同窗苦读的那段时光，耳边循环播放的就是这首《少年》。本篇文章与我们见面的这位林玲老师，就与朱树英有着6年同窗之谊，回忆起曾经同桌的你，那句“业精于勤、行成于思”跃然纸上，一份笔记、一次讨论、一张奖状，背后都有着别样的故事。原以为学成之后，我们会各奔前程，却不想“同行”缘分在。时隔多年，又是怎么样的机缘巧合下，让林玲老师再次与朱树英同行，开启了追梦路上的新征程。

▲林　玲

我是林玲，2017年7月从上海市静安区公证处主任岗位上退休。我与朱树英的交往比较特殊，在踏上工作岗位后，先和朱树英在黄浦区职工业余大学中文系专业有4年的同窗经历，之后又有2年在上海大学法律系律师培训班转行进修，兜兜转转40年，我退休后又跟着他学做律师，成了他的关门徒弟。我们的同窗情分源自1980年，那时，我们共同进入黄浦区职工业余大学中文系，开启了4年学习之旅。中文专业共分为两个班，朱树英在一班，我在二班。有一天，我的同桌拿着一本课堂笔记本看着，其专注的神情引起了我的注意。我瞅了一眼，不禁被震撼：课堂笔记本字字如印，行行齐整，我拿来仔细瞧了，中国古代作品课堂笔记本，内容注解明晰，分条逐记清楚，全文脉络顺畅。我不由得对笔记本的主人刮目相看，也注意到了笔记本扉页上的签名：朱树英。由此，我认识了朱树英同学。

课后，我见到了笔记本的主人——朱树英，他正与老师探讨韩愈《进学解》中“焚膏油以继晷，恒兀兀以穷年”其中所蕴含的精神力量。他神情专注，眼神炯炯，我与同桌被他的学习执着精神而感动，这位同学肯定是学习中的佼佼者。

我们的业大同学都是来自各个工作单位，其中有些同学工作请假难，常有缺课。考试前，朱树英的笔记本就成了抢手货，当时复印机没有普及，传抄课堂笔记则成了下课时的一道风景。有时大家凑在一起复习功课，他话不多，几句点拨，则重点现出，有事半功倍的效果。我们惊叹于他的学习悟性，更佩服他“口不绝吟于六艺之文，手不停披百家之编”的努力勤奋之韧劲！他的好学钻研精神和规整的课堂笔记，成了中文系的名片，大家都知道中文系一班有个爱学习的“拼命三郎”。他读书期间遵守学校纪律，考试成绩好，被评为学校的“学习积极分子”，也是实至名归，同学们都为他高兴。

时光飞逝，不经意间，上课、讨论、复习、考试的4年学习生活即将结束。挥手告别之际，大家才感觉到时间过得真快，转眼4年的成人学习已经结束，还有很多的知识需要进一步学习，还有许多课题需要进一步探讨。大家相约：只要有机会还要再进课堂，还要努力学习，以进一步提升自己的能力和水平。

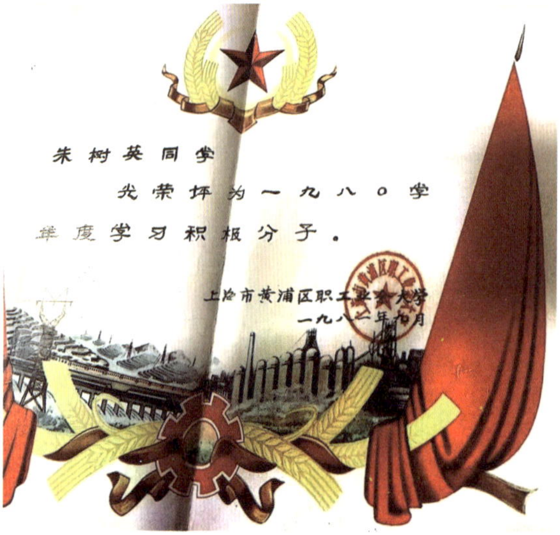

▲朱树英被评为“学习积极分子”

一次偶然的机会，得知上海大学文学院法律系要招律师培训班，学制 2 年，经考试合格，可以当律师。此刻，我眼前出现逻辑课上冷静分析，层层递进，推理严谨的朱树英！他是当律师的最佳人选。我马上先给他报名，再送材料。他说服了领导，冲破障碍，1984 年 9 月，我们如愿坐在了教室里，开始第二阶段的同窗学习。在律师班，老师布置的案例分析，我们一起讨论时，他总是有独到的见解；他另辟蹊径，帮助大家拓宽思路，让我们常有种柳暗花明的感觉。在文学院法律系就读律师培训班有一个明显的优势：当时法律系以学校的法学老师为骨干成立了一个律师服务机构，作为上海联合律师事务所第二分所，由刑法老师翟建任主任，班上同学可以在第二分所兼职实习办案。朱树英就拜翟建为老

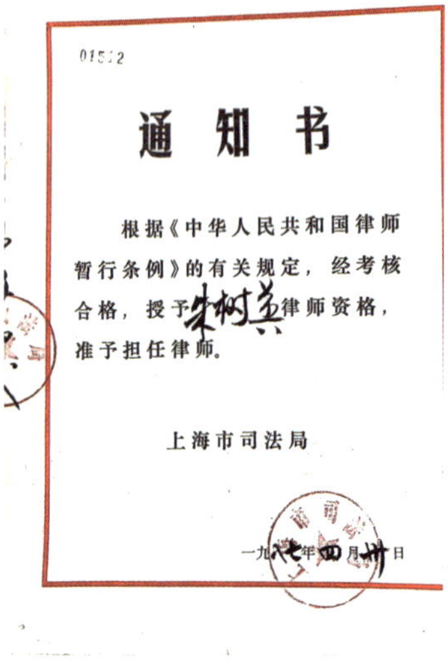
通知书

根据《中华人民共和国律师暂行条例》的有关规定，经考核合格，授予朱树英律师资格，准予担任律师。

上海市司法局

一九八七年四月卅日

▲朱树英于 1987 年 4 月获得律师资格

师，在学期间一开始就实习办案。后来听说朱树英跟着老师办了不少影响很大的刑事案件。他自己也初露头角，取得不俗成绩。2 年学业完成，朱树英顺利通过了在司法部全国统一司法考试前的上海市试点考试取得了律师资格考试，而我在之后司法部第一次司法统考后通过。朱树英在 1987 年 4 月如愿成为一名律师，这是全国第一届律师资格考试之前，根据司法部的授权由上海市司法局特别批准的，为此他的单位也感到无比光荣。从此，朱树英踏上了辉煌的律师之路。

我们在各自的工作岗位上奔波，他在建设工程、房地产法律服务领域逐渐声名鹊起。我在公证处工作，碰到房地产方面的法律问题，时不时向他讨教，他总是耐心地解答。有一次，一家外资企业的开发商找到我，碰到了难题：一位外籍客户来到公司的售楼处，看了房产商的介绍，马上付了 80% 房款，并立即签了预售合同。当公证员赶到时，他有急事已经回国了，留言说过 1 个月后再来办理合同公证。但之后一直杳无音信。过了几年，该外籍人要求退房，发来律师函，声称：根据上海市建设委员会相关的文件，外销房预售、出售合同均需公证后才生效，该预售合同虽签但未经公证，还未生效，据此要求退房。该房涉及楼款 50 多万美元，这在 20 世纪 90 年代是一笔不小的金额。面对此难题，我马上请朱树英律师出面解决。他凭借着对房地产开发商预售程序的了解，对相关法律规定的精准掌握，在法庭上条分缕析，抓住事实，予以逐条回击，赢得了这场诉讼。这是上海市第一起外销房预售合同未经公证而确认合同有效的判决。朱树英也因此得到房产商的高度认可，房产商不仅聘请他担任法律顾问，还邀请建纬所入驻该商务楼。由此，他在建设工程法律领域渐渐名声大振，坚持著书立说，一步步站上了律师界的巅峰！有次在外开会，我遇到了当年律师培训班的班主任陈剑平老师，他说："朱树英是当年最后一个报到的同学，却是所有同学中最负盛名的大律师，我们都与有荣焉！"诚然，我也为老同学取得的成绩感到高兴和自豪！

斗转星移，岁月更替，我过了甲子之年，从工作了 30 年的公证岗位退休了，彼时朱树英也把建纬所的“主任棒”交接给了邵万权律师。鉴于我仍然对法律工作有着不舍之情，朱树英老同学带我走进建纬所，开启了我的新岗位——实习律师之路。我成了朱老师的关门弟子，由同窗成了师徒。在实习期间，我经常向他请教问题，他会指导我该看哪类书，并从他身后的书架上找书给我。

看着书架上一排排他的专著，我便会回想起当年在中文班同学期间的往事。4 年中文专业的刻苦攻读，奠定了他的文字功底和写作素养；同时也反映出他从年轻时养成的边学边研究、边干边总结的优良习惯。在他外出讲课期间，经常有律师粉丝拿着他的书要求签名，半天 4 小时课程安排已经很累了，但他总是不厌其烦地题上韩愈《进学解》中“业精于勤、行成于思”的名言再签名，这八个字正是朱老师取得成功的精神源泉之所在。在朱老师的带教下，我收集材料、编写证据目录，讨论案例，撰写上诉状、代理词、答辩状，跟随朱老师到塞外工地踏勘。朱老师在现场爬上高高的炉台，分析倾斜的原因，俯观地面裂道，测算地基高低差，掌握第一手现场证据，为诉讼出庭做了充分准备。这种身体力行的指导，使我受益匪浅。

▲朱树英二审代理词荣获上海律师学术大赛“代理词”类优秀奖

有一位来自东北的当事人，千里迢迢慕名赶来请朱老师当他们单位上诉的代理人，朱老师以对法律的精准掌握、对相关技术标准要求的熟悉了解，赢得二审的胜诉。朱老师指导我们讨论，查看最高人民法院的相关判例，从该上诉案件的法律程序、实体、技术要求三个方面准备答辩材料，对有关的证据运用公证手段予以固定。在庭上对一审的判决逐条以法律规定进行分析，拿出证据予以辩驳，认定一审判决在事实认定和法律适用均存在明显错误，最后二审作出发回重审的裁定书。根据该案代理过程的技术难度和复杂程度，朱老师的该案二审代理词获得上海律师学术大赛“代理词”类优秀奖。我跟着朱老师办案，从他身上学到很多：理论指导实践，从实践中再找到立论依据，抓住细节以小见大，逐点细分，各个击破，取得赢面。以此思路指导办案，往往能取得出奇制胜的效果。诚然，只有具备他那种数十年在建筑领域摸爬滚打、千锤百炼的精神方能成功。朱老师的敬业精神对我而言是一种鞭策，而我也顺利通过律师执业考试的笔试和面试，圆了30多年前的律师梦！

朱老师在已过古稀之年，卸下主任重担后，仍转战全国各地，奔赴建纬30多个办公室，致力于传道、授业、解惑，如今著作等身仍笔耕不辍。回想40多年前他与老师探讨“焚膏油以继晷，恒兀兀以穷年”的先贤品格，再看如今朱老师30年的律师轨迹，这不正是他人生的真实写照！他在自传《我从鲁班身后走来》结尾写道：传说有一种荆棘鸟，它的毕生愿望就是寻找一棵荆棘。当它找到后便开始它一生仅一次的歌唱，然后将喉咙扎进荆棘吐血而死，它的歌声比夜莺还美，这种刚烈的鸟儿用一生的追求换来尽情歌唱的瞬间欢愉。朱老师以自己生命不息，追求不止；殚精竭虑，著书立说诠释了生命的本意，他正是律师专业法律服务名副其实的先驱者。

作者简介

林玲，上海市静安公证处原主任，上海市公证协会质量督查组组长，致公党上海市法治建设委员会委员，上海市静安区政协第十一、十二、十三届委员。从事公证工作30年，于2017年退休，现为上海市建纬律师事务所专职律师。

06 朱树英走出黄浦区职工业余大学后的二三事

魏小燕

引 言

职工业余大学，对于当下的年轻人来说或许是一个陌生的名词，但在20 世纪 80 年代，其则是很多有志青年上下求索的地方。正所谓“十年寒窗在书房，方显志高广”，是怎样的一群人走到了一起，在完成本职工作的同时以业余方式完成了 4 年的学业，从黄浦区职工业余大学 84 届中文班同学共同编写的《那些年我们努力过》的纪念文集中就能窥见一二。

文集的主编之一，魏小燕老师就将为大家讲述这本文集的“诞生记”。20 年后再相聚，以文叙史、以笔传情，这其中又记录了朱树英怎样的专业情怀与人生感悟。

▲魏小燕

我是魏小燕，之前在上海市人民检察院办公室工作。

1980 年至 1984 年，我和朱树英一起就读于黄浦区职工业余大学（以下简称黄业大）中文系整整 4 年。当时对他没有太多了解，只记得他来自上海市第八建筑工程公司，在公司里担任专职教师工作，是为了提高给员工讲语文课的水平才来读中文班的。他那圆润的脸上架着一副眼镜，透着一股书生气，脸上经常带着笑容，给人一种谦谦君子的感觉。

1984 年毕业后，同学们各奔东西，忙于事业，鲜有联系与交集。但也有听闻朱树英同学在中文班毕业后，经林玲同学推荐，一起考入上海大学文学院法律系就读律师培训班，在司法部统考律师资格前的上海试点考试中顺利通过考试，取得了律师资格，并在之后一路创办了建纬律师事务所，事业风生水起、有声有色。

不过，我对朱树英同学的进一步了解，要从走出校门 20 多年后的几件事情说起。

2007 年的盛夏，我接到朱树英电话，他邀请黄业大的部分同学在浦东爱晚亭酒店聚会，席间我才得知他刚刚获得了首届上海“东方大律师”荣誉，同学们纷纷举杯相庆，在展板上签名题字表达祝贺。不难想象，离校这 20 多年，朱树英没有停下前进的脚步，一直都在默默地努力奋斗，取得的成绩也令人刮目相看。对此，他认真地总结道：“如果说我的人生发生了根本性的变化，那么，我获得成功的基石是在黄业大的四年奠定的，我专业领域的建树也是由黄业大的学业成就的。”其感恩之情溢于言表。此时，我对他才有了进一步的了解：这是一个懂得感恩的人！懂得感恩是做人的大智慧。知恩图报的人，是天下最富有的人。

走出校门 20 多年后，大部分同学事业已成、家庭稳定，也有很多人或已退休、或临近退休年龄，大家不禁开始怀旧，怀念同窗情谊。于是，同学间的联系多了，聚会也多了。在 2013 年 4 月的一次同学聚会，有同学提议出一本纪念集，写一写我们在黄业大同窗的 4 年学习生涯和同学情谊，写一写黄业大就读经历给我们职业生涯打下的坚实基础，写一写那些年我们努力过的点点滴滴……

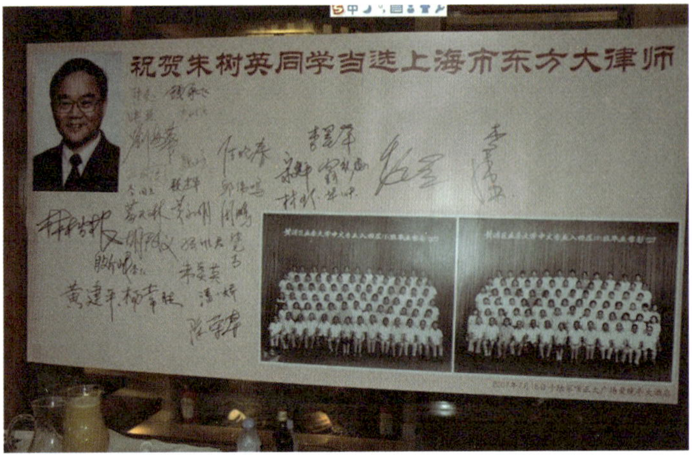

▲黄业大的部分同学在浦东爱晚亭酒店聚会，庆祝朱树英荣获首届上海“东方大律师”

同学们都很激动，撸袖挽臂，都有一股大干一番的豪迈气概！可冷静下来一想，文章、感悟固然好写，但出版一本正规的书籍却又是另一回事。首先就是申请书号和印刷书册都需要资金，而且书号并不便宜。我记得当天朱树英同学刚从外地授课回到上海，下了飞机就直接来到同学聚会地点，静静地听着同学们热情洋溢的讨论。在大家因为资金问题一筹莫展时，他微笑着站起来，从包里掏出一叠人民币，轻轻地放在桌子上，说：“我支持大家出版纪念集，这是我这次的讲课费，作为出版的启动资金，以后不够我继续支持!”由此，《那些年我们努力过》黄浦区职工业余大学中文系84届纪念文集项目正式启动了!

▲朱树英出资赞助出版《那些年我们努力过》

在编辑这本纪念文集中，编辑组遇到了许多困难，主要还是资金问题。每每关键时刻，都是朱树英、包季鸣等同学伸出援手，慷慨解囊。是他们的无私奉献，使我们得偿所愿。这本纪念文集朱树英出资最多，可他的感悟文章颇为简短，《起飞的准备　成功的基石》仅二页半而已。他并没有因为自己出资多而洋洋洒洒长篇累牍，并且坚决不肯接受“主编”头衔。最后在同学们执意要求和认可下，我只能“自作主张”给他加了“编委会顾问”的头衔。大家都由衷地觉得，如果没有朱树英同学鼎力支持，这本纪念文集就不会如此顺利地出版发行。

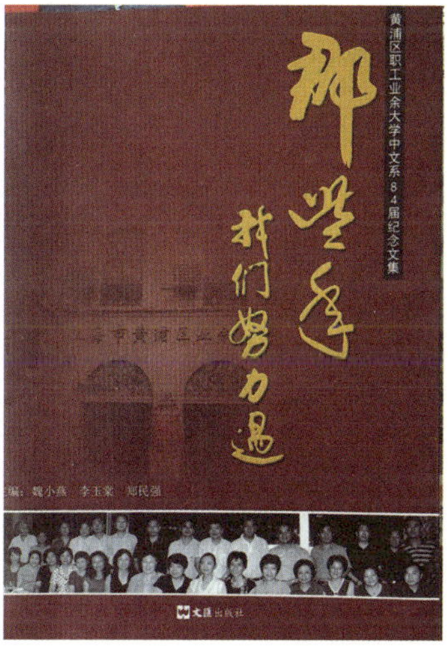

▲《那些年我们努力过》

我们黄业大84届中文班的同学才学出众者不少，除了朱树英外，包季鸣也是一位非常文雅的、颇有学术成就的佼佼者。他大专毕业后又在复旦大学完成了硕士、博士学位，后在复旦大学管理学院当教授。在朱树英眼里，历来是同学情分大如山。2015年4月29日，他应同学包季鸣教授的邀请，来到复旦大学管理学院，在复旦特设的“职业责任与领导力”课程中，以《乐意面对命运的每一次安排》为题，为近200名复旦研究生学子讲授了一堂专门的励志课。他的演讲以播放上海电视台于2015年3月16日在《律师界》栏目播出的人物专访电视片《法律的准绳》为开场，然后结合自己在专业法律服务领域取得的成功为素材，向学生们介绍了自己先后当木工、专职教师、工会干事、总经理秘书、法律顾问室主任直到专业律师的不同工作岗位干一行、爱一行并干好一行的人生经历，让学生们明白了：无论命运如何安排，只要贯穿始终的是自己的事业心和责任感，就一定会取得成功。而后复旦大学校方师生一致反馈，高度赞扬朱树英的演讲形象生动，现身说理；因朱树英的励志总结获得复旦学子的高度评价，学院为此聘任朱树英为管理学院“职业责任与领导力”课程的特聘导师。

纪念文集的出版也让我们的母校十分满意，并以我们这一届校友为傲。2018年，母校成立60周年之际，校领导诚邀我们返校参加学校的庆典活动。同学们在讨论如何向母校表达心意时，朱树英主张还是先了解一下母校在庆典活动中有什么设想，然后再做决定。同时他表示个人愿意资助10万元以庆贺母校60周年庆典。当我把他的想法告诉学校后，校领导又惊又喜。之后，学校经过慎重考虑，决定用此款购进一块“泰山石”，放在学校的教学楼前，作为学校的“镇校石”。当“泰山石”从遥远的泰山脚下运到上海后，学校让我询问朱树英同学“落款怎么写”，同学们的意见都是应落款“84届中文专业朱树英捐”，或“84届朱树英携全体同学捐”，但朱树英却毫不犹豫地说：“落款就写‘84届中文系全体同学赠！’”一语落地掷地有声，展示了他博大的胸怀，也让学校的老师和同学打心眼儿里敬佩。当上海电视台记者就此事采访他时，他仍满怀感恩、口口声声都是对母校培养的感谢之情。

▲包季鸣 博士　复旦大学管理学院教授

▲复旦大学管理学院“职业责任与领导力”课程特聘导师荣誉证书

▲朱树英接受上海电视台记者采访

当时，我们全班同学都知道，朱树英创办的建纬律师事务所在沪上已非常有名，他个人的专业成就也十分突出，然而，他珍惜同学情谊，慷慨解囊，丝毫不计较个人名利，展现出专业律师的绅士风度和优雅情操，给所有同学都留下了深刻的印象，他不愧是我们 84 届中文班同学中的佼佼者。

▲黄业大 84 届中文班同学合影留念

作者简介

魏小燕，曾在上海市人民检察院办公室工作。1980 年考入上海市黄浦区职工业余大学中文系，毕业后考入上海市人民检察院，历任书记员、助理检察员、检察员、三级高级检察官（处级）。

07

天选之人

——得力“福将”朱树英

翟　建

引　言

翟建，法律界的风云人物，被称为“上海滩刑辩第一人”。本文作者就是这位带着传奇色彩的大律师。听过用“勤奋努力”来形容朱树英的，也有说他“拼命三郎”的，甚至用流行的话评价他就是“卷”，但很少会把“福气”“运气”这类词跟他联系在一起。而恰恰就是翟建律师，如同开盲盒般，给我们打开了一个“隐藏款”的朱树英，让我们有机会来认识一个有着“侠义精神”的、曾经的刑辩律师；同时也让我们一起来感受下这个“福将”背后的专业积淀。

▲翟　建

我是翟建，朱树英是我带的第一个徒弟。而今，要写一篇关于我们师徒间的文章，斟酌再三，我认为《天选之人——得力“福将”朱树英》这个题目比较贴切。何为“福将”？在上海话的含义里，“福将”是指一个运气特别好并可为“将”之人！

我深耕的领域是刑事辩护，回顾我与朱树英共事的那6年，从过程来说，我们两人心意相通配合默契；以结果而论，是我办案取得好结果最为集中的一段时期。这6年是朱树英律师执业的起步时期，也是我职业发展的早期阶段，幸得朱树英这员“福将”，成就了我人生中的多个“第一次”。

一、机缘巧合获“福将”

“师也者，教之以事而喻诸德也。”律师行业历来秉承“传道传业传承”的优良传统，倡导师徒“传帮带”文化，通过认师学艺来传授知识、经验与智慧。我的大学恩师传授了我法学知识，我又传授朱树英办案技艺，这是一种“传帮带”文化的传承与延续。

我和朱树英的师徒关系恰恰也是由我的恩师徐逸仁促成的。1983年年初，大学毕业后的我经学校分配留校任教，当时的系主任是教刑法的老师，我给他当助教，帮着给学生们上刑法课。由于那个年代国家急需法律方面的专业人才，律师更是少之又少，当事人为了委托律师经常三更半夜跑到律师事务所门口排队领号。按照当时《律师暂行条例》（已失效）的规定，在大学教法律专业的老师可以通过考核被任命为律师，乘着国家政策的东风，我成为一名兼职律师。

在1984年年底的一天，我们系主任跟我说：“翟建，我的法律资格培训班有个学生很不错，而且他指名想跟着你实习，你带他实习行不行？”虽然老师是在征求我的意见，但实际上是恩师关照，一方面盛情难却，另一方面其实也可以多一个助手，于是我说：“好啊，那就哪天请他过来见一面吧。”没几天，一见面我看着他年龄比我还大，然后问了方知他是1949年出生的，是中华人民共和国的同龄人，大我8岁。当时朱树英介绍说，他也是做教师出身，之前在企业当专职教师，在职读过 1 年教学法和 4 年中文，现在在上海市第八建筑工程公司任总经理秘书。

我和朱树英就这样“接上了头”，他成了我刑事辩护律师生涯的一员得力“福将”！我带朱树英办的第一个案件是个二审的强奸案，我全程带着他到二审法院查阅一审案卷材料、去看守所会见被告人，并且告诉他看卷和会见被告的注意事项。回到事务所，我布置任务要求他 3 天内写出辩护词，并给了他一份类似的辩护词作样板。实际我当时在想：你既然是做秘书，那就写一份让我看看你的水平。没想到，第二天上班，他就来“交作业”了。我看完觉得不愧是法律资格培训班的优秀学员，又有中文专业背景，辩护词写得不错，可以定稿，并且说道：“你以后写法律文件自己把关，不用再给我看了。”我因为在大学里教刑法，需要积累案件资料，于是，朱树英又成了我的“助教”，开始跟着我办刑事案件了。

朱树英跟我办案不久，我看他办案积极性很高，除了刑案外也很喜欢代理一般民事案件，于是我就决定“放飞”了，允许他可以“独立办案”，也可以跟其他老师合作办案。当时第二分所其他老师办案数量不多，于是我决定，兼职律师每办一个案件，年终结算时可另行奖励 1 元。当年，朱树英获奖 41 元。

二、得力“福将”助我无罪辩护一举成功

和朱树英合作开始后，我的刑事辩护事业也开启了“高光”之路。我办理的第一个无罪辩护被法院采纳的案子就和朱树英这员“福将”有着密不可分的联系。

案子是朱树英介绍来的，话说有一支来自浙江台州黄岩县的工程队，因为各种连带，工程队的负责人在老家被检察机关抓起来了。乍听之下，我们都感觉有点“冤”，所以就凭着那股扎根法律人内心的“正义”，我决定接办此案。

这个案子在台州黄岩县法院审理，我仍清楚地记得第一次和朱树英去当地时的艰苦情形。彼时被告人所在的单位派了一辆面包车拉着我们两人，单程530多公里的山路险峻异常，途中还需要翻越三座大山，由于没有高速公路，两个司机轮流开，一次就要跑12个小时以上。但其实辛苦还是其次，须知沿途时不时便身处悬崖之上，一路上总能亲眼看到有几辆车掉在山坡下面。看一眼万丈深渊和掉下去的车，我俩对视一眼同时倒吸一口冷气，有种惊心动魄的感觉。

我们到达当地后便马不停蹄地开始办案，阅卷、会见被告人。阅卷在那时都只有手抄，不像现在可以刻光盘、拍照、复印等。所以那个时候阅卷也是一门很重要的技术。该案中被告人被指控行贿，原因在于他是当地一个建筑施工企业的负责人，当地有四五个乡镇干部一起批了一块地，要求被告人的企业帮他们造自家的住房，被告人不敢得罪地方干部，就帮他们造了房子，还以便宜的工程价格进行了结算。事情败露，这几名干部被定为受贿，被告人就被冠以行贿并送上了法庭。我和朱树英一致认为，该案中的行贿实际上是被索贿，被告人并没有因为造房子而谋取任何不正当的利益，所以，被告人是无罪的。当时黄岩县县长对此案非常关注，让我和朱树英一起到他的办公室，然后问我们对这个案子怎么看？听到我们说这是一个无罪的案子，县长掷地有声地表态说："好！你们要是能够把这个老板救出来，就是为我们黄岩的地方经济发展作出了重大的贡献！我们黄岩人会记得你们的！"我记得非常清楚，案子开庭的时候，县法院最大的审判庭挤满了旁听的人。法院那时都是平房，为了满足旁听的需要，开庭时将窗户打开，窗外也都站满了旁听的人。旁听席在法庭下面中间的走廊，走廊上还放着一把藤椅，开庭前县长走进来坐在这把藤椅上旁听此案，当地政府官员来旁听一个案子，在我记忆中也是绝无仅有的。开庭的效果很不错，经过我们努力，这个案子一审法院判处被告人2年有期徒刑。但我们并不满意这个结果，之后我和朱树英两人又为这案子的上诉做了很多努力，二审我们仍然坚持发表无罪辩护意见，最终二审法院采纳了我们的观点，依法宣布被告人无罪。

▲案件胜诉后，朱树英律师（右）和翟建律师（左）在黄岩县合影

这是我和朱树英的第一次合作，这个案子也是我辩护生涯中所获得的第一个无罪判决！当时的一些报纸、杂志也对我和朱树英进行了报道。此案最终能够获得无罪判决，我的助手朱树英功不可没。所以说朱树英是“福将”，一点儿也不过分。他确实是做律师的天选之人，他在法律方面的天赋，集中体现在办案嗅觉与胆识、能言善辩、妙笔生花，而他的刻苦努力、勤奋好学，以及坚持不懈的精神，也确实给我和当事人都带来了胜诉的底气和好运气。

三、得意“福将”助力翻盘多个死刑判决

就在这个案子胜诉的同年，我接了一个一审法院已经判处死刑的案子，而且是立即执行没有缓刑。我本来并不想接，原因是判死刑的案子总归是有它的道理，刑法规定，死刑只适用于罪行极其严重的犯罪分子，不会毫无道理就判死刑立即执行的，所以我也没有把握自己能把被告人的命保下来。另外，虽然那个时候律师收费不高，但与当时社会上的普通收入相比，律师费不算低，如果接了案子收了费，又没能扭转死刑判决的结果，多少

有点儿让人家人财两空的味道，所以我并不想接。但由于被告人的朋友特地从遵义买站票到上海，双脚都站肿了，我被这样的朋友情谊所感动。同时被告人朋友告诉我，一审开庭的时候被告人问法官："我的律师呢?"法官说："你要求法院为你请律师的这个申请我们已经收到了，我们也转告了遵义地区的司法局让他们给你安排律师。但我们当地的律师都表示没有人愿意为你辩护。所以今天你没有律师，你自己为自己辩护吧。"被告人很可怜，因为没有律师所以在法庭上从头到尾保持沉默就没再说过一句话，法庭当场就作出判决，判处死刑，剥夺政治权利终身。其实当时的《刑事诉讼法》明确规定，对于这种可能判处死刑的被告人必须有律师。他自己不请律师，法院也有义务指定律师为他辩护。现在的情况恰恰是他自己要请律师，而法院却没有给他安排，或者说没有安排到位。而他没有律师这在程序上是违法的。根据《刑事诉讼法》的规定，二审发现程序违法的案件，须撤销原判发回重审。

于是我便代理了该案，之后我和朱树英一起到遵义办理该案，经过阅卷和调查，我们发现公安机关曾对被告人采取刑讯逼供、检察官违反回避规定等程序违法的情形。我和朱树英绞尽脑汁查找被告人被刑讯逼供的证据用来排除非法证据，经过不懈努力，当时看守所的所长被我们感动表示愿意出庭为我们作证。所长给我们做了这样的证言"他确实每次回来都被打得很厉害"，后来他不得不下了一道死命令，以后这个人绝对不允许再被带出看守所审讯。之后我们做了笔录，所长也签了字，到现在我都特别感激这位所长。

后来被告人还告诉我们："我这个案子的公诉人是当地检察院的副检察长，他女婿是共犯倒没什么事儿，而我承担了主要责任。"当时我和朱树英两人听了都大吃一惊，女婿涉案，公诉人理应回避。那当务之急就是如何证明这层关系。

我们甚至想过到派出所去查副检察长的户籍，但转念一想，觉得这样并不妥，第一，人家给不给查尚属疑问；第二，查了以后会不会立即就传到这位副检察长耳朵里；第三，女婿和岳父的户籍也未必在同一个户口本上。商量下来我们决定深入虎穴，直接到工厂里去找公诉人的女婿，看看能不能有所突破。我们两人拿了介绍信就跑到公诉人女婿所在的单位，要求找这个人调查取证，当时工厂也很配合，将这个人找来让我们调查。我们先聊一些轻松的话题稳定对方情绪，让他觉得我们只是例行公事的调查，后来说到得意之处公诉人女婿就说："哎呀，他这不是找死吗，对吧？"我们问："听说那个公诉人是你岳父？"他说："是呀，是我岳父呀。"我们把这些重要的谈话内容做成笔录后叫他签了字。朱树英跟我商量："这样吧，咱俩赶紧跑吧。万一这个女婿回过神来告诉了他岳父，我们好不容易获取的这份证据就相当危险。"于是，我们两人护着证据直奔火车站，"逃离"了遵义。

回到上海，我特地写了一份反映该案违法情形的情况报告递交给贵州省高级人民法院，我用了这样一句话"这是一个集程序违法之大全的案子"。贵州省高级人民法院就此作出裁决认定该案存在程序违法并撤销原判发回重审。这也是我办案生涯拿到的第一份明确载明"事实不清，证据不足，程序违法裁定发回重审"这一行沉甸甸字样的二审裁判文书。

当时朱树英也很兴奋，还就此案写了一篇很长的文章叙述了这个案子，最后发表在上海的报纸上。当时的信息渠道很少，能发表在报纸上的新闻绝非小事，并且极有可能借助纸媒影响力而被广泛传播。实际上我们办这样的案子是有些危险的，于是我们后来又在报纸上发布了一则声明："我们在当地办案得到了有关部门的支持和配合。"终于，功夫不负有心人，也不枉我们两人"出生入死"，此案后续历经重审，最终被告人从死刑立即执行被改判为有期徒刑。尤其让我印象深刻的是随着那一份签字打印的判决书，审判长还给我们俩写了一封信，表示在我们身上学到了很多东西。这真是一个和谐的法律共同体！

作为律师，在我的执业经历中，相信也是朱树英律师的执业经历中，第一次将一个判死刑立即执行的判决彻底推翻，是我和朱树英两人第一次通过专业的法律知识帮助当事人全面翻案共同挽救了一条性命，这就是我觉得跟朱树英在一起办案的幸运和福气。因为这个案子，后来还有很多当事人慕名找到我们，后面第三个案子也是在遵义，也是一审判处死刑立即执行的案子，我们俩接了案子。幸运女神再度眷顾，最后那个案子的被告人也被我们挽救了性命。所以我说朱树英是“福将”，既没有说错也不过分。

四、德才兼备的“福将”必有超凡之处

忆往昔，因朱树英这员“福将”，我与朱树英一起办理刑事案件期间的回忆都是非常愉快并卓有成效的。朱树英在跟我办刑事案件的同时，还跟着当时法律系民法教研室的邹传安老师和研究民事诉讼的石峰老师办理民事案件。他还每每带来意想不到的惊喜——早在 1988 年 10 月，他推荐我和他一起担任由联合国开发计划署等国内外机构联合在上海举办的“第一届国际人力资源发展与评价中心学术会议”的法律顾问，后来又一起担任了由外交部原部长黄华担任会长的中国三 S 研究会（中国史沫特莱、斯特朗、斯诺研究会）的法律顾问。

▲朱树英（左一）和翟建（前排右数第三位）在“第一届国际人力资源发展与评价中心学术会议”担任法律顾问

多年后，朱树英的“运气”还是不错，“福分”仍然笼罩。2006 年上海市评选首届“东方大律师”，评选采取自我申报、普通海选方式，申请者近 3000 人。经过一轮又一轮的筛选和淘汰，最后选出十名首届“东方大律师”，我和朱树英一路经受严峻考验，师徒俩双双榜上有名。

俗话说，机会总是留给有准备的人，朱树英之所以为“福将”，这与他超凡的勤奋密切相关。朱树英确实有卓尔不群之处，给我留下深刻印象的是他的勤奋、敏锐、聪慧、好学，我相信但凡和他共事过的人也一定会有这个印象。我认为他的勤奋一般人确实比不了，正是由于他的勤奋，带给他好的“运气”，成就了今天的朱树英。

朱树英拥有超凡的意志力，每天早睡早起，四五点钟就起来伏案学习工作，并坚持了几十年。我曾打趣地说，他三十几岁就过上了老年人的生活。他几十年如一日地勤于写作和记录，和他搭档的时候，他永远随身带着个小本子且将计划做的事情都一一记载在上面，做好后再逐一划掉，小本子常常被记得满满的，按他的说法是好记性不如烂笔头。他一空下来就会写文章，有的发表，有的编纂成书，目前已著作等身。我也不知道他在这些年中共计写了多少书，《建设工程法律实务》《房地产开发法律实务》《工程合同实务问答》《墨斗匠心定经纬——房地产疑难案件办案思路与执业技巧》《苦寒磨砺筑方圆——律师演讲技能提升之道》《责任与使命——担任上海市政协常委十年的六十个提案》《未雨绸缪控风险——施工合同证据“两分法”及管理“三要诀”》《工程总承包实务问答》等书都是他的专著作品，朱树英勤于笔耕、著书立说真的惠及了整个律师行业。我在他的影响下，也开始写书、出书，目前出版有一些作品。

朱树英律师的勤奋，给他带来了“好运气”，如今朱树英已然是建设工程法律领域“先锋级”律师，为拓展中国律师在建筑房地产领域的法律服务作出了巨大的贡献。这个时代赋予律师的标签太多，法律不是僵死的条文，而是活着的力量！社会不仅需要这种力量，更需要像朱树英这样对专业孜孜以求、对法治构建作出卓越贡献的律师。我们必须看到正是由于这种力量支撑着我们一代又一代的法律人不忘初心，坚持心中不灭的信念！

▲朱树英个人部分专著一览

作者简介

翟建，北京大成（上海）律师事务所高级合伙人、刑事部主任，专攻刑事辩护业务，是上海乃至全国具有专业特色的代表性律师之一。曾先后获得上海市“十佳刑事辩护律师”、“全国十大优秀刑事辩护律师”、“全国优秀律师”、上海市首届“东方大律师”等荣誉称号。

翟建律师在办案中坚持理性辩护、有效辩护的理念，着力化解社会矛盾，致力于推动刑事律师职业发展，为建设和谐社会作出贡献。

08 挥不去的建工情和同行缘

朱洁士

引 言

上海建工创立60周年之际，我曾跟你约过一篇稿子；而今建纬律师事务所创始人一甲子专业积淀与引领开始征稿，我也投稿一篇，算是以文会友，接续情缘。

本篇文章的作者朱洁士先生，其历任上海市第八建筑工程公司党委副书记、上海建工集团党委办公室主任等职。作为朱树英曾经所在单位的领导，朱洁士先生坦言，真正了解朱树英恰恰是在“分别”之后。当时已然“华丽转身”的朱树英与老东家又如何产生了联结，纵使有隔行相望的距离，我们也依然能够实现跨界融合，继续同行。

▲朱洁士

在朋友圈里看到建纬律师事务所公众号《与朱树英同行》的征稿启事，不由得想起我当年找朱树英约稿的往事，与朱树英交往的点点滴滴也就浮现在脑海中，心想应该写些东西，但又无从落笔。朱树英的业务成就众所周知，他早年在企业刻苦钻研技术、认真对待工作的形象和感人故事，上海市第八建筑工程公司（以下简称八建公司）的刘东平和宣学明两位已撰文做了详细生动的刻画。我是1985年3月调到八建公司担任党委副书记的，后于1989年8月又调到建工局，其间有4年半在八建公司与朱树英一起共事。之后我们虽然不在一起工作却也一直联系和交往，朱树英那挥之不去的建工情怀和故地情结，给我留下了深刻印象，这正是我在本文中想说、想写的。

一、不忘初心、不忘出身的八建情结

1985年3月，我被调到八建公司担任党委副书记，公司宣传科归我分管，所以我也就近距离地接触到了朱树英。那时“虹桥机场会战”已经结束，但朱树英在工地上搞宣传工作的事迹常有耳闻，大家纷纷赞赏他那种忘我的工作精神和出色的组织能力、文字功底。据说他之所以调来公司当总经理秘书正与此有关。出于对文字工作的同样爱好，我不由得对这一话题产生了极大兴趣，于是我调出了八〇六工程队之前的上报材料，材料后面还附有彩色照片。看到1年前朱树英在虹桥机场改扩建项目负责工地劳动竞赛的宣传报道的成功经验，看到由他负责的工地黑板报文字报道深受广大一线工人的欢迎，看到当时八〇六工程队团总支书记负责配画的、夜以继日大干快上的火热工作场景，我才真的了解到做好工地宣传工作与创造“上海速度”的因果关系，同时也不禁对朱树英的工作热情和动手能力产生了好感。

▲朱树英负责的工地黑板报大受欢迎

朱树英调来公司时已一边在公司给领导当秘书，一边在上海大学文学院的律师培训班就学，后来就在经理办公室兼管起公司的合同管理，再后来，朱树英考取律师资格后，公司在整个施工行业率先成立了企业法律顾问室，朱树英先后担任副主任和主任。由于受到专业系统的法律培训，他当时就敏锐地觉察到企业加强合同管理的极端重要性。所以在负责公司法律事务后，他就提出建立合同洽谈、审查、批准相分离的动态管理机制；提出要加强工程项目基础管理资料，注重第一手证据的积累等建议，对加强公司的基础资料和合同管理发挥了积极的推动作用。我调离八建公司前，公司党委宣传科和法律顾问室开始合作全面总结公司的合同管理经验。1989年9月，公司在进大门的长廊推出系列的专题宣传资料，八建公司的合同管理经验在公司上下引起强烈反响。

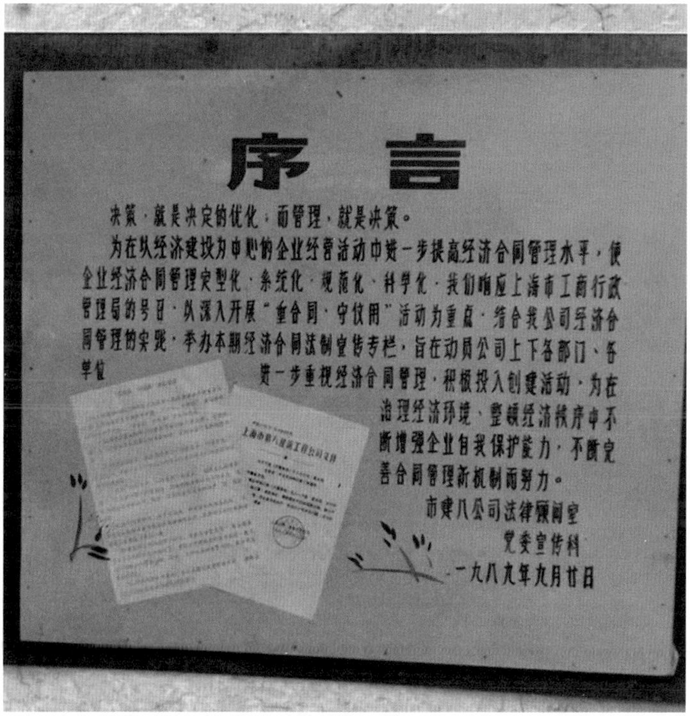

▲八建公司专题宣传资料：全面总结公司的合同管理经验

朱树英离开八建公司已有30多年，这期间他的事业越做越大，也有了一定的社会影响力。但他对早年的同事、曾经给予他帮助的朋友，一直都放在心上。他业务繁忙，有人曾戏称他是“要么在法庭或飞机上，要么在去法庭或机场的路上”，但他从不忘培养他成长的八建公司；即便他已成为上海市政协常委，也会介绍自己曾当过10年的小木匠。闲暇时会组织原八建公司的同事和朋友聚会。一次，为了按时参加中午的聚会，他特意买了深圳到上海的最早班机机票，拉着行李箱赶到聚会现场；另一次，为了能赶上班机，他让人在离机场最近的地方订了饭店，饭后马不停蹄地去赶飞机了。聚会上，我发现这是他最放松的时刻，没有了谈判桌旁的正襟危坐，没有了法庭上的针锋相对。席间有人会调侃年轻时的窘事，“欢喜冤家”之间的互怼，推杯换盏的酣畅淋漓，大家沉浸在昔日同事的默契、朋友的无间中。

同事朋友们都知道，朱树英很念旧。他从不忌讳自己是小木匠出身，相反他认为那是自己人生历练的第一站，“是个人成长的缩影和见证”，并以被称为“从小木匠到大律师”为荣。因为那里有他的“出窠兄弟”，有在工地上战天斗地的工友，有在实践中摸爬滚打的实践积累。是啊，八建公司、上海建工是他职业生涯的起始地，也是他的精神锚地、灵魂驿站。他从来没有忘记那里的朋友。

虽然朱树英已离开八建公司，但每当企业有法律问题，或者遇到重大的诉讼案件，首先就会想到请朱树英来帮助解决。老同事刘东平撰文写到八建公司2004年那个3638万元的拖欠工程款案件的一波三折，因为证据缺失可能造成企业重大损失的心惊肉跳，以及朱树英从废纸麻袋里找出有利的翻盘证据原件扭转乾坤的故事，让八建公司上下都深感庆幸。朱树英不愧是我们自己培养的律师，他对老单位的不变情结令人感动。

二、不变初心、矢志不渝的建工情谊

1989年8月，我调离八建公司到建工局（也就是后来的建工集团）党委办公室工作，与朱树英的接触变少了，偶尔会在机场邂逅，或在有关会场上相遇，但我始终都没减少对他的关注。看到他的事业有所进步，就会为他高兴；获悉他当选上海市首届“东方大律师”，会发个短信表示祝贺；每当听到他的律所乔迁之喜，而且是越搬越大，地段越搬越好，现在搬到了黄浦江畔的“风水宝地”，在欣喜之余也总会用不同方式表达庆贺之情。

工作交往中，最能深切感受到朱树英对上海建工的情谊。对于上海建工他也始终以“老娘家”相称，只要“老娘家”有需要，他都会第一时间予以回应。我每次请他来普法讲座授课，他都是不讲条件一口应允。1999年1月，集团指派朱树英负责开展一场关于企业加强合同管理方面的专题报告。此次报告在上海教育会堂举行，共有超过400名处级及以上级别的管理者参与听讲，包括石礼文局长在内的高级领导出席了此次活动。2012年11月，朱树英被集团委以重任，在集团的大会议厅举办了一场主题为“领导重视，提升特大型施工企业的法务能力和抗风险能力”的专题讲座。讲座吸引了400多名处级及以上级别的领导以及集团下属各单位的法务工作人员前来聆听。集团党委书记蒋志权亦莅临现场。这除了彰显集团领导对集团法务工作和合同管理工作一以贯之的看重，也足以看出集团上下对朱树英的认可和重视。

集团凡有疑难诉讼案必定会想到他，他都全力以赴，一般也都能取得比较理想的效果。1998年8月，当时建工集团下属的上海建设工程联合公司遇上一个重大诉讼，在上海已经一审败诉，被判决承担近7000万元的连带支付责任。由于这个公司正在办理注销手续，如果终审败诉，将会由组建方建工集团承担连带的实体责任。在决定向最高人民法院提起上诉以及选择律师时，领导们的一致意见都是委托朱树英代理，当时甚至有领导断言：如朱树英也不能使二审改判，那我们这个案件就无救了。朱树英代理了这个案件，最终，法院改判我方不承担责任，这给我留下极其深刻的印象。这个案件在上海一审败诉，似乎已经难逃败诉，二审上诉到最高人民法院，朱树英跳出具体的建筑法律法规，从民法的基本理论加以阐述，经最高人民法院专门组织国家级权威法律专家进行论证，他的观点得到了专家们的认可。最终最高人民法院进行了改判，为集团挽回了全部损失。

▲《最高人民法院民事案件解析：房地产案件专集》

上述案件的改判代表最高人民法院对房地产项目转让案件处理的裁判思路，1999 年 9 月出版的《最高人民法院民事案件解析：房地产案件专集》一书中收录了此案，并公开了最高人民法院对此案的评判意见。此案不仅为以后同类案件的审判提供了先例，也又一次展现了朱树英敢为人先的风采。我想起朱树英之前和翟建大律师在贵州承办的一起已判死刑立即执行、二审改判有期徒刑的刑事大案跌宕起伏，深感如若早年的他是有初生牛犊之勇，那这次所表现出的则是他宽阔的法律视野、娴熟的职业素养、缜密的逻辑思维和高超的办案能力。

集团领导也把朱树英当作“自己人”，只要有法律方面的事务，他都是首要选择的对象之一。一次，集团有个重要的职位需要由法律界人士担任，让我去听取他的意见。当我把集团领导的想法告诉他，他想也没想就一口答应。我提醒他说：“如果担任这个职务，你在建工集团的所有业务都必须停止。”他不假思索地回答：“没问题。”虽然后来由于多种原因，这件事没有最终落地，但他对建工集团的一片深情却表现得一览无遗。

2013 年年初，我正在组织上海建工创立 60 周年的征文活动，我去电向朱树英约稿。没多久，他就寄来了 2000 多字的稿件，题目是《喝水不忘掘井人　鲁班传人当自强》。文章中，他对上海建工的感恩之情浸透在字里行间。他写道：“在集团 28 年中培养的各种专业技能以及勤奋刻苦的精神，已成为我今天的宝贵财富；是上海建工集团将我培养成为国内建设工程和房地产领域专业律师的领头羊。”他还在文中提道，做一名好的木工和当一名好的律师有异曲同工之处，他认为木工师傅的墨斗线决定了所有木工活的横平竖直，而法律准绳就是律师的“墨斗线”，必须掌握专业的法律依据。他的文章发表后，在集团内部引起了较大的反响。

▲《我亲历的难忘事》之《喝水不忘掘井人　鲁班传人当自强》

如果说过硬的法律知识和丰富的行业经历是朱树英成功的硬件，那么他那份炽热的朋友情和对故地不弃的情结所表现的品格则是他朋友圈不断扩大的秘诀，也是建纬律师事务所开疆扩土的软实力。三十而立，建纬律师事务所应该借此机会认真回顾所走过的路，总结经验重新出发。盛世修志，目前建纬律师事务所有条件、有必要、有能力编纂自己的志书，发挥志书“存史、资政、育人”的功能，为中国建筑界和法律界留下20世纪90年代到21世纪20年代中国法制建设的珍贵史料，为后人留下一份宝贵的精神财富。

作者简介

朱洁士，1951 年生人。1968 年 11 月进入上海市第二建筑工程公司任木工，后任市建二〇六工程队党总支书记。1985 年 3 月任上海市第八建筑工程公司党委副书记。1989 年 8 月起任上海市建筑工程管理局（后改制为上海建工集团）党委办公室主任、宣传处处长，负责企业党建、思想政治工作、精神文明和企业文化建设工作。2011 年后任《上海建工集团志》编纂办公室主任，组织编纂完成了《上海市级专志・上海建工集团志》。

09 边学边教，传授真才实学；亦师亦友，熏陶处世为人

金政平

引 言

法条的晦涩在于，每个字你都认识，但放在一起你不一定抓得住重点；法律的深奥在于，每一句话你都会背，但放到生活中你却不知道该怎么用。这在某种程度上也就可以解释，为什么学法律要有老师来“讲”，从事法律工作要有老师来“带”了。本篇文章作者金政平先生，给大家带来的就是他与朱树英教学相长的故事，让我们一起来感受下朱树英这个带教老师是如何帮助学生做到“学思用”贯通的。

▲金政平

我叫金政平，今年 74 岁。原在单位从事财会工作，为提升自己的法律知识和理论水平，从 1985 年 7 月开始，我在上海电视大学杨浦区分校法律班就学。当时我们班一共有学生 50 人，

电视大学有看电视听课的内容，也有相应课程的辅导老师。电视教学内容是纯理论的，听起课来很枯燥，所以同学们更喜欢辅导老师的面授讲解。朱树英作为我们班的辅导老师，从第一学期婚姻法课程的临时代课老师开始做起。由于他备课认真、教学负责的精神和理论联系实际的风格深受同学们欢迎，于是在第一学年上学期中途讲了婚姻法课程后便被安排继续任教，下学期讲了劳动法课程；然后第二学年上学期讲了民事诉讼法课程，下学期讲了司法文书课程；第三学年两个学期又讲了民法通则课程。这样一来，他连续 3 年几乎讲了我们全部学科一半的课程，成为我们班事实上的班主任，并一直陪伴我们在读 3 年后毕业。

3 年在学期间，由于我代表同学不断要求校方极力挽留朱老师继续任教，而毕业后学做律师阶段也不断受到朱老师的带教和指点，朱老师理所当然成了我的恩师和挚友。

一、代课老师升任“班主任”

2018 年 4 月，我在网上看到朱老师出版了《苦寒磨砺筑方圆——律师写作技能提升之道》和《苦寒磨砺筑方圆——律师演讲技能提升之道》，我赶紧订购了一套，看到其中下册“律师写作技能提升之道”第 136 页载明，朱老师从 1992 年 5 月 23 日离开原单位到 2017 年 5 月 22 日的 25 年，在全国各地、各种场合讲课次数高达 1218 次。我不禁为恩师诲人不倦、“好为人师”的精神所感动，于是马上联想起朱老师办公室墙上悬挂的“律师之师”和“造价师之师”的匾幅，尤其是建纬律师事务所成立 15 周年时，由北京律师同行李晓斌律师事务所主任李晓斌送的“律师之师”的匾幅，得之谈何容易，但却又实至名归！每每此时，我都会真真切切地回想起 38 年前朱老师给我们讲课时与我们朝夕相伴的点点滴滴。

我们第一年的学科安排有一门课是婚姻法，由上海大学文学院法律系民法教研室主任邹传安教授讲授。我还记得当时是 11 月的一天，因为邹教授家里临时有急事，无法前来讲课，便换了朱树英老师来给我们上课。朱老师是延续邹教授之前已讲到的章节内容继续的，但他的讲课风格却与其他老师完全不同，他对课本上有的内容采取划重点的方法，让我们听明白重点和难点，具体讲解时又会结合他承办的婚姻案件的实际情况，把课本上的理论与司法实践结合，进行深入浅出的分析演绎，而且还会留出一定的时间让我们提问互动，帮助我们理论联系实际，达到融会贯通的效果。

偶然一次课间聊天，了解到朱老师之所以有着不同于“学院派”的教学风格是源于他丰富的人生经历：朱老师当时正在上海大学文学院兼职律师培训班学习，也是上海联合律师事务所第二分所的实习律师，是边学边教模式的老师。由于他当时是企业法律顾问室的主任，又曾经在企业做过5年老师，同时在黄浦区职工业余大学学习过4年中文，所以他对我们在职学习的学习要领和方法技巧比较熟悉，无论是在课堂上还是在生活中都更能贴近我们的需求。于是，同学们委托我向校领导提出要求，希望婚姻法的课以后就请朱老师继续给我们授课。

我们也知道这个要求有点不合情理，一方面担心邹传安教授不理解我们学生的想法，另一方面也怕为难了朱树英老师。没想到，邹教授高风亮节，丝毫没有不愉快，而且还把自己已完成备课的婚姻法教义全部交给朱老师继续使用。据我所知，为了解除朱老师的顾虑，他还主动表示他自己同时在多个区的电视大学教课，本身时间上也确实难以安排，希望朱老师不要有任何顾虑，能够代表法律系的老师讲好该学期剩余的课程。就这样，朱树英从代课开始，成为我们的正式辅导老师。由于我们班同学大都来自企业，本职工作都比较繁忙，而来读法律班就是为了提升自己。所以，我们对老师讲课要求也比较高，即老师不能照本宣科，不能枯燥无味，希望老师能多讲案例，多讲实操。

二、挑剔学生造就“真导师”

记得朱老师给我们讲婚姻法时，常会结合自己的办案实践讲一些生动的案例，寓故事于法理，以提高我们的实操能力。有一次，在讲到“离婚诉讼如何确定诉讼请求”时，朱老师说起自己代理的一个真实案件：当年上海一批知青去农垦援疆，有朋友三人（二男一女，分别为甲男、乙女、丙男）一同去了新疆阿克苏。其中甲男和乙女是恋人，到新疆后就结婚了，并育有一子。后来甲男因激情杀人被判死刑，在丙男探监时，甲男将老婆孩子拜托丙男照顾。后丙男在照顾乙女母子数年后，与乙女日久生情，同时因打听不到甲男死刑执行情况，遂与乙女同居。此去经年，他们一家三口顺利回到上海一起生活，数年后发现甲男也回到了上海。原来，他一审被判死刑后经二审改判死缓，因在劳改期间表现良好获得减刑，现刑满释放回到上海。于是丙男毅然决定主动退出，让甲男与乙女母子一家团圆。但因无法办理离婚手续（当年是直接同居没有办理结婚手续），于是慕名找到朱老师咨询。这是一起离奇的婚姻案件，朱老师在课堂上问大家：本案该如何确定诉讼请求？同学们兴趣十足、议论纷纷。朱老师最后揭晓谜底：他是以“脱离同居”为案由提起离婚诉讼，案件最终以调解结案。朱老师结合自己的办案实践，其理论联系实际的授课方法让同学们深受启发。

因为电大班要参加全市统考，我们在学习时，还会要求老师在期末陪我们一起参加全市统一的电大学期复习课，帮助我们提炼重点，应对考试。对于这一切，朱老师都欣然接受了，并帮助我们一同度过了这段“艰难时期”。我们庆幸在电大班遇到了一批认真负责的好老师，除了朱老师外，还有给我们讲刑事诉讼法的华政叶青老师，他比朱老师年轻，但对我们也非常负责，非常友好，他们都是我们要铭记一生的好老师。

一学期的学习很快结束，朱老师专门给我们进行了全部课程内容的总结复习，帮助我们迎接全市电视大学婚姻法的统一考试。由于朱老师学期总结复习的重点突出、要领明确，我们全班同学都顺利通过了考试。所以，同学们再次推举我向校领导提出，希望朱树英老师能够继续做我们其他课程的辅导老师。由于学校和朱老师本人都同意，所以在之后的3年里，朱老师又先后给我们辅导讲授了学制分别为一学期的劳动法、民事诉讼法、司法文书课程和学制为一学年的民法通则课程，成为我们班辅导授课最多的老师。朱老师的民法通则课讲得特别生动，特别好记。由于学生们的口口相传，他这门课除了在我们学校辅导以外，又被上海虹口区和静安区电大聘为辅导老师，这门课他就这样同时讲了三遍。朱老师早年在企业当过5年教授语文的专职教师，之后又陪伴我们3年，讲了多门法律课。而他能够在我们这批如此挑剔的成年学生中站稳脚跟并获得一致好评，和他自己不断总结法律教学经验密不可分。他之后几十年如一日地在律师行业和建筑行业跨界讲课并游刃有余，其基础也正是这3年积累起来的。作为朱老师最早传授法律课程的学生，我们也深感荣幸和骄傲。

▲朱树英（右）与金政平（左）

三、特殊待遇的“毕业生”

在电大求学期间，虽然我先后两次代表班级向校方申请要求挽留朱老师继续带教，客观上朱老师也的确因此成了我们事实上的“班主任”，但这纯粹是顺应民意，不存在什么偏帮和私心。但朱老师却一直记着我的

"好"，即使在我毕业后还对我关照有加，让我享受了"不是助理的助理"待遇。朱老师一直说：为人要厚道，要记恩；你敬我一尺，我敬你一丈。他还常说，后来讲过那么多课，受众都是成人，也正是由于他在我们班了解了授课需求，积累了给在职成人讲课的丰富经验，此后他在给律师和建筑行业各种人员的讲课中广受好评，曾先后被授予"律师之师"和"造价师之师"的荣誉匾幅。

这么多年，朱树英老师和我们同学的师生情谊还一直在延续。彼时他已成为建纬律师事务所主任，是上海乃至全国闻名的建设工程和房地产领域的专业律师，但还是非常关心我们这些学生。我毕业后在单位升任专职审计工作，后调任上海宝山区司法局办公室主任，1995 年又被派往宝山区律师事务所任主任。我们班先后有我、厉明、马德辛和方顺林四人都成为律师。大家和朱老师一直保持着联系，遇到专业案件都时不时请教朱老师，他也总是不厌其烦地回复我们的各种专业问题。我虽然并不是朱老师的助理，但他一直记挂师生情，像对自己助理那样对我进行带教。早在 1988 年年初，在朱老师的协调下，我有幸和上海联合律师事务所合作办案。这是我当律师后第一次办刑事案件，为杨浦区人民法院审判的一个刑事被告人当辩护律师，那也是我第一次在法庭上发表辩护词。朱老师全程带着我去法院看案卷材料，去看守所会见被告人，告诉我律师办理刑事案件应该注意的事项，并且告诉我当初他跟翟建大律师学刑事辩护时，翟建老师是怎么带教的。只是由于这个案件比较复杂，辩护词是朱老师执笔完成的。

之后，我又跟着朱老师在徐汇区人民法院办理了一个民事案件，这一次是给原告当代理律师。根据案情，朱老师指导我如何收集相关的证人证言，制作笔录向法庭证明待证事实，从而获得法院的采信。还有一次，我在安徽办理一起刑事辩护案件，需要到看守所会见被告人，并制作会见笔录。由于案情复杂，需要两名律师同时会见，而朱老师也不厌其烦地和我一起去了当地看守所，这是我第一次当面听取嫌疑人本人对案件事实发生的全过程进行案情陈述和自我辩解，特别有利于我对案情进行全面分析并确定辩护思路。就是从这么基础、这么平常的案子开始，朱老师手把手地带教我，悉心指导，这为我成为一个称职的律师，以及之后的提升发展安上了翅膀，打下了基础。所以在1995年，我被宝山区司法局派到国办所宝山律师事务所担任主任。

▲朱树英（右）和金政平（左）在上海市宝山律师事务所

我通过电视大学法律班的学习取得法律大专学历，并通过律师资格考试成为一名专职律师。在就读法律和律师初学阶段，在学业上目睹了朱老师严谨治学，对学生的随和、谦逊和真诚；在初任律师阶段得到了朱老师认真、专注和独到的办案经验的指导和带教。从朱老师身上学到的业精于勤、行成于思，以及笔耕不辍、锲而不舍的专业精神让我终生受用，也终生铭记。

作者简介

金政平，1967年在上海市鞍山中学初中毕业，1975年回沪从事装卸工作。1978年学习工业会计专业后，从事财会工作。1985年取得会计师资格转入基建项目审计岗位，同年学习法律专业。1990年调入宝山区司法局任办公室主任。1995年转入国办所（上海市宝山律师事务所）从事专职律师工作，并担任律所主任。

10 同行、相望皆是激励

丁晓文

引 言

为什么全球火爆的综艺还是“真人秀”类的节目，原因很简单——就是那个“身边的你”都能登上属于自己的舞台，那是否意味着“我也行”！大约就是这种所谓“代入感”产生的情绪价值，让更多普通人敢于否定自己，然后突破自己，最终成就自己。

本篇文章作者丁晓文先生作为当年和朱树英同为上海建工局范围内首批通过律师资格考试的“吃螃蟹”的人，就是这样一位从普通走向不普通的人。且看在他的职业走向中，朱树英扮演着一个怎样的角色，又将和我们分享一个怎样的“同行人”的故事。

▲丁晓文

我是一名“老三届”① 退伍军人，原在上海建工系统下属

① 指1966届、1967届、1968届三届初、高中学生。

企业上海市机械施工公司工作，20 世纪 80 年代中后期，半路出家进入律师队伍。在人生重要的转型时期，我有幸结识同在建工系统，同时成为兼职律师，而又年龄相仿的朱树英。回首过往的 30 多年，在专业法律服务领域，我常常会将朱树英和他所在的建纬所当作对标来思考专业发展的问题，而我们亦一直保持着相互激励、相互促进的友谊。

一、“转型”路上有你有我

坦白地说，在我们这代人的理想职业中，从未有过律师这个选项。步入律师行业之前，我对律师这个职业知之甚少，仅有的一些了解也源于小说和电影。当然，我更不会想到，有一天我会与“律师”有什么关系。

但突然有一天，我发现身边非常熟悉的人（同厂的老工人张国飞“专业归队”）去做了律师，这才让我也开始对律师这个职业有了关注和向往。和朱树英考入上海大学文学院 2 年制律师培训班不同，当时正在读电大的我，参加的是法律函授班和一些培训课程，以此为我的律师梦插上现实的翅膀。1986 年 2 月，上海市司法局根据司法部的授权组织了律师资格的试点考试，我有幸通过了这次考试。凡是通过考试的人，都由上海市司法局核发了“准予担任律师”的“通知书”，这与之后通过司法考试由司法部直接发证的方式是不一样的。这次律考改变了许多人的命运，其中就包括我和上海市第八建筑工程公司的朱树英、上海市第二建筑工程公司的徐燕春，我们 3 人也成为当时上海建工局首批企业中的兼职律师。

在此后建工局系统的“普法”工作中，我们 3 人又成了局法规处和宣传处的“香饽饽”。由于经历相似，年龄相仿，又常常因为工作而有交集，我们很快成为无话不说的好朋友。不久，上海举办干部法律知识电视竞赛，建工局按上级要求应派出 5 名人员组成团队，而我们 3 人又临时客串起这个团队的教练。

事实上，在各自开始承办案件时，我们 3 人就经常互相帮助、互相激励。1987 年 12 月，在上海市第四律师事务所执业的徐燕春担任了当年上海滩“于某戈杀人案”中包庇犯徐某宝的辩护律师。这件案件影响巨大，庭审过程被上海电视台全程直播。我和朱树英作为徐燕春的律师朋友，连续好几天一起参加案情分析、核对证据以及庭审应对等的商讨、研究，并看着徐燕春一步步确定了辩护思路。事后我又在庭审现场，亲睹了于某戈辩护人郑传本大律师的精彩辩护和徐燕春在庭上的不俗表现。通过对这个重大案件的全方位参与和近距离观察，我们的办案能力也得到了明显提高。

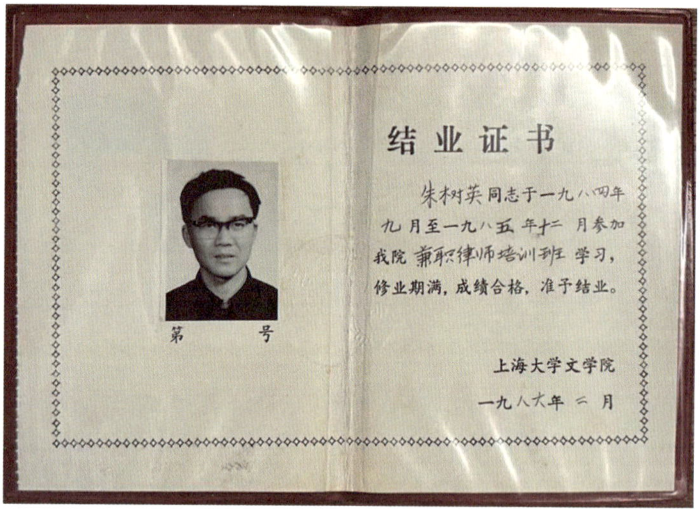

▲朱树英通过上海大学文学院 2 年制兼职律师培训班，迈上律师进阶之路

二、“同行”途中相望相惜

在那个特定的年代，我与朱树英等人在参加上海律师资格证试点考试前，就以“律师工作者”的身份进入了律师事务所实习。那时朱树英在上海市联合律师事务所，师从翟建律师。由于朱树英办案认真，勤于思考，还常发表一些专业文章，很快就小有名气，并能够独当一面了。我最初则是在闸北区律师事务所实习，师从易伟老师。通过律考后，市司法局向我

们颁发了律师资格证书，并在征询个人意见后，向我们希望去的律师事务所出具了见习律师推荐信。如我所愿，我来到张国飞大律师担任主任的上海市第六律师事务所。记得当时朱树英遇见我，笑着对我说：“我们现在是见习律师了。”不过，在我们拿到律师执业证前，判决书上我们署名的身份仍是“律师工作者”，我们那时仍是兼职律师。

1988 年下半年，我正式向我所在的上海市机械施工公司提交了辞职报告，并再次参加了司法部组织的全国律师资格考试并获通过，1989 年我正式成为一名专职律师。我们这代律师刚开始执业的时候，办理的主要是民刑案件，并未有明确的专业分工要求。在我与朱树英交流中得知，他虽然仍是兼职律师，但在单位任法律顾问室主任，主管企业各类合同的签约和履约管理，并经常为本单位的专业课题服务，已积累了比较丰富的专业法律服务经验。慢慢地我觉得，自己也应该向专业律师方向发展。那时候，我和朱树英等人就萌生了一起创办一个专业所的想法，还记得当时我们就聊到过，可以用“建设”两字作为所名，这样更显专业特色。

1992 年，当时上海建委主要领导提出，能否组建一家既归属司法局领导，又接受建委行业指导的律师事务所？于是在建委政策法规研究室的具体组织下，在市司法局的支持下，组建了一家特殊的专业律师事务所。所内律师多来自系统内的兼职律师，鉴于朱树英当时的工作身份，并已有一定的领导经验，于是他就被任命为这家新所的主任。1 年多后，这家被命名为“上海市建设律师事务所”的专业所（建纬所的前身），已在圈内风生水起，让我非常欣赏和羡慕。

在之后的几年中，我还曾受朱树英所邀，短暂加盟过建纬所。再后来，因为种种原因，我又与志同道合的范为之、陈午雄和王萍等几位律师共同组建了“上海市中建律师事务所”，开启了自己的下一段发展之路。记得 1999 年，司法部一位司长到上海考察，还专门来到我们所，对我说：“听说，上海房地产建筑法律服务圈有三驾马车：‘建纬、中建、虹桥’。”正如这位领导所言，在此后很长一段时期，我们这三家律师事务所都做得有声有色。只是后来，虹桥所人事更替，有起有落。我们中建所，因客户多元，就有了发展成综合所的倾向。而建纬所，在朱树英的带领下，始终坚持专业所的法律服务方向，咬定青山不放松，因此，也一直占据着建设法律服务的制高点。从上海律师第四届代表大会开始，朱树英即入选理事会，不久即领衔上海律协的“建筑房地产法律研究委员会”。正因为中建所与建纬所专业服务的不同优势，2001 年，时任律协副会长的吴伯庆老师（金茂所老主任）提议，律协新设“项目建设与项目融资法律研究委员会”，并由我担任主任。

▲丁晓文与上海市中建律师事务所

三、“立业”归来反哺社会

我和朱树英这批近 40 岁才成为执业律师的人，都有比较强的使命感和责任心，也很珍惜这难得的机遇。虽然后来我们不在同一个单位工作，但大家始终关心着彼此的动向。我经常看到朱树英到处讲课的身影，也为他取得诸多荣誉感到高兴。我们这代人也特别懂得感恩，事业小有成就后，总想着能够为社会回馈些什么。所以我们分别参与了市政协和区人大的参政议政工作以及专业领域的学术活动，在不同场合相遇时我们彼此之间总会有一种亲切感和默契感。

朱树英从 2003 年开始到 2012 年，担任了上海市政协第十、十一届委员。他告诉我，每年他都撰写多个提案，10 年间共提供了 60 多份提案，内容清一色都是有关城乡建设中的问题。他的提案质量高且有针对性，先后有五个提案获得了市政协的“优秀提案奖”，其中一个还荣获“优秀提案特别奖”。而我则从 2002 年开始，担任了两届黄浦区人大常委会委员，并被聘请为区政府法律顾问和区委书记法律顾问。

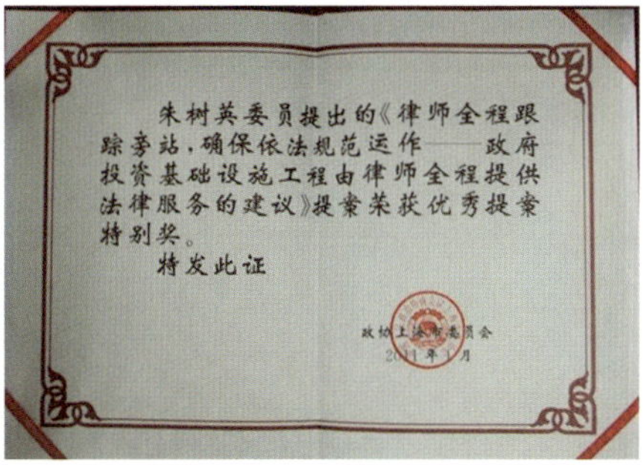

▲朱树英的提案获得上海市政协“优秀提案特别奖”

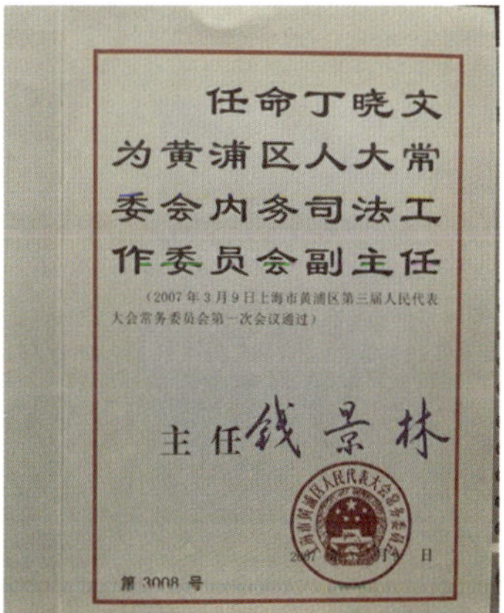

▲丁晓文担任黄浦区人大常委会内务司法工作委员会副主任

作为相识多年的老朋友，有时我会半开玩笑地对他说："像侬介卖力，阿拉吃勿消。"（上海话，大致意思是"像你这样卖力工作，我们可吃不消"。）但事实上，作为深耕多年的专业律师，我们都深感理应为社会多做贡献，让当事人少走弯路，这是我们的应尽之责。此时，忽然想起朱树英在给我发的微信中有过这样一联诗句：莫愁前路无知己，同根生花相映红。共勉之。

作者简介

丁晓文，上海邦信阳中建中汇律师事务所终身合伙人，复旦大学法学硕士，高级律师，上海国际经济贸易仲裁委员会（上海国际仲裁中心）仲裁员。曾任上海市中建律师事务所主任，上海中建中汇律师事务所首席合伙人，黄浦区第二届、第三届人大常委会委员。第六届、第七届上海市律师协会理事，上海市城市发展信息研究中心特约研究员。

11 一根针穿起千条线 牵头抓总创新突破

刘建德

引 言

在体制内单位做过行政管理工作的，或多或少都有过这样的体验——上级部门下发一纸红头文件，明确要求限时开展某项工作，但具体的工作要求、实现途径可能都没有“明示”。这时考验的往往就是基层单位的“管理创新能力”和“提炼总结能力”。本文作者就是一位“上级主管部门”的代表，作为曾经上海市徐汇区工商局主抓企业合同管理的刘建德先生，将为我们呈现的是作为企业中层管理者的朱树英，面对新的工作要求时，是如何创新管理模式、开拓工作思路的，最后又形成了哪些可复制、可推广的工作经验？让我们一起听刘建德先生娓娓道来。

▲刘建德

我是刘建德，今年70岁。20世纪八九十年代，我先在上海市徐汇区工商行政管理局任合同管理科科长，主管合同管理工作，后调任上海市工商局任合同管理处处长。全民所有制的上海市第八建筑工程公司（以下简称八建公司）办公地就在徐汇区，归我局管辖。当时的八建公司有土建、安装、装修工程队以及木材仓库、公司集体性质的三产企业等14个基层单位，员工人数6000多人，公司的合同种类多、专业要求高、管理难度大，是我们局按照当时市局要求开展“重合同、守信用”活动的“重点户”。该公司在1984年年底就开始筹建企业法律顾问室，由当时的公司总经理秘书朱树英负责筹建，并探索由法律顾问室负责企业的合同管理模式，这在当时的建筑行业由计划经济向市场经济转型、建筑行业的深入改革中是一个首创，成为当时全市开展企业“重合同、守信用”活动的一个成功典范，也因此让我对八建公司和朱树英的合同管理及其经验，产生了更多的关注和重视。

▲上海市工商局旧址（现为上海市市场监督管理局）

一、在计划体制转型中建立一支合同专管员队伍

1984年9月18日，国务院颁布我国建筑业全行业改革的《关于改革建筑业和基本建设管理体制若干问题的暂行规定》（已失效）。同年，国家工商行

政管理局①在全国范围内开展“重合同、守信用”活动，并提出创建“重合同、守信用”单位的六条标准，其中第一条即“企业有切实可行的合同管理制度，有专、兼职机构和人员管理合同”。创建“重合同、守信用”工作在建筑行业开展难度很大，传统的计划体制下的建筑行业生产任务由上级统一安排，建筑材料统一购买，企业人员统一招收、统一调配，许多工程都不签订合同，尤其是重大工程往往以任务书方式下达，企业没有合同管理部门，也没有相应的管理人员。因此，在建筑企业开展“重合同、守信用”活动，是我们工作的重点和难点。然而，我们辖区内的八建公司却把这项工作开展得有声有色，给人以耳目一新、一枝独秀之感。当时对口分管的我局工作人员徐颖向我汇报后，引起了我的浓厚兴趣，决定去该公司做一番实地调研。

我第一次去八建公司调研大约在 1987 年年初，接待我的是当时主管合同工作的法律顾问室主任朱树英和 2 名工作人员，以及各基层和科室单位的合同专管员，共 20 多人。据悉，当时的八建公司法律顾问室有 3 人，主任朱树英是公司自己培养的熟悉企业经营管理的法律人才，之前当过公司总经理的秘书，后来到上海大学文学院法律系参加律师培训班，并通过了律师资格考试，成为公司培养的第一个律师；另外 2 名工作人员，其中一个是由公司安排从原组织科调来，另一个是华东政法学院毕业的本科生。

其实我更感兴趣的是公司 20 多个来自各基层单位的合同专管员，要知道，八建公司有 10 多个基层单位分散在全市各处，每个单位都有各自需要签订、管理的合同，各科室也有各自分管的合同。朱树英从企业实际情况出发，报请公司领导同意后，把各基层主管单位公章的办公室主任以及各科室确定的一位工作人员，都任命为合同专管员，成为各基层、各单位兼职的合同管理人员。他们的基层和科室分管合同工作归口法律顾问室统一

---

① 现为国家市场监督管理总局。

管理，从而建立起一套专、兼职结合的合同两级管理制度。他们的做法解决了很多企业缺乏合同管理人员的困惑。

不过令我不解的是：基层办公室主任既不懂法律，也不懂合同管理，他们怎么能承担具体的兼管合同的工作呢？朱树英介绍说：这样的体制机制，主要是考虑各基层单位管印章的办公室主任一般都是党员，政治觉悟高且比较可靠，而公司的印章管控不严往往是发生纠纷的一个关键原因。至于他们缺乏法律知识和合同管理经验，完全可以通过专业培训来解决。我们的做法是每季度定时轮流到各基层组织一次合同履约情况的巡回检查，要求全体合同专管员都参加。公司法律顾问室会根据巡检中发现的问题进行有针对性的法律培训，并要求各单位限时整改。随着每季度的合同履约检查发现的问题被及时整改，以及通过对合同专管员进行有针对性的培训，基层单位的合同管理能力明显提高，公司的合同管理逐渐进入良性发展阶段。

至于公司是基于什么原因或考虑建立合同专管员队伍的，朱树英坦言：建立这套管理制度的缘起是公司发生了一起受贿案——之前公司技监科有个分管施工现场电力设备的59岁主办科员，利用自己职务之便，与南汇一个校办企业签订合同，购进1000多个现场用的漏电开关，他可从购买的每个漏电开关得“好处费”10元。后来“东窗事发”——这批漏电开关被查出全是不合格产品，他个人受贿13,000多元的事情也被证实，由于施工现场的漏电开关质量直接关系施工安全，故属于犯罪情节严重，被判8年有期徒刑，同时也给公司造成重大损失。这个案件不仅反映了公司合同法律审查和用印的极端重要性，同时也是公司吸取教训，建立全套合同管理制度的主要原因。这次调研让我对八建公司在“重合同、守信用”活动中的创新做法和工作经验印象深刻，也对我推进这项工作很有启发。

二、首创企业合同洽谈、审查、批准三权分离的管理制度

之后，在1989年的市、区两级“重守”先进单位的企业申报评选材料中，我发现八建公司的合同管理又上了新台阶，他们首创了建筑施工企业合同洽谈、审查、批准三分离和两级合同审查的管理制度，这是一套完整的适合国有施工企业合同管理的制度创新。我对此产生了浓厚的兴趣，认为“这项创新经验值得好好总结”，于是第二次来到八建公司进行调研。

走进八建公司大门，迎面就看到右侧的宣传长廊，是关于公司加强合同管理的专题宣传专栏。专栏分为“教训，鞭策我们强化合同管理”“用决策定型化理论　推进企业经济合同科学管理”“依法管理　初见成效　尚需努力　雄关漫道”三个部分，尤其是宣传内容重点突出的“法人委托，持证上岗制度”“分级授权、归口管理制度”“三权分开，互相制约制度”“合同管理奖惩制度”“合同印章管理制度”“业务人员培训制度”“检查考核评比制度”七项管理制度，其中的“分级授权、归口管理制度”，规定了一般的常用合同由各基层的合同专管员负责审查，企业联营、定制加工、商标专利等疑难复杂的合同由公司法律顾问室负责审查。这些无一不凸显出八建公司的合同管理又上了一个新台阶。经过调查我了解到：由八建公司法律顾问室起草、拟定，经公司领导讨论批准同意建立的这一分级管控制度，先后做了四次修改，逐步完善，其内容包括一个总的规定、六个具体规定以及七项基本制度，实现了合同洽谈权、审查权、批准权的相对独立和互相制约，在总体上突出了企业对合同的自我调整和超前控制，体现了对各种合同的全方位、全过程管理。

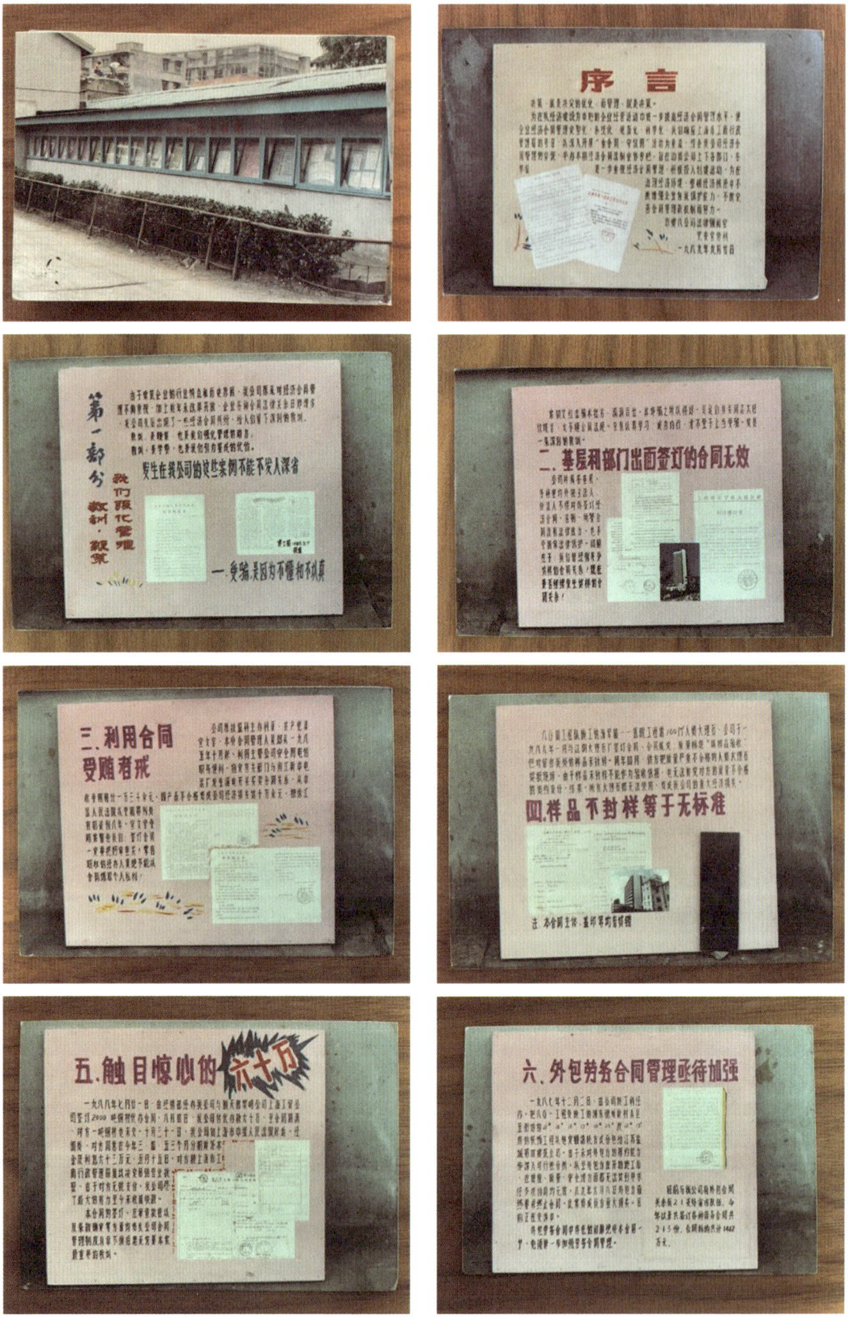
序言
发生在我公司的这些案例不能不发人深省
一、受骗，是因为不懂和不认真
二、基层和部门出面签订的合同无效
三、利用合同受贿者戒
四、样品不封样等于无标准
五、触目惊心的六十万
六、外包劳务合同管理亟待加强

▲专题宣传专栏第一部分

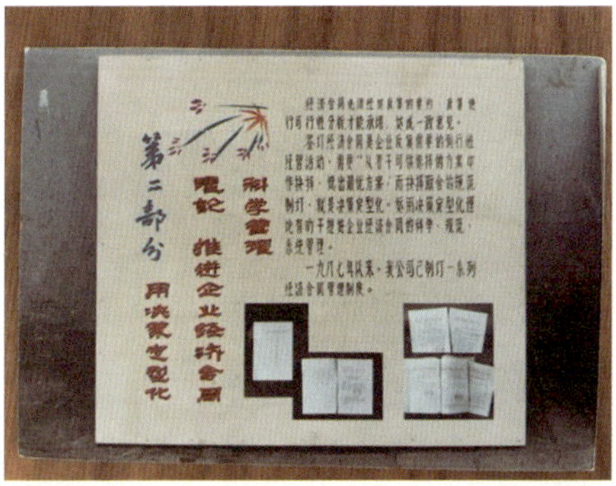
第二部分

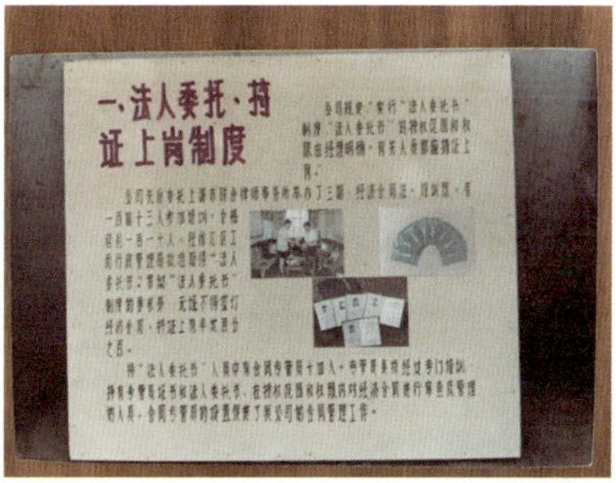
一、法人委托、持证上岗制度

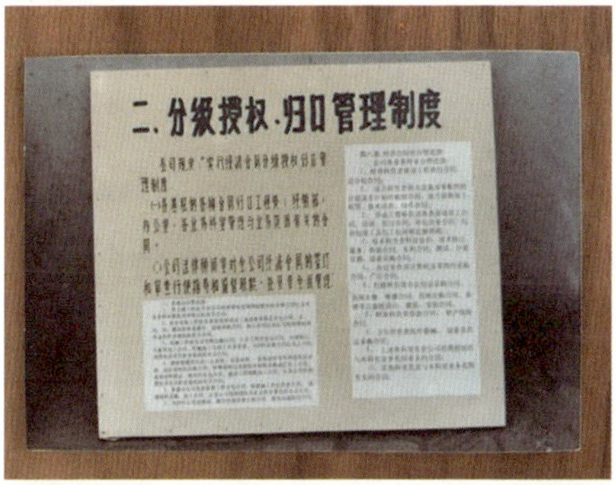
二、分级授权、归口管理制度

三、三权分开 互相制约制度
对签订合同权力的制约
至关重要
合同审查是决策管理的重要环节

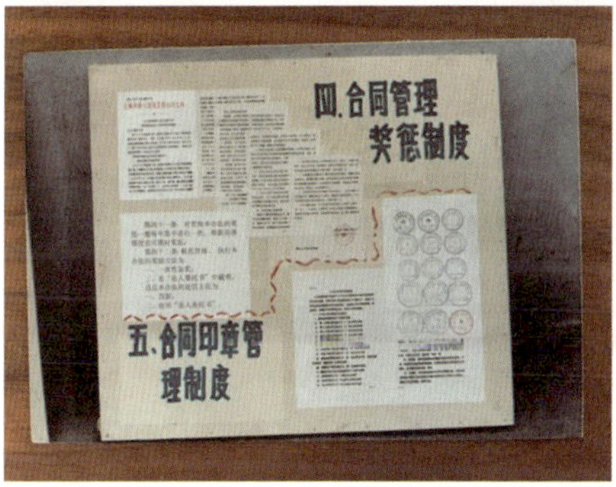
四、合同管理奖惩制度
五、合同印章管理制度

六、业务人员培训制度
七、检查 考核 评比制度

▲专题宣传专栏第二部分

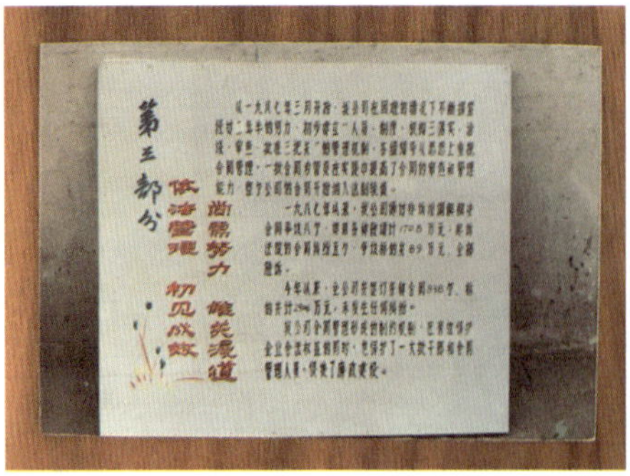
第三部分
依法管理
尚需努力
初见成效

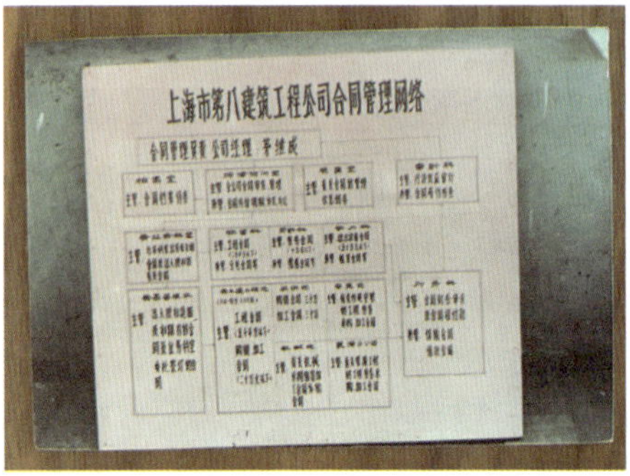
上海市第八建筑工程公司合同管理网络

解放日报
法学
建工报
建工报
建工报

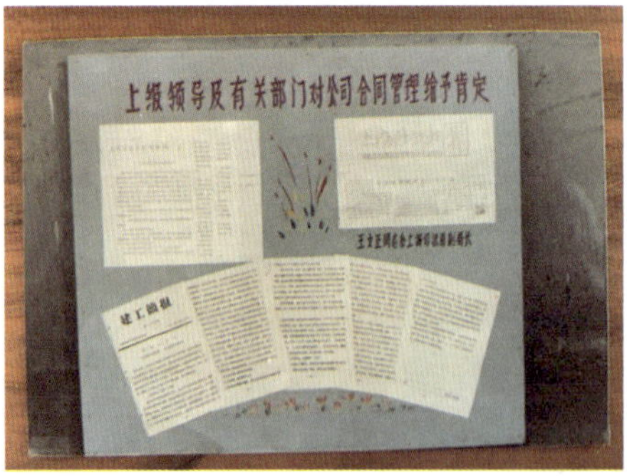
上级领导及有关部门对公司合同管理给予肯定

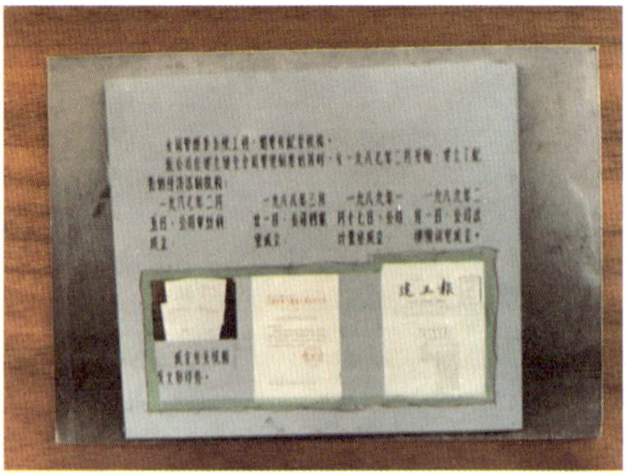
建工报

结束语

▲专题宣传专栏第三部分

这套根据企业实际情况制定的新制度，一开始实施并不顺利，有章不循的情况时有发生。由于公司有每季度一次的合同履约检查制度，出现问题便能够及时发现。有一次，公司一个主管施工的科长和一个基层单位的领导一起洽谈、签署了一份合同，由于事先未按公司规定申报合同文本的审查，在履行过程中出现了问题，使公司损失了1万多元。按公司合同管理办法的有关规定，发生未经审查擅自签订合同并造成公司损失超过1万元的，责任人应扣除一个季度的奖金，还要全公司书面通报批评。在法律顾问室的坚持、公司主要领导的支持下，公司以红头文件形式，在全公司通报批评了这个有章不循、违反公司合同管理制度的事故，这在全公司上下引起了强烈反响。而八建公司经过2年多时间逐步建立、健全的这套合同管理模式，被实践证明是切实可行、行之有效的，并确实起到了预防纠纷、事先控制的作用。1990年5月，根据八建公司合同管理成果撰写的《运用决策定型化理论，加强企业经济合同管理》的论文，荣获上海建设系统1988年度、1989年度现代化管理优秀成果一等奖；另一篇论文《在商品经济发展中加强企业合同管理》获中国施工企业协会第六次年会的十佳优秀论文奖。

三、依法治理施工企业合同管理取得显著成效

八建公司的这套符合施工企业实际情况和需求的合同管理制度，在企业内部形成了一套以防为主、行之有效的管理体系，取得了防范纠纷、预防风险的突出成效。由于合同的洽谈、审查、批准分离制度的贯彻执行，使公司所有的合同在盖章生效之前都得到了审查环节的监控；而分级审查制度的有效实施，又使容易产生纠纷的疑难复杂合同事先得到公司法律顾问室直接有效的专业把关。从朱树英1985年开始探索到1992年被借调至市建设委员会筹建建纬所的8年时间内，八建公司未发生一起经济纠纷案件，有效维护了企业的合法权益。

1989年年底，我在向上海市工商局领导汇报时介绍了八建公司的三权分离、预防为先的合同动态管理经验，引起了市局领导的极大兴趣。之后，市局领导有一次会议遇到上海建工局石礼文局长，也对八建公司的合同管理经验给予了高度评价和肯定。市局的介绍同样引起了建工局领导的高度重视，为推广八建公司的合同管理经验，1991年11月，上海建工局由石礼文局长主持，在八建公司礼堂召开全局各单位一把手和相关管理部门参加的全局“合同管理经验交流会”。这次经验交流会还发生了一个在后来给全局带来重大影响的小插曲：因为有三个公司的一把手没有按时到会，在会议点名时被发现。石礼文局长非常生气，他坐在主席台上，不急于宣布会议开始，而是要求局办公室立即联系三位一把手，放下手里的工作，立即赶来参会。等三位一把手赶到会场，石局长当场点名批评，并责成相关主体回单位后对不重视合同管理的行为作出深刻书面检查。此举在全局产生重大影响，全局上下开始高度重视企业的合同管理工作。上海建工局的会议简报在当时引起建设部建筑市场监管司领导的高度重视，市场司委派分管招投标管理和合同管理的招投标处王秉桐处长带队到八建公司实地调研，写出长篇调研报告正式发文，向全国通报介绍这项合同管理经验。

基于八建公司合同管理工作取得的成效，1988年至1989年，朱树英被借用到建设部参与1991年版《建设工程施工合同（示范文本）》的起草工作。1990年年底，八建公司被评为“上海市重合同守信用先进企业”，在全市表彰大会上做经验介绍，朱树英本人以此工作经验撰写的论文《企业决策定型化在施工行业的经验总结与实践》，荣获中国建筑业评选的优秀论文一等奖。1991年，司法部在全国评选100名“优秀企业法律顾问室”和100名“优秀企业法律顾问”，朱树英作为上海市的唯一代表，入选“全国优秀企业法律顾问”。

30多年前，八建公司由企业法律顾问室主管合同的成功探索及其经验，即便在今天，对完善企业合同管理仍有一定的借鉴意义。从我和朱树英在转行做专业律师之前的交往，以及切实了解他的“一定要把所从事的工作做出成效、做到极致”的秉性来看，朱树英在从事专职律师工作之后所取得的任何成效和功绩，都绝不是偶然的，只能解释为“这就是朱树英”。

作者简介

刘建德，1953 年出生于上海，1980 年至 1994 年任职于上海市徐汇区工商行政管理局，历任办事员、科员、副科长、科长。1995 年至2010 年任职于上海市工商行政管理局，历任副处长、处长。曾任上海市法学会理事，行政法学研究会副会长，上海仲裁委员会仲裁员，浦东新区人民政府行政复议委员会委员等，曾被上海交通大学法学院、上海商学院法政学院聘为兼职教授，被复旦大学知识产权研究中心聘为兼职研究员。现任上海市人民政府行政复议委员会委员。

12 为大型国际会议提供专项法律服务

——朱树英1988年涉外专项法律服务记事

徐祖恂

引 言

1988年是朱树英律师职业生涯的一个重要年份。这年，由国务院经济技术社会发展研究中心、联合国开发计划署、国际劳工组织主办的第一届国际人力资源发展与评价中心学术会议在上海召开。他和他的带教老师翟建律师被特聘为此次学术会议的专项法律顾问。本篇文章的作者是朱律师相识相交近半个世纪的挚友，也是全程参与筹备前述学术会议工作的副秘书长，让我们听他来讲一讲：1988年朱律师的故事。

▲徐祖恂

1988年年初，我和朱树英有过一段近距离的高端合作，当时我在上海建工局下属的机械施工公司工作，朱树英在上海市第八建筑工程公司法律顾问室任主任，他当时已通过律师资格考试，同时在上海市联合律师事务所任兼职律师。之前，我们在 1975 年《上海建筑史》编写组的一次座谈会上已认识。这次高端合作，缘于我的老熟人——在上海交通大学从事人力资源管理的学者陆红军——的一通电话：当时他正在筹备一次高规格的学术会议，需要借调相关专业人才，所以找到我。因为他借人的名头很大，我被借调担任学术会议副秘书长，全程参加会务筹备工作；而当时在上海市联合律师事务所当兼职律师的朱树英和他的带教老师翟建，则因我的推荐被聘为此次学术会议的法律顾问。

一、改革开放之初的上海亟须对外交流

20 世纪 80 年代，是中国以市场经济为导向的改革初始阶段，百业待兴，给了许多草根崭露头角的机遇。朱树英也成为我国改革开放恢复律师制度后，第一批为企业和社会服务的执业律师。当时的朱树英，一方面，在建筑企业的法律服务方面术有专攻，其主持的上海第八建筑工程公司法律顾问室一度成为行业标杆；另一方面，他在社会案件的刑辩中也屡有建树，声名鹊起。同时，他还受聘担任由外交家黄华任会长的北京中国三 S 研究会（中国史沫特莱、斯特朗、斯诺研究会）的法律顾问。可以说，当时的朱树英已在沪上“新生代”律师中崭露头角。

1988 年的上海，经历了最初 10 年改革的艰难探索，也在加紧重塑自己开放的国际形象，除了经济的国际交流，人文的国际交流也进入了“快车道”。1988 年年初，在人力资源研究学者陆红军的推动和策划下，以国务院经济技术社会发展研究中心、联合国开发计划署、国际劳工组织的名义，批准在上海筹备召开第一届国际人力资源发展与评价中心学术会议。

此次会议规格很高，但会务筹备组却只是一个临时搭建的班子。1988 年春节刚过，我接到了陆红军的电话，第二天我们相约走进了兴业路“中共一大会址”石库门，推开二楼办公室的门，三张桌子的一个角落，成了最早“三人组”临时办公的集结点。零经验、无资金，连办公场所也得自

己想办法。我们怀揣着授权的一纸公文，凭借着一腔热血，加上腿勤嘴勤，乘飞机、坐火车在上海北京来回穿梭。2个月后，为方便对外国际联系，在多方支持下，会务筹备组办公室"落户"当时上海的对外窗口——锦江饭店，来自复旦、交大、上外和国内企业、事业单位的20余人，以借调或志愿者形式"加盟"筹备团队。同时，上海联合律师事务所的翟建、朱树英被聘为此次学术会议的法律顾问，为会务筹备和会议活动的全过程提供法律服务。

二、努力探索大型国际会议专项法律服务

开放的中国，以全新的姿态加强与世界的交流。39岁的朱树英也跟着时代的潮流，努力去开拓涉外法律服务的新领域。1988年第一届国际人力资源发展与评价中心学术会议上，有来自中、美、加、英、德、法、澳、日、韩、新加坡等30多个国家和国际组织以及包括诺贝尔经济学奖获得者在内的专家学者、国际知名企业高管和政府官员300余人出席。会议前期准备工作纷繁复杂，我们历经半年多时间，从通过国际渠道邀请国外专家、学者、高管，到征集、翻译、编撰、出版国际会议论文集，组织拍摄介绍中国人力资源开发的专题电视片，与媒体合作对外宣传，以及外宾在国内的行程安排等，每一个环节都不容有失，必须严格参照国际规范，符合法律要求。

▲图为此次国际会议纪念品——仿古铜镜，会徽由《建筑时报》美术编辑程学仑设计，并报备联合国有关组织，由上海交通大学古铜镜研究所加工制作

朱树英把这次涉外法律服务视为珍贵的学习机会，在全新的领域里，

他像开足马力的机器加速运转。会务筹备期间，我与同事们领教了朱律师的非凡之处，那就是他处理法律事务“立等可取”的高效率。每次出现在锦江筹备办公室，朱树英都是集中精力，以高效投入“角色”，仔细阅读每个涉会文件，了解国际会议会徽设计、中英文论文集的合作出版、会前会中的专项合作项目每一个细节……唯恐疏漏。离开时往往又捧着一大堆文件资料、参考书籍，回家继续挑灯夜战，以至于每次筹备组提出的有关涉外的法律问题，都能在第一时间得到朱律师的回应。为了使国际会议的法律服务臻于完善，他还利用自己的人脉资源，赴京向中国三 S 研究会的老资格外事工作人员请教。临会前老外交家黄华还在上海和平饭店接见会务筹备组负责人，为此次国际会议进行指导。这些重要活动都有朱律师的引荐之功，有力地推动了此次国际会议的筹备工作顺利进行，让会议的法务有了极为有力的支撑。

朱树英的勤勉与认真令人吃惊。在繁忙的筹备工作之余，我曾问过朱律师，你们都是义务服务，为何如此劳心费力？他一脸严肃地回答道：“我是中国律师，职业让我不能在外国人面前丢脸，唯有认真才能做好。”

▲朱树英（左一）和翟建（前排右数第三位）在“第一届国际人力资源发展与评价中心学术会议”担任法律顾问

三、营造涉外知识产权保护的法律氛围

朱树英对此次会议最大的法律贡献，就是中外专家知识产权的保护。20世纪80年代，国内对知识产权保护法规建设刚刚起步，朱律师就敏锐洞察到其中奥妙。

对于高规格的国际会议而言，必要一步就是将学术论文汇编出版。在今天对知识产权保护有明文规定和管辖系统的中国，人们都会认为没问题，但在制度与法规尚待完善的三四十年前，外国专家学者却不无顾虑。在邀约收集论文时，就有专家打来越洋电话，要求筹备组回应。朱律师一开始就特别关注，强调国际会议一定要特别注意营造知识产权保护的氛围，明确提出“外籍专家非常重视自己论文的知识产权保护，会议对此要有专门措施解除外籍专家的后顾之忧”。所以我们在筹备之初就注意强化知识产权保护意识。论文集即将出版时，由朱树英提议并经会议筹委会同意，中英文对照的会议论文集扉页，赫然发表法律顾问关于会议论文知识产权依法保护的授权声明（详见会议中英文对照的论文集封页及律师声明）。此举“一议定盘”，不仅消除了与会外籍专家的顾虑，还让其对中国法治环境给出了积极评价。由此可见，朱树英的这个建议对会务筹备产生了积极作用。

1988年深秋，上海樱花度假村，丹桂飘香，秋樱绽放。中外300多名学者专家、企业家、国际组织官员出席，聂荣臻元帅亲笔题词祝贺，朱镕基市长到会致辞，并分四批会见国际知名企业家、银行家和国际组织代表，与会国驻沪总领事尽数出席，中外嘉宾济济一堂，盛况空前。会议期间每天都有三四场开放式专题论坛，中外学者专家、企业家、研究机构以书面和口头形式发表了近百篇论文或演讲，引起了北京、上海人事机构的瞩目，为人力资源发展与管理的改革打开了一扇“世界之窗”。《人民日报（海外版）》、《中国青年报》、上海主要媒体都以头条、专版或显要位置连续报道会议。上海主会场议程历时一周，上海议程结束后，又应陕西省政府和北

京有关机构邀请，外国专家学者、知名企业家以联合国援华专家的身份，西进北上，在西安和北京两地，继续开展了一系列的国际交流合作活动。朱树英律师也飞赴西安、北京，为会议的合作项目作法律见证，一路提供法律方面的“跟踪服务”。

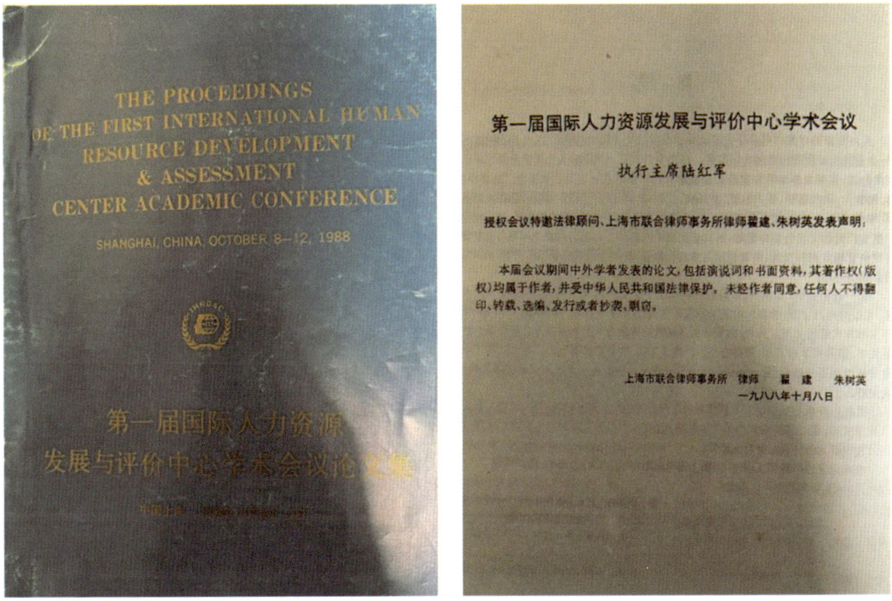

▲《第一届国际人力资源发展与评价中心学术会议论文集》及扉页的版权声明

30 多年过去了，1988 年的那次会议对我与朱律师而言都是难忘的。这次以人力资源发展与评价为主题的大型国际会议在国内尚属首次，是由民间青年学者发起，中外学者专家、知名国际企业、研究机构、媒体人积极参与，政府和国际组织积极支持下召开的。推动了当时劳动力管理、人事管理向综合的人力资源开发管理的转型，开拓了这一领域的国际视野。会议的影响力超出了我们的想象，与当年上海国际电视节一起被称为上海 1988 年两大重要对外文化交流活动之一。朱律师助力会议法律服务功不可没，在涉外国际会议专项法律服务方面具有开创之功。

国际会议延聘专职律师，是改革开放上海恢复律师制度后，中国律师法律意识觉醒和提升的重要实践活动之一，朱律师敏锐抓住这次机遇，是幸运和睿智的，这也是朱律师职业生涯一段浓墨重彩的经历。

作者简介

徐祖恂，1952 年出生，1968 年入职上海市机械施工公司，担任起重工，后曾任上海机械施工公司经理秘书、办公室副主任、党委工作部主任、全国机械施工行业协会副秘书长。1988 年担任第一届国际人力资源发展与评价中心学术会议副秘书长，全程参与会务筹备工作。

13 以绵薄之力推动最高人民法院出台专项司法解释

孙海虹

引　言

法典、法条、司法解释等这些以印刷体出现、装订成册的东西就应该是用于执行的，并且是不容置喙的。即使是要调整修订、增删完善也应该是“人大”“立法委”这些专业机构干的事情，怎么想来也轮不到一个代理律师来操心。

卢湾区人民法院原副院长孙海虹就参与、推动、见证了这样一个历史性时刻——一份出自朱树英之手，看似有些“无所适从”的报告，却实现了“以一个支点撬动地球”的巨大效应。作为曾经的同窗，孙海虹与朱树英又有哪些共同的回忆，且看本文。

▲孙海虹

我是孙海虹。1989 年 7 月，为培养和提升在职干部中的法律人才，当时的华东政法学院开始招收在职干部的成人法学本科学生，学制 3 年。经过考试共招收了 70 名学生，实际报到者 69 人，其中大部分同学都是来自本市公检法各系统的工作人员，并以上海各级人民法院的审判人员为主。我当时在黄浦区人民法院担任办公室副主任，我们法院共有 12 名法官在该班就学。当时华政对这个班的生源和工作性质有限制，有少数同学是来自人大、公安、检察院的工作人员，还有个别来自施工企业法律顾问室的，其中就有来自上海市第八建筑工程公司法律顾问室的主任——朱树英，我和朱树英在这个本科班上当了 3 年同学。

▲在 3 年法学本科班就学的华政韬奋楼

3 年的本科学习生活很快结束，毕业后大家一如既往地在各自的单位努力工作，而这段求学经历无形中也为大家的职业发展提供了有力支撑。2000 年 12 月，时任上海市卢湾区人民法院副院长的我获悉，关于上海市中外合资房地产项目公司莱兴广场破产案，债权人会议主席、上海市第七建筑有限公司代理律师朱树英发来了《关于在破产案件处理中建筑施工企业应享有优先受偿权的报告》。因法院的破产案件审理工作属于我的分管范围，所以这个报告转给我来处理。当时，法院内部对此事的处理存在不同意见，主要的疑虑是：不是法院下属单位的律师事务所是否可以向法院打报告、如法院接收其提交的报告是否要对此作出回复、如何作出合适的回复。就此，我向院长表示：朱树英律师是我华政本科班的同学，是否应由我来联系并了解其中的具体情况？院长对此表示同意。

虽然我和朱树英曾有同窗之谊，但我们很少有公事上的来往，关于这个上海市中外合资房地产项目公司的破产案也是我们毕业 8 年间第一次在公事上产生的交集，所以当我主动联系朱树英时，他也颇为吃惊。

事情的始末是，朱树英是工程施工单位上海市第七建筑有限公司的代理律师，上海市第七建筑有限公司在这个项目被拖欠了 2100 多万元，是破产企业最大的债权人，因此被推举为债权人会议主席。由于本案破产企业经清算后能够清偿的破产财产不多，所以朱树英根据原《合同法》第 286 条[①]规定提出：上海市第七建筑有限公司被拖欠的是已结算的工程款，请求法院按上述规定给予优先受偿；且被拖欠的款项中有 600 多万元是应当支付给农民工的工资，至少这部分的款项应优先受偿。后我询问朱树英是基于什么考虑给法院写报告，他十分坦率地表示，之前也向相关政府部门反映过，但条线不顺，都未能解决，所以不得已只能向法院报告，希望从司法层面求得解决之道。

此外，他进一步解释道：由于他们现在提请的是原《合同法》第 286 条规定在个案中的具体执行问题，这应该由最高人民法院作司法解释才能解决，而能向最高人民法院请示的是上海市高级人民法院。因此，他希望能由卢湾区人民法院先向上海市高级人民法院请示。朱树英说自己在企业

---

① 发包人未按照约定支付价款的，承包人可以催告发包人在合理期限内支付价款。发包人逾期不支付的，除按照建设工程的性质不宜折价、拍卖的以外，承包人可以与发包人协议将该工程折价，也可以申请人民法院将该工程依法拍卖。建设工程的价款就该工程折价或者拍卖的价款优先受偿。

担任过领导秘书，知道只有下级才能向上级请示，律师事务所作为基层组织向上级法院递交报告于情于理也能说通，这也方便区级法院顺水推舟做上行文。

朱树英的回答让我听得一愣一愣的，一方面我感受到了他作为律师的担当与执着的精神，另一方面觉得确实事关重大，按这个思路或许会有意想不到的收获。就此，我向院长作了专题汇报，院长决定将此事上报审判委员会讨论。而后，审委会形成的一致意见是向上海市高级人民法院报告，由上海市高级人民法院决定是否要向最高人民法院报告。

结果，上海市高级人民法院研究我们区法院的报告后决定向最高人民法院打报告，而最高人民法院在收到报告后要求上海市高级人民法院派人直接前往最高人民法院当面汇报，所以上海市高级人民法院责成卢湾区人民法院派员去京汇报。

于我分管执行工作而言，原《合同法》第 286 条关于建设工程合同价款优先受偿权的规定，是一条关于工程价款优先受偿的特殊规定。但是该规定本身比较原则，在司法实践中缺乏实操性、可执行性。例如，原先法律规定的银行抵押具有优先权，但当工程价款遇上抵押权，哪个更优先却成了问题。这个案子涉及买房人的预售权益，这是一种有关买房人个人的人身权，工程价款的优先受偿能否优先于买房人的合法权益、对于承包人行使优先受偿权是否具有及时主张的要求及提出主张的期限规定、在本案涉及农民工工资的情况下如何操作优先权等，这些问题在当时的司法实践中都是不明确的。所以，我们法院也迫切希望最高人民法院能出台相关的规定。2001 年 10 月，受法院指派，我和朱树英一起前往最高人民法院当面汇报。最高人民法院负责处理报告的部门是研究室，他们安排建设部和部分央企的法务人员参会并听取我们的汇报和建议，同时就如何做出相应规定进行了讨论。上海市高级人民法院的报告和我们的汇报引起了最高人民法院的高度重视，且当时已有全国人大代表也提出了“要求最高人民法院就《合同法》第 286 条出台司法解释”的议案，在这样的背景下，最高人民法院于 2002 年 6 月 20 日公布了《最高人民法院关于建设工程价款优先受偿权问题的批复》（已失效），就相关问题进行批复并对相应条款的具体执行作了明确规定。

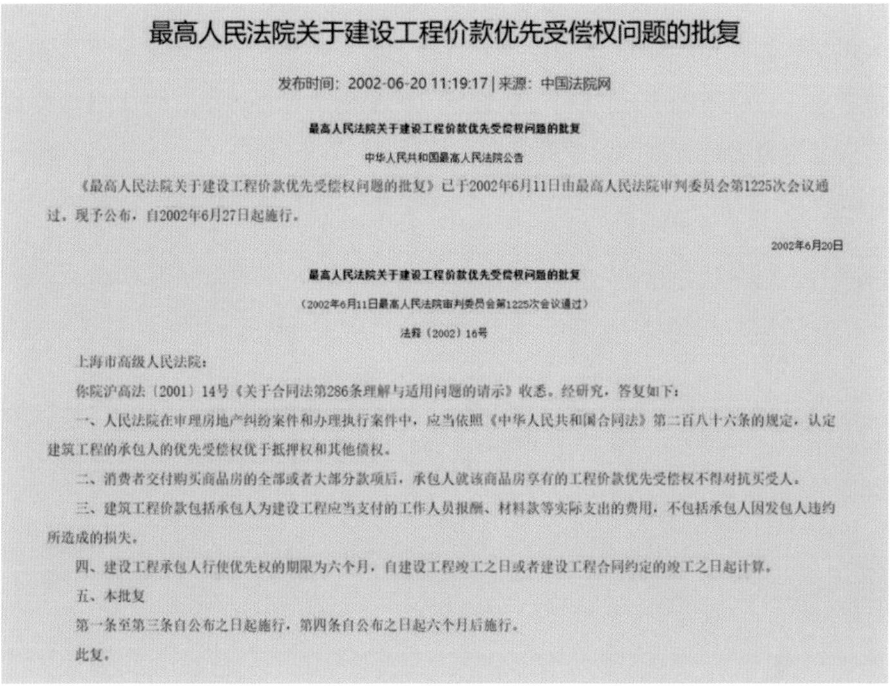

最高人民法院关于建设工程价款优先受偿权问题的批复

发布时间：2002-06-20 11:19:17 | 来源：中国法院网

最高人民法院关于建设工程价款优先受偿权问题的批复

中华人民共和国最高人民法院公告

《最高人民法院关于建设工程价款优先受偿权问题的批复》已于2002年6月11日由最高人民法院审判委员会第1225次会议通过，现予公布，自2002年6月27日起施行。

2002年6月20日

最高人民法院关于建设工程价款优先受偿权问题的批复

（2002年6月11日最高人民法院审判委员会第1225次会议通过）

法释〔2002〕16号

上海市高级人民法院：

你院沪高法〔2001〕14号《关于合同法第286条理解与适用问题的请示》收悉。经研究，答复如下：

一、人民法院在审理房地产纠纷案件和办理执行案件中，应当依照《中华人民共和国合同法》第二百八十六条的规定，认定建筑工程的承包人的优先受偿权优于抵押权和其他债权。

二、消费者交付购买商品房的全部或者大部分款项后，承包人就该商品房享有的工程价款优先受偿权不得对抗买受人。

三、建筑工程价款包括承包人为建设工程应当支付的工作人员报酬、材料款等实际支出的费用，不包括承包人因发包人违约所造成的损失。

四、建设工程承包人行使优先权的期限为六个月，自建设工程竣工之日或者建设工程合同约定的竣工之日起计算。

五、本批复

第一条至第三条自公布之日起施行，第四条自公布之日起六个月后施行。

此复。

▲最高人民法院关于建设工程价款优先受偿权问题的批复

最高人民法院的批复不仅让我们法院妥善处理莱兴广场破产案有了法律依据，而且也让各地各级人民法院开始执行这个专项司法解释，同时使我国万千施工企业的工程价款优先受偿权在司法实践具备了一定的可操作性、全国范围内的巨额天价工程价款得到了优先受偿的法律保护。这份工作让我深感荣耀，不得不说的是，朱树英以律师的身份在涉及所有施工企业合法权益保护方面所作出的贡献是历史性的、突破性的，值得所有施工企业的感谢和赞赏。

作者简介

孙海虹，1976 年中学毕业，服兵役 4 年。1980 年 1 月进入上海市黄浦区人民法院，历任法警，书记员，助理审判员，审判员，办公室副主任，经济审判庭副庭长，庭长，院长助理，副院长。1996 年调任上海市卢湾区人民法院副院长。2003 年调任上海市徐汇区人民法院副院长。大学本科法律专业，三级高级法官。2018 年退休。后受聘上海仲裁委，任上海国际经济贸易仲裁委（上海国际仲裁中心）仲裁员。

14 含冤得雪靠“名嘴”，永世难忘“正义人”

肖冬杰　赵冬林

引言

Justice delayed is justice denied. ——很多人喜欢把这句话翻译为“正义或许会迟到，但绝不会缺席。”；但也有人认为这样翻译太过“鸡汤”，而应该翻译为“法律被拖延是违反正义的。”面对代表正义的国家机器，你有没有勇气去质疑？你有没有底气去申辩？无论是选择积极应对，还是消极等待，可能都将改变命运的走向。

万幸，这篇文章的三位当事人都是坚信“正义在当下”的执着者。讲原则又讲灵活性的赵冬林被扣上了“贪腐腐败”“投机倒把”的罪名，赵冬林相濡以沫多年的妻子四处奔走为还丈夫一个清白，于是“朱树英”这个关键人物出场了。

这起当年只收了 120 元律师费，却挽回当事人清誉，拯救了一个家庭的案件，也让我们再次走近这个择善而固的朱树英。

▲赵冬林（左）　肖冬杰（右）

我们（赵冬林、肖冬杰）是一对夫妻，都是共产党员。一家人世代都生活在江西赣南的赣州市。1989 年 8 月 5 日，一场突如其来的刑事“横祸”降临我们家，令我们一家人陷入无以复加的痛苦境地。同时，我们又幸运地遇到了仗义执言又艺高人胆大的上海大律师朱树英，他从接受委托到最终让我们一家转危为安、重见天日，先后坚持了 5 年。也正是因为他的不懈努力，最终这个不起眼却给我们全家带来无尽痛苦的冤案被最高人民法院改判无罪。

这个令我们终生难忘的真实故事，由我们夫妇两人以铁窗内外的不同视角分别来述说。

肖冬杰

我是肖冬杰，赵冬林的妻子，我的父母都是离休的老红军。我本人是 1972 年在部队入的党，我的丈夫赵冬林原来也在部队工作，1978 年转业。

对于我们全家人来说，朱树英大律师不仅是一名律师，更是一位“救命恩人”。时光荏苒，但 30 多年前那场突降“横祸”的记忆仍无法从我们脑海中抹去，更无法冲淡我们对朱律师的感恩之情。1989 年 8 月 5 日傍晚时分，女儿放学许久仍不见爸爸回来吃晚饭，我们很是担心。于是我前往赵冬林办公室询问，四处打电话打听他的下落，都没有人知道。直到次日零时已过，市检察院突然来家里，我们这才知道老赵已被检察院带走了，从那天开始，我们家平静的生活被彻底打破。

1. 辗转曲折找到新闻报道里的朱树英大律师——抓住了那根“救命稻草”

时值赣州贯彻中央经济体制改革试验，老赵是地区副食品公司竞聘上岗的承包经理，为完成公司经济效益目标，整天都忙得焦头烂额。当厄运突然降临时，公司的法律顾问叶鹰、何依群两位律师很快介入了案件的调查和处理工作。

▲合影（从左到右分别为何依群、朱树英、赵冬林、叶鹰、肖冬杰）

当时，老赵有一个懂法律的朋友向我推荐了上海的朱树英大律师，理由是朱树英律师曾成功帮助赣州地区南康县王某春一案改判为无罪，这说明朱律师有水平有能力来帮助我们伸张正义。我特别希望能抓住这根“救命稻草”，所以决定请叶鹰和朱树英两位律师做老赵的辩护律师。可大家都不认识朱律师，而老赵的朋友也只是在一本法制杂志上看到过对朱律师的报道，所以我们都无法取得朱律师的联系方式。由于我和老赵在同一单位，所以也受到牵连，只好请上海的朋友帮忙四处打听。庆幸的是，我的朋友经多方打听终于拿到了朱律师的联系方式。当晚，我就迫不及待地在邮局拨通了电话，朱律师认真听取了我所知道的关于老赵案件的一些情况，并反复问我老赵有没有经济违规的问题，我肯定地回答没有。因为我和老赵都反感办事送礼的陋习，所以在日常工作中一直坚持廉洁正派的办事作风。朱律师听完我的叙述后都没有和我谈律师费用就毅然地对我说：“我相信你的话，我同意接受委托，担任老赵的辩护人。”此时距离老赵案子开庭的时间已经很近了，我内心十分焦灼，而朱律师的那一句承诺像是瞬间给我打了一剂安心针，让我安心不少。至今，我都非常感激朱律师当年选择信任和帮助我们。

1990年11月7日，法院通知我，老赵案子将于11月10日上午开庭。从收到开庭通知到开庭只有3天时间，那时朱律师还未见过老赵。我心急如焚赶紧联系朱律师，电话打到朱律师家里，是他爱人接的。她告知我，朱律师去海南办案了联系不上（当时还没有手机）。但她告诉我，朱律师那天可能会到广州，按照以往惯例，他到广州可能会住花园酒店。于是我赶紧打“114”查广州花园酒店前台电话，打通后让酒店前台帮忙查朱律师是否入住，幸运的是前台查后告诉我他刚刚登记入住，并帮我把电话转接至房间。朱律师接到电话无比惊讶，说刚入住怎么能找到他？我没有解释，直奔主题告诉他法院通知11月10日上午开庭。因为朱律师还没办好委托书，法院还未通知他开庭事宜。了解到开庭在即，朱律师坚定地回复我说：“老赵的案子我会克服困难，一定会出庭为老赵辩护。”带着满满的责任感，朱律师当即决定买票赶来赣州，因当时广州到赣州没有直达的火车，还需转乘汽车到赣州，路程需要大半天时间，辗转奔波十分辛苦。11月8日傍晚，朱律师就赶到了赣州，由于时间紧迫他不顾舟车劳顿，当晚就与赣州的叶鹰、何依群两位律师见面并就案件情况进行了充分交流和研究。后来因为种种原因，叶鹰、何依群两位律师没能出庭为老赵辩护，只能由朱律师扛起所有责任独自出庭辩护，这是后话。知道这个情况后，我不禁后背发凉，暗自后怕：如果当时朱律师在开庭前赶不到，恐怕就没有人为老赵辩护了，真的是太惊险了！

2. 朱树英大律师坚持5年最终换来“无罪放人”的批示

11月9日，朱律师一大早就骑上自行车去法院办理案件的相关手续并查阅案卷，办完手续后又骑车去了很远的赣州看守所会见老赵并了解情况，会见完后又赶回酒店撰写第二天开庭的辩护词，听说写完都已经凌晨。由于时间紧、责任重，我知道朱律师的工作节奏一定很赶，强度也一定很大，但当时我也六神无主，竟也没想到问他在人生地不熟的情况下怎么吃饭、怎么找到看守所，也顾不上关心他有没有时间休息或者需要我们作为本地人提供便利的地方。朱律师高强度的工作安排和认真办案的责任心深深感动了我，这个案子他花费了那么多精力和心血，令人意外的是，他只收了120 元律师费。

从 1990 年 11 月 10 日开庭结束到 1991 年 12 月 6 日，法院都未作出一审判决。然而在这漫长的 1 年多的时间里，朱律师从没有停止过努力，他坚持“上书”，追求一个公平正义的结果。庭审后，他亲自上门拜访当时赣州地区有关部门领导，汇报老赵的案件是一起不能定罪的错案，希望领导配合法院反映真实情况。同时，他多次向法院要求宣告赵冬林无罪或先行取保候审。1991 年 6 月，朱律师还向《民主与法制》杂志投稿，在文章中阐述老赵错案的客观事实和法律依据，并被刊登发表。1991 年 8 月，老赵被取保候审。同年 11 月，我们得知法院将老赵案件材料上报至江西省高级人民法院请示，朱律师立即将补充辩护意见报至省高院。

虽然整个案件事实清楚也并不复杂，但是原审法院却犹豫再三，迟迟不予处理。1991 年 12 月底，法院未经再次开庭调查事实，径直改变案由，判处老赵犯投机倒把罪，处有期徒刑 2 年，缓刑 2 年。老赵不服继续上诉，朱律师所在的上海市联合律师事务所也向赣州地区中级人民法院致函，指出赵冬林一案在起诉时定性为贪污罪但却在判决时改为投机倒把罪，对于改变定性的有关事实在一审开庭时未作调查，定性有重大错误，要求二审上诉案公开审理。同时将此函抄告至江西省高级人民法院、中共赣州地区政法委员会。1992 年元月，朱律师再次向赣州地区中级人民法院致函，要求对赵冬林投机倒把上诉案公开审理，并抄告最高人民法院。当时朱律师仿佛已经预料这个案子要到最高人民法院解决，果真，省高院确实将老赵案件报至最高人民法院请示。

经过充分调查，朱律师坚信老赵不存在任何犯罪情节，应判处无罪。朱律师本人也多次到最高人民法院，向法官陈述老赵的案子是不能定罪的。老赵的案子到哪儿，朱树英律师就跟到哪儿，他一直坚持老赵无罪的辩护意见，更敢于与法官面对面地交流讨论案情和法律依据，从未有过畏惧和顾忌，一直竭尽全力坚持不懈地为老赵辩论，在朱律师身上我看到了一个专业律师的责任心和敬业精神。

赵冬林

我叫赵冬林，1958 年 16 岁时入伍，1960 年入党。肖冬杰是我妻子，在我羁押期间，是她不辞辛劳地四处奔走，请律师为我洗刷冤屈。

事情发生在 1989 年，当时国家鼓励国有企业推行各种形式的承包、租赁、责任制等改革制度。我觉得政策和机会很好，于是联合了几个合作伙伴，与政府签订了承包期限为 5 年的经济责任制合同，负责承包公司的经营发展，并由我担任承包公司的经理。在我们的共同努力下，我们承包的江西省赣州地区副食品公司业务蒸蒸日上，发展势头一片大好。谁知竟因为一件再正常不过的“小事”让我锒铛入狱，我们家原本平静幸福的生活变得支离破碎，痛苦不堪。变故的起因是经我们公司领导班子集体讨论决定，在计划价格内给承包公司货物运输的车队批了若干吨白砂糖。结果这件事被人反映到地区领导那里，导致我们整个承包公司的班子成员都被收容审查。而我本人作为主要负责人，直接被检察院逮捕并以涉嫌贪污罪为由起诉到法院。

当时，在承包赣州地区副食品公司期间，我们就已经聘请了江西仁天律师事务所的叶鹰和何依群律师作为公司法律顾问，因为日常有业务接触，我知道他们两人都是职业操守正直、工作认真负责的律师。我被关押在赣州市看守所后，我相信他们俩一定会为我的案件出力，后来知道他俩已接受我妻子的委托并经我同意担任了我的辩护人。他们也到看守所会见我，了解这个案件的来龙去脉，并告诉我说已到法院查阅了案件材料。我知道他们向来办案认真负责，案件情况应该已经了解清楚。

1. 临阵换将，朱树英大律师开庭前一天担任我的辩护人

1990 年 11 月 7 日，我收到了公诉人提起公诉的起诉书和 11 月 10 日（3 天后）开庭的传票。过了两天，也就是 11 月 9 日，即开庭的前一天下午，突然有一个我不认识的人（后来经介绍才知道是朱树英律师）来看守所会见我，并告诉我叶鹰、何依群两位律师因故不能出庭，已由原律师推荐、我妻子同意的朱律师一人出庭为我辩护，是否同意须征求我本人意见。我当时就蒙了：明天就要开庭了，一个新任的辩护律师，两眼一抹黑，怎么出庭为我辩护？我提出能否和法院商量延期开庭？朱律师说上午已去法院看卷，并提出延期开庭未获批准，他还诙谐地说：这是法院要考验我的辩护能力和水平。随后，朱律师赞许了叶鹰和何依群的工作认真负责，说他们之前去法院看卷摘抄的案卷材料多达数百页，经上午核对法院案卷无误。然后他仔细核对了我在检察院供述的和证人熊某某的谈话内容，他告诉我说这是全案的关键和重点，明天庭审时会当庭询问。我之前虽然并不了解朱树英律师，但我相信我妻子和原先的两位法律顾问的选择，并且，我看朱律师对案情已经比较了解且胸有成竹，还抓住了案件的关键问题，我开始信任他了。

第二天，我的案件开庭，我看到叶鹰、何依群律师和许多赣州的律师都来旁听，旁听席黑压压都是人。我这个案件，市检察院是以贪污罪起诉的，具体事由是：1988 年，地区副食品公司委托南昌七里街汽车运输队调运一车白糖送至上饶地区副食品公司，因运输车在新干县境内发生交通事故，车上白糖受损，七里街汽车运输队最终要承担损失。承担损失后，该车队托熊某某找到我，请求公司帮忙弥补该损失。考虑到七里街汽车运输队是承包公司货物的主要承运单位，同时公司支付该车队的运费价格在市场也属于较低的客观情况，以及我们当时已经完成了承包经营的副食品公司的紧俏商品糖统购统销计划指标，按照规定，我有权安排计划外的糖的销售，只要我个人不以权谋私就行。由于我已在运输单位的运费中预扣了交通事故造成我司的损失，为适当弥补运输单位的重大亏损，经公司领导班子集体讨论同意，由我特批了 12 吨白糖给赣县副食品公司，将白糖的差价给七里街汽车运输队用以弥补损失，七里街汽车运输队分两次从赣县副食品批发部共计取走 13,000 元。

2. 义正词严，朱律师坚持为我作无罪辩护终获成功

开庭过程中，在辩护律师询问被告时，朱律师抓住公诉人的疏漏——证人熊某某曾如实陈述我向他声明自己不要一分钱的有利事实，让公诉人和审判长都重新全文宣读了有利于我的证人证言。朱律师思维缜密，在庭审中向法官指出检察院起诉书存在的五大错误：（1）该案中不存在其他人挂靠南昌七里街汽车运输队名义承运的情形。地区副食品公司委托南昌七里街汽车运输队运输白糖，委托方和承运方的主体关系十分明确清晰，这个案子其实就是两个企业之间因运输业务引起的损失赔偿。（2）起诉书本身并未明确界定本案存在车队集体损失还是个人损失。当时交通事故发生后，赣县副食品公司从南昌七里街汽车运输队运费中扣除了10,512.65元，汇给了收货人上饶地区副食品公司，最终由七里街汽车运输队承担了这笔损失。事后车队委托熊某某找到赵冬林请求弥补车队损失，赵冬林同意弥补车队的损失。（3）本案中赵冬林不具有利用职务上的便利，侵吞、窃取、骗取或者以其他手段非法占有公共财物的行为。赵冬林当时明确向熊某某表示“这些差价款我赵冬林一分钱也不要”。赣县副食品公司批发部12吨白糖差价不入账，不是赵冬林指使的，而是当时县公司经理谢基星要求不能进账（其实财务是可以进账的，差价通过往来付给七里街汽车运输队，就能反映这一业务真实情况）。（4）起诉书对于“贪污款”的去向含糊其词。真实的经过是七里街汽车运输队司机分别于1988年5月12日和14日从赣县副食品批发部取走了13,000元，并交给了运输队出纳，缴款签收手续凭证附在案卷内。（5）该案中赵冬林自始至终无非法占有公款的意图。交通事故发生后，七里街汽车运输队确定事故损失没有达到13,000元，赵冬林还曾要求财务扣下车队购买白糖款的8400元。

最后，朱律师在陈述真实案情后，提出以下无罪辩护意见：（1）我国《刑法》明确规定贪污罪必须由直接故意构成并且要以非法占有为目的。但被告人赵冬林主观方面既没有故意也没有非法占有的目的，不符合我国《刑法》贪污罪的规格和标准。（2）被告人客观没有占有公共财产。这笔钱从副食品公司取出，进了南昌七里街汽车运输队，两个企业都是公有制单位，没有任何个人占用这笔钱，更无共同合伙的同犯。最高人民法院印发《关于贯彻执行〈中华人民共和国民法通则〉若干问题的意见（试行）》第58条规定：“企业法人的法定代表人和其他工作人员，以法人名义从事的经营活动，给他人造成经济损失的，企业法人应当承担民事责任。”这起因运输白糖而造成的车祸损失不可能也不应当由个人承担。没有车祸损失由个人承担的前提，被告人怎么可以定贪污罪呢？在庭审的最后，朱律师再次强调本案没有事实能够证明被告人赵冬林的行为构成贪污罪，请求法院及时依法作出被告人赵冬林无罪判决，立即释放被告人，以保障一个无罪的公民的基本权利。

朱树英律师对我的案件有理有据的无罪辩护，使原审法院在处理我的案件时左右为难，庭审后，法院不仅不判决，还将我一直羁押。直到朱律师向相关领导汇报后不久，1991年8月21日，我被取保候审。但是，原审法院最后还是对我做出有罪判决，只是把罪名改为了“投机倒把罪”。1991年12月6日，一审法院以“投机倒把罪”判处我有期徒刑2年，缓期2年。我不服于是提起上诉，并委托朱律师继续担任二审辩护人。

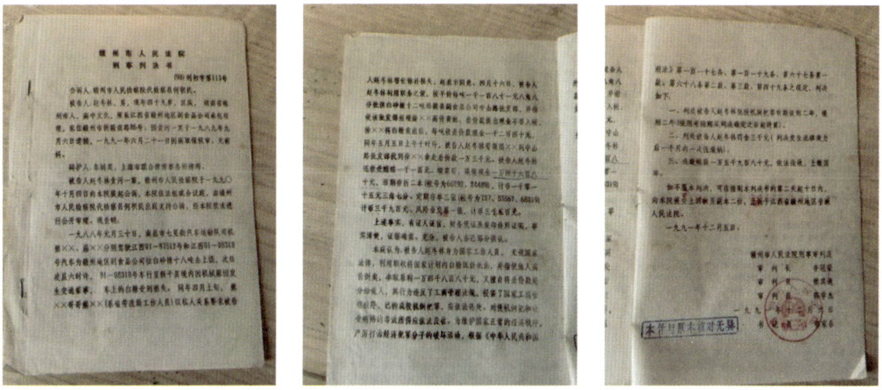

▲后来的二审判决书载明赵冬林被取保候审的时间是1991年8月21日

赵冬林、肖冬杰

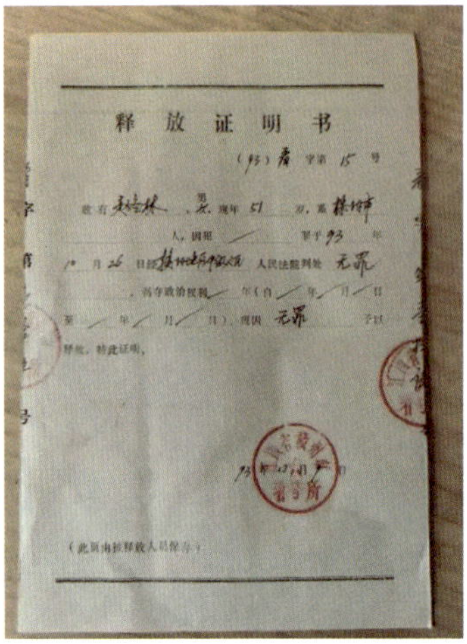

▲释放证明书

朱律师的努力与坚持没有白费，1993年，最高人民法院以“无罪放人”的批示终结了赵冬林被关押685天痛苦煎熬的日子。1993年10月9日，赵冬林收到赣州看守所因“无罪”发放的“释放证明书”，恢复了党的组织生活和公职，还补发了全部工资。同时，也终结了这场前后历经近5个年头的冤案。虽然我们是不幸的，因为当时法制的不健全让我们深陷冤案整整5年；但是我们又是幸运的，能够在危难时得到刚正不阿、无私无畏、兢兢业业、坚韧不拔的朱树英大律师的帮助，力挽狂澜地将我们从痛苦的沼泽中救出。正因为朱律师一直坚守着法律准则，履行着自己的职责，捍卫着法律的尊严，才最终换来了赵冬林的清白。

我们是再普通不过的平民百姓，当时与朱树英律师素昧平生，朱律师能够不计个人得失在我们危难的时候排除各种不利因素和干扰，坚持为赵冬林做无罪辩护的恩情，我们全家一直深深地铭记于心中。我们衷心地祝福他：好人一生平安！

15 与至情至性的大律师合作办案见真章

何依群　叶　鹰

引　言

一枚硬币正反两面，你从什么角度看问题，决定了你能够看到什么。同样一个案子，前一篇站在当事人的角度，能够直观地看到整个事件发展的一波三折，在为赵冬林一家揪心之余也庆幸"找对了律师"。正所谓"外行看热闹，内行看门道"。而本篇文章正是以何依群、叶鹰两位律师的视角来看这场"无罪辩护"背后的"门道"。

不同于民事辩护，刑事辩护多少有点"民告官"的意味在其中，面对公诉人与法官，辩护律师的气场很重要。要有底气去立论、有胆气去驳斥，并清晰地知道法庭之上攻防点在哪里。这篇文章或许能为读者带来这样的感觉——朱树英的每一句话、每一个动作，看似不经意却内涵深思熟虑，扭转乾坤往往就在细节之处。

▲何依群（左）　叶　鹰（右）

我们是原江西仁天律师事务所律师何依群、叶鹰，是当时江西省赣州地区副食品公司的法律顾问。与朱树英律师的相识，源于30多年前一起刑事案件，也是在机缘巧合下，让我们有机会能和他一起合作办案。说起朱树英律师，大家都知道他是我国建筑房地产专业的大牌律师，被称为工程法律界的泰斗。但大家不一定了解，朱律师在执业初期还是一位非常优秀的刑事辩护律师。

一、临危受命展现责任担当

这个案子发生在1989年的赣南地区，当时国家鼓励国有企业推行各种形式的承包、租赁、责任制等改革制度。在赣南地区，赵冬林牵头和其他合作伙伴组成了承包班子，与当地政府签订了承包期限为5年的经济责任制合同，负责承包公司的经营发展，赵冬林担任承包公司的经理。赵冬林领导的承包班子经过努力使承包江西省赣州地区副食品公司（以下简称承包公司）的各项业务蒸蒸日上，经营利润也大幅增加。然而，在这期间发生了一件事，将整个承包班子成员带入了大麻烦中，更令他自己“锒铛入狱”。当时负责运输承包公司货物的车队，在一次运输公司白砂糖的过程中发生了交通事故，造成了部分货物的毁损，最终由该车队承担该损失。该车队承担损失后向承包公司提出了给予适当经济补偿的要求，经承包公司综合各方面因素慎重考虑且考虑到这个车队是承包公司货物的主要承运方，同时公司支付该车队的运费价格在市场也属于较低的客观情况，承包公司领导班子共同讨论后决定，批给该车队计划内价格的白砂糖若干吨，由该车队自己以计划外价格在市场上进行销售，就此产生了上万余元的价差，作为给车队承运白砂糖赔偿货损的一些补偿。然而，这件事情被人反映到地区领导那里，上万元在那个年代是一个很大的数目，于是当地领导指示成立专案组严查此事。整个公司的承包班子成员都因此事而被收容审查，因赵冬林为主要负责人，当地检察院以其涉嫌贪污罪为由起诉到当地法院。

那个时期，远在上海的朱树英已经因其擅长职务犯罪的无罪辩护而闻名全国，口碑很好。他通过辩护成功使案件被改判为无罪的赣南当地职务犯罪案件已有 3 件了，我们一直在报纸杂志上看到朱律师扭转乾坤的报道，尤其是他为赣州南康县税务所已经过一、二审判决且正在服刑的王某春申诉、经过调查并直接向国家税务局[①]反映案件冤枉税务干部的情况一事，这引起了国家税务局的高度重视并派员下来核实，最终王某春被无罪释放，这个案件在当地影响非常大。赵冬林的妻子肖冬杰在委托我们担任赵冬林的辩护人后，为了增加无罪辩护的成功率与我们商量，想聘请上海的朱树英律师和我们一起为赵冬林进行辩护。能和来自上海的“能人”一起合作办案，这对我们来说是一次非常难得的学习机会，我们欣然同意。

▲朱树英（中）与何依群（左）、叶鹰（右）两位律师合影

朱树英律师在了解基本案情后接受了委托。没过多久，法院通知赵冬

① 现为国家税务总局。

林家属在3天后的11月10日上午开庭。朱律师为了了解案情坚持在庭前与赵冬林会面并阅卷，也与我们约了见面商讨辩护意见。在收到开庭通知的当天，朱律师还在广州办案，他当即就订了火车票，第2天一大早从广州先坐火车再转乘汽车并于11月8日傍晚赶到了赣州。当时我们是第一次和朱律师见面，在与朱律师就案件交流的过程中，我们能深切地感受到朱律师看问题透彻全面，思维非常敏捷，法律功底扎实，辩护意见犀利，确实名不虚传。

二、娴熟的无罪辩护技巧令人震撼

我们认为朱律师的思路非常正确，同意其对本案定下无罪辩护的基本策略。正当我们一起讨论庭审分工、精心准备在法庭上好好辩护一场的时候，出现了意想不到的情况——当时我们所在的律师事务所是当地司法局直属的国办所，在得知朱律师介入赵冬林案件辩护后，事务所领导要求我们不再介入此案，而此时离法院定下的开庭时间仅有一天了。我们和朱律师紧急商量后决定：该案由朱律师一人出庭辩护。当时所有的压力都压在了他一个人身上。由于距离开庭时间实在太短了，我们对朱律师能否把案件吃透并开好庭，说实话还是存在担忧的。然而，朱律师临危不乱、处事有条不紊，他白天阅卷并会见当事人，充分沟通了解公诉机关定罪的漏洞，晚上又熬夜仔细查阅卷宗材料并和我们一起分析讨论，拟定辩护词，做好了充足的庭前准备。

因这个案件在当地有较大的影响，法院开庭时安排在最大的审判法庭进行，当天来法院的旁听人员挤满了法庭的旁听席。随着法官法槌的落下，朱树英律师便全神贯注地开始了无罪辩护。在整个法庭审理的过程中，从举证、质证、辩论各个环节，朱律师处处都彰显着其刑辩律师的大将风采。朱律师针对案情和证据抽丝剥茧，一会儿娓娓道来，一会儿慷慨陈词，充分展现了深厚的法律素养和辩论水平。朱律师极具说服力的表达、掌控全局的气场让我们至今印象深刻，坐在旁听席上的我们看到朱律师在法庭上势如破竹的出色表现，一颗悬着的心也放了下来。

在庭审时，朱律师敏锐地发现了一个公诉人证据使用的疏漏，并抓住了这个细节问题，在其询问被告人时，朱律师说："刚才公诉人宣读证人熊某某 1989 年 8 月 11 日的证言，你听清楚了吗?"赵冬林回答说听清楚了。朱律师又说道："我现在也来宣读这份证言，你听听我宣读的与刚才公诉人宣读的有什么不一样?"这时，整个庭审区和所有旁听人都高度紧张。当朱律师读完证人熊某某的证言，再问赵冬林："你觉得有什么不一样吗?"赵冬林当即指出："不一样。证人承认我当时曾说过这样一句话：'这些糖的销售差价都用于补偿给发生交通事故造成的损失，我本人一个子儿也不要'。"此时，朱律师再问赵冬林："你是不是认为这句话能够证明你根本没有要这些钱，而公诉人宣读证言时遗漏了?"赵冬林回答说："就是，就是。"谁也没有想到，朱律师竟然会发现公诉人的这个疏漏，并且朱律师在庭上抓住这个细节不放。于是，整个旁听席一片哗然。

这时，朱律师见法庭书记员抬着头看审判长，停笔愣在那里不做记录。他不卑不亢地宣读了当时我国《刑事诉讼法》第 124 条规定，并指出："书记员应当全面记录法庭的全部庭审情况，请书记员如实记录刚才庭审的全部问答。"于是，公诉人和审判长先后当庭把证人熊某某的全部证言都读了一遍。

庭后，法院对被告人赵冬林的行为能否定罪以及如何定罪的分歧非常大。在当时，刑事案件审判还是适用我国 1979 年的《刑法》，法条中有类推解释的规定（《刑法》第 79 条的规定："本法分则没有明文规定的犯罪，可以比照本法分则最相类似的条文定罪判刑，但是应当报请最高人民法院核准。"），而公诉人对本案正是类推适用前述规定提起公诉的。经过朱律师开庭审理时有理有节的辩护，法院明显地感到判决赵冬林涉嫌犯罪依据不足，适用类推判定贪污罪更是难以成立。本案除了在当地人民群众中备受关注，同时也是当地领导密切关注且影响较大的案件，于是法院逐级上报。

三、坚持不懈为案件最终宣告无罪而呕心沥血

朱树英律师在开庭中出色的表现，为本案顺利开展打下了坚实的基础，然而这离最终取得无罪辩护的结果还远远不够。针对被告人此后还一直被羁押的不正常情形，我们继续向有关方面反映情况，递交后续的辩护意见；为了保证赵冬林在未定案前的人身自由，我们还一起“勇闯”相关领导的办公室，当面向领导陈述了案件存在的问题和我们要求依法先予释放的辩护意见。

朱律师为了这个案子可谓呕心沥血，当该案经逐级层报至最高人民法院时，朱律师不辞辛苦地多次远赴北京，向最高人民法院的法官当面报告案件事实和不能定罪的法律依据。也正是因为朱律师对这个案子锲而不舍和百折不挠的坚持，本案最终由江西省高院报最高人民法院审批并获明确的无罪指令，后由赣州中院下二审判决书，判决内容为：“一、撤销赣州市人民法院 1991 年 12 月 5 日（90）刑初字第 113 号刑事判决书；二、宣告上诉人赵冬林无罪。”

至此，赵冬林终于以无罪之身获得法律的最终判定，并恢复公职和党籍，补发了全部工资。朱树英律师的不懈努力最终让无辜的赵冬林沉冤昭雪。

通过办理这起刑事案件，我们充分领略了朱律师扎实的法律功底、专业的办案技巧，学到了很多实务经验。更重要的是，通过这个案子，我们被朱律师身上那些宝贵的品质所深深折服，我们感受到他怀揣着一种希望推动法治建设的理想。1992 年，朱树英律师创立了上海市建纬律师事务所，在朱律师的卓越领导下，建纬所在建筑房地产专业法律服务中一路绝尘、高歌猛进，发展成为法律服务行业的标杆。30 多年来，朱树英律师初心不改，为推动中国法治事业孜孜不倦。作为同行，我们很庆幸那个为坚守正义不畏艰险、坚韧不拔的理想主义者从未改变，同时也很幸运有这样一位至情至性的至交好友。

16 律师之“师”与“律师之师”

叶　青

引　言

对于职业的名称，“从字面上”大致可分为两大类：一类是带“师”字的职业，如“教师”“律师”“工程师”；另一类是不带“师”字的，如“医生”“司机”“演员”。细细品读，则会发现——能称为“师”的职业，都带有“言传身教”的属性，而另一类则更注重“职业技能”的体现；为“师”者，仿佛是一条线，其所产生的作用或是影响力是延绵不断的，另一类不带“师”字的职业就好比是个点，更侧重于解决当前的实际问题。本篇文章的作者是一位“三寸粉笔，三尺讲台系国运”的教师，现任华东政法大学校长的叶青老师。如果说朱树英是“律师之师”，那么这一位就是当之无愧的律师之“师”，这篇文章为读者展现了两位在“传道受业解惑”之路上如何大步前行的故事，以及叶青校长与朱树英的“赓续绵长”。

▲叶　青

我是叶青，现任华东政法大学校长，我于1985年华政毕业后留校任教。在1990年的新学年开学后，有一天，我在华政校园偶遇朱树英，才得知他于1989年秋季入学华政成人法律本科班，至此，我们成了华政校友。但在成为校友之前，我俩早在1986年就因共同在上海电视大学同台讲学而相识。唐代文学大家韩愈有云："师者，所以传道授业解惑也。"我们后人深知"传道"是第一位的。一个教师，如果只知道"授业""解惑"而不"传道"，那么不能说这个教师是完全称职的，充其量只能是"经师""句读之师"，而非"人师"。在我心中，就有这么一位值得称道的"人师"，他的心中有国家和民族，且怀揣着强烈的国家使命和社会责任意识。他，就是与我相识相交近半个世纪的朱树英先生。

一、因空前的法律人才培养需求而结缘

20世纪70年代末、80年代初，在国家推进社会主义民主与法制进程中，政法院校纷纷复校办学，社会各行各业对法律专业人才的需求空前高涨。而在当时的上海，华东政法学院（后改名为华东政法大学）、复旦大学分校（后改名为上海大学法学院）、上海对外贸易学院（后改名为上海对外经贸大学法学院）、上海海运学院（后改名为上海海事大学）、上海财经学院（后改名为上海财经大学）以及上海政法管理干部学院（后改名为上海政法学院），1年招收法律本、专科学生总共不到800人。为了更好地培养国家和社会急需的法学专业人才，上海市各区所办的业余大学、电视大学分校等均开设了法律自考专科班或法律自考专升本班，一时间法律教育师资十分紧俏。

1985年6月，我从华东政法学院法律系毕业留校，于刑法教研室刑事诉讼法教研组担任助教，具备了大学教师资格。第二年，在民法老师吕淑琴副教授的介绍下，加入到了业余法学教师的队伍中。我清楚地记得与朱树英先生第一次见面的场景。当时我在上海市杨浦区业余大学授课，在教

师休息室遇见朱树英先生，我们俩虽然初识，却相谈甚欢，交流后得知他已考出律师资格，正在上海大学文学院法律系任实习律师。由于之前在企业做过5年专职教师，是被法律系借聘任教的教师。虽然我俩经历不同，但一点也不影响我们成为好朋友。之后，我们俩又分别被聘请为虹口区业余大学、普陀区教育学院、静安区电大分校等法学授课教师，一周总有两三个晚上会在一起授课，朱树英先生教授民法学课程，我教授刑事诉讼法学课程。每次，我们俩都是骑着“老坦克”（自行车）或从家里，或从单位来到授课点教学，下课后也会同行一段路然后再分别骑行回家。一路上我们既会交流各自的过往和课堂上学生的趣闻，也会探讨一些当下的典型案例。那时，电视上经常会播放诸如改革开放后第一代律师李国机、郑传本、傅玄杰、赵珪、倪彬彬等刑事辩护或民事代理的案件庭审情况，这也成为我们授课时的鲜活素材。就这样，我与朱树英先生因成人法律教育而结缘。

朱树英先生是老大哥，比我大10多岁，他的经历十分丰富，在上海知名的大型建筑施工企业工作了28年，有着木工、专职教师、工会干事、总经理秘书、法律顾问室主任等不同岗位的工作经验。自然而然，他在讲民法学课程时，会加入许多来自劳动生产一线和群众生活实际的生动案例，再加上他语言表达条理清晰、上课情绪饱满，语音语调也是抑扬顿挫。无论是从课堂效果，还是从师生反馈来说，都深受好评。我一直觉得朱树英很有做“老师”的天赋，对“为师之道”有着自己独到的践行方式。为此，我经常向他请教授课的技巧，这对我提高自己的讲课水平帮助很大。那时不同现今——图书馆、书店里有丰富翔实的法学专业资料可用作备课和出题的参考材料。在那个资料匮乏的年代，朱树英先生经常会拿他做兼职律师所办过的案例给我借鉴和学习，并毫无保留地与我分享编写讲义与教案的心得。我们因成人教学而结成了“忘年交”，也成为亦师亦友的好朋友。20世纪90年代后，“法学热”逐渐褪去，我们不再有每周几次面对面交流的机会，但是，节日短信问候，平日互赠书刊，继续关心彼此、分享各自的喜悦。

二、“律师之师”的华丽转身

1992年，对当时已过不惑之年的朱树英先生来讲，是他人生的一个重大转折点，事后证明也确实是他人生之路上的又一次华丽转身。朱树英先生由兼职律师变成了全职律师，并逐步成了如今的“律师之师”。

当时的上海城市建设主管部门建设委员会正筹划组建一家专门为城市建设行业服务的专业律师事务所，鉴于朱先生在本行业丰富的法务工作经验和数十年建筑企业的工作经历，他成了负责筹建这一专业律师事务所的不二人选。在朱树英先生的带领下，经过一段时间的积极筹备，上海市建纬律师事务所正式成立了，他顺理成章地担任创始主任。当他电话告诉我这一消息时，我由衷地为他感到欣慰与骄傲，我在朱先生身上看到了什么是“有志者，事竟成，逐梦无惧!”

至此，朱树英先生在其后30多年的律师执业生涯中，把对建筑工程法律服务的热爱和钻研发挥到了极致。在他的带领下，上海市建纬律师事务所以317位合伙人、1063位执业律师、总人数1408人（此为作者撰写此文时的数据）的规模，跃居中国本土律所“最大30强”榜单，也是唯一一家迈入千人大所行列的专业律师事务所，不仅获评“全国优秀律师事务所”，还连续十四年（2011~2024年）被国际法律评级机构钱伯斯评为建设工程领域第一等。2023年9月，作为朱树英先生的继任者——现任建纬律师事务所主任、同时也是华政校友的邵万权律师光荣当选第十二届上海市律师协会会长，并获得第五届“东方大律师”荣誉称号。建纬所人才辈出，我想朱树英先生执着钟爱的事业后继有人，他一定是最高兴的那位前辈“老师”!

朱树英律师是国家住房和城乡建设部建筑市场监管司法律顾问，承办过近千件有关建筑、房地产领域案件，在建设领域首创全过程法律服务，擅长解决建设领域疑难复杂的法律问题。其承办的由青海省高级人民法院一审、最高人民法院二审改判的施工合同固定单价调整案件，载入当年最高人民法院公报。他在非诉讼领域首创的全过程和阶段过程服务模式，为拓展中国律师在建筑房地产领域的服务广度和深度作出了显著贡献。为此，他曾光荣当选上海市政协第十、十一届委员，中华全国律师协会民事专业委员会主任，中国房地产业协会常务理事兼法律事务专业委员会执行主任，担任上海、北京等九城市仲裁委员会以及中国国际经济贸易仲裁委员会建设专业仲裁员；还荣获“上海市劳动模范”、上海市首届“东方大律师”、“第二届全国优秀中国特色社会主义事业建设者”、“全国优秀律师”等称号，也曾获上海市司法行政系统个人三等功，在2011年被国际法律服务评级机构钱伯斯表彰授予终身成就奖，而后在2015年至2022年均被授予钱伯斯在中国律师建设工程领域“律政之星”称号。此外，他在2019年以“中国工程合同示范文本奠基人和法律专业咨询开拓者”身份入选中国工程咨询博物馆“工程咨询名人堂”，获评英国金融杂志（Finance Monthly）“2021中国建设工程法律服务领域最佳律师”。荣誉等身的朱先生赢得了国家、社会、海内外对他在专业领域成绩的高度肯定，他是我国建筑工程法律服务领域当之无愧的开创者和卓越领军人物。

朱树英先生因他在建筑工程法律服务领域的精深造诣，先后被北京大学、清华大学、中国人民大学、浙江大学、同济大学、上海交通大学、华东政法大学等多所大学聘为法学客座教授。他的学识、经验、通过讲课、著书等各种方式向法科生、律师同行们传授，答疑解惑，启发思想，使法科生、律师们深受教益。曾有法科生评价：“朱老师的课是法条与案例的完美组合，经验与理论的交融。”也有年轻律师感慨：“他作为师者的光芒，师者的品格，深深地影响着我。”

朱树英先生勤于笔耕，致力于将专业积累著书立说、惠及行业，其主编专业书籍30多本，近1500万字。其有10本个人专著：《建设工程法律实务》、《房地产开发法律实务》、《工程合同实务问答》、《墨斗匠心定经纬——建设工程疑难案件办案思路与执业技巧》、《墨斗匠心定经纬——房地产开发疑难案件办案思路与执业技巧》、《苦寒磨砺筑方圆——律师写作技能提升之道》、《苦寒磨砺筑方圆——律师演讲技能提升之道》、《责任与使命——担任上海市政协常委十年的六十个提案》、《未雨绸缪控风险——施工合同证据“两分法”及管理“三要诀”》、《工程总承包实务问答》，均深得业内人士和广大读者的喜爱及好评，成了有志于建筑工程法律服务领域的后来者必读书目。

朱树英先生一直坚守“功以才成，业由才广”的人才观。注重人才队伍建设，身体力行“师徒带教制”。这一育人模式已成为建纬所的文化，深植于全所每一个人，也早已结出“累累硕果”，造就了诸如邵万权会长这样的一批年轻的优秀律师，成为中国建筑工程法律服务领域辨识度极高的一个执业律师群体。

三、将永留华政荫佑学子的“树英奖学金”

为了培养更多的未来能够从事建筑工程房地产法律业务的执业律师，朱树英先生个人捐资设立“树英奖学金”以助学育人。2015 年 8 月 20 日，在北京京西宾馆召开的全国律师工作会议现场，我遇见了朱树英先生。当时，我刚从上海社会科学院副院长、法学研究所所长任上调回华政担任校长 1 个多月。我是代表华政参会的，朱树英先生则作为上海市律师界的代表参会。一见面，作为老朋友，他首先对我回母校担任校长一职表示了热烈祝贺，紧接着，他就真诚地向我表达了个人想捐资设立奖学金，多培养些愿意从事建筑工程房地产法律业务的后备人才的想法。这是我当校长后第一次有人主动向我表示设立奖学金，我自然非常高兴。我问他：“准备捐资多少？个人对学校有什么条件和要求？”他当即爽快地回应道：“个人无任何要求，我可以比照目前母校同类奖学金最高额来捐赠。”

就这样，我们两人在很短的时间里谈成了设立奖学金的事宜。北京律师工作会议后没多久，就迎来了华政新学期开学，朱树英先生就多次主动电话催问我，如何将支票转给学校，甚至说有没有仪式都无所谓。我对他说，捐赠仪式还是要搞的，不为别的，而是希望通过一种仪式感让受赠的学生受教育、受激励，这也是一次很好的感恩教育。最后我还与朱先生说：“我是教程序法的，程序正义与实体正义是同等重要的。”这样，他才终于答应来参加9月在母校举办的简朴而庄重的奖学金设立仪式。在仪式上，朱树英先生个人慷慨捐资100万元设立“树英奖学金”，用于建设“华东政法大学建设领域法律专业培训基地”以及奖励优秀学生。

2022年11月，华东政法大学召开建校70周年大会，朱树英先生作为华政的优秀校友代表受邀出席，在70周年大会上，朱树英先生被评为华政70年的优秀学员。恰巧2022年也正值建纬所成立30周年，朱树英先生个人再次向母校捐赠200万元以支持母校教育事业，使这项奖学金的总数达到300万元。朱树英先生的此举旨在进一步鼓励有志于毕业后从事城市基础设施建设、房地产以及建筑工程等建设领域法律业务的学生，促进新时期律师后备人才的培养及法学教育事业的发展。朱树英先后两次捐赠，都是一次性支付，没有向学校提任何要求。当年10月，朱树英律师作为华政优秀校友代表，接受《新民周刊》专访，其受访内容载入《一所大学和法治时代——华政人的天下情怀》专题，其中刊录五位优秀校友事迹，朱树英的专访位列第二。

▲华东政法大学建校70周年大会

为表示对朱树英先生的感谢，我专程来到建纬所与朱树英先生签署捐赠协议，颁发捐赠证书和纪念奖牌。我记得那天朱树英在致辞中感慨："没有在华政学习的 3 年，就没有今天的朱树英。"我被朱树英先生的感恩之心深深打动。朱树英先生时刻关注着母校的法学学科建设，用自身的实际行动回报母校的恩情。

▲朱树英（右）与叶青校长（左）签署捐赠协议书

▲合影

▲叶青校长（左）向朱树英（右）颁发纪念奖牌

▲纪念奖牌

“树英奖学金”至今已经近10年，该奖项承载着朱树英对母校培养之情的谆谆感恩和对母校法学学科建设的深切期待，同时见证着朱树英先生常怀一颗投身公益事业、践行律师社会责任的初心。至今，该项奖学金已累计奖励70名学生，部分受赠学生已毕业致力于建筑行业法律工作。这些优秀而幸运的学生接受的不仅仅是“树英奖学金”，更是朱树英先生对华政学子的殷切期望。

朱树英先生深耕建筑行业法律服务几十年，“怀揣赤子心，甘为孺子牛”。朱先生是华政的骄傲，也是华政学子的榜样。朱先生常对我说，人老了，退出江湖了。可我要说的是：人有志气永不老！祝朱树英先生法治教育人生长青！

作者简介

叶青，华东政法大学党委副书记、校长。华东政法学院法学学士、硕士，中国政法大学博士。

二级教授、博士生导师。上海市第十六届人大常委会委员、法制委副主任，教育部法学类教指委副主任委员。中国法学会学术委员会委员，上海市法学会副会长。获有多项法学教学成果及发表过 140 多篇法学论文。

17 钻研，专注；刻苦，勤勉

——记 1991 年全国优秀企业法律顾问朱树英

王文正

引　言

本篇文章的讲述人，是曾任上海市司法局副局长兼上海市律师协会会长的王文正。97 岁的老会长不仅见证了“建纬”的诞生，也向读者道明了朱树英为什么会从“兼职律师”成了“专职律师”。

在前面十余篇文章中，我们看到了“小木匠”朱树英、“勤奋好学”朱树英、“侠义心肠”朱树英与“律师之师”朱树英，但这仅仅是“早期”的朱树英，或者说是处于“转型期”的朱树英。而从本文开始，我们将看到的是一个与“建纬”紧紧联系在一起的朱树英。

▲王文正

1991 年，我还在上海市司法局副局长、上海市律师协会会长任上。一个偶然的机会，我认识了朱树英，那时他还在上海市第八建筑工程公司（以下简称上海八建）担任法律顾问室主任。当年国家经委和司法部联合在全国范围内评选100个“优秀企业法律顾问室”和100名“优秀企业法律顾问”，最终，上海有1个单位和1个个人榜上有名，分别是“上钢五厂法律顾问室”以及“朱树英”。

1991年11月18日，国家经委和司法部在北京召开全国“优秀企业法律顾问室”和“优秀企业法律顾问”表彰大会，根据参会要求，市司法局委派时任上海市司法局副局长兼上海市律师协会会长的我带领上钢五厂的和法礼和朱树英去北京参会、领奖，这也促成了我们三人的一段同行经历。

在去北京之前，我是通过“全国优秀企业法律顾问”的评优申报材料了解朱树英的“主要事迹”，作为上海建设系统中已取得律师资格的企业法律顾问，朱树英的事迹主要有三个方面——第一，朱树英是全国建设系统于1985年就成立的首家企业法律顾问室主任，顾问室是个正科级部门，有3名工作人员，他们在企业主管施工合同的签订。这种由法律顾问室主管企业各类合同的管理模式，在当时是非常先进的，是一种防范矛盾和纠纷的过程管控模式，朱树英是建立并推进这种模式的企业职能部门负责人。由于他之前担任过公司总经理秘书，在企业内部有一定的话语权和较强的执行力，他主管合同管理工作8年，企业从未出现任何诉讼案件。第二，他负责制定的上海八建的一整套企业施工合同管理制度体系，包括企业合同管理办法和公司印章管理、合同专管员管理、分包合同管理、劳务合同管理、材料采购合同管理、联营合同管理等六个配套的合同管理制度。由于运行良好、成效突出，其合同管理经验在中国建筑业协会的管理年会荣获一等奖，在由建工局石礼文局长亲自组织召开的全局各单位法定代表人大会、上海市“重合同守信用单位”表彰大会上作过经验介绍。此外，建设部[①]还曾以红头文件下发全国各地建设主管部门介绍上海八建有关企业合同管理的典型调查报告。第三，在1988年至1989年，朱树英参与建设部起草、编

① 现为住房和城乡建设部。

制我国第一个《建设工程施工合同（示范文本）》（GF－91－0201），是全国唯一参与制定建设部首个施工合同示范文本的律师。据后来知道的情况，朱树英还参与修改了1999年版的《建设工程施工合同（示范文本）》，负责修订了2013年版和2017年版的《建设工程施工合同（示范文本）》，近年还负责修订了最新的《建设项目工程总承包合同（示范文本）》、起草了《建设工程全过程咨询合同（示范文本）》。当时对于朱树英的印象是，这个人不简单，虽不是专职律师，但是其专业素养和研判能力都不容小觑。所以，若干年后，朱树英以跨界身份出现在中国工程咨询博物馆名人墙上（7位名人，位列第四），就不足为奇了，其名牌标识为——“中国工程合同示范文本奠基人和法律专业咨询开拓者”。

▲朱树英律师（左）与王文正会长（右）早年合影

话说，我真正认识朱树英是在这次参会途中，也就是在由上海开往北京的火车上，用现在的说法，这14个小时的路程就是我们三人的“网友见面会”。虽然彼此在工作中都有所耳闻，但面对面交流却是第一次。我注意到，朱树英一方面会同和法礼交流一些关于企业法律顾问工作的经验、做法，另一方面就是不断在写一些材料，时间一点也不浪费。我有点好奇：朱树英在火车上还在写什么呢？一问才知道：他当时在上海联合律师事务所第二分所跟着翟建主任做兼职律师，他对凡是自己所办案件的法律文书都会收集起来，连同判决文书装订在一起，每年都会汇成厚厚的一本汇编资料，所以他当时是在整理第六本。此后，在北京的几天里，朱树英除参加表彰大会外，整天都忙碌着他办的案件，不是整理证据材料，就是起草司法文书。在我看来，一个兼职律师办案如此认真、仔细、一丝不苟，他这种勤奋有加和刻苦努力的精神给我留下了深刻的印象。

从北京开会回来，我在上海律师的有关会议上多次表扬了朱树英的这种认真负责、刻苦钻研的精神。之后，1992 年 6 月，上海市建设委员会向市司法局申请开办由朱树英作为主任的上海市建设律师事务所（建纬所前身)，以满足上海改革开放和城市大建设对律师专业法律服务的需要。因此，这个所的组成人员都是建设系统的兼职律师，朱树英就是其中代表。当时市司法局分管律师工作的史德保副局长在讨论会上提议：培养一家上海本土的、专门从事建设工程和房地产领域的专业律师事务所，作为上海市律师事务所审批制度改革的试点，拟批复同意筹建，并同意暂由市建设委员会领导，但规定有 2 年的过渡期，过渡期届满兼职律师须转为专职律师，并改受市司法局统一领导。我在会上支持并同意了这个方案，所以，上海才出现了建设所后改名为建纬所，也即史德保局长口中所称“上海律师界的‘怪孩子’”。

之后，上海市司法局又陆续批复了由上海经济委员会申报的“上海市经纬律师事务所”以及上海科技委员会申报的“上海市科纬律师事务所”等。各政府主管部门都对系统内成立的律师事务所给予了高度重视和大力支持，尤其是上海市建设委员会对建纬所的专业发展更是给予了实质性的扶持和帮助。1992 年 8 月 24 日，上海市建设委员会邀请我参加在西郊宾馆举办的范围极小但层次极高的座谈会，主题是商讨建纬所的专业发展目标和方向，参加会议的有十几个单位或部门领导，都是来自人大、政协、法院和有关政府部门的局级领导干部。当时的市人大常委、市高院副院长沈宗汉，市政府副秘书长卢莹辉，法制办副主任陈志春，市高院院长顾念祖，市司法局副局长史德保，市建委党委书记李春涛、主任吴祥明，市人大市政建设委员会主任屠永良等领导都应邀参加了座谈会。而建纬所正是根据这次会议与会领导的意见和建议，确定了“超前，务实，至诚，优质”的八字办所理念和所训，31 年来，建纬所正是遵循了这个“八字方针”，一步一步走到了今天。

▲朱树英律师（左）、原市司法局律管处处长李海歌（右）与王文正会长（中）核对参会情况合影

实践和历史证明：上海市建设委员会和市司法局先后选择并批准朱树英作为建纬所创始主任的决定无疑是正确的，建纬所能够发展到今天这样的规模和成效，也和具有“钻研、专注，刻苦、勤勉”精神的朱树英密不可分。

作者简介

王文正，1928 年出生。1944 年参加革命，系南下干部。1956 年即参与上海律师协会的创建工作，1983 年起担任上海市司法局副局长，1990 年至 1998 年连续担任上海律师协会会长，1991 年至 1994 年兼任全国律协副会长。

18 从建纬成立之初的“基因”看律所未来发展的高度

田庭峰

引言

正所谓“不识庐山真面目，只缘身在此山中”，很多时候，对于身边的人、熟悉的环境，很难给出一个“准确”的评价，不是因为不够客观，而是因为了解多了反而不知如何去总结。所以编者很理解上海申浩律师事务所田庭峰主任在接到朱树英约稿时的那种“千头万绪”。

朱树英太具传奇性，建纬所发展一路高歌猛进。田庭峰主任试图去探究这背后的深层原因，却发现其中有着“种瓜得瓜，种豆得豆”的关联性，即律所创始人的精神属性影响着一个律所的文化基因。律所的文化基因形成的点点滴滴源于构成该律所的全体律师，而其中律所创始人的个人精神品质和风骨才是一个律所最终形成该文化基因的根基与内核。如果说“朱树英”是建纬的一颗种子，那么这片“发源地”上又将开什么花？结什么果？让我们一起来细品这篇“千呼万唤始出来”的文章。

▲田庭峰

基因，是内在成因，是根脉，是本质。一个人、一个国家、一个民族因有自己独特的精神基因，从而形成不同于其他人、其他国家、其他民族的人文性格和文化习惯。同样地，我想，一个律师事务所，因有其独特的内在文化基因而区别于其他同行业律所，从而形成自身独特的律所文化和商业模式。无论这个律所发展多久，其创始人的精神基因已经深深扎根在律所文化内核中，其日后形成的文化特质也在该文化内核的基础上不断丰富与充实。因此，律所创始人的精神基因就是一个律所发展壮大过程中不断贯彻实施的行动基因。想要快速了解一个律所的文化基因，不如通过了解该律所创始人的“基因”，解读该创始人的个人成长经历与自身精神素养，体会这种文化力量给这个律所发展带来的引领作用。

1992 年，朱树英律师作为创始主任，创立了建纬律师事务所。建纬所在朱树英老师的卓越领导下，经过 30 多年的发展，已然成为我国法律服务行业建筑房地产专业的标杆律所，秉持着“超前、务实、至诚、优质”的服务理念，建纬所赢得了市场和行业的认可。2021 年，建纬创始人朱树英卸任主任一职，邵万权律师接过重担成为新一届建纬管委会主任，建纬所圆满完成焕新传承。但朱树英老师自身的精神基因已经深深融入建纬所的文化基因中，始终是建纬所的基石，也是建纬所精神传承的法宝。

一、研究建纬基因——不如从创始人朱树英说起

近日，我收到一条朱树英老师发来的微信，他问我能否结合对行业发展的理解，谈谈对建纬所的认识。坦白地说我真的受宠若惊甚至说惶恐，因为我此前对朱树英老师、对建纬所的认识可以用一个词概括，那就是“高山仰止”。让我谈感受，就像是让一个“学渣”在“学霸”面前谈学习体会，着实让我张不开口。于是，我给朱老师回了消息，坦言这个主题由我来叙写似乎不太合适。尽管朱树英老师真诚、谦虚地说，他的初衷是希望能够了解到来自法律行业、来自社会上不同的外部视角对建纬所的认知，

但我仍旧斟酌再三、迟迟不敢动笔。直到最近一次在智合论坛上，我遇到了建纬所的很多律师同仁，他们向我介绍了很多关于建纬的成长故事，从他们的描述中，我对建纬所有了更立体的了解。与此同时，通过恶补《话说建纬》板块系列文章，建纬所在我脑海里的形象也变得活跃、生动起来，但越是如此就越感觉这篇文章难写。我认为自己是一个挺能写的人，但朱老师请我执笔梳理对建纬所成长的认知，我真的是“亚历山大”，这种感觉就是越想写好越难动笔，这也是迟迟无法交稿的根本原因。就像我以前经常讲：当初刚来上海时，感觉对这座城市，来 1 个星期时可以写一本书；来了 1 个月感觉就写得出一篇文章；但来到上海 1 年后，却连一篇文章也写不出来。原因在于，待的时间越久就愈加发现自己对这座城市的认知有很多是片面的，无法真正了解这座城市精神的内涵，总觉得无法精准地诠释这座城市的精华与不同。于是，我选择“取巧”，朱树英老师让我谈对建纬所的认知，我不妨谈谈我对朱树英老师自身的精神品质的理解。律所基因形成与创始人之间的关系用在建纬律师事务所与朱树英律师身上再合适不过，谈朱树英老师身上的精神品质也就是谈建纬所文化基因的内核。想到朱老师，我最直接的印象就是朱老师他那永远洋溢在脸上的热情与自信，长在心里的善良，融入血液里的骨气，刻在生命里的坚强。细细思索之际，有关朱老师的点滴记忆也在我脑海里渐渐苏醒。我对朱老师最久远的印象，还停留在《中国律师》杂志（那时还是刘桂明老师担任主编）的时代。那会儿我刚做律师，《中国律师》杂志是我必读的一本杂志。我至今记得 1999 年有一篇文章正是介绍朱老师的，文章完整地记述了朱老师如何从一位小木匠逐步转型成长为中国建筑工程领域顶尖的大师。那篇文章，更确切地说是朱老师的专业成长经历，对于早年间刚刚入行的我来说，如细雨润物，潜移默化间对我的职业生涯起到了启蒙作用。此后，对于介绍朱老师的文章以及朱老师编撰、出版的书籍，我也常常拜读。

尽管对朱树英老师仰慕已久，我们却一直未曾谋面。直到近些年，我与朱老师终于有了几次“碰面”的机会：

第一次是在2018年11月18日南京高淳马拉松赛中赛的“西政杯”全国第四届法律人马拉松邀请赛上。在马拉松比赛前一天的“法律人的专业修炼与专家养成”论坛活动上，我第一次近距离听到朱老师讲述他的专业成长之路《认准了专业发展之路，就不问路有多远》，朱老师说道：“我们的专业发展之路就好像马拉松比赛一样，不管前路有多远，都要一直跑下去，直到成功的另一端，毕竟，路标在前，路在脚下，与各位共勉。”语毕他还当场宣布要参加第二天的5公里健康跑，那一刻我唯有震惊和钦佩：毕竟高山马拉松颠簸起伏，远比平原要难跑很多。我不由得想，等到我年近古稀的时候，还能不能有朱老师这样的勇气和毅力，参加5公里的高山马拉松健康跑？

▲朱树英在“法律人的专业修炼与专家养成”论坛上发表题为《认准了专业发展之路，就不问路有多远》的专题演讲

第二天的参赛队伍当中，一支由600多名法律人组成的跑团吸引着众人的目光，跑团里有入职不久的年轻律师，也有头发花白的律界前辈，朱树英老师亦身处其间（彼时应是69岁的年纪）。那天暴雨如注，我无数次想过打退堂鼓，但朱老师在雨中淡定的笑容和坚持奔跑的身影不知不觉影响了我：“朱老师69岁尚能坚持在雨中奔跑，我们年轻人又有什么资格轻言

放弃！”于是我也咬着牙坚持跑完了全程——这就是我首次跟朱老师接触的印象：不忘初心，跑步前进。

▲2018 年 11 月，年近七旬的朱树英律师冒雨参加 5 公里健康跑

第二次近距离接触是在网上。受疫情影响，大家有很长一段居家办公的日子，我们申浩所就每两周举办一次线上直播。我考虑随着互联网的发展，信息加速流动，我们律师业作为专业服务业，要更注重回归专业本身，于是我就想办几场专业的线上交流。思来想去，第一讲如果想请一位有专业代表性且长时间在一个专业领域深耕的律师，非朱树英老师莫属。于是我们就试着通过邵万权主任询问朱老师是否愿意到申浩所的微信视频号上讲讲“专业的力量”，在那个特别时期为年轻律师鼓鼓劲，鼓励大家越是困难，越应当坚持刻苦钻研，相信专业是下一场比拼中决定律师事业成败的关键。没有想到朱老师欣然同意，于是就有了我们在线上的这次交流。

第三次是在天同上海成立 3 周年庆上，我和朱树英老师第二次线下见面。记得天同上海的徐菲繁主任邀请我去聊聊律所发展相关的话题，我站在台上，脑海里回溯着天同的发展历程，感觉到天同所这么多年真不容易，心中百感交集，便即兴表达了出来。我记得当时是这么讲的：“其实一家律所就像一个人、一株植物一样，都是有基因的。有的律所像树、有的律所像草，在它们刚刚萌芽的时候，我们所有人都看不出区别——无论是树还是草，都一样是绿油油的苗，但是草无论过多少年，它仍旧是草，而树在十年、百年之后，会渐渐长成参天大树。”我有感而发的这番话被坐在台下的朱树英老师听进去了，所以他后来向我邀稿，让我谈谈对建纬所成长的感想。

二、建纬所基因内核——专业精神和工匠精神

我在天同上海 3 周年庆上谈到的“律所基因论”得到了朱树英老师的认同，这也促使我对自己即兴表达出来的话再加以深刻思考。我想得越多，就越认同这一观点，即律所的基因取决于律所创始人的基因、取决于该创始人的品质，这个基因、品质是真正决定这家律所发展方向、维系这家律所长存久立的根本。或者说得更直白一点，律所的基因就是这个组织的价值观和文化，而一个组织的价值观和文化就是组织里的“老同志们文化”，自组织设立之初就尽心培育的价值观、文化和品质。朱树英老师身上有很多美好的品质，但最突出的品质就是他的工匠精神。在 2021 年上海律协的“纪念律师制度恢复重建 40 周年大会”上，朱树英老师在谈及获得“上海律师行业公益之星”的感受时曾感叹：“律师制度恢复到现在，社会上大多老百姓，对律师的认知不准确也不全面，甚至是有误解的，认为律师做事就是为了赚钱。其实不然，这不是律师行业的基本情况……法律服务是一门崇高而神圣的职业，律师不仅要出色地完成委托事项，更要履行社会责任、主张正义。想要做到‘出色地完成委托事项’，背后是日复一日的努力。”2022 年，申浩的“法律人故事系列”线上直播中，朱树英老师讲述了自己的故事。我知道朱老师数十年如一日的作息习惯是早上 4 点起床，晚上 8 点休息。但面对我们这些晚辈希望业界前辈分享心得感悟的盛情邀请，他就难得地“破例”了：因为那天的直播从晚上 7 点开始，时长 2 个小时，

他真诚无私地分享，字字句句都体现出几十年授课的功力。一直在视频号里默默关注的我非常担心热情的观众提问会不会耽误了朱老师宝贵的休息时间，但朱老师毫不在意，认真回答了评论区的每个问题，没有丝毫懈怠，令人动容。时至今日，我们仍然能够在各种行业内的场合中看到朱树英老师开坛授课的身影，他坚持认真更新备课内容、持续不断地利用业余时间为大家答疑解惑。迄今为止听过朱老师课程的学员达百万人次。看到作为行业泰斗的他仍无私奉献，精进专业，我不禁感慨“业精于勤，行成于思”用在朱老师身上一点也不为过。朱树英老师的工匠精神带给建纬所的基因便是建纬所一如既往对“专业精神”的不断追求。正如2022年律新社创始人、首席执行官（CEO）王凤梅在撰文中提道：“建纬三十年是从‘一人一所一业’到‘千人一所一业’。三十年坚持专注一个专业、一个行业尚且不易，而建纬在建筑工程行业具备第一梯队的品牌影响力，和律所创始人朱树英老师一路走来为建纬悉心培育的发展基因是分不开的。”朱老师作为建纬创始合伙人，他身上的点点滴滴，勤勉、认真、坚韧，他对专业的“一板一眼”的工匠精神，他年过七旬仍坚持“笔耕不辍”“著书立说”，他对法律服务行业回归专业初心的倡导……无不从根本上塑造了建纬所的基因，这样的基因也只有朱树英老师本人才能精准地概括：至诚务实，认真负责；专业为上，不忘初心。能说会写，服务优质；极致完美，行业精英。刻苦钻研，尽善尽美；勤于思考，超前引领。

三、结　　语

“春华者讲论文章，秋实者修身利行。”回想起这些，我突然间明白了朱树英老师让我写这篇文章的缘由，我也回想起执业之初朱树英老师带给我这个行业新人的初心，也领悟了朱树英老师的殷切期盼——他希望我们后辈像他一样坚守在律师行业，坚守工匠精神、专业精神，让这个行业能够得到社会各界的尊敬和认可。

关于朱老师职业生涯的点点滴滴和他身上的宝贵品质，我相信大家读着读着就能理解和体会到我关于“律所基因”论述的真正含义。朱老师传奇的职业生涯，我作为后辈自觉没有资格评述；建纬所的辉煌历程和瞩目成就亦已享誉业界，也无须我再赘言。我对律所基因的看法得到了朱老师的认可，朱树英老师称我和他是同路人。但我深刻地知道朱老师是我前行的明灯，是我职业道路上的引路人。愿我辈不负信任与期许，未来都能成为像朱老师这样的人，也祝愿建纬所这棵参天大树，青翠百年，永葆繁茂！

作者简介

田庭峰，1999 年执业，2005 年创办上海申浩律师事务所，现为上海申浩律师事务所主任，上海市 WTO 研究会副会长，上海市静安区第一、二届人大代表，上海国际仲裁中心仲裁员，上海仲裁委员会仲裁员，沈阳、兰州等 10 余家仲裁机构仲裁员。

19 唯同行，方攀高；唯偕行，方致远

顾卓敏

引 言

写过这么多前言、后记，第一次给自己的稿子写“引言”，说实话还真有点“王婆卖瓜”的感觉。不过还好，作为此专栏的小编（下同），我比诸位要先一步拜读诸位业界大咖的大作，于是乎就另辟蹊径走出了一条“非专业”的“专业”之路。

“非专业”是因为小编的求学经历与“法律”不沾边，“非专业”是因为小编从事的也不是“司法”工作；“专业”指的是小编对于企业文化、品牌建设有着独到见解，“专业”指的是小编善于“破圈”把晦涩专业解读得通俗易懂。总结来说，小编与建纬结缘就在于这“专业”与“非专业”的碰撞，在于朱树英把“专业的事交给专业的人来做”。

一番自我吹捧之后，就请大家跟随我走近朱树英的文化，走近建纬的文化，从人文的角度去看看“基因”的力量和“细胞”的活力，或许“建纬”也能被复制。

▲顾卓敏

一、速　　度

《与朱树英同行》——第一次听到这个专栏，是偶然间朱老师提过一嘴；第一次看到这个专栏，是在“建纬律师”公众号上，从酝酿到成形感觉就是三五天时间，这就是我想说的第一个关键词“速度”。

这是“朱树英”速度，也是“建纬”速度。与朱老师相处过的人想必都深有感触，那就是朱老师吃饭快、走路快、写东西快，有人会说，那是朱老师脾气急。确实，在他身边不免也会劝一句“别急，慢慢来”，但细想来这绝不是“脾气急”，一个大律师接手的案子动辄上千万元，沉浸于各式文档材料中，迂回在形色关键人物中，“急”绝对不是朱老师的思维模式，更不是他的行事风格。排除了“急”，就会发现这所有的“快”背后是另一种“专注”——吃饭不聊家常、不看手机，走路直奔目的地，写东西更是想好即落笔自然一气呵成。这种“专注”支撑着朱老师以“半路出家”的姿态走到了今天，这个成长与成功的速度，足以让很多人羡慕嫉妒了。

同样是“专注”，让“建纬”迎来了高速发展，或者说是高质量发展。作为一家从事建设工程、房地产等领域的专业律师事务所，建纬 31 年，全国 31 家总分所，其发展速度不仅体现在规模，更体现在战略布局。从香港广场到大虹桥开发区，这是立足上海的战略发展；从杭州到南京，这是立足“长三角”发展的部署；从福建到包头，这是立足“一带一路”的全球大背景下……曾经这些“施工图”已变成“实景画”，何其有幸，我也曾参与过，也将继续见证着。

二、同　　行

《与朱树英同行》——何谓“同行”，即目标之同者，共赴未来。受邀之时，我也曾想过有没有资格来为此专栏写一篇文章，毕竟我在建纬满打满算只有 10 个月。但想过才发现，虽取道不同，但有感于同行者的关怀。

那就说第二个关键词“同行”！

与“朱树英”同行，也与“建纬”同行。回想入职建纬律师事务所其实真可以用“缘分”来解释，我一个完全跟法律不沾边的人，贸然就投了一家律师事务所的简历，理由很简单就是能在香港广场租办公楼的律师事务所不会差到哪里去。3 天面试 2 次，最后一位个头不高的老先生问我：“什么时候能来上班？”就这样我用一周时间完成了跳槽。而这位老先生也就是朱树英，在让我见识了“建纬”速度的同时，也让我打开了一个新世界。

新媒体时代，建纬也要创建自己的微信公众号，于是就有了“建纬律师”这个业内第一家专业律师自行运维的公众号，而我也成了第一任“小编”。原创率接近 100%，保持日更新频率的企业号，用现在时髦的话说：“卷死”了很多律所，也就在那段时间，我绝对是化身“盯关跟”，各位老板应该都收到过我催作业的微信。这里不得不提一句，当时也得益于朱老师的笔耕不辍和身先士卒，一句“你们谁有我忙！”让我的催缴容易了很多。现在回想起来，律师写文章，就好比是医生做科普，何尝不是一种营销模式。

建纬 10 个月，对于我来说是一段非比寻常的人生经历，这已经不能简单用“工作”来形容，更多是一种“学习”。我每天接触的是一批律政精英，他们讨论办案经过比港剧还要精彩；我每天收到的文稿是一连串的专有名词和 3 行没写完的法律条款，在兴奋与迷茫的交织情绪下，除了学习和努力学习，也没有别的途径了。那段时间，我的课外读物是《房地产开发法律事务》《法窗夜话》……我的娱乐活动是厚大司考，而检验我学习成果的无疑就是这套《墨斗匠心定经纬》了。

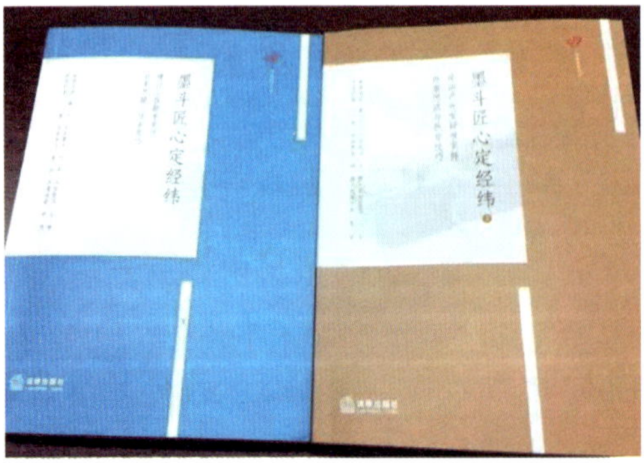

▲《墨斗匠心定经纬——建设工程疑难案件办案思路与执业技巧》《墨斗匠心定经纬——房地产开发疑难案件办案思路与执业技巧》

同样源于《树英说～办案

回眸》这样一个微信专栏，分建设工程与房地产两部分，回溯了 2015 年之前由朱老师主办的极具专业代表性和行业影响力的 54 个案件，以“朱树英”视角，以庖丁解牛方式把整个办案思路呈现在“公众”面前。为什么强调是“公众”，当时小编给朱老师的建议是，越是专业领域的法律问题就越需要普法，让外行在看热闹的同时也能看出点门道。于是，小编就当仁不让为每一个案子写了“编前”与“编后”，试图用旁观者的眼睛来读懂“朱树英”。最后，当这 54 个案例结集成册时，我又有幸能为其作序，使自己的名字能和“朱树英”同场出现。这足以证明，我们不仅同行过，还将继续一路同行。

三、文　　化

《与朱树英同行》——离开建纬已有 7 年了，但好似又不曾离开，“水产三废”依然好得要手牵手上厕所，“建纬律师”的公众号日常会打开看一下，与老板们还会有这么多问候与互动。这一切可以归结于第三个关键词“文化”！

▲全全、顾卓敏、杜怡（从左至右）组成的“水产三废”，照片拍摄于 2016 年

这是“朱树英”文化，更是“建纬”文化。不久前，跟朱老师也在聊“企业文化”这个话题，什么是企业文化，企业文化的载体是什么，员工对于企业文化的认同度如何……因为我之前也在做现在工作单位的文化调研，所以也就谈了点自己的看法。“文化”说到底就是做人的工作，无论是“细胞工程”，还是“基因工程”，归根结底就是把人的积极性调动起来，而中国人自古讲究“言传身教”，某种程度上“一把手”的文化就是企业文化。

很多年前就有人说，“朱树英现象”不可复制，说的是他的工匠精神、是他的专研精神、是他的创业精神。在我看来，这种现象的背后就是文化，“业精于勤，荒于嬉；行成于思，毁于随”——这是朱树英赠予很多后学晚辈的一句话，这同样也是以朱树英为代表的建纬创始人的精神内核，他们奠定了建纬的企业文化。如果说朱树英有三大爱好那估计是“开庭、上课、写书”，所以“律师之师”的评价足以解释为什么相比于“朱老板”“朱主任”“朱律师”，更多人会称呼其为“朱老师”。正是因为有“好为人师”的传统，有愿意“倾囊相授”的气度，使建纬有着尊师重道的浓厚氛围，从华政到复旦建纬基金的设立就是一种反哺与传承。

而这“师道”也印证了“同行”二字。无论是“三人行，必有我师焉”，还是“各美其美，美美与共”，朱树英的文化、建纬的文化，都体现出包容与合作。建纬不是我第一份工作，也不是我最后的选择，但我却一直说——“在建纬的 10 个月，或许是我职业生涯中最开心的一段经历”。虽然我也经常与下属沟通：上班不是来找朋友的，工作哪有讲开心的，但不得不说“开心”真的很重要。这种开心是一种工作状态，即使忙也有头绪，即使累也有目标；这种开心是一种人际关系，源于老板们的亲和力和执行力，源于小伙伴间的信任感和齐心力；这种开心是一种成长喜悦，与智者同行，我学习他的思想与方法；与勇者同行，我学习他的坚毅和勇敢。

▲建纬律师事务所妇女节员工福利，厦门旅游

同行者，择其善者而从之，其不善者而改之。同行的意义与价值不仅在互帮互助中体现，更可以是跨越时空的碰撞，借此文，一如既往与朱树英同行，与建纬同行！

作者简介

顾卓敏，现就职于上海市第六人民医院宣传文明处。长期从事文案写作及品牌宣传工作，有着 10 年媒体从业经验。在建纬律师事务所工作期间，主要负责品牌策划、新媒体运营及线下活动执行。

第二部分

专业引领

20 短暂的讲学，永恒的记忆

——记安徽律师的专业启蒙老师朱树英

马　青

引　言

MBA 课程为什么贵？或许是因为这某种程度上是一条通往成功的捷径，一个解决问题的思路。这条路能通到多远取决于铺路石的数量，而这每一块铺路石就是一个经过总结提炼的实战案例。这也就能解释，为什么朱树英的讲课会这么受欢迎，不在于他有没有真正入行做律师，不在于他讲课有多少技巧，而在于他是实干出真知，他真的是领先一步。

本文作者马青，其本身就是一个充满故事性的人物，从一个负责律师专业化培训的上级部门领导，到“下海”自己当律师，再到加盟建纬，这个过程不仅是跟随更是勇气。让我们一起来看看这个从一次邀约、一次讲课到开始职业化、专业化跟随的职业历程。

▲马　青

时光飞逝，和朱树英主任相识一晃已33年，弹指一挥间！很多事情已变得模糊，而当年朱树英律师给我们安徽律师讲课的情景却历历在目。

20世纪90年代，是推陈出新的时代，也是人才辈出的时代。我和朱树英相识缘于一次机缘巧合，当时我在安徽省司法厅律师处任业务科长，出于引导全省律师开拓专业化领域业务的需要，我尝试着举办一期建工房地产专业培训，但苦于找不到在建设工程领域有所建树的老师为我们讲学。趁着去上海参加华东区会议之际，我联系时任上海市律师协会秘书长的李海歌推荐一位讲课律师，李秘书长考虑良久，为我推荐了朱树英律师，告诉我朱树英是位兼职律师，目前仍在建工企业工作，而我却有种感觉，认为朱树英就是我要找的理想人选，于是就果断决定邀请他来授课。由于在此之前，我并未见过朱树英，为在第一时间验证我的选择正确与否，我决定前往火车站迎接。

一、开启律师专业化业务讲学的第一人

▲朱树英院长与马青律师合影

那是1990年11月份，合肥已是深秋，在铺满落叶的合肥火车站，我焦急等待着从上海赶来的朱树英，心情是既期待又忐忑。落日的余晖照射在火车站的出口，只见从里面走出一个精神抖擞、面目清秀的男人，那时他刚满41岁，神情专注、眼神炯炯，气定神闲之中蕴藏着独特的气质，一种似曾相识的感觉更让我倍感亲切。短暂的交流后，朱树英的谦逊低调、从容自信，顿时让我顾虑全无、信心倍增。

培训班开设在安徽省政法干校的阶梯教室里，可容纳200多人的教室挤满了前来听

课的律师，座无虚席。房地产行业在当时属于新兴领域，很多人从来没有接触过建筑施工法律知识和业务，在那个专业知识匮乏的年代，每个人都渴望汲取知识，对于这场高规格讲课也很是期待。我作了简短的介绍后，全场鸦雀无声，只见朱树英迈着稳健的步伐走上讲台说：“各位同仁，大家好！感谢安徽律协的信任，也希望借这个机会与诸位共同学习和研讨施工领域的法律业务。”语气平缓流畅，字正腔圆。出乎所有人的意料，他首先坦诚介绍自己的经历，在上海建工做了 15 年的木工，后自学成才，取得律师资格成为上海联合律师事务所兼职律师，专业从事建筑施工及房地产法律服务，现任上海八建企业法律事务室主任。令人印象深刻的是，朱树英刚介绍完毕，有个年纪较大的律师现场提出疑问：我之前是个老师，现在转行当律师，但总觉得和很多科班毕业的律师比起来自己没有优势，对从事律师行业感到非常迷茫。朱老师满脸微笑地看着他，并谈了他对此的理解：律师并非法条“搬运工”，而是一门综合性职业，国外的律师几乎都有其他学科的背景知识。以他自己为例，木匠出身的他也并非法学院毕业，但这并不妨碍他在律师职业中绽放光彩，相反，正是过去的职业经历造就他成了一名建工房地产领域的专业律师。英雄起于阡陌，壮士拔于行伍，正是层层历练造就了朱树英的成长。最后，他说：“我们赶上了一个法制健全的时代，时代赋予了我们这一代使命，给了我们施展的平台，我们要不负众望，共同为开拓房地产领域的律师业务而努力。”其简短而有力的回应赢得了满堂喝彩。

紧接着，朱树英开始讲课。他语言平实、生动，通过析法明理，剖析一个个引人入胜的案例，让所有人沉浸其中，学员们的学习热情空前高涨。至今我仍清晰记得他介绍的几个反败为胜的案例，其中一个反索赔案件尤为经典。一家外资企业因本土发包商的违约提出解除合同、赔偿巨额损失的诉讼请求，本土发包商因此焦急万分。朱树英老师临危受命，从该案的合同约定、双方权利义务承担、履行过程中各自的瑕疵及违约责任入手，通过反复收集证据、提出反请求的方式从被动挨打到主动出击，最终为本土发包商挽回了巨额损失。这是律师运用专业技能在处于劣势的情况下扭转乾坤，最大限度维护委托人利益的经典案例，本土发包商的窘迫无奈、外资企业的胜券在握以及过程的跌宕起伏，让大家时而忧心忡忡时而茅塞顿开。朱树英谈及代理疑难复杂案件的分析、判断和决策，那种身陷绝境另辟蹊径的苦苦探寻，选定代理思路直奔目标的一腔孤勇，既让人心生钦佩，又引发无数共鸣。课堂上没有人员走动，没有交头接耳，有的是一双双渴望知识的眼睛，大家都在朱树英精彩纷呈的案例中汲取养分。教室里一会儿进入鸦雀无声的思考，一会儿又响起此起彼伏的掌声。

就这样，整个讲座成为他一个人的舞台。安徽省律师协会为他搭建了这样一个充分展示自我、表现自我的舞台，而他也不负众望地在这样一个舞台上尽情挥洒才情、性情、智慧，就好像这个舞台是专门为他设置的一样。他一个人，整整讲了 3 天。他成就了讲台，讲台也成就了他。

不经意间 3 天学习生活即将结束，挥手告别之际，大家才感觉到时间过得真快。最后，他在黑板上留下“业精于勤、行成于思”作为临别赠言，这八个字正是朱老师取得成功的精神源泉，也成了我们所有学员的座右铭。

这次授课无疑获得了前所未有的巨大成功，《安徽律师》杂志对其讲课做了专题的宣传报道，《中国律师》杂志随后也对其进行了专访。紧接着，山东省律协和浙江省律协也盛情邀请朱树英前往讲学，一时间朱树英的名字传遍华东乃至全国律师界，很多地方的律师协会、住建部门、大中型建工企业都向他发出邀请函，他也不吝赐教，传道授业解惑的足迹遍布全国各地。后来，也有很多律师界翘楚在各自的专业领域树立了标牌，纷纷效仿四处讲学。但我始终认为，朱树英无疑是开启律师专业化业务讲学的第一人。

二、一曲清歌满樽酒，人生何处不相逢

1992 年 12 月，朱树英组建成立上海市建纬律师事务所，我得知后由衷

为他感到高兴，也一直想尽绵薄之力做点锦上添花之事，便主动向司法部律师司领导引荐朱树英。没想到当我一提及“朱树英”，立即引起了他们浓厚的兴趣，几位处长特别爽快地答应了下来，原来他们早闻朱树英大名，也知道他的过往，都想亲睹这个曾经的小木匠、现在的大律师的风采。见面在轻松愉快的气氛中进行，当时律师司的穆益斌、马国华等六位处长悉数赶来，几位处长也都在30～40岁之间，风华正茂，带着对朱树英的好奇，一进门就是一连串“珠炮式”的发问：“木匠出身的你怎么将律师业务干得那么风生水起的？”“做律师和做木工有什么相似之处？有关联吗？”见这阵势，我心里略微紧张，而朱树英却轻松回应：做一名好的木工和当一名好的律师有异曲同工之处，木受绳则直，说的是木工师傅的墨斗线决定了木工活的横平竖直，经纬方圆，木工离开墨斗线将一事无成。而律师办案讲究的是“以事实为根据，以法律为准绳”，法律准绳就是办案的墨斗线。从这个角度说，做一名好的专业律师也必须掌握好办案的墨斗线，就是必须掌握专业的法律依据。我惊讶于他的沉着、沉稳、沉静，更真切地体会到了“是金子在哪里都会发光”。这次会面，朱树英无疑给几位年轻的处长上了一课。

2016年，朱树英将专业与法律完美结合的经典案例编纂在《墨斗匠心定经纬——律师写作技能提升之道》等书中，其中一些案例竟然通过个案的价值取舍最终推动建筑立法的进一步完善，甚至听说有些法官在裁断疑难案件时会引用朱树英的观点作为依据，我们这时才略识这位看似平凡却又以自身专业缔造非凡的大律师的卓越与远见。朱树英是普通人通过精益求精、不懈奋进在专业领域成为专家的典范，是个人智慧在法律服务领域的集中体现，他的成功不可复制。回首往昔，恍如一梦，在我漫长的职业生涯中，再也没有见过任何一个律师通过讲课获得如此大的影响力和美誉度。现在，我每每向年轻律师说起朱树英老师，总会提到那次令人印象深刻的讲学，他的钻研精神和治学态度更深深地影响了怀揣法治理想的一代人。

又是一年深秋时，合肥火车站早已翻新，我独自漫步在秋叶静美的凋零里，耳边响起陈慧娴的《人生何处不相逢》，当年朱树英老师给我们讲课的情景又一次出现，仿佛就在昨天。随着“长三角”一体化进程的加快，沪皖之间的法律专业交流愈加紧密、频繁，朱树英创办的建纬律师事务所也在合肥设立了分所。我历任安徽省司法厅律师处业务科长、安徽省法律援助中心副主任、国办性质的安徽润天律师事务所主任，后从安徽省司法厅辞职专职从事律师业务，现归于建纬律师事务所合肥办公室麾下。从引荐朱树英老师在安徽讲学取得巨大成效，到最终自己也成为朱树英创办的律所的一分子，冥冥之中似乎有一根命运的绳索将同属法律职业共同体的我们紧紧地系在一起。一曲清歌满樽酒，人生何处不相逢！

▲建纬（合肥）律师事务所

作者简介

马青，女，1984年大学毕业分配至安徽省司法厅律师处工作，历任司法厅律师处业务科长、安徽省法律援助中心副主任、国办性质的安徽润天律师事务所主任。其间，数次带领律师参加全国和华东地区律师会议，多次被司法部抽调参与举办大型会议和培训，在引领全省律师开拓业务和律师培训方面有所建树。2006年辞去公职专职从事律师业务，2018年推动在合肥成立上海建纬（合肥）律师事务所，2019年加盟该所。

21 我和朱树英律师的多年交往与感悟

朱中一

引 言

自 2023 年 9 月 30 日与线上读者见面以来，小编收到了来自方方面面的投稿。细心的读者不难发现，虽然作者的身份各不相同，但所讲述的故事却有着内在逻辑，看似随机却又环环相扣。如果说此前一系列文章回答了“建纬由何而来”，那么从本文开始，大家就会看到一个逐渐“立起来的建纬”，一个“走在时代前沿的建纬”。

本文作者是一位长期以来关心、关注建纬发展的老领导、老前辈。一句“支持”，让“建纬模式”在北京乃至更多地区复制推广；一次调研，让“建纬律师之路”引领更多年轻人走上专业法律服务道路。让我们一起来听听原建设部体改法规司（政策法规司）巡视员兼副司长朱中一先生讲述他和朱树英的同行体会。

▲朱中一

我是朱中一，今年 80 岁。1991 年 5 月至 1999 年 12 月任建设部体改法规司（政策法规司）副司长、巡视员兼副司长，之后任部办公厅巡视员兼副主任、主任，2006 年 4 月至 2014 年 4 月任中国房地产业协会副会长兼秘书长等职。由于我的经历与法制建设关系密切，所以也与朱树英有过多年的交往，并结下了深厚的友谊。

一、1992 年上海市建委组建了全国建设系统第一个专业律师事务所

1992 年 4 月，上海市建委法规处时任处长黄健之告诉我，为推进建工类企业的法律服务工作，上海市建委准备成立上海市建设律师事务所（上海市建纬律师事务所前身），我与法规司的同志都表示支持，建筑业管理司的姚兵等也都支持。在上海市的带动下，北京市建委在 1993 年也成立了北京市城乡建设律师事务所。

在上海市建设律师事务所筹建阶段和成立之初，我也了解到：该所负责人朱树英曾在上海八建担任企业法律顾问，而上海八建的合同管理经验是部建管司提倡推广的；我部 1991 年发布的《建设工程施工合同（示范文本）》，朱树英作为企业律所代表也参与了起草、制定工作，该示范文本发布后，他也参与了宣讲与培训。此外，1993 年，他们在办理中建一局四公司承建北京新万寿宾馆工程被拖欠工程款和有关索赔款纠纷案中，提供了充分的法律服务，取得了预期的效果，在建筑行业产生了积极的影响。

由于上海市建设所成立前后的不俗表现，我部建管司和法规司都对其有较高的评价，一些会议、活动也邀请他们参加。我们在多地举办的法律法规宣讲活动和企业法律顾问会议等，也请朱树英介绍情况与经验。

二、建设部法规司和司法部律师司共同总结《建纬律师之路——建设专业法律服务的实践和理论》

由于工作关系，我们法规司和司法部的律师司有较多的联系，我和时

任律师司司长段正坤也经常交流，我们都认为，上海建设所的专业法律服务做出了成绩，其经验值得总结、推广。当时朱树英还向我汇报过建设所名称的争议，我也就此和段司长交换过意见。那时，上海方面有人提出建设所的所名涉嫌行业垄断，建议修改。我们认为："建设"是个系统，是个领域，市场需要有律师提供专业的法律服务，叫"建设所"并不属于行业垄断。正像一些大学、医院的名称，既有以专业冠名的，又有以属地冠名的。段司长则认为，考虑建设所当时确实是由上海市建设委员会申办，业务又做得风生水起，虽然已经与主管部门脱钩，但律师中有意见可以理解，司法部将会出台一个律所名称的管理办法进行规范。后来时任上海市建设委员会党委书记李春涛同志提议按谐音改名为"建纬"，我们觉得这也可以。于是，建设所的名称便改名，并沿用至今。

1997 年年初，朱树英来找我，提出："建纬所成立马上五年了，我们想出一本书来总结专业法律服务的经验，具体工作由所里负责，希望有关部门给予支持。"对此，我专门与段司长进行了协商，双方达成了共识。之后，由我们两部门共同派员去上海实地调研，以"具有专业特色的上海市建纬律师事务所"为主题，写出了《司法部律师司、建设部体改法规司关于上海市建纬律师事务所专业法律服务情况的联合调查》报告。后根据文本摘选出"五年成长历程""典型案例遴选""专题论文总汇""合同文本摘选"四部分内容，由司法部律师司司长段正坤为主编、我为副主编，《建纬律师之路——建设专业法律服务的实践和理论》一书于 1997 年 12 月正式出版。对该书的正式出版，司法部和建设部的领导都很重视，当时的司法部副部长张耕为书作序，建设部副部长谭庆琏为书题词。此书的出版、发行与传播，在律师界和建设领域产生了较大的影响。之后，各地也陆续出现了一批从事建设工程和房地产专业法律服务的律师事务所，一批有行业背景的律师成为建设工程和房地产领域的专业律师，他们都为充实与完善建设领域的法律服务做出了贡献。

●事务所参与筹备的《全国律协民事业务委员会第三届第二次年会暨建筑房地产律师实务研讨会》1996年4月25日在上海召开

●参加会议的建设部体改法规司副司长朱中一（左一）、全国律师协会会长任继圣（左二）、事务所主任朱树英（右二）、全国律协民事业务委员会主任曹星（右一）

▲本图扫描自《建纬律师之路——建设专业法律服务的实践和理论》一书，第二张照片左一即为原建设部体改法规司副司长朱中一

三、一路践行社会责任和行业担当的精神值得推崇

我认识朱树英已有30多年。他从上海八建的企业法律顾问室主任，到创建建纬所、主持建纬所工作，再发展到成为建设系统、民事领域知名的

律师，一路走来，确实不易。除了他对建筑、房地产法律服务的执着研究、勤奋学习和总结外，其在建纬所逐步形成的“超前、务实、至诚、优质”的服务理念，以及一路践行社会责任和行业担当的精神，也值得推崇。

1. 积极为建设行业立法做贡献

据我所知，朱树英除参加过 1991 年版《建设工程施工合同（示范文本）》的起草工作外，还参加过该示范文本 1991 年版、2013 年版、2017 年版的修订工作，以及 2021 年版《建设项目工程总承包合同（示范文本）》的修订工作，对规范国内建设工程施工合同文本发挥了重要的作用。

在《建筑法》及有关法律法规的起草、论证中，我们也多次邀请他（或他委派的代表）参加会议。《建筑法》出台后，时任建设部部长侯捷、分管副部长谭庆琏高度重视，我和姚兵及有关司领导积极负责，编写完成了《中华人民共和国建筑法实务全书》，朱树英参与了“建设工程施工”一篇的编纂工作。我们邀请他参与有关立法活动，既发挥了他的专长，又提升了他在行业和社会中的声誉。

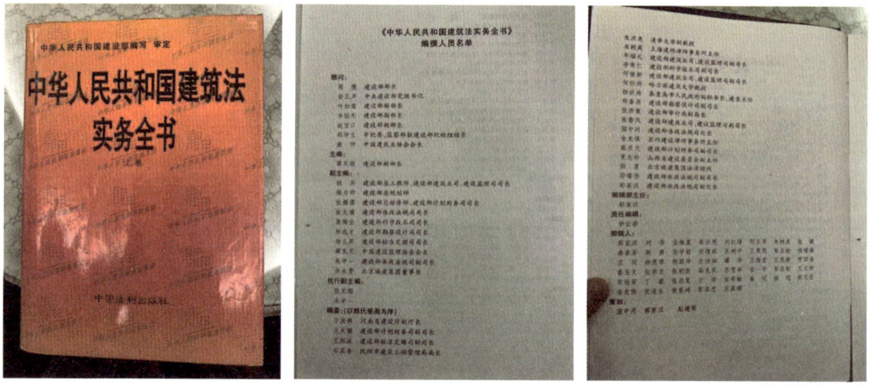

▲《中华人民共和国建筑法实务全书》

2. 努力在建设行业社团组织中提供法律服务

我 2006 年 4 月到中国房地产业协会任职后不久，邀请朱树英作为律师行业的代表，担任中房协的常务理事兼法律专业委员会执行副主任。朱树英在承担这项工作期间，积极为“城中村”改造、城市更新和拆迁调解等献计献策，多次在专题会议上发表真知灼见。据我了解，朱树英还在建设领域的其他多个行业协会承担了社会工作。他连续多年在中国土木工程学会招标投标分会担任常务理事，还获得了学会颁发的荣誉称号。他直至现在还担任中国建设工程造价管理协会常务理事兼专家委员会副主任，在全国工程造价领域有较高的声誉。

30 多年来，朱树英一直忠诚于自己的律师事业，也积极为建设行业提供法律服务。2021 年，他也完成了律所主任的历史使命，将象征着传承的“交接棒”交给了年富力强的邵万权律师。2024 年 12 月 29 日，建纬所将迎来 32 岁生日，相信这家建设行业法律服务领域的第一大所，在完成新老平稳交替后将继续发扬成绩，健康成长。

作者简介

朱中一，1991 年 5 月至 1999 年 12 月任建设部体改法规司（政策法规司）副司长、巡视员兼副司长，之后任部办公厅巡视员兼副主任、主任，2006 年 4 月至 2014 年 4 月任中国房地产业协会副会长兼秘书长等职。

22 从建纬所成立之始当顾问与朱树英同行 31 年

林　濬

引　言

“世界建筑环境论坛”“‘一带一路’法律服务高端论坛”“亚非法协年度仲裁论坛”“外滩金融法律论坛”等，无论是办会，还是受邀参会，这已成为建纬所、建纬人的常规工作。

之所以有能力办会，有机会在各大论坛发表主旨演讲，皆源于“专业”——对此，同样作为建筑领域的专业人士，来自中国香港的林濬先生有话要说。自建纬所成立之初就受聘担任顾问的林濬先生与朱树英深交已久，如果说请朱树英协作办案是对其专业服务能力的认可，那么通过一次次的论坛发言，感受到的则是朱树英在专业领域的高屋建瓴与独到见解。

▲林　濬

我是林濬，今年 79 岁，比朱树英年长 4 岁，是香港测量师学会前会长，太平绅士，银紫荆星章获得者。我从1992年由上海市建设委员会领导介绍担任上海市建纬（原名建设）律师事务所顾问，至今已有30多年了。我既是我的挚友朱树英在建设领域专业发展的助推者，也是建纬所一路前行的见证人。

一、上海经济发展改革让我结识了朱树英

1990年4月，我以世界银行中国城市土地政策调研专家组成员的身份前往上海调研，结识了上海市建设委员会分管土地工作的副主任谭企坤先生。两年后的1992年10月，我再次到访上海，当时我正在香港中华电力集团朗坚物业发展公司任总经理。经谭主任介绍，我了解到为支持上海市浦东开发和满足上海大建设的需要，由上海市建设委员会出面组建了一家专门从事建设领域法律服务的专业律师事务所，并由此认识了该律所的主任朱树英律师。对于成立这样一家专业性的律所，我感到欣喜和震惊，因为即便在法制比较健全的香港，也未成立过这样专业化的建设工程领域律师事务所。

之后我在香港九广铁路公司任物业总监，而当时上海正在建设地铁一号线，相关建设主管部门的领导和从事专业法律服务的律师朋友对香港的地铁公司单独设立专事地产开发的物业总监也深感好奇和钦佩。抱着学习和交流经验的心态，谭主任邀请我担任建纬律师事务所顾问。我欣然接受了这一邀请，从那个时候开始，一晃已经30多年过去了。

“顾问”在香港本身就是一种专业身份和社会地位的象征，更何况我是给上海的一家专业律师事务所当顾问，其专业地位更是不言而喻。在和建纬所频繁的专业互动和交流中，我逐渐了解了内地日新月异的发展和社会进步，在我个人担任的众多社会职务中，我是尤其看重“建纬所顾问”这个社会兼职的。

香港专业人士讲究同仁互相提携和抬举的绅士风度，能够给予专业支

持时都当仁不让，倾力而为。在担任建纬所顾问后，我便逐步融入了建纬，直到建纬已发展到如今在国内布局 30 家分所的规模时，我也同样沉浸在建纬的大家庭。1994 年，朱树英随建设部港澳访问团来到香港，我以香港测量师学会会长和朱树英朋友的身份，热情接待了访问团的全体领导和成员。

2006 年 9 月 26 日至 10 月 3 日，建纬所组织团建去新疆 11 天，我也应邀携太太到上海和建纬同仁集合一起出发。我们先后去了白桦林、月亮湾、魔鬼城、火焰山等诸多旅游景点，更领略了百里油田、无边沙漠、达板古镇，还有谜一样的喀纳斯湖，遍览了那令人向往已久的美景，此次新疆之行给我留下了终生难忘的美好印象。

▲参加建纬新疆团建，与朱树英律师（左）合影

自从我担任了建纬所的顾问，除了高度关注着建纬所的发展和成长，我与朱树英之间也建立了深厚的友谊，我们俩互相之间惺惺相惜，认识不久便以兄弟相称。尽管香港和上海遥距千里，都不影响我们互相关心支持。当时的上海在城市建设和管理上有不少方面在向香港学习，他们需要了解并要求提供香港在土地使用权转让、地产开发、工程建设、地铁开发、房屋买卖、物业管理等方方面面的经验和资料时，我都会千方百计地予以支持和帮助；我在内地有客户遇到纠纷需要律师协助时，也会让客户直接找

建纬所。

二、融入建纬专业全过程发展的既“顾”又“问”的深度合作

1997 年 7 月 1 日，香港回归祖国后，和内地的经济合作与专业互动日益密切，互相来往更加方便。我担任建纬所顾问的工作也更顺利了。

2003 年年初，朱树英光荣担任上海市政协第十届常委，他针对上海市地铁和轨道交通建设现状，以《利用地铁或轨道交通车站上盖建设增加政府收益的建议》为题提出了极具建设性和参考价值的提案，提案中描述了香港地铁上盖建设的先进经验。之后，上海申通地铁公司董事长石礼安先生亲自率高管到访建纬所拜访朱树英并就提案内容交流学习，提案最终被相关部门采纳并应用于上海新一轮轨道交通和车站的建设实践中，不久，上海申通地铁公司便聘请朱树英担任了公司法律顾问。值得说道的是，当时有关香港地铁上盖建设的诸多一手资料和数据，正是由我收集并提供给朱树英的。我能通过这样一种方式，间接为上海城市建设出一份力，也是乐见其成的。

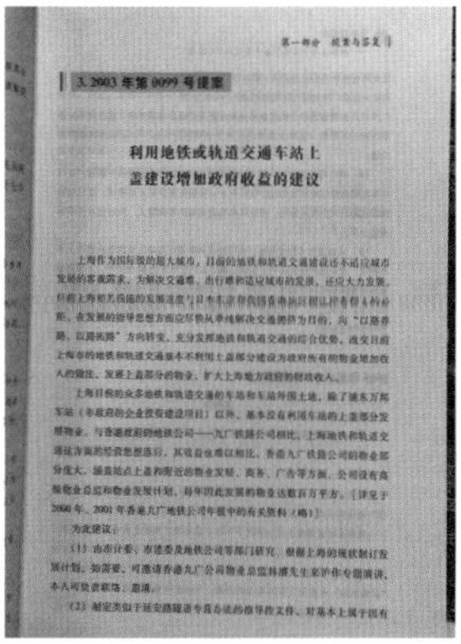
第一部分 提案与答复

3. 2003 年第 0099 号提案

利用地铁或轨道交通车站上盖建设增加政府收益的建议

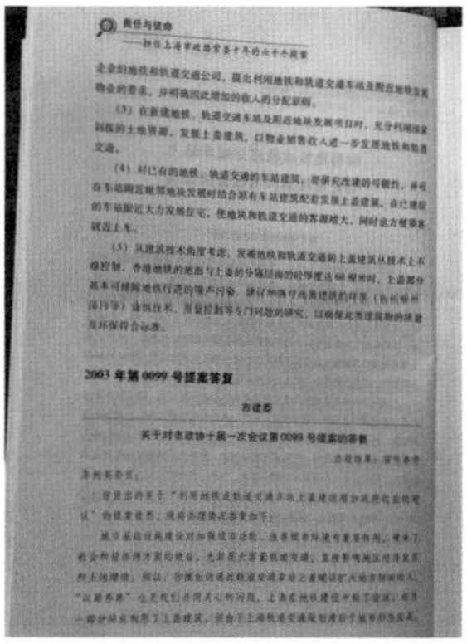
责任与使命

2003 年第 0099 号提案答复

第一部分 提案与答复

感谢你对上海城市建设的关心和支持。

▲朱树英个人专著《责任与使命——担任上海市政协常委十年的六十个提案》第 17 ~ 19 页详细记载了他关于地铁上盖建设的提案以及上海市建设和管理委员会对提案的回复

2004 年 1 月，我在香港的一个房地产开发商客户在珠海有一个纠纷案

件。他们在珠海的情侣大道边受让了一块土地，开发两幢分别为 25 层和 26 层的住宅楼，与一家施工企业签订了工程承包合同。在项目施工中，由于工程质量问题被珠海建设局责令停工，2003 年 12 月，承包商以未支付工程款为由停工并提起诉讼。我的客户要求我找个专业律师，以工期、质量问题提起反诉，但要求在半年内解除合同并先让承包人撤场。

彼时我的香港客户对承包人非常生气，对律师提出的要求也异常苛刻。我出于无奈找到朱树英帮忙，希望他能够代理本案解决我客户的难题。朱树英仔细分析案情后发现承包人并不具备承包工程的资质，遂以承包人没有相应资质为由要求法院确认合同无效，并要求承包人先予撤场。经过朱树英的不懈努力，该案法院在 2004 年 7 月 30 日作出裁定责令承包人先予撤场。本案在朱树英的专著《墨斗匠心定经纬——建设工程疑难案件办案思路与执业技巧》一书的第二个案例《情侣路上终“分手”——没有资质施工企业被裁定“先予执行”中途撤场案》中有详细介绍。

2004 年 6 月 24 日，香港测量师学会在香港怡和大厦 8 楼学会会议厅举办专题演讲会，经中国建设工程造价管理协会推荐，朱树英律师到会发表《内地有关工程造价的立法以及提供咨询服务应注意的法律问题》专题演讲，共有约 160 名香港工料测量师参加。内地与香港建立“更紧密经贸关系的安排”之后，共有 600 多名香港测量师希望得到中国建设工程造价管理协会的认证，能够加入中国注册造价工程师的资格队伍，并且熟悉内地法律对工程造价的相应规定。在此次演讲中，朱树英律师通过一系列的典型案件，结合国际通用的菲迪克（FIDIC）合同文本在内地运用所产生的法律问题，就香港测量师在内地执业应注意的事项发表了独到的个人见解，受到了中国建设工程造价管理协会和香港测量师学会的一致好评。

2007 年 12 月 27 日，为庆祝建纬所成立 15 周年，建纬所在上海美丽园龙都大酒店举办了国内首次城市地下空间和轨道交通建设法律实务研讨会，我应邀参加研讨，并邀请到了当时已非常著名的郑若骅大律师一起来到上海。《物权法》于2007年10月1日施行，这次会议是该法第136条对土地分层使用以及地下空间利用作出相关规定后举办的首次大型研讨会，住建部、中国建筑业协会、中华全国律师协会以及内地已建设地铁或者正在酝酿进行地铁建设的城市闻讯赶来参会，各路专家云集，盛况空前。内地地铁建设同行迫切希望了解香港地铁建设的成功经验，开创轨道交通建设的新局面，我在会上介绍了香港地铁+物业开发的组织架构和开发运营模式，郑若骅大律师则从律师提供相关法律服务的角度作了“香港地铁+物业开发过程中的相关法律问题”的主题分享，为内地律师同行在条款设计和风险防范方面提供了成熟的经验。建纬所组织的这次有关地铁和轨道交通建设的研讨会极具前瞻性，产生了广泛而深远的影响。不仅建设部对此次研讨会给予高度评价，郑若骅大律师回港后又特意给建纬所发去贺电，对其为律师行业做出的前瞻性探索表示赞赏。同时，因为在此次专题研讨会上朱树英和郑若骅大律师同台发表了主题相似的演讲，他们也就此成了好朋友。数年之后，郑若骅大律师荣升香港特区律政司司长，一时成为我们朋友圈的佳话。

建纬所组织的上述研讨会，同样引起了国际地铁建设同行的关注和重视。国际轨道交通建设协会2008年4月2日在丹麦哥本哈根召开年度地铁大会，我和朱树英都收到了会议邀请。我们分别从香港和上海出发，在哥本哈根汇合后，一起参加了一年一度的地铁盛会。朱树英在会上发表了题为《土地分层使用制度对中国发展轨道交通建设的实务意义》的专题演讲，我给他做了英文翻译，这是中国专家首次在国际地铁大会上发表专题演讲，在与会专家中引起了强烈的反响，受到了主办方的高度评价，会后的4月16日，朱树英收到了主办方2009年在伦敦举办的地铁大会的参会邀请。

▲和朱树英律师（右）参加 2008 年 4 月 2 日在丹麦哥本哈根召开的年度地铁大会

三、君子之交淡如水，专业友谊延续长

在建纬所担任顾问期间虽然环境友好融洽，工作顺风顺水，但也经受了特殊的“考验”。

2008 年至 2015 年，我被选任为香港市区重建局非执行董事，2015 年至 2016 年任市区重建局行政总监。香港的政府官员任职审核非常严格。为显示政府任职的独立性和公正性，需要我披露所有的社会兼职，并辞去所有有报酬的兼职。我在按规定辞去其他所有职务的同时向特区政府申请保留建纬所顾问的职务，同时请建纬所出具书面证明，证明我担任建纬所顾问期间并无报酬。经过我和建纬所的共同努力，我的建纬所顾问兼职在我政府任职期间得以保留。从 2008 年到 2016 年我在香港特区任职期间，建纬所充分尊重和照顾我在政府任职的公正性，在交往上做到了原则上不联系我。

2016 年我的政府任职期限届满后，双方的联系和交往又恢复如初。当朱树英知道在内地很受欢迎的法律专家杨良宜先生是我的好朋友时，恳请我邀请杨良宜先生去内地讲学，我欣然安排他们接洽认识，并且他们也很快成了互相提携的好朋友。杨良宜先生先后应朱树英邀请去武汉、南昌等地开课讲学，我和朱树英都会随同而行；当朱树英推荐我和杨良宜担任他任职副院长的赣江新区国际仲裁院的仲裁员时，我们也都欣然接受。

▲2019 年，与亚非法协香港区域仲裁中心副主任蔡伟平（右二）等一行四人到杭州出差，受到朱树英律师（右四）及建纬杭州分所陈沸主任（左三）的热情接待

随着建纬所的专业业务迅猛发展，在全国各地的分所越办越多，我们的联系和交往也越来越频繁。2019 年 7 月 21 日，我和亚非法协香港区域仲裁中心副主任蔡伟平等一行四人出差杭州，朱树英知晓后专程赶到杭州，陪同我一起去杭州分所座谈交流，建纬杭州分所主任陈沸热情地招待了我们。2023 年 3 月 10 日，朱树英了解到我陪同客户去武汉考察项目投资，他又专程赶到武汉，在我们下榻的东湖宾馆给予了热情的接待，并邀请我们一起去建纬武汉办公室洽商香港客户在中部地区的业务开拓和合作。2023 年 12 月 5 日、6 日，朱树英携建纬总分所管委会代表团一行 8 人参加在香港举办的“亚非法协 2023 年度仲裁论坛”，我们又一起商讨了建纬所在香港设立分所的相关问题。在本次论坛上，朱树英再次以其逻辑严密的演讲

风格和高深莫测的专业功底征服了挑剔的专家听众，亚非法协香港区域仲裁中心主任陈晓峰在会后专门致信朱树英表达感激之情，对此我也深感欣慰和荣幸。他在信中说道：

您是亚非法协本年度仲裁论坛的明星演讲人，我代表亚非法协香港区域仲裁中心全体团队成员来信向您表达最深的感谢。

您深刻而富有洞察力的演讲让听众深受启发。我们可以感受到您对我们论坛的重视和为此次演讲所做的认真准备和深刻思考。

来自全球各地的听众都向我反馈了对您演讲的高度褒奖和深深的感谢。您的讲授将对他们的工作和思考有持续性的影响和启发。

我们来信恳请获得您的允许在我们官方活动网页或其他有关平台刊登发布您的演讲，以期让全球更多的听众从您的知识和专业中获益。

▲参加亚非法协年度仲裁论坛，与建纬律师合影（从左到右依次为建纬福州分所主任林桢、朱树英、林濬、建纬郑州分所主任栗魁）

今天，朱树英创办的建纬所已建立起国内律师在建设领域的“专业王国”，虽然朱树英谦退当了建纬研究院院长，但仍然是法律界公认的“泰斗”和“领头羊”。

在和朱树英相识的30余年间，我见证了内地日新月异的发展和社会进步，朱树英让我能够有机会为中国建设工程领域的进步贡献自己的一份力量。我为我们经久不衰的友谊而自豪，为有朱树英这样的朋友和兄弟而骄傲。

作者简介

林濬，香港测量师学会前会长，太平绅士，银紫荆星章获得者，是香港地产、物业建设界的著名专家，担任香港大学测量系咨询委员会主席、香港和内地多家仲裁机构仲裁员等多项重要社会职务。1992年经上海市建设委员会领导介绍担任上海市建纬律师事务所顾问至今。

23 30年浓缩成3分钟，“海派律师”勇立时代潮头

缪晓宝

引 言

“海派建筑”“海派中医”“海派文学”……上海各行各业都喜欢用“海派”两字来做指代，一方面是彰显上海这座城市的地域特色，另一方面则是展现多元外向、细腻而富于想象力与创造力的文化气质。而在这诸多“海派”中，就有一个喝着黄浦江水长大，土生土长的“海派律师”——朱树英。

到访过朱树英办公室的人可能会注意到，他书橱里放着一张首届“东方大律师”的获奖照片，本文作者是上海市司法局原党委书记、局长缪晓宝先生，作为“东方大律师”评审活动的发起人、组织者，他见证了“海派律师”的脱颖而出。同样，作为一个看着建纬诞生，关注建纬发展的老领导，缪晓宝先生更是见证着朱树英不断践行其“行业领头羊”的匠心。

▲缪晓宝

我是缪晓宝，最近看到“建纬律师”微信公众号《话说建纬》专栏2023 年 11 月 26 日刊登了王文正老局长的文章，感慨良多。我 1991 年任上海市司法局副局长，1993 年开始分管律师工作。此后，我 1998 年 3 月起担任市司法局党委书记、局长，2008 年 1 月起担任市政协社会和法制工作委员会主任。在我和建纬所 30 年的工作接触和交流中，我深深地感到：作为一家上海本土的律师事务所，建纬所为上海律师行业的发展尤其是专业法律服务的发展，做出了显著的成绩，为引领律师在建设工程和房地产领域的专业法律服务，做出了卓越贡献。

一、我参与了建设律师事务所的脱钩改制、主任选举以及事务所改名工作

1992 年 12 月，市司法局经研究，为配合浦东开发和拓展律师在建设领域的专业法律服务，特批成立上海市建设律师事务所，由朱树英任主任。这是有附带条件的，因为当时朱树英还是兼职律师，特批的条件是给予二年过渡期，届时朱树英必须与原单位脱钩，人事关系转到律师事务所，成为专职律师。1994 年 11 月，建设所的过渡期即将届满，朱树英也已从原单位辞职，人事关系转到了律所。由于建设所由当时的上海市建设委员会申办，属于国办所，且当时上海市国办所转为合伙制的司法改革刚起步，我们决定把建设所纳入转制试点单位。

鉴于当时建设所已有十多位正式的专职律师，市司法局建议建设所脱钩之后的运营参照合伙制律师事务所，同时应通过全体有选举权的律师选举产生新的主任。

1994 年 12 月 27 日，建设所全体专职律师召开选举大会以选出新的主任。为体现市司法局对作为市属所的建设所转制的重视，我代表市司法局亲自到建设所监督主任改选。经全体有选举权的律师无记名投票，朱树英高票当选为建设所的新主任。自此，建设所与建委脱钩，成功转制成合伙

制律师事务所，律师队伍渐趋稳定，开始步入良性发展轨道。

▲缪晓宝（左）和朱树英（右）早年合影

建设所的专业发展促进了业务收入，1994 年创收已达 770 万元。在此时，上海律师界对建设所有政府主管部门的支持持有不同意见，有说“建设所与上海市建设委员会同名，属于行业垄断所”的，也有说“建设所对其他律师事务所构成不正当竞争，建设所两年过渡到位对其他律所也不公平”的，建设所的名称争议一时成为焦点。建设系统则认为：“建设”是个行业，是个领域，需要熟悉行业情况的专业律师提供专业法律服务，这并不涉及行业垄断问题。经请示司法部，司法部称这是各地都有反映的问题，司法部正在制定律师事务所的名称管理办法。上海市建设委员会的党委书记李春涛高风亮节，同意改名，遂建议取“建委”（建设委员会）的谐音，将“建设律师事务所”更名为“建纬律师事务所”。大家都认为这个主意极好，于是经市司法局批准，1995 年 5 月 4 日，建设所正式更名为建纬所。至此，律所名称的风波平息，建纬这一名称也沿用至今。

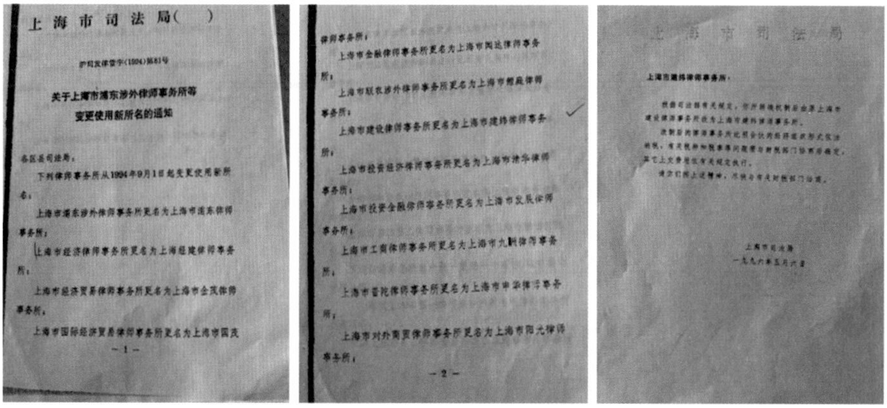

上海市司法局（　　）

沪司发律管字（1994）第81号

关于上海市浦东涉外律师事务所等变更使用新所名的通知

各区县司法局：

下列律师事务所从1994年9月1日起变更使用新所名：

上海市浦东涉外律师事务所更名为上海市浦东律师事务所；

上海市经济律师事务所更名为上海经建律师事务所；

上海市经济贸易律师事务所更名为上海市金茂律师事务所；

上海市国际经济贸易律师事务所更名为上海市国茂律师事务所；

－1－

上海市金融律师事务所更名为上海市[illegible]律师事务所；

上海市联农涉外律师事务所更名为上海市[illegible]律师事务所；

上海市建设律师事务所更名为上海市建纬律师事务所；

上海市投资经济律师事务所更名为上海市[illegible]律师事务所；

上海市投资金融律师事务所更名为上海市[illegible]律师事务所；

上海市工商律师事务所更名为上海市九鼎律师事务所；

上海市普陀律师事务所更名为上海市申华律师事务所；

上海市对外商贸律师事务所更名为上海市阳光律师事务所；

－2－

上海市司法局

上海市建纬律师事务所：

上海市司法局

一九九六年五月六日

▲建纬所改名、改制的珍贵史料

二、朱树英因 3 分钟精彩演讲获评首届“东方大律师”

建纬所转制成合伙制后，在主任朱树英的带领下，不断细化和拓展在建设领域专业法律服务的深度和广度，专业律师队伍的人数不断壮大，分类不断健全，在诉讼和非诉讼领域的法律服务产品和方式不断发展、创新，成为上海本土规模大、专业强的优秀律师团队，先后获得上海市先进律师事务所、市文明单位、市公益先进集体、市先进党支部以及全国文明律师事务所、司法部优秀律师事务所、司法部优秀基层党组织等荣誉称号。

朱树英在律师专业化发展的过程中倡导能说会写，通过出版个人的 10 本有关专业法律服务的专著和数千次在律师行业以及建设领域的讲课演说，奠定了个人在全国建设工程和房地产开发领域的专业引领地位，先后在上海司法系统三次荣立三等功，获上海市优秀律师、市劳动模范、市律师公益先进个人以及全国优秀律师和第二届全国优秀中国特色社会主义事业建设者等荣誉称号。他从 1997 年开始先后担任全国律协民事专业委员会秘书长、副主任、主任，2013 年继任全国律协建设工程与房地产专业委员会主任，时间有 20 多年，是上海律师在全国律协专业委员会领导岗位任职时间最长、成绩最突出的专业人士。

为提高律师在社会上的影响力，宣传律师的正能量，充分发挥律师在维护司法公正、促进依法治国中的重要作用，2006 年 7 月，我在任上海市司法局党委书记兼局长期间，上海市司法局和上海市律师协会共同在上海律师中评选 10 名首届“东方大律师”，评选历时 9 个月。当时上海律师有 880 人，从自我申报开始有 248 名律师进入海选，经四轮激烈竞争，确定了 30 名非常优秀、符合条件的候选律师。由于最后只能评出 10 名“东方大律师”，评选委员会组织 38 名上海市公、检、法代表和法律院校的知名教授以及有关方面的专家，通过无记名投票方式评出 10 名首届“东方大律师”。

为体现公开、公平、公正原则，根据评选委员会的决定，30 名候选律师在评委投票前每人自选题目轮流发表3 分钟的演讲，让评委在书面材料外，对参评律师有更直观的印象。评选委员会认为 3 分钟的演讲能够体现律师的能力、素质和水平。朱树英结合自己作为专业律师的实际工作情况，自选的演讲题目是《“海派律师”应当成为专业领头羊》，他以自己在全国律协长时间担任民事专业委员会主任的经历，在 3 分钟内阐述了“海派律师”专业引领的特长、作为和责任，获得了评委的一致好评，被评为上海首届“东方大律师”。10 名首届“东方大律师”都受到了上海市委书记的亲切接见。

▲朱树英荣获首届“东方大律师”证书

▲朱树英荣获首届“东方大律师”证书颁奖现场

三、担任上海市政协常委10年期间参政议政取得突出成绩

2003年年初，建纬所的朱树英作为上海律师界的代表担任了第十届政协常委，第十一届连任。朱树英担任政协常委10年期间，根据他本人在建设领域专业法律服务的影响，被分配在社科界。在群星璀璨的政协委员队伍中，他在积极参加社科界组织的学习、参观、调研、讨论等各种社会活动的同时，充分发挥建设领域专业律师的实践经验和聪明才智，以及调查研究和文书写作的特长，在担任政协常委10年期间，以平均每年提交6个提案的频率，累计撰写、提交了60个城市建设方面的专业提案，其中有5个被评为“优秀提案”，1个被评为“优秀提案特别奖”。

我2007年调到市政协工作，2008年换届时担任了市政协常委、社会和法制工作委员会主任，与朱树英任政协常委有5年时间的工作交集。

朱树英是作为上海律师行业的代表担任政协常委的，他通常会被归到社会和法制工作委员会，但由于他在建设行业的专业地位和影响，而被分配在社科界的人口环境资源委员会，于是他成了一个跨界的委员。我到政协工作后，我们社法委的工作邀请朱树英参与，他都乐此不疲，积极参加。

2011年11月29日是全国人大法制工作委员会在全国人大官网对《民事诉讼法》修改稿征求意见的倒数第二天，朱树英应邀率领律师团队做客市政协社法委举办的“委员在线法律咨询”现场，为网民解答《民事诉讼法》修订的相关问题。《民事诉讼法》是涉及公民基本权利的重要法律，而民事诉讼是公民的权利获得法律保障的最后一道程序，因此，交流活动自预告发布日起就收到了许多网友提出的有关民事诉讼的问题。既有类似“什么是诉讼时效？为什么要规定诉讼时效？”这样专业性强的问题，也有如“侄子在放学下教学楼楼梯时摔伤住院，经医生诊断为左脚粉碎性骨折，学校要承担责任吗？”等关乎民众生活的问题，对此朱树英律师及其团队都

分别做了认真而细致的解答。此外，朱树英律师作为法律工作者的责任感和使命感也让人印象深刻，记得在咨询现场，有一位网友问到了“长辈家一直会接到电话说法院有传票该怎么办？”这样一个跟“民事诉讼”主题无关的问题，朱树英律师也耐心地加以解释，并告知其法院通知开庭的传票的具体送达方式，让心存顾虑的网友顿时豁然开朗。回答完问题后，他笑着告诉周围的工作人员：“现在电话诈骗太多了，我们借此机会普及相关知识，就可以避免他们上当受骗，这也算是尽到了法律工作者的一份责任吧。”

▲朱树英应上海市政协社会和法制工作委员会主任缪晓宝邀请，参加“委员在线法律咨询”活动，为网友答疑解惑，“上海政协”官网刊发专题报道

▲缪晓宝应朱树英邀请参加工程总承包法律服务论坛并发表致辞

▲缪晓宝和上海市委政法委原秘书长史德保（左）在建纬所新址交谈

我在退休以后，也一直关注和支持建纬所的建设和发展，2021 年 3 月 5 日，建纬所在位于黄浦江畔的新址隆重举办工程总承包法律服务论坛，该论坛旨在对工程总承包法律服务模式进行全新探索，现场大咖云集、高朋满座。我应朱树英邀请，出席论坛并发表致辞，衷心祝贺建纬所乔迁新址、再创辉煌。

作为朱树英在律师行业 30 多年的领导，我目睹了朱树英和建纬所在专业法律服务领域的茁壮成长。朱树英在建设领域的专业法律服务不断开拓、创新，通过自己的勤奋努力、孜孜不倦，形成了建纬所在建设领域法律服务的专业特长，其专业性和权威性不断提升。以朱树英为领军人物的建纬所，也成为全国律师行业专业法律服务的旗帜和标杆，对整个上海乃至全国律师行业专业法律服务的发展起到了引领作用，建纬所和朱树英不愧是上海律师行业专业所和专业律师的杰出代表。

作者简介

缪晓宝，1991 年任上海市司法局副局长，1993 年开始分管律师工作，其间参与了建纬所的脱钩改制工作，也见证了建纬所不断发展壮大。1997 年年底任市司法局党委书记，1998 年 3 月任市司法局党委书记、局长，2007 年 9 月离任市司法局党委书记、局长。之后至 2016 年任上海市政协常委、社会和法制工作委员会主任，也见证了朱树英律师作为市政协委员、常委积极参政议政的出色表现。2017 年正式退休。

24　为建设领域法律完善不断努力的朱树英律师

何红锋

引　言

一个靠着半工半读拿到大学本科毕业证书的律师，却靠着不断钻研学习、实践总结，能和诸多“学院派”大家一起编史修法，着实让人佩服。

前有推动最高人民法院出台关于建设工程价款优先受偿权的司法解释，后有推动建设领域法律不断完善。本文由南开大学法学院教授、博士生导师何红锋先生讲述他与朱树英一起研学修法的经历。

▲何红锋

我是何红锋。

1992 年，我在天津大学管理学院任教，从事与建设法律有关的教学和研究工作。我在工作中参与了最早几个工程领域执业资格制度（如注册监理工程师、注册造价工程师、注册建造师等）的统编教材和考试大纲的编写工作。如1993年出版的第一版监理工程师培训统编教材《建设工程合同管理》一书（当时都是手写稿纸，是很厚的一本），我参加了编写并报送至建设部。在参加此类建设部组织的活动时，我认识了朱树英律师。

最初知晓朱树英律师的名字，是1992年上海市建设律师事务所（上海市建纬律师事务所前身）成立后。当时，建设所成立的消息传到天津，天津大学管理学院教授曲修山老师就此事跟我谈过几次。现在回想起来，应该是当时天津市建委也有意成立类似专业的建设工程法律服务机构。

曲修山老师20世纪50年代毕业于华东政法学院，与朱树英律师是校友，后来在天津大学管理学院从事经济法教学，曾经担任中国经济法研究会高等工科院校分会秘书长、副会长、会长，是国内最早开始进行“建设工程合同管理”课程教学的老师，也是第一版监理工程师培训统编教材《建设工程合同管理》一书的主编。他当时承接了建设部、天津市建委的多个项目，也是兼职律师，且临近退休（曲修山老师是1934年出生），如果天津市成立这样的律师事务所，曲修山老师是最合适的负责人人选。可以说，当年上海市建设律师事务所的成立，在业内产生了很大的影响，从某种程度上说是为建设法的健全和完善，尤其是建设法的有效实施所做的一种努力。

一、共同为建设领域立法发挥专业力量

我后来有机会多次跟朱树英律师会面，逐渐熟悉，一起开会学习、研讨，几乎也都是为了促进建设法律的不断完善。

在20世纪90年代《建筑法》起草讨论过程中，建设部同步组织了一批专家编写《中华人民共和国建筑法实务全书》，这本书在《建筑法》颁布后马上出版（中国法制出版社1997年11月出版，《建筑法》也是1997年11月通过的）。为了编写这本书，开过多次会议，朱树英律师与我同时参

加。因为有详细的文字记录，所以是十分准确的。在此之前，我们也共同参加过一些会议，只是没有文字记录，印象不深了。

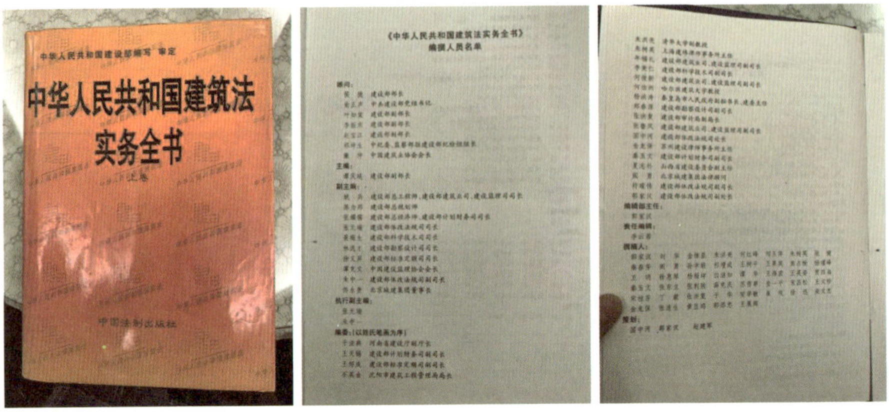

▲《中华人民共和国建筑法实务全书》

我与朱树英律师近距离接触且时间较长的是在几个建设法律的立法、修法讨论的课题项目中。

按照全国人大常委会的安排，2003 年要对《建筑法》进行执法检查，由时任全国人大常委会副委员长李铁映负责。当时，建设部希望通过全国人大常委会对《建筑法》的执法检查来推动《建筑法》的修改。为了配合执法检查和修法工作，建设部在 2003 年年初召开了研讨会，当时的建设部总工程师和建设部建筑市场管理司副司长王宁（现任云南省委书记）在会上决定立项六个研究课题，由朱树英律师负责牵头，我承担了其中一个课题的工作。2003 年 7 月至 9 月，全国人大常委会组成 5 个执法检查小组，分赴黑龙江、陕西、河南、江苏、四川，检查《建筑法》的实施情况。同时，全国人大常委会还委托天津、山西、山东、广西、甘肃 5 省（区、市）人大常委会检查本地区的《建筑法》实施情况。虽然后来《建筑法》的修法工作中途搁置，但我们一起为完善《建筑法》做出了相当多的努力，也提出了修改完善的相关意见。

2014 年，经过建设部批准，为推动建设工程造价行政法规的立法，中国建设工程造价管理协会立项了两个研究课题，分别为“《建设工程造价管理条例》立法前期研究”“《建设工程造价管理条例》起草研究”。由我负责前一课题的研究，朱树英律师负责后一课题的研究，我们一起共同研究相关问题。虽然最终《建设工程造价管理条例》的立法因故暂未进行，但我们的很多研究对工程造价管理仍然有很高的借鉴价值，前几年还有一位全国人大代表与我讨论这两个课题的相关问题。

▲何红锋参与活动

至于其他的一些立法工作，包括一些文件的起草讨论，在过去的20多年里，不计其数，其中大多数是朱树英律师负责起草，我参加讨论或者评审论证，如2013年版《建设工程施工合同（示范文本）》、2021年版《建设项目工程总承包合同（示范文本）》、2019年住房和城乡建设部和国家发改委共同颁布的《房屋建筑和市政基础设施项目工程总承包管理办法》等。

在这些工作中，朱树英律师展现了很高的理论水平、极强的研究能力、认真细致的工作作风，以及对建设行业的深刻认识和高超的管理协调能力，为我国建设法律的完善做出了巨大的贡献！

朱树英律师通过律师业务完善建设法律，而不是仅仅局限在办理律师业务本身。在《招标投标法》实施后不久，有一次我跟朱树英律师讨论起监督机构确认中标无效的问题，他当时说，特别希望有一个案件能够进入诉讼程序，使相关的问题能够通过诉讼确定是非对错。果然，后来的诉讼实践中有关招投标的纠纷案件层出不穷，对完善相关立法提出了一系列新问题和新要求。此事虽已过去20多年，但我至今记忆犹新。

二、我曾经的学生如今已成长为建纬的中坚力量

我在高校从事法学教学与研究工作，也给建纬律师事务所推荐过多位学生。其中特别值得一提的是，我推荐的两名品学兼优的学生如今已分别成长为建纬北京和天津两地办公室的负责人。一位是宋仲春，他是我指导的研究生，有志于从事律师职业，他研究生毕业时，我很高兴将他推荐给朱树英律师，在朱树英律师的指导下，他成长很快，现在已经是建纬律师事务所副主任兼北京分所主任。这一过程，仲春在建纬另一本文化建设重要著作《三十而立 卓越之路——上海市建纬律师事务所半甲子发展纪实》一书中有过详细的回忆。

▲宋仲春律师（中）与何红锋教授（右）、朱树英律师（左）于2021年4月9日在天津合影

另一位是建纬天津分所主任华心萌，她在本科时期就给天津大学的建筑大师何伯森老师当过助理，在天津大学获得了管理学和法学双学位，在工程行业工作几年后，她希望从事律师行业。有一年春节，她去看望何伯森老师，何伯森老师马上给我打电话，把我叫了过去，让我给她介绍天津市工程律师的情况。我当时先给她介绍了两三个工程律师团队，然后讲到了建纬天津分所，何伯森老师马上打断我：建纬天津分所成立了？我说是。何伯森老师接着说，那不用介绍别的了，就建纬天津分所吧！所以，我几次跟心萌说过，你去建纬天津分所是何伯森老师定的。建纬天津分所首任主任是李明律师，他想成立建纬天津分所时还不认识朱树英律师，也是通过我牵线搭桥而认识的。因此，建纬天津分所的成立，我算牵线人。李明律师去世后，华心萌担任了建纬天津分所的主任。

朱树英律师现在已 70 多岁了，但身体很好，他为建设法律的完善一直努力着，从未停止！我也相信，在大家的共同努力下，我国的建设法律会越来越完善。

作者简介

何红锋，南开大学法学院教授、博士生导师，南开大学法学院工程法研究中心主任，长期从事建设工程法的研究与教学工作。负责和参加多项国家立法、修法工作，参加注册监理工程师、注册造价工程师、注册建造师、注册招标师等的考试大纲及教材的编写工作。社会兼职有：中国法律咨询中心专家委员会委员、中国建设工程造价管理协会专家委员会委员、住房和城乡建设部建筑市场监管法规政策咨询专家组成员、天津市建设工程造价和招投标管理协会副理事长、雄安新区招标投标协会理事长、多家仲裁机构仲裁员。

25 合作一个案件，结识一生挚友

李旺荣

引 言

作为推动中国特色社会主义创新发展的重要战略部署，海南的建设离不开政策环境、法治环境、营商环境、生态环境、经济发展体系、社会治理体系、风险防控体系、组织领导体系这八个稳固支撑。本文作者李旺荣大律师就是一位关注法治环境的先行者。1996 年，同样是在海南这片热土上，同样是改革创新的产物，面对一个标的巨大的疑难复杂案件，当时的当事企业、代理律师，甚至可以说政府部门、司法机构都不敢说真正领会了政策精神，凭借记忆深处那句“律师应走专业化之路”，李旺荣律师找到了朱树英，希望借助他的专业给这起“疑难杂症”案件下一个明确“诊断”。正是源于这次“会诊”，两人结下了深厚友谊；也源于“专业”，两人的事业在比学赶超中一路高歌。

▲李旺荣

我是李旺荣，浙江大公律师事务所律师。30 多年前的 1993

年，我随绍兴市律师协会考察团到上海市建设律师事务所（后改名为建纬）考察学习，认识了朱树英律师。座谈中，他关于“律师应走专业化之路”的发言给我留下了深刻的印象。

之后在1996年，我与朱树英律师合作代理了一个当时标的巨大的诉讼案件，可以说朱树英律师的加盟使案件的走向发生了根本性的变化，也促成了我们的友谊延续至今。

一、国内首例基础设施投资建设的BOT诉讼案

1996年4月18日，我接了一个在海南省高级人民法院的一审诉讼案件，这个案件可谓标的巨大且疑难复杂，为加强办案律师团队的专业能力，我主动与朱树英律师联系，邀请他共同代理这个新类型的案件，也正是通过此案的合作，我们结下了深厚的律师情谊。

1. 本案的基本案情

本案的原告、反诉被告海南某贸易实业有限公司（下称原告）系辽宁省经贸委在海南省投资的企业，被告、反诉原告海南省三亚市某工贸（集团）公司（下称被告）系海南省三亚市具有土地开发资质的房地产开发公司。被告委托我和朱树英律师作为特别授权代理人参与诉讼。

被告受三亚市政府指令，承建三亚市一级干线公路滨海大道，为补偿该工程的投资费用，三亚市政府特许将沿公路的旧城区5号小区交由被告开发。被告于1992年12月29日与原告签订5号地块的《联合开发协议书》，约定：由被告承建滨海大道及作为上述工程费用补偿的旧城区5号小区改造工程；原告为使被告顺利承建上述项目，以先期垫付形式投入资金，该资金将作为购买被告对5号小区改造、搬迁平整后交给原告48.82亩土地的购地款，每亩价格180万元，总购地款为8787.6万元，分期支付。原告按协议书约定，已分批先行支付了4682万元。随后发现被告对5号小区拆迁工程未及时开工，被告也未领取土地使用证，也没有到政府部门办理登记手续。

原告遂于1996年3月1日向海南省高级人民法院提起诉讼，以双方所签协议无效为由，要求法院判令被告返还购地款4682万元，并支付利息1836万元。

被告在诉讼过程中以原、被告所签协议合法有效，原告违约停止投资，造成被告无法按原计划实施动拆迁、无法支付土地使用费致地块开发夭折为由提起反诉，要求确认双方所签合同有效，判令原告继续履行合同，并赔偿被告损失437.77万元。

2. 双方围绕案件争议焦点的抗辩交锋和法院审判要点

原告诉称：双方签订的《联合开发协议书》违反海南省政府有关规定，根据海南省高级人民法院和最高人民法院关于审理房地产案件的有关解释，由于被告未对5号地块进行实质性开发，不能按期进行拆迁，被告提供的土地既无土地证，也未办理有关手续，因此应认定《联合开发协议书》无效，被告理应返还已收取的购地款及其利息。

被告辩称：被告根据海南省及三亚市政府"以地养地""以地养市政建设"的开发总方针，于1992年参与三亚市"十路四桥"计划中的市政工程滨海大道项目的开发建设，并于同年8月开始参加三亚市干线公路滨海大道的市政建设准备工作，同年12月25日开始动工垫资修建。同年12月底，原告主动与被告联系，要求合作开发。经协商，双方于1992年12月29日草签一份合同书，又经两个多月的修改完善，在1993年3月8日正式签订协议书。协议生效后，被告诚实全面履约，但原告从1993年5月15日开始便不按协议约定期限和金额付款，至同年9月6日停止支付剩余的4105.6万元应付款，致使被告无法按原定计划实施拆迁、支付土地使用费、申办土地使用证等联合开发5号地块的工作，直接后果是5号地块开发工作中途夭折（三亚市政府鉴于此情，收回了5号地块）。为最大限度减少双方损失，被告与原告数年内多次协商，原告均以书面和口头形式承认其违约致被告损失惨重，希望被告谅解，并承诺请求政府重新划地继续投资开发，以减少双方损失。

被告认为：本案的特殊性在于，被告土地使用权的取得和转让有一个为政府修建干线公路的前提，这是本案不同于一般房地产合作开发纠纷的根本特点，也是原、被告之间协议合法有效的实质依据。海南省根据本省的具体情况，在全国率先制定地方性法规《海南经济特区基础设施投资综合补偿条例》，对本案的投资方式有明确规定，本案这种特殊的做法符合海南省地方性法规，类似于国际通行的 BOT 投融资方式。以 BOT 投融资模式进行城市基础设施建设，是国际通用的以政府特许权为核心内容的基础设施建设方式。典型形式是项目所在地政府授予一家或几家企业所组成的项目公司以特许权利，就某项特定基础设施项目进行筹资建设，在约定期限内经营管理，并通过经营收入偿还债务和获得投资回报，约定期满，项目设施无偿转让给所在地政府。由于基础设施种类、投资融资回报、项目财产权利各不相同，BOT 的具体操作方式也各不相同。根据本案中原、被告争议所涉的原告垫资款用于三亚市政府特许的建造滨海大道干线公路并获得 5 号地块开发权的基本事实，可以确定它属于 BOT 投资融资方式的变异模式，这已在海南省有关法规中体现出来，是国内首创的与国际接轨的模式。因此这些地方性法规完全可以而且应当作为解决本案的法律依据。据此，被告才反诉要求原告继续履行合同并由原告承担违约责任。

本案中一个关键的事实是：被告以 5 号地块开发权作为条件与原告联合开发以获得建造滨海大道的资金为政府修建基础设施，这一做法是三亚市政府特许的。但在一审审理期间，被告方虽多次向政府提出出具正式特许文件，但在一审审理期间未获取。

本案审理中，原、被告双方激烈争论的焦点问题是本案的土地使用权转让是否属于一般的房地产转让。原告认为：本案属于司法实践中通常的土地使用权转让，因未办理有关手续而无效；被告则认为：被告土地使用权的取得和转让都基于为政府修建干线公路且其所有权属于政府的前提，这不是通常情况下的房地产联合开发和土地使用权的转让，不能仅以此认定本案合同无效。

针对本案争议焦点，海南省高级人民法院经过长达 2 年 6 个月的审理，直到 1998 年 9 月 24 日才作出一审判决。一审法院审理认为：原告通过代被告垫资修建滨海大道，以取得 5 号小区土地使用权，从内容上反映了双方确立的是土地使用权转让关系。由于在签订合同时，被告尚未取得合法用地手续，违反国家土地管理的有关规定，因此协议无效，判令被告返还原告 4682 万元并承担利息的 80%。

被告不服一审判决，向最高人民法院提起上诉。三亚市政府在二审期间出具了正式的特许权书面文件。最高人民法院经审理，认为地方政府对上诉人的正式特许文件并没有在一审审理期间补办完成，根据最高人民法院 1995 年 12 月 27 日发布的《关于审理房地产管理法施行前房地产开发经营案件若干问题的解答》（已失效）的有关规定，因上诉人主体资格不合法，二审判决维持原判。

3. 举一反三，朱树英律师通过办理本案成为该领域法律专家

本案是一起国际基础设施 BOT 投融资操作在中国境内变异适用而引起的纠纷，从这个层面分析本案法律关系才是抓住了本案的要害。虽然本案争议双方签订的是《联合开发协议书》，原审法院确定的案由也是土地使用权转让纠纷，但是，本案的一个明显特点是：本案同时是一个城市基础设施建设过程中发生的投融资纠纷，它不能简单地以房地产开发的一般土地使用的规范去硬套。这是一起土地使用权转让和类似于国际上通用的基础设施 BOT 投融资模式交织在一起的特殊案例，正确处理此类纠纷，对加快我国城市化进程和维护以加大基础设施投资拉动国民经济增长的基本国策，具有重要的现实意义。

案件结束后，朱树英律师通过认真研究、总结本案所涉的法律问题，先后结合本案撰写过多篇论文，均获得发表，并且引起了有关方面的关注，成为国内最早一批系统研究基础设施特许经营模式的法律专家。

早在本案一审审理期间，1997 年 1 月，朱树英律师应邀参加海南省对外友好协会、省法官协会、省律师协会共同组织的海南省“中国投资法律研讨会”，其结合本案提交的论文《海南经济特区基础设施投资综合补偿条例与 BOT 运作模式》引起了主办单位的重视，论文被收进会议论文集。

1997 年 8 月，朱树英律师加入了上海市人民政府组织的研究 BOT 投融资的课题组，并负责 BOT 条件下建设工程合同的分课题研究内容，其结合上述案例撰写的论文《基础设施投融资海南模式与上海模式的异同及利弊分析》被收进课题报告。

2002 年 4 月 21 日，朱树英律师又参加了中国法学会、浙江省法学会、上海市法学会联合在杭州召开的“中国基础设施与 BOT 投融资法学理论和实务研讨会”，其结合本案撰写的论文《基础设施市场化运作与 BOT 投融资模式在中国的变异适用及应注意的法律问题》在研讨会上发表，论文被编入正式出版的专著《BOT 立法与实务》。

▲2017 年，李旺荣应邀参加建纬所成立 25 周年活动，席间与朱树英律师合影

▲2019 年，大公所成立 25 周年活动中，李旺荣也邀请朱树英律师参加并发表演讲

二、专业法律服务合作奠定了 30 年的情谊

我和朱树英律师通过合作代理这个疑难复杂的 BOT 案件加深了相互了解，来自施工企业的相同经历又增加了双方许多共同语言，共同代理这个案件后的这些年，我们也在不断加深了解，彼此可谓惺惺相惜，友谊历久弥新。

1. 来自施工企业的相同经历促成持续的专业合作

在办理上述案件的过程中，我才知道朱树英是 1949 年出生的，大我 10 多岁，他原先在上海建工工作，我做律师之前在绍兴建工工作，他大我小但经历相似。我们俩还都有一个习惯，随身带着工作手册，每天要做的事情都会做份工作清单和日记；我们俩也都擅长建工业务，只是他比我更精更专。有这么多的共同语言，使我们后来的专业合作更多更频繁。大公所由于我的专业背景和施工企业工作的经历，也以建工业务为主，即便后来律所的专业律师队伍和业务种类扩大发展了，建工业务仍然是我们所主要的专业方向，这就使我们和建纬所形成了业务合作的基础。每当建工领域出现新的法律法规或司法解释以及新的服务方式或业务板块，我们都会向建纬所学习。我后来在担任绍兴市律师协会会长时，每次邀请朱树英律师到律师协会或建筑业协会讲课，他都能随叫随到；我们组织的各种专业论坛请他来发表主题演讲，他也都全力给予支持；我们遇到疑难复杂的案件，请他领衔主办或合作办案，他也都全力配合。可以说浙江大公所和上海建纬所是建设领域进行专业合作的典范。

2. 建纬所无私地帮助培养大公所建工业务的专业人才

1996 年，当时的全国律协民事专业委员会（下称民委会）主任、杭州市律师协会会长曹星大律师慧眼识珠，邀请朱树英律师参加民委会在杭州召开的年会，作为民委会委员，我也参加了此次会议。记忆中，朱树英律师带到会上的专业论文《商品房包销》获评特等奖。此后曹星大律师先后提携朱树英律师担任了民委会的秘书长、副主任和主任，把朱树英律师培养成了自己的接班人。后来曹星大律师的得意弟子陈沸律师也成了建纬杭州办公室主任，曹星大律师作为浙江律师和上海律师朱树英之间的民事业务合作成为浙沪律师合作的佳话。杭州会议上，当我提议派有培养前途的年轻律师去建纬所实习，每次 6 个月时，朱树英律师丝毫不考虑知识产权保护或者专业服务经验外溢，毫不犹豫一口答应。我们和建纬所以及朱树英律师之间的合作也由此发展到了一个新的高度。1996 年 10 月开始，我们先后选派六批 7 人次年轻律师去建纬所实习。第一个派往建纬所实习的是学习专业很用功、执业不久的年轻律师丁继胜，他从华东政法大学毕业后即在浙江邮电技校做老师，并无建工领域的背景。建纬所派出原先在上海建工工作的资深律师朱月英负责带教，丁继胜律师实习半年后回所，逐步成长为我们大公所最专业的建工律师，后来成为我们所负责业务指导的副主任，现任绍兴市法学会建筑与房地产法学研究会会长。第二个派往建纬所实习的是年轻的女律师顾群英，她实习回来后在建工业务上发展很快，全程负责国家重点建设项目投资概算达 138 亿元的嘉绍跨江大桥工程和投资规模约 600 亿元的绍兴轨道交通地铁一号、二号线工程专项法律服务，很快成长为律师里从事非诉建工业务的行家里手，并当选绍兴十大杰出青年和绍兴市政协委员。此外，我所建筑房地产部三位副主任沈锋标、严炎中、杨泽峰律师也曾分批在建纬所实习，目前他们都成了大公所骨干合伙人。我们和建纬所专业合作的最大成功，是建纬所无私地为我们带教、培养了六批年轻的建工专业律师，使我们大公所建工类的专业法律服务提升了一个很大的台阶。2022 年，我们又选派了孙孟强、曾小元两名年轻的律师赴建纬所学习 EPC* 工程总承包业务，朱树英律师专门选派 EPC 专业领域声名显赫的韩如波副主任作为带教老师悉心指导，两位律师回所后在谈及建纬所实习感受时都觉得收获满满。

3. 专业合作促进了双方不断进步的“一帆风顺”

我和朱树英律师在承办海南 BOT 案件时，公司董事长给我们俩各送了一个公司自己生产的帆船模型，希望我们以后的工作能够“一帆风顺”，我们俩现在还都保留着企业领导对我们的这个美好祝愿。事实上，我们双方建立专业合作伙伴关系后，大公所和建纬所两家律所事业发展一直一帆风顺，两所均被全国律协评选为全国优秀律师事务所。朱树英律师还带领建纬新生代的新秀，包括刚刚担任上海市律师协会会长的律所主任邵万权、副主任韩如波、宋仲春等高级合伙人专程来绍兴和我们开展进一步合作的专题探讨。由于我俩在建工专业及个人生活习惯、兴趣爱好上有很多共同语言，并感到相遇、相识、相知很有缘分，至今保持着良好的友谊。我和朱树英律师在律师个人事业发展中也一路前行。我先后担任第五、六届绍

---

* EPC 为设计—采购—施工。

兴市律师协会会长，第六、七、八届浙江省律师协会副会长，同时从第十二届开始至今连任浙江省人大代表。我们大公所新主任冯坚也开始担任浙江省律师协会副会长。朱树英律师从1997年开始担任民委会秘书长，后担任副主任和主任，2013年又担任了全国律协建设工程与房地产专业委员会主任，他和曹星大律师一样，直到整70岁时才卸下主任职务。他也在上海政协担任了第十、十一届常务委员；延续建纬履行法律人的职责，杭州办公室主任陈沸也已连任浙江省人大第十三、十四届人大代表。

▲帆船模型，寓意一帆风顺

▲朱树英携建纬高级合伙人团队来访大公所交流学习

4. 亦师亦友亦知己的兄弟情谊

通过30年的专业合作和交往，我和朱树英律师结下了深厚的友谊，并共同成长。特别要感谢的是，朱树英律师在我专业领域发展上给予了许多支持和帮助。2008年，民委会拟编印中华全国律师协会律师办理专业法律业务的操作指引，经朱树英律师推荐，我被任命为全国律协律师办理建设工程法律业务操作指引课题组组长。在朱树英律师的倾力指导下，我们课题组克服重重困难，如期在2009年6月完成了37章141条，共计3万余字的操作指引定稿，2009年8月由北京大学出版社出版；之后，我还在朱树英律师主持民委会和全国律协建设工程与房地产专业委员会工作期间，作为课题组副组长或课题组成员，先后完成了《中华全国律师协会律师办理基础设施特许经营法律业务操作指引》《高层建筑安全使用条例》《建设工程造价管理条例》《律师为政府投资项目提供法律风险管理法律服务操作指引》《律师为政府投资项目建设工程争议评审阶段提供法律服务操作指引》《建设工程施工违法分包、转包、挂靠违法行为认定查处标准》等的起草编印工作，并协同朱树英律师将课题成果呈报全国人大、最高人民法院、全国律协、住建部建筑市场监督局等有关单位，为拓展中国律师在建筑房地产领域专业服务的广度和深度做出了自己的点滴贡献。与朱树英律师在专业领域的合作中，他善于总结、敏于行动、勤于钻研的工作作风，多年来影响着我的专业成长，他已成为我创业人生的一个榜样。

我和朱树英律师通过合作代理一个诉讼案件建立起来的友谊和交情，一晃已经过去了近30年。我和朱树英律师，大公所和建纬所建立的良好合作关系和情谊，以专业作为纽带，将经久不衰；以志向作为基础，才能赓续绵长。

作者简介

李旺荣，浙江大公律师事务所首席合伙人，中国国际经济贸易仲裁委员会仲裁员，浙江省人大常委会法制委员会委员，浙江省人大代表，享受国务院特殊津贴专家；曾获全国优秀律师、全国五一劳动奖章、全国建设领域百名优秀专业律师、全国劳动模范等荣誉称号。

26 给新疆律师“传经送宝”让我和朱树英结下共同的新疆情缘

张升中

引 言

熟悉朱树英的人都知道，他对于新疆这片热土似乎有些特别的“情怀”——事务所团建要去新疆，“‘一带一路’法律服务高端论坛”要放在乌鲁木齐开，近30年来受邀去新疆“传经送宝”授课更是不计其数。阅读本篇文章后，或许大家就能感受到新疆对他的吸引力不在于山川湖泊，而在于情感的连结。支疆青年的身份，新疆生活的经历，相似的立业过程，让张升中先生更渴望与朱树英能有学习与交流的机会。而就是在新疆，一次意外的送机之旅，促成了作者与朱树英的近距离深度交流；一次又一次的千里同行，也使彼此结下了深厚的友谊。而对人对事的认同，于情于理的共鸣，也足以解释为何朱树英时至今日依然愿意不辞辛劳去新疆传道授业解惑了。

▲张升中

我是张升中，今年 80 岁，大朱树英 5 岁。我是一名“献了青春献子孙”的上海支疆青年。早在上海解放初期，由上海的陈毅市长和新疆的王震将军结下的上海支援新疆的情谊，使新疆成为上海历来对口支援的地区，这在两地之间妇孺皆知。1963 年，我作为十万上海支疆青年中的一员来到新疆，成为农垦兵团战士，曾在阿克苏当了十几年的泥瓦匠，也做过老师，其间通过成人教育读了法律，考出了律师资格，又在阿克苏当了几年律师。20 世纪 90 年代落实支疆青年政策回到上海，先在上海徐汇律师事务所当律师，后组建过新汇律师事务所并当首任主任，1995 年调任上海律协，后担任上海律协副秘书长。

朱树英的名字，我 30 年前在新疆做律师时就早有耳闻，回到上海后的第二年也就是 1992 年，我听说朱树英律师创建了上海第一家专注于建筑房地产专业的律师事务所，就有意向投奔朱树英律师。只可惜由于自己刚从新疆回来，业务能力与上海培养的律师有较大的差距，我自觉难以胜任，便打消了这个念头。

一、上海律协 1995 年新疆之行开启了朱树英专业支疆的序幕

1995 年 8 月，上海市律师协会曾组织学习考察团去新疆学习交流，时任市律协常务理事的朱树英有交流任务。我因为当时已在上海律协工作，便作为联络员加入了学习考察团，这使我有机会和朱树英律师近距离接触。

那一年正好是新疆维吾尔自治区成立 40 周年，上海市律师协会应新疆律师协会邀请，在王文正会长和李海歌秘书长带领下，组织 40 名资深律师前往新疆访问、考察和交流。我因在新疆当了几年律师，并和时任新疆律师协会秘书长吴东辉共事过，所以作为联络员随考察团前行，负责具体“穿针引线”的联络对接工作。访问从 8 月 6 日开始，经过半个月行程去了南疆和北疆各地，其中也安排有上海律师的义务讲课活动。朱树英律师和当

时还是上海兼职律师的华东政法学院教授、后任第十三届全国人大常委会副委员长的曹建明都是访问团成员，且都担纲了讲课任务。曹建明教授和朱树英律师的讲课非常精彩，南北疆律师听完课后，大呼过瘾。曹教授讲的是《国际贸易法的基本规则》，我因对国际贸易法知之甚少，听得似懂非懂。朱树英律师讲的是《律师在房地产市场法律服务的广阔前景》，他讲授了上海专业律师在房地产开发领域给当事人提供全过程或阶段性的非诉讼法律服务的做法和经验，这在新疆律师看来是一种全新的法律服务理念和方式，讲课在新疆律师中引起了强烈的反响。他深入浅出的讲解，缜密细致的论证，妙趣横生的比喻，赢得了满堂彩。我对建筑原本就比较熟悉，加之当时房地产开发特别热门，我听得如痴如醉，崇敬之情油然而生。值得一提的是，参加这次业务培训的新疆各地律师，除了在乌鲁木齐执业的律师，还有来自石河子和吐鲁番的律师，更远的甚至有来自 1000 公里外的阿克苏、喀什、阿勒泰的律师，其中不少人是坐了十几二十个小时的火车赶到乌鲁木齐听课的。由此可见，朱树英律师和曹建明教授一样，他们的专业影响力不同凡响。

▲朱树英在“上海、新疆律师业务交流座谈会”上

那次学习交流活动还有个插曲。朱律师随我们考察团到了南疆重镇库车时，接到长途电话，要他立刻去北京讲课。那时新疆的交通出行还不是

很方便，阿克苏地区司法局得知这一消息，主动安排专车把他从库车送往1000多公里外的乌鲁木齐。而我也有幸受王文正会长指派，陪同驾驶员一起将朱律师送到乌鲁木齐飞机场，获得了和朱律师一对一交流的机会。两天的路程，一晚的旅馆，我从朱律师身上学到了不少知识。他比我小几岁，受大环境影响，读书时遇到了很多困难，但他自强不息，努力拼搏，有远大的抱负和海纳百川的格局。这些都是他持续取得重大成功的奠基石。

临上飞机时，他拿出几张百元大钞给了从库车日夜兼程的驾驶员和我，并深深鞠了一躬，令人感动。后来这钱驾驶员坚决不肯收，这几张百元大钞我就保留至今，成为永恒的纪念。

二、专业义务支疆讲课延续28年的海派律师情怀

2000年3月，国家实施西部大开发战略，新疆的战略位置和地理优势尤为重要。对国家西部大开发战略，上海律师首先积极行动起来。在落实党中央西部大开发战略部署的热潮中，上海市司法局派副局长，律师协会张凌会长、朱洪超副会长于2000年8月中旬赴西北三省学习考察，分别与新疆、甘肃、青海三地律师协会签订了合作协议与意向书，由此拉开了上海律师服务西部大开发的序幕。根据上海律协与新疆律协共同签署的合作协议与意向书，新疆司法厅副厅长、新疆律师协会会长和新疆律协秘书长于当年11月6日率领来自全疆10个地、州、市32个律师事务所的34名律师来沪培训。在为期20天的培训活动中，沪、新双方通力合作，密切配合，取得了丰硕成果。

朱树英律师受邀为这次培训班讲课一天，他的授课主题是《新颁布法律对律师法律服务提出的新课题及其对策》，这次培训班中有多名新疆律师曾在5年前的乌鲁木齐听过他的讲课。建纬所全体合伙人也热情地欢迎来自天山南北的西部律师，因为当时正值金秋，恰是江南金风送蟹肥的季节，朱树英律师充分展现了他的好客和热情，特地安排专人去江苏阳澄湖蟹庄买回雌雄成对的大闸蟹50对，每人一雌一雄成对宴请全体新疆律师。后来

这一故事在新疆律师圈中广为传颂，成为两地律师友谊的美谈。

▲朱树英（左）和张升中（右）在新疆合影

2001 年 6 月，朱树英律师又被新疆律协邀请去乌鲁木齐讲课。这时我已调到上海律协工作，由我陪同朱律师一同前往。我们俩先去了南疆最大的城市喀什，还去了电影《冰山上的来客》拍摄地塔什库尔干，朱律师和当地的律师热情地进行了业务交流。临别之际，少数民族律师纷纷向他敬酒，朱律师稳如泰山，倒是我反客为主喝醉了，后来是朱律师扶着我上了飞机，回到乌鲁木齐。朱律师在乌鲁木齐讲课的题目是《当前房地产新业务中律师的作用》，南北疆律师千里迢迢赶来，聆听了朱律师精彩纷呈的讲课。听课的律师中有不少是我的朋友，他们有的律所离乌鲁木齐两千公里，但在听完课后，都伸出大拇指，连声称赞：值得！值得！课后，新疆律协设宴招待了前来讲课的律师。席间漂亮的少数民族女律师向朱律师献上了洁白的哈达。新疆司法厅肉孜·司马义厅长割下烤全羊脖颈上的一片精肉递给朱律师，这是少数民族招待贵宾的最高礼遇。多年后朱律师遇到我，谈起当年的情景，都激动不已。

由于上海支援新疆工作深入人心，朱树英作为上海律师为新疆律师渴望学习专业法律服务知识的积极性和迫切性所感动，自从 1995 年那次为新疆律师讲课后，先后多次去天山南北讲课。由于共同的新疆情缘，我对朱树英去新疆讲课的情况比较关注，据我所知，继 1995 年、2001 年两次去乌鲁木齐讲课之后，朱树英还应乌鲁木齐建设委员会要求并经建设部办公厅推荐，先后于 2002 年 12 月 6 日、2005 年 3 月 22 日两次前往乌鲁木齐给新疆施工企业讲课；2005 年 9 月，随上海律协讲师团到乌鲁木齐开展援疆活动，先后为乌鲁木齐及阿克苏两地律师授课；2007 年 9 月前往乌鲁木齐参加全国律协民事专业委员会年会暨第九届中国民商法实务论坛并发表演讲，并特地提前一天到达乌鲁木齐，于百忙之中给当地律师讲课；2011 年 9 月朱树英再次受上海律协委派支援新疆授课，远赴乌鲁木齐，为全疆律师作“建设工程风险防范”法律专题讲座；2013 年 9 月，朱树英再应律协邀请，为新疆律师做了一次建设工程与房地产方面的专题培训；2016 年 6 月、9 月，朱树英两次进疆，分别为新疆建筑施工企业大型法务培训班授课，在全国律协律师专家讲师西部培训乌鲁木齐站为新疆律师授课；2017 年，他再赴乌鲁木齐在“一带一路”（中国）仲裁院新疆论坛开讲；2022 年疫情期间，他受邀在线上为新疆沙湾全市建筑行业讲授工程总承包；直至 2023 年 7 月，朱树英还受新疆律协邀请，在“建设工程法律实务”讲座上，为新疆律师讲授全国律协的工程总承包法律业务操作指引。

▲朱树英为新疆律师讲授全国律协的工程总承包法律业务操作指引

时间过得太快，如今我已年近 80 岁，从上海律协退休后，早早“刀枪入库”，不再过问律师事务。而朱律师依然以当年的姿态拼搏在法律战线最前沿。30 多年来，建纬所在朱树英律师的引领下，一直高速发展。

光阴似箭，建纬律师事务所如今已成为我国建筑房地产专业法律服务行业的标杆律所，秉持着“超前、务实、至诚、优质”的服务理念，赢得了市场和行业的广泛认可。至今我都为当年的“保守”——没能在朱树英手下工作而懊悔不已。我有时会去建纬所看看，看到朱树英办公室里挂着一幅上海市委书记和朱律师亲切握手的照片，猛然感觉朱律师和我那么亲近却又那么遥远。我们的许多经历是那么相同，但我们的差距又那么明显，他是时代的楷模，是我心中永恒的榜样。

作者简介

张升中，1945 年出生，1963 年高中毕业后，作为支边青年去了新疆生产建设兵团，当过文艺兵、建筑工人、教师。1981 年开始从事律师工作，1991 年调回上海后继续奋斗在律师行业，先在上海徐汇律师事务所当律师，后为上海新汇律师事务所第一任主任，从 1995 年开始担任上海市律师协会副秘书长。2005 年在上海市律师协会退休。

27 律师走专业化道路的指路明灯

周丽霞

引　言

俗话说“文人相轻”“同行是冤家”，这些调侃语句看似简单却内涵丰富，其中显而易见的就是同行间的竞争关系。但“冤家”不同于“仇敌”，至少师者除外，因为古语也说：“师者，所以传道受业解惑也。”这样想来，就可以理解为什么一路走来有这么多同行、晚辈会对朱树英的倾囊相授、不吝赐教印象深刻了，因为在他的认知里，同行更多的是合作竞争，是优势互补，是教学相长。

本文作者浙江导司律师事务所高级合伙人、副主任周丽霞律师就曾“三顾茅庐”有缘得朱树英“金手指”点拨。从一个冒冒失失上门的小律师，到共同办案的合作者、学术会议的主办方，再到浙江省优秀房地产建设工程律师，对于周丽霞律师而言，或许 28 年来，每次与朱树英的思想交互，都是一种成长的提速。

▲周丽霞

我是周丽霞，浙江导司律师事务所高级合伙人、副主任，因执业初期律所安排我负责建设工程和房地产业务，我有幸在 1995 年 9 月认识了朱树英律师。光阴似箭，时光如梭，转眼间与朱树英律师认识已经 28 年了。朱老师对同行坦率真诚，对年轻律师关心提携，对专业研讨认真专注，一直是我学习的楷模，是我建设工程房地产领域专业化法律服务道路上的指路明灯。

一、初次相见，一语点迷津

1992 年年末，我作为一名刚刚执业 3 年的年轻律师，被律所“委以重任”，要求我担任导司事务所新成立的房地产部的主任。那时的房地产部除了我以外，还有三名从房管、土地部门退休的老同志，我既是小领导更是小兵。我当时一脸茫然，因为既不了解房地产行业，又没有部门业务拓展的经验，不知从何做起。只能跟着老同志处理有关“改造房屋的政策落实”纠纷、相邻纠纷、公租房租赁纠纷等案件。20 世纪 90 年代初，国内的房地产业刚刚起步，商品房开发尚处于尝试探索阶段，与之相关的法律法规尚未完善，从事商品房开发建设法律服务的律师少之又少，但我总觉得商品房开发建设应该是今后一段时间的发展方向。凭着初生牛犊不怕虎的劲头，我到处打听了解：在商品房开发建设中律师从何处着手可以发挥积极作用？如何为之提供相应的法律服务？……我遍寻相关规定和书籍，只从好友处借得一本《香港、深圳房地产经营管理评述》，由此对房地产开发略有了解，但还是找不到律师提供法律服务的切入口。到 1994 年年底，房地产部也陆续接触了几个房地产开发企业，但提供的法律服务还是常规的常年法律顾问服务。正在我为房地产部后续发展方向犯愁之时，我想到最简单的办法是向房地产开发先行城市的律师同行学习，看看有哪些可以借鉴的经验。但鉴于当时各地律师同行交流相对较少，获取信息资讯没有现在便捷，我仅听说北京的中伦所在做银行按揭业务，深圳律师在做见证业务，上海建纬所（记得当时还是叫上海市建设律师事务所）在探索房地产开发全过程服务等，我就很想去拜访学习专业领域的先进法律服务经验，但苦于没有机会。

1995 年 9 月，华东六省一市的律师理论实务研讨会在宁波东钱湖召开，我作为论文作者参会，在会议名册上我看到了朱树英律师的大名，印象中朱老师提交了一篇有关律师为房地产项目提供全过程法律服务的文章，具体的名称有点记不清了。我想总算有机会可以当面向朱老师请教了。可是，我左等右等，等了一整天，还是没见朱老师来参加会议，心想，朱老师是否有事不来参加会议了。晚饭后，我又去会务组打听，答复朱律师的发言在第二天，晚上不一定会到。于是，我搭车从东钱湖返回市区。汽车已驶出东钱湖，我突然收到会务组的电话，说朱律师刚刚到酒店，明天早上他发言后还得马上赶回去办案。于是，我只得恳请司机掉头将我送回东钱湖酒店。

到了酒店，我怀着忐忑不安的心情敲开了朱树英律师的房门，朱老师一脸笑容地请我坐下，没有一点上海大律师的架子；特别是听到我回市区后特意折返回来，更是连连点头，我悬着的心才放松下来。听了我的来意后，朱老师向我细致地介绍了建纬所从事房地产项目全过程法律服务的具体做法；朱老师还毫无保留地与我探讨了律师提供房地产开发全过程法律服务的几个切入点，比如开发商的内销外销合同文本的拟定，按揭业务的律师见证，陪同买受人与开发商谈判，参与开发项目的定位策划服务等，非常具体细致。听了朱老师的一席讲解，我茅塞顿开，觉得我之前选择将商品房开发建设作为房地产部法律服务开拓的方向没错，未来的市场前景是广阔的；但我之前探索的法律服务太过于被动与局限，需要更多地创新服务模式，更好地向开发商提供多维度法律服务。不知不觉中，我与朱老师聊了一个多小时，真的是受益匪浅，豁然开朗。

二、携手合作，共同服务宁波“中央花园”项目

宁波“中央花园”项目位于宁波市海曙区，该项目可销售面积为 7 万

平方米，共有四栋高层建筑，具有内销和外销的资格。该项目是由中外合资的宁波达吉房产有限公司开发建设的，公司的董事长廖先生是个很有想法的人，他希望将这个楼盘打造成宁波最高端的楼盘，所以他聘请的该楼盘的设计、施工、营销等合作商均是国内一流的，设施设备的配置在当时的宁波市场是非常超前的。考虑到该楼盘的买受人多是具有一定实力的企业家，为服务好客户，廖总特地请建纬律师事务所和我们导司律师事务所共同为该项目的销售、租赁提供全过程法律服务。为此，建纬所指派了朱树英、魏康寿、王盈盈律师为该项目提供法律服务，导司所主要由我来对接服务。听到这个消息，我很开心，我终于可以通过项目实战向朱老师取经学习了。

项目法律服务合同签订后，建纬所和导司所双方还就具体的法律服务事项分工等签署了内部协议；需要特别提及的是，当时宁波律师普遍还没有投保执业保险的概念，但我们的服务合同中，建纬所已经明确写上了如发生索赔事件，由天安保险公司按保险合同予以办理，很值得我们学习。

在服务“中央花园”项目过程中，朱老师及其团队为该项目提供了大量法律服务，包括但不限于起草销售代理合同，与境外律师协调楼盘买卖的法律事务，起草相关的订购单、购房须知、销售合同及补充协议等，出具法律意见书，这些在现在看来普通而常见的文本，当时则几乎没有现成的模板可以参考，全凭律师的理解与思考逐条逐句用笔书写，工作量着实不小。建纬所在服务这个项目过程中还每月指派律师到现场服务，开发商对我们两家律师事务所共同服务这个项目也给予了较高的评价，后续还跟我们两家律所保持了较好的合作关系。同时，在服务过程中，我也有幸认识了建纬所优秀的王盈盈律师、赵敏律师等。从点滴服务中，我学到了许多好的思路、优秀的文本，从中受益匪浅。

三、有声有色实务课，启迪更多律师走专业化服务道路

朱老师认为能说会写是一个好律师的基本功，他在专业领域著书不少，

讲课甚多，不仅给客户讲、给行业协会政府部门讲，还毫无保留地给各地律师讲。据说有一批朱老师的“粉丝律师”，常常跟到各地去听课。

我自 2003 年起连续多年担任宁波市律协建筑房地产专业委员会主任，其间也有幸邀请朱老师来宁波给我们的律师进行专业培训。

2007 年 8 月，浙江省律师协会与宁波市律师协会拟联合举办一次“建设工程领域律师实务研讨会”，想请朱树英律师给全省的专业律师讲课。由于这次会议时间安排较为催促，我只提前了一个星期给朱老师打电话邀请，打电话前我还担心朱老师工作繁忙，时间安排会冲突；但朱老师接到电话后欣然答应，说给浙江律师讲课他特别愿意，他再忙也一定会抽出时间来的，我听了很是感激。没过几天，朱老师就将讲课内容的大纲发给我，以便于我们做会议资料。会议前一天晚上，朱老师从宁夏直接飞到宁波准备第二天讲课。

▲2007 年 8 月“建设工程领域律师实务研讨会”

省内的房地产建筑工程律师听说朱老师来上课，报名非常踊跃，到会人数有 200 余人，整个会议室座无虚席，还在走廊里加了些凳子。朱老师走上讲台，用他谦和的微笑与全场的律师打招呼，随即就开始与大家聊起自己的从业经历，讲述自己如何从施工企业的木工转型成为建设工程律师，现场的气氛也轻松了许多。朱老师讲做木工的经历让他养成了早上四点半起床的工作习惯，他每天就是利用早上的两个多小时进行写作，效率非常高。接着，朱老师从他承办的一个个案例说开去，深入浅出，把律师在办理施工案件时可能遇到的问题及解决思路等都毫无保留地分享给律师同行。同时，朱老师指出随着《物权法》的公布，建设用地分层使用、不动产变动、物权登记等十项新业务必将成为房地产建筑领域律师业务新的增长点。另外，围绕在建工程抵押、人防工程、预告登记、施工合同等问题，朱老师作了较为详细的讲解；考虑到当时从事建设工程领域专业法律服务的律师还较少，朱老师对讲课中涉及的建设工程领域的专业术语、施工流程等还会停下来耐心地给予解释。整整一个上午，朱老师就房地产、建设工程领域的律师业务拓展问题进行了详细的讲解，与会律师反响热烈。

2009 年正是各地政府如火如荼投资建设重大工程项目的时期，为进一步规范政府投资建设项目，2009 年 8 月 11 日，浙江省司法厅和发改委联合发布《关于充分发挥律师作用积极为重大项目建设提供法律服务的意见》，明确政府投资重大项目由律师提供全过程法律服务，这可谓创全国先例。浙江省司法厅和发改委联合发文后，经宁波市发改委和司法局共同努力，由分管市长特批，市发改委出资 30 万元，宁波市律协具体承办，拟举办一期“重大建设项目法律服务高级研修班”，旨在对有志于为政府投资重大项目建设提供全过程法律服务的专业律师进行专题培训，让律师熟悉政府审批项目的流程和要求，提高为政府提供项目服务的能力。宁波市律协要求建设工程房地产专业委员会具体落实会议安排，我接到任务后，感觉还是有一定压力，这次会议规格较高，有国家发改委、建设部法规司的领导参加，听课的学员也不仅仅是律师，还有发改委、建设局等机关的工作人员，需要邀请具有一定影响力的老师来授课。我第一时间想到，是否可以再次邀请朱老师来授课，于是我就直接给朱老师打了电话。朱老师非常开心地接受了邀请，并对地方政府能够办这样一次研修班表示高度赞赏。朱老师提出将“政府项目招投标法律实务”和“施工合同全过程管理律师实务”分别作为上午、下午的授课内容，我觉得有理论有实务，应该是非常合适的，随即向市律协汇报并确定课题。2010年11月6日上午，朱老师就政府项目招标文件的制订、招标流程、评标定标过程中存在的法律风险及防范措施等做了细致生动的讲解，结合相关案例，与会者（包括部分非法律专业的政府机构工作人员）听得明明白白，收到了较好的授课效果。下午朱老师就律师如何为施工项目提供全过程法律服务进行讲解，重点讲到律师施工领域非诉讼业务的拓展，包括招投标阶段前期尽调，施工合同签订阶段磋商与文本修改，施工合同履行阶段变更、签证、索赔等问题，认为律师投身工程领域法律服务具有一定的发展潜力。可以说，我也是受到朱老师多次讲课的影响和启发，之后的几年逐步从房产律师过渡到工程律师，基本实现了房地产工程领域法律服务的全覆盖，拓宽了专业法律服务的领域。

最难能可贵的是，朱老师百忙之中给各地律师授课几乎是做公益，当时省市律协经费较为紧张，给予授课老师的补贴非常有限，朱老师却没有半句怨言，还乐呵呵地说，我给律师们讲课并不在乎报酬，我只是希望这个领域的律师法律服务整体水平跟上去，相关部门才会真正认识到律师的作用，律师在房地产建筑领域才能发挥更多的积极作用。朱老师给律师讲课还特别实在，他尽可能与各地律师分享办案经验和业务亮点。我有时半开玩笑说，朱老师你不怕其他律师抢你的业务吗？朱老师回答说，建筑房地产建筑领域律师市场广阔，业务大有可为，我一个人、一个所怎么做得过来，只有大家一起做，才能把这块业务做大做强，做得红红火火。

四、从全国律协民委会到建房委，引领专业化研究与创新

自从在华东片区会议认识朱老师后，我一直记着朱老师的那句话：一个合格的律师必须做到能说会写，也就是要将自己所掌握的法律知识通过法庭辩论、协商谈判、演讲、授课、写法律文书、写实务论文、写书写稿等方式展现出来，不能办一个案件扔一个案卷。我通过案件办理，也时常写一些专业方面的小论文，先后在省市律协的论文研讨会上获奖。在与朱

老师共同服务宁波“中央花园”项目过程中，有一次朱老师问我是否有兴趣参加全国律协民委会的活动。我当时先是一愣：全国律协民委会汇集了全国民商事律师精英，我一名小城市的小律师有这个资格与能力吗？宁波市当时还没有一个律师是全国律协民委会委员，我可以参加吗？朱老师看出了我的疑惑与顾虑，面带微笑地说，为鼓励年轻律师钻研民商事专业问题，全国律协民委会新创设了一项研讨员制度，如年轻律师通过推荐成为民委会研讨员，只要在3年内每年递交一篇有质量的专业论文，每年参加专业委员会会议，3年后经考核评选并报全国律协后，就有可能被推荐为全国律协专业委员会委员。听罢我几乎不假思索地答应了，我实在太希望去见识一下全国律师界的大佬前辈了。之后，1998年秋天，我以全国律协民委会研讨员的身份，参加了在上海西郊宾馆召开的民委会会议，有幸见到了曹星、郭新亚、于宁、张学兵、彭雪峰等大律师，也有幸认识了当时和我一样同为研讨员的徐永前、任旭荣等优秀的年轻律师。在民委会大家庭中，我作为当时最为年轻的研讨员，汲取了非常多的专业法律服务经验，拓宽了视野，也找到了努力的方向与动力。

▲2000年6月“中国民商法实务论坛”，左起第二位是李旺荣律师，右边第一位是周丽霞

记得2000年，全国律协要在北京京西宾馆举办一次高规格的千年大会，由各专业委员会推荐优秀论文的作者上台发言。当年的民委会民商法实务论坛上，我的一篇小论文《房地产期权抵押的质疑与立法完善》得到了民委会老师们的好评，准备推荐我作为民委会代表上台发言。我实在有点诚惶诚恐，我可从未在这么大的会议上做过主题发言。于是，我找到朱老师，向他请教发言经验，朱老师听了哈哈大笑，说："小周啊，既然民委会推荐了你的文章，就证明你的文章具有一定的实力，选题新、提出的意见建议具有一定的价值，你要有自信。回去再好好准备一下，上台不要慌，先环顾会场静下心来再发言，不慌不忙肯定差不了。"听了朱老师的话，我淡定了许多，回去又好好准备了一下。千年大会发言那天，我还是有点紧张，上台后许久，我才发现朱老师及我们民委会的好多老师都已坐在台下，面带微笑，这给我平添了许多信心，我最终很好地完成了这次发言任务，得到了与会律师的认可。

民委会及后来专业细分后的建房委，一直是全国律协业务研讨的先进专业委员会。朱树英律师自2005年任专委会主任以来，我们的专业委员会更是"高产大户"，每年律师业务操作指引、专业书籍、研讨会论文的数量质量均在全国律协专业委员会中名列前茅。朱老师本人在繁忙的工作之余，出版了非常具有影响力的《房地产开发法律实务》《建设工程法律实务》等多部专业书籍，还带领专业委员会的律师起草全国律协专业委员会的业务操作指引。我也有幸参与起草了其中的部分操作指引，如《中华全国律师协会律师为买受人提供商品房买卖合同法律服务操作指引》《中华全国律师协会律师为开发商提供商品房买卖合同法律服务操作指引》《中华全国律师协会律师办理二手房买卖合同业务操作指引》《中华全国律师协会律师办理建设工程法律业务操作指引》《律师为政府投资项目招标投标阶段提供法律服务操作指引》等。在操作指引起草过程中，朱老师可谓全程关注，包括操作指引的前期框架提纲的确定，初稿的提交与开会反复研讨，修改稿的再次论证与推敲等。在操作指引起草过程中，我们是既想当执笔人又最怕被指定为执笔人。一旦被指定为执笔人，无论时间有多紧，必须在规定时间内提交"作业"，且要保证质量，否则就要经受朱老师的连环催促，而且催促短信、微信往往会在朱老师的清晨写作时间（一般在清晨五点左右）发来。

我印象最深的一次是，我们2015年年底获悉最高人民法院在起草《关于审理建设工程施工合同纠纷案件适用法律问题的解释（二)》，其中有关建设工程价款优先受偿权的部分争议较大，全国律协建房委经讨论决定成立专门的课题小组起草有关建议稿，提交最高人民法院讨论。这个课题的时间要求非常紧，质量要求又很高，朱老师指定我为该课题组组长，我们在2015年11月21日成立课题组，要求报名的委员在12月7日前提交各个专题问题的研究论文并提炼出相应的条款；我收到全部文章后就相关的争议问题向朱老师汇报，经常是我们这边晚上十一二点发给朱老师问题及建议，朱老师则在凌晨四五点就回复意见。2016年1月初，朱老师又召集全体课题组成员前往郑州召开专题讨论会，同时还邀请最高人民法院和当地法院的法官一起参与该专题的讨论。会议讨论非常热烈，有许多观点的碰撞，为后期的建议稿修改提供了非常宝贵的意见。之后，该建议稿又经过课题组成员反复修改，朱老师把关，我们如期将该建议稿提交给最高人民法院民一庭。朱老师说我们专业委员会的课题研究又上了新的台阶。

回望过去，一路走来，我在建设工程房地产法律服务专业领域执业30多年，朱老师给了我诸多的指点和帮助，使我成了宁波市有一定影响力的建设工程和房地产领域专业律师，朱老师的不吝赐教和引领，真可谓是我专业化法律服务道路上的指路明灯。

作者简介

周丽霞，浙江导司律师事务所副主任、一级律师；浙江省律协建设工程专业委员会副主任，曾任宁波市律协建房委主任；获浙江省优秀专业律师（建设工程专业）、宁波市“领军型”名优律师（建筑与房地产领域）、宁波市十佳律师、全国律师行业优秀党员律师等荣誉称号；中共浙江省第十三次党代会，中共宁波市第十一次、十二次、十三次党代会代表。

28 倾心建设工程法律研究的“东方大律师”的匠心

任旭荣

引　言

房地产与建设工程领域的专业法律服务，从字面上看似乎是一个很窄的业务范畴，但映射到现实世界，高楼大厦哪个不是房地产，桥梁隧道哪个不是建设工程，但凡动土就有法律服务的需求，所以从这个角度来说，城市发展就是这个专业最好的红利。此前，一直在说朱树英的成就源于其在专业领域的深耕厚植，离不开他自身的刻苦勤奋，但同样也离不开他的高瞻远瞩、慧眼独具！阅读本篇来自浙江楷立律师事务所创始合伙人任旭荣的文章，相信读者不难发现，早在 20 世纪 90 年代朱树英就看好专业法律服务的发展。同时他也指引着更多有志于此的年轻人，在这条专业道路上越走路越宽。

▲任旭荣

我是浙江楷立律师事务所的创始合伙人任旭荣，是全国律协民事专业委员会老主任曹星大律师的弟子。由此，我在1997年认识了曹星大律师的接班人朱树英律师。

一、以身作则刻苦钻研建设工程和房地产专业法律业务

提起朱树英律师，但凡熟悉房地产与建设工程法律实务的人——无论是律师还是建设行业的法务或者领导，无不知晓。朱树英律师是一位从木匠成为建设工程领域专家大律师的传奇人物，只要近距离接触过他、了解过他的人，都会相信这一奇迹的发生是必然的，其成功秘诀就是：做一行爱一行，爱一行钻一行，处事为人无不充满孜孜不倦将事情做到极致的匠心。

▲曹星律师（左）与任旭荣（右）

自20世纪90年代起，随着中国城市化建设进程轰轰烈烈地展开，房地产开发与建设工程法律服务需求应运而生。从建筑行业走出来的朱树英律师顺势而为，以其敏锐而独到的战略眼光抢占先机，未雨绸缪，他创建的上海市建纬律师事务所从一开始就立志走专业化发展道路，专注于建设工程领域法律实务，很快就做出了引领律师行业专业发展的服务品牌，产生了不俗的影响力。如今“建纬律所”不仅是建设工程领域响当当的品牌，更是培养了一大批优秀的专业律师人才，成为名副其实的行业领军律所。朱律

师乐于向同行传道授业、不吝赐教，站在建筑法立法前沿，为打造对中国建筑行业健康的生态环境贡献卓著。

我认识朱树英律师是在1997年，当时由全国律协民委会主办的“第一届房地产与建设工程法律实务论坛”在杭州召开，我的师父曹星老师是民委会主任，朱树英律师是秘书长兼副主任，我也有幸作为代表参加会议。论坛上，朱律师的发言令我印象深刻，他让我了解到专业领域的法律服务空间非常之大，有大量的非诉讼服务可以拓展。我利用会议间隙，与朱律师进行专业交流，他鼓励我大胆实践，有问题随时沟通，这种亲和力和真诚让我很受感动，我也就很自然地称呼他为朱老师，并向他请教一些专业问题。自参加那次论坛后，我开始了这一领域法律实务的学习，同时在担任几家房地产开发企业和建筑企业常年法律顾问的过程中进行实践。

有一天曹老师唤我到办公室，问我想不想去上海建纬所跟朱树英律师实习，取取真经。我很感动师父为我创造快速学习的条件，于是与朱老师取得联系后就去了上海。记得当时建纬所在上海商城写字楼办公，无论是装修，还是办公条件，都令我眼前一亮。朱老师带我参观律所后，便与我长谈了一次，还把事先准备好的书籍资料让我带回去研读。因建设工程法律实务专业性极强，要学习的内容实在太多，朱老师说一定要带着问题学习，努力钻研遇到的每一个问题，直到弄懂并融会贯通，同时要学会将法律知识融会思考，从解疑中找到解决问题的方案，再结合长期经验积累定能做好。临别时，朱老师说只要我有需要，欢迎随时带着项目来建纬合作，同时不忘嘱咐，实务中遇到问题可随时联系他交流探讨。上海之行，朱老师指点迷津拨云见日让我牢记在心。之后，我持续多年收到朱老师赠送的《建纬律师》专业所刊，还有朱老师的专著。朱老师赠送的资料内容丰富，在当年律协各专业委员会业务指引未出台时，给了我业务拓展方向的指引，而每一期《建纬律师》专业所刊以及他的专著中丰富的实务论文与案例解析对我帮助很大，使我在这一领域慢慢地积累起经验。

▲任旭荣律师参加第七届中国民商法实务论坛

二、负责全国律协业务研究直到70岁的曹星大律师和朱树英大律师

说到朱树英在全国律协民事专业委员会带领全国民事专业律师披荆斩棘，一路前行，就不得不赞赏我老师曹星大律师的不拘一格，慧眼识珠。早在20世纪八九十年代浙江省就涌现了一大批建设房地产领域的优秀律师。作为当时的杭州市律师协会会长，曹老师也自然是十分了解。这也和民委会聚集着一批浙江的民委会委员不无关系，像现在的浙江省律师协会会长沈田丰、担纲多届副会长的浙江大公所主任李旺荣以及现建纬杭州分所陈沸等一批优秀的专业律师，都是当年的民委会委员。曹星大律师在60岁后还继续担任了10年民委会主任，这正是贯彻了经与全国律协协商一致的民事专业委员会主任要引领专业，到70岁才能退休的要求。曹老师在退休前，力荐了浙江律师以外的上海律师朱树英作为自己的接班人，这不得不让人佩服曹老师高风亮节、海纳百川。朱树英接任民委会主任后取得的优异成绩，以及带领民委会的专业传承和所做的显著贡献，充分证明了曹老师决

策的正确。2013 年，朱树英改任全国律协建设工程与房地产专业委员会（建房委）主任，直到 2019 年，和曹老师一样 70 岁才卸任，改任顾问。朱树英从 1997 年直到 2019 年连续 22 年担任全国律协民委会主任和建房委主任，真切地演绎了什么叫海派律师是全国专业律师的“领头羊”。

1999 年全国律协民委会房地产与建设工程实务论坛上，朱老师选择了我的论文，并且推荐我在大会上发言。因为是首次在这样的大型论坛上发言，我不太自信，朱老师给了我肯定的目光以及专业的点评，又将我的论文推荐到 2000 年全国律协在北京举办的千年律师大会房地产与建设工程实务分论坛上，让我再次发言。有了第一次大会发言的锻炼，我重新修改了论文，顺利地完成了发言和交流互动，反响不错，也增添了我在这一领域从业的信心，不久我成为全国律协民委会委员。再后来，浙江星韵律师事务所成立房地产与建设工程业务部，我被任命为业务部主任，组建专业团队开展业务。在之后的职业生涯中，我先后为 10 余家房地产开发企业与建筑企业提供常年法律顾问服务，为商业综合体项目、市政工程以及一些省市重点工程的建设提供过程法律服务，比如远洋地产的运河 CBD 招商和建设项目、浙江小百花剧院蝴蝶剧场施工项目、浙能天然气工程建设项目等，也代理过不少起疑难的诉讼和仲裁案件，其中不乏成功且影响深远的案例。

▲2000 年朱树英（左）与任旭荣（右）在北京举办的“中国律师 2000 大会”房地产与建设工程实务分论坛

2007 年，我与几位同事创建了浙江楷立律师事务所，成立之初即设立房地产与建设工程业务部，继续在这一领域耕耘，至今积累了较为丰富的经验，应验了朱老师曾经的教诲：带着问题学习实践，努力钻研，通过长期实践积累，终能有所成就。在担任杭州仲裁委员会仲裁员期间，我作为首席仲裁员，成功裁决和主持调解了不少疑难的建设工程合同纠纷，先后被评为十佳仲裁员、年度优秀仲裁员等。

曹星大律师是一位跨界的传奇，他既是浙江著名的大律师，也是一位优雅的音乐家。无独有偶，朱树英也是一位跨界的传奇大才，他既是手艺精湛的木匠，又是专业卓著的大律师。我作为曹老师的嫡传弟子，2015 年曹老师仙逝后，我继续代曹老师照管着他老人家创办并钟爱的杭州西子女声合唱团，在杭州律协等单位的支持下延续着通过合唱艺术表现世间的美好，传承着曹老师无私奉献的精神。这种奉献精神，朱树英老师与曹老师也可谓是一脉相承，无间相传。

如今我已年近花甲，回想自己在专业化成长道路中，如果没有朱树英老师当年的启蒙和指引，也许难以一帆风顺，因此我常怀感恩之心。看到如今年届 75 岁的朱树英老师依然活跃在一线讲学、传道授业、笔耕不辍，这实在令人敬佩，朱树英老师是值得我们永远学习的好榜样。

作者简介

任旭荣，浙江楷立律师事务所创始合伙人，连续 20 年担任全国律协民委会委员，杭州市律协第五、六届副会长，民盟杭州市委第十至十二届副主委。曾获得浙江省三八红旗手、浙江省十大优秀律师、杭州市优秀社会主义建设者、杭州仲裁委员会十佳仲裁员等荣誉。

29 师泽如光，微以致远

——我所熟识的朱树英律师

许　征

引　言

昨夜西风凋碧树，独上高楼，望尽天涯路。

衣带渐宽终不悔，为伊消得人憔悴。

众里寻他千百度，蓦然回首，那人却在灯火阑珊处。

王国维在《人间词话》里，写过古人求学的三种境界。而这三种境界，不单单是求学的境界，在事业成功的道路上，依然可以遵照这三点前行。

本篇，山东文康律师事务所高级合伙人许征就以散文诗的形式，为我们呈现了朱树英这一路走来的三种境界。1997 年，26 岁的许征刚刚入行，而彼时的朱树英又何尝不是在创业伊始，不断积累，一再明确目标。

正所谓，举而措之天下之民，谓之事业。

因为有目标，即使百转千回，我们依然知道路在何方。

一路走来，岁月不仅给我们皱纹，也会给我们智慧。

成功的喜悦不在于一时一刻，成功的意义在于使更多人受益。

愿我们，心中有梦，眼里有光，脚下有路，以梦为马，不负韶华！

▲许　征

1949 年 5 月 28 日，

一个男婴呱呱落地于黄浦江畔。

这一天，攻坚战役的枪声终于平息，是上海迎来解放的第二天；

这一年，中国共产党取得革命胜利，是新中国成立的伟大之年。

上海，从此硝烟散尽，万象更新；

中华人民共和国，从此草木苍翠润泽，大地生机勃勃……

这个与共和国同龄的少年，

在他 16 岁的时候，走进工地，踏入现场，从普通的木工做起，

丁是丁、卯是卯；

匠心独运，精益求精，将自己对生活、对未来、对新中国的热爱，融入一个个精致的木工活。

不信你看他木工满师时亲手做的小板凳，那可是一件不可多得的杰作，至今还严丝合缝，完整无缺。

雄关漫道真如铁，而今迈步从头越。

新中国的发展之路风雨兼程，否则哪来令世人赞叹的光辉历程？

青年人的热情一浪高过一浪，祖国的需要，时代的担当，不脚踏实地哪有所谓的风光？

▲1998 年，朱树英大律师（右）与许征（左）共同参加研讨会

千磨万击还坚劲，任尔东西南北风。

上夜校挑灯苦读，入华政攻读法律，进企业走进工地，在机关夜以继日……

执着，是一种很神奇的力量。

多少个日日夜夜，熙熙攘攘的南京路，没有他驻足的身影，游人如织的外滩上，少有他闲情的时光。

他用睿智的眼光、深厚的积累，为中国建设工程领域的专项法律服务市场拓荒。

“建纬”律师事务所的应运而生，

如雄鹰刺破苍穹，似烟花照亮天空。

看似寻常最奇崛，成如容易却艰辛。

创业是一种勇气，更是一种时刻鞭策自己的力量，

专业的积累、市场的推广、行业的认可、人才的培养，

每一个板块都是拓荒者披荆斩棘的目标和方向。

展业到底有多难？

少有客户、鲜有沉淀，

那就勤能补拙、著书立说，

发奋努力，辛勤地奔波，儒雅地拓展，

练就了本领：能说会写。

▲2018年3月1日《苦寒磨砺筑方圆》新书发布会上，朱树英院长（左）与许征（右）合影

深耕业务在前沿，苦寒磨砺筑方圆。

那一本本专业笔记，密密麻麻，整整齐齐，是他的潜心钻研，深厚积累。

那已经出版的几十本专业书籍，字斟句酌，倾囊相授，是他凌晨早起，分享真知。

无论是大雪纷纷的北国，还是绿草茵茵的水乡，处处都有他授课的讲堂，

天山脚下的风光多么旖旎，黄海边陲的码头多么繁忙……

他来不及欣赏，顾不上观光，

他把律师专业化法律服务的种子传播到四面八方，

无以计数的同行听了他的课，看了他的书，用榜样的力量引领了自己的执业方向。

全国各地三十余家建纬分所如同雨后春笋，竞相生长！

时光荏苒岁月如梭，得遇良师春风化雨。
我与朱树英律师相识于 1997 年，那时我刚满 26 岁。
那一年，律师培训工作是我的职业，
与朱树英的相识让我更深刻地领略了上海人的温文尔雅和海派文化。
那时，我对上海的印象，是父亲心中记忆里的模样。
小时候听他讲起参加渡江战役时的惊心动魄，
犹记得父亲说解放上海时的黄浦江上，
弹壳比大雨还要密集、夜空尽是被炮火染成血红色的光……
回想与朱树英律师认识多年，至今仍互动频繁，
多少是因为如此深厚的渊源，有对上海的向往，亦有对前辈的敬仰。

▲许征的父亲（1930～2022），照片是其参加解放上海战役后的留影

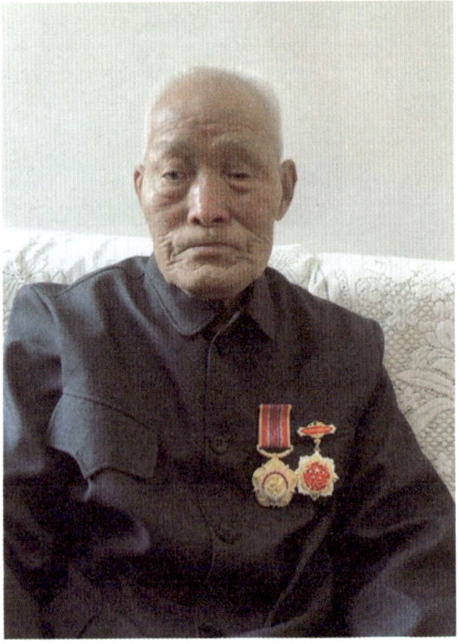

▲父亲在参加解放上海战役后又参加了抗美援朝，于 2020 年获“中国人民志愿军抗美援朝出国作战 70 周年”纪念章

得遇良师，春风化雨，师泽如光，微以致远。
此后的若干年，朱树英律师对于我的邀请有求必应，记不清在齐鲁大

地的培训有多少次，只知道所有的地市，朱树英的课，场场爆满，业内均知。

我幸运见证了他走过的八千里路云和月，

也感恩我的成长中有他的提携，他提灯引路，育梦成光。

▲2023 年 11 月 3 日，朱树英院长到访山东文康律师事务所开展业务交流

“是什么力量让您乐此不疲？”

“自尊、自强；专心、专注。”

“您讲课都是讲干货，难道不怕被人超越？”

“只有这样才有助于行业整体水平提升，增强竞争，利于行业发展。”

泰戈尔说，把自己活成一道光，

因为你不知道谁会借着你的光走出了黑暗；

请保持心中的善良，

因为你不知道谁会借着你的善良走出了绝望……

我想说，您不忘自己的初心，坚守法律人的信仰，

秉持着“业精于勤、行成于思”的理念，

在专业法律服务领域行稳致远、勤耕不辍。

年过古稀未伏枥，犹向苍穹寄深情。

祝您历尽千帆，行经万水，归来仍是少年郎！

作者简介

许征，山东文康律师事务所高级合伙人、青岛市市南区政协委员、中国建筑业协会法律服务工作委员会委员、山东省律师协会建设工程与房地产专业委员会委员、青岛市律师协会建设工程委员会副主任、民建青岛市委经济委员会副主任、青岛市人民检察院特约检察员、青岛市“一带一路”律师服务团成员。

30 以书拜师25年的故事*

隋海波

引 言

在本书第21篇文章中，原建设部体改法规司（政策法规司）巡视员兼副司长朱中一先生为我们讲述了《建纬律师之路——建设专业法律服务的实践和理论》一书的由来以及编撰初心，令人回味。长春工程学院法学副教授、房地产与建设工程领域的专业律师隋海波先生作为这份“初心”的践行者，将为我们讲述他与这本书的故事。

25年前（1998年）的6月，一张购书收据换来了一本新鲜出炉的《建纬律师之路——建设专业法律服务的实践和理论》，一个暑假的潜心研读，让身为师者的隋先生有了不少启发。从此，他成为朱树英和“建纬出品”坚定的追随者，那书柜一角的油墨书香，于字里行间静静讲述着朱树英在专业法律道路上的宝贵经验，也传承着原汁原味的匠心精神。书中自有黄金屋，书中自有稻粱谋。从“现学现卖”到活学活用、融会贯通，且听隋先生讲述，他是如何以书为媒，与朱树英律师结下师徒之情的。

▲隋海波

* 本文成稿于2023年。——编者注

一、一本书翻开 25 年的故事

2023 年 11 月 2 日，为了参加吉林省法学会建筑法学研究会成立大会暨“新基建法治保障”学术研讨会，我早早地来到了吉林建筑大学。因为距离大会开幕还有一段时间，组织会议的建大老师邀请我和几位参会的同行一同到紧邻会场的咖啡厅聊天。不多时，建大宿辉教授陪同朱树英老师也走进了咖啡厅，大家纷纷热情致意并握手问候。朱老师是成立大会的嘉宾，也是学术研讨会的主题发言人，他的到来让聊天的气氛顿时热烈起来。这是我与朱树英老师距离最近的一次相遇，我内心的激动之情无以言表！在这个有关建筑法律的场合下，大家自然就谈到了朱老师在业界非凡的成就以及朱老师和建纬所的专业书籍。当得知我已经将建纬出品的七本工程总承包书籍全部摆到了家中书桌上时，朱老师十分欣慰。在临别之时，我还告诉朱老师，其实我早在 20 多年前就已经开始关注建纬所和朱老师，当年还买了一本专门介绍建纬所成功经验的书并一直珍藏至今。

▲《建纬律师之路——建设专业法律服务的实践和理论》（中国城市出版社 1997 年版）

回家后，我立即从书柜里找出了这本 1998 年 6 月从建纬所邮寄的《建纬律师之路——建设专业法律服务的实践和理论》。时隔多年，再次翻开微微泛黄的书页，20 多年前给我带来的震撼，又一幕幕浮现在眼前：国家两大主管部门高度重视——时任司法部律师司司长（后任司法部副部长）段正坤为主编，时任建设部体改法规司副司长（后任建设部办公厅主任、中国房地产业协会副会长兼秘书长）朱中一为副主编；全书第一部分的《关于上海市建纬律师事务所专业法律服务情况的联合调查》，是司法部律师司和建设部体改法规司联合实地调研的报告；当时司法部分管律师工作的副部长张耕为本书作序，建设部分管建设工程的副部长谭庆琏、上海市司法局局长薛明仁为本书题词。要知道本书成稿的那一年是 1997 年，彼时建纬所才成立 5 年光景，就已经达到了被国家和地方相关主管部门共同认可的高度，正是基于建纬所当时非常前瞻的专业法律服务经验所印证出的律师法律服务专业化的极端重要性。这本书的正式出版，可谓“空前绝后”！

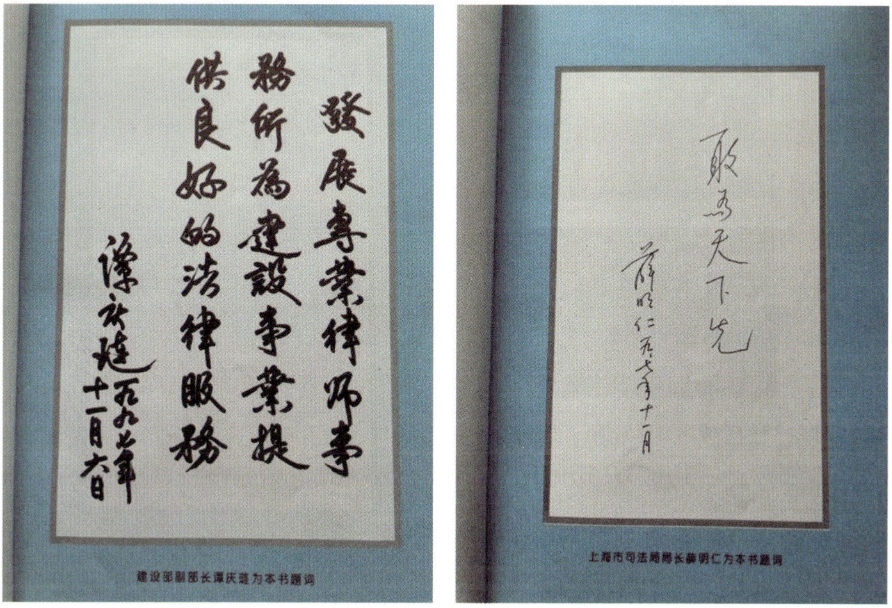

▲谭庆琏副部长、薛明仁局长为本书题词

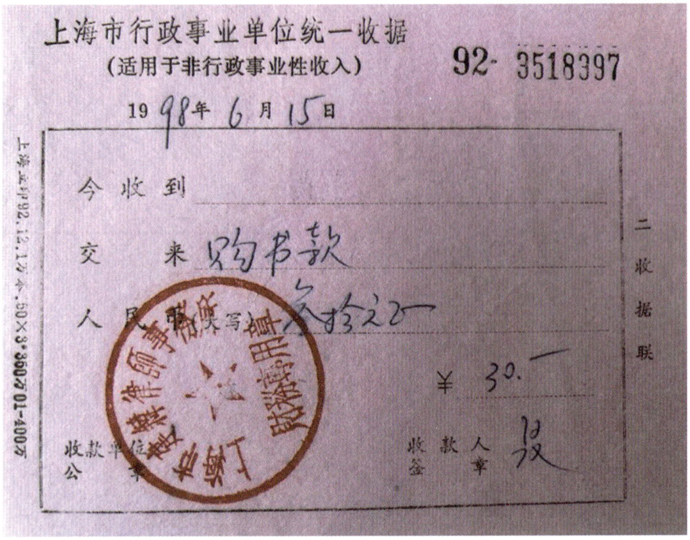
上海市行政事业单位统一收据
(适用于非行政事业性收入)
92- 3518397
1998年6月15日
今收到
交来 购书款
人民币(大写) 叁拾元
¥ 30.—
收款单位公章
收款人签章
二 收据联

▲1998 年购买《建纬律师之路——建设专业法律服务的实践和理论》的收据

2023 年刚好是我参加工作 30 周年。由于工作需要，我 30 年来一直在与房地产、建设工程法律打交道。从 1998 年开始至今，我就一直深受朱老师和建纬律师事务所的影响，至今已购买并珍藏了朱老师本人及建纬律所其他律师或集体编著的专业书籍达 30 多本。尽管一直没有机会和朱老师见上一面，但我以书拜师已整整 25 年（从这个角度说，应当将“师”字加上双引号，但从我个人内心来讲，已经真真切切地把朱老师当作自己的老师，因此本文全篇并没有将师字加上双引号）。2023 年初冬在长春的匆匆一面，让我得偿夙愿。而谈到的这本书，也让我回忆起多年的往事，这正是我以书为媒，感悟“朱树英精神（建纬精神）”25 年的故事。

▲书柜里珍藏的朱老师、建纬所的专业书籍

二、将书中所学传授给我的学生

1993 年，我从北方工业大学经济法专业毕业，到长春建筑高等专科学校经济管理系任教。一毕业我就走上了讲台，为房地产开发与管理专业讲授房地产法规课程，为建筑经济专业讲授建设法规课程。后来，学校开设工程管理专业、工程造价专业，仍由我为这两个专业的学生讲授建设法规课程。房地产开发与管理专业经过教学改革，增设了房地产合同管理课程，也是由我来主讲。2000 年，学校与同在长春市的另外两所专科学校合并，成立长春工程学院，办学层次也升级为本科。回想任教之初，我刚刚走出校园，当时国家的房地产、建设工程法律制度并不完善，相关的案例、参考书籍也不多，加之当年互联网的应用并不普及，身为教师的我，掌握的资料十分有限，尤其是缺少成功的实务经验和争议解决的真实案例。因此，讲了5年的课，总是感觉课程内容不丰富，特别是缺乏实践案例，自己内心并不满意。因此，1998年看到《建纬律师之路——建设专业法律服务的实践和理论》一书，让我耳目一新、如获至宝！之后，我利用暑假时间仔细研读，并对应修改和丰富了课程教学内容。从9月份新学期开始，我在讲授房地产法规时，引入了上海恒积大厦项目建设全过程法律服务案例（《建纬律师之路——建设专业法律服务的实践和理论》第43页）、中国首例外销商品房包销纠纷案——太子公寓包销纠纷案（《建纬律师之路——建设专业法律服务的实践和理论》第110页）；讲授建设法规时，引入中国建筑业追欠索赔第一案——中建一局四公司新万寿宾馆工程款纠纷案（《建纬律师之路——建设专业法律服务的实践和理论》第54页）、汕头建筑安装工程总公司中标纠纷案（《建纬律师之路——建设专业法律服务的实践和理论》第123页）作为典型案例进行讲解。这些案例在当年都是极具影响力和开创意义的大事件，能把这些真实的案例引入课堂，对于我和学生们来说，都是一大幸事！从此以后，我的书柜中不断增加朱老师和建纬所的新书，我也不断地把书中所学丰富到课程教学内容中，传授给我的学生，这样的例子不胜枚举：我将2002年出版的《房地产开发法律实务》、2017年出版的《墨斗匠心定经纬——房地产开发疑难案件办案思路与执业技巧》作为房地产法规课程参考书目，并选取其中典型案例进入课堂；将2002年出版的《建设工程法律实务》、2007年出版的《工程合同实务问答》、2020年出版的《建筑工程施工发包与承包违法行为认定查处管理办法适用指南》作为建设法规课程参考书目，并选取其中典型案例进入课堂；尤其值得一提的是，2011年房地产开发与管理专业开设房地产合同管理课程，本人就是把2001年科学出版社出版，由东南大学李启明老师与朱老师、黄文杰编著的《工程建设合同与索赔管理》一书作为基础的参考资料，设计编写了课程教学大纲、授课计划、讲义；近几年，我也持续将工程总承包法律实务系列书籍推荐给工程管理、工程造价专业的学生作为课后学习资料；等等。时至今日，每学期开讲第一堂课时，我都要专门向学生们介绍朱老师和建纬律师事务所的非凡成就，教育学生以朱老师为学习榜样，立志成为专业的复合型人才。榜样的力量是无穷的，这深深地吸引了孩子们，也激发了他们对法规课程的极大兴趣。

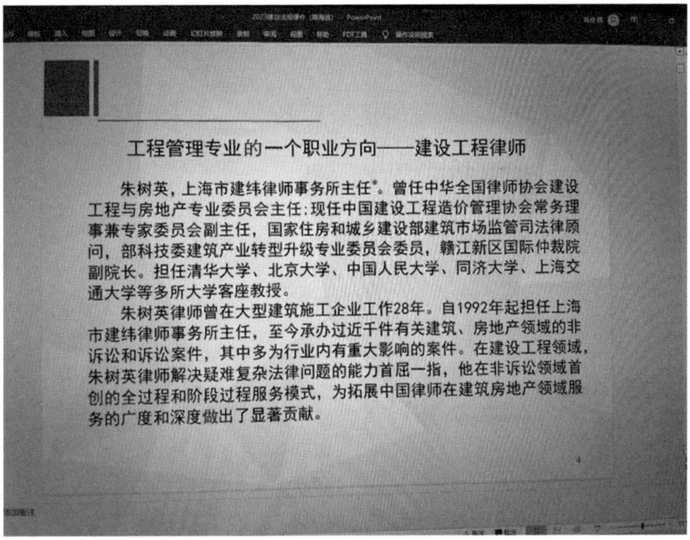

▲隋海波在建设法规课程中专门介绍朱老师的课件页

* 现在上海市建纬律师事务所主任为邵万权。

三、以书为执业宝典走上律师专业化之路

2022 年是建纬所三十而立之年，法律出版社出版了《三十而立 卓越之路——上海市建纬律师事务所半甲子发展纪实》一书。书中收录了北京大成律师事务所主任、全国律协建设工程与房地产专业委员会主任袁华之律师的《我眼中的朱树英律师》一文，袁主任在文章中称朱老师为“工程法律人心中的珠穆朗玛”，并对朱老师给出了“律师之师”“影响最大的行业领袖”等评价。如此评价，实至名归！对于个人而言，20 多年的律师执业历程让我对袁主任的评价更有切身体会。1995 年，我通过了全国律师资格考试，2000 年开始做兼职的执业律师。正是由于自身多年教学的经历，尤

其是受到朱老师和建纬所的深刻影响，执业之初我就将自己定位于探索建设工程与房地产法律业务，走专业化之路。20多年来，我作为律师先后为长春银座、吉林省烟草大厦、长春金叶嘉园、中国银行吉林省分行培训中心等项目提供了全过程或阶段法律服务。其中，服务方案的设计、法律服务合同的签订、项目法律风险的识别与防范、项目合同审查与管理等实操，与我在前面所提到的几本书中受到的启示密不可分。在代理建设工程、房地产诉讼案件遇到疑惑时，我常常会研读一下朱老师的相关书籍，作为庭前一项必备的准备工作，仅举一例：2017年，我曾代理过吉林省某上市公司与某劳务公司、施工总包单位建设工程施工合同纠纷案，因涉及分包、实际施工人、违法分包行政处罚等问题，开庭前我仔细地研读了朱老师主编、2014年出版的《建筑工程施工转包违法分包等违法行为认定查处管理办法（试行）适用指南》一书，在此基础上，确定了代理方案、明确了诉讼技巧，这本书为我的代理工作带来了极大的帮助。

▲《建筑工程施工转包违法分包等违法行为认定查处管理办法（试行）适用指南》

虽然本文所写的是以书拜师的故事，但我向朱老师学习知识不仅仅靠研读这些书籍。多年来，线下、线上听朱老师的讲座，检索朱老师代理的指导性案例，已经成为我日常学习建设工程、房地产法律知识的常态。25年的特殊求学经历对我个人职业发展的影响是不言而喻的，我心中充满了感激之情！也真心期待我所教过的房地产开发与管理、工程管理、工程造价专业毕业的学生，能够因我传递的“朱树英精神（建纬精神）”而有所感悟和启发，投身于建设工程、房地产法律领域。如此，才是我以书拜师的最大成就。

从开始动笔，到最终点击“保存”、结束本文的写作，我仅仅用了几个小时的时间。在轻轻地表扬了自己成稿之迅捷后，我不禁思考起来：为什么自己在这么短的时间里就完成了本文？望着书桌上一本本工程总承包法律实务的书籍，再看看书柜中一册册房地产、建设工程法律实务宝典，我找到了问题的答案。从第一本书《建纬律师之路——建设专业法律服务的实践和理论》开始，截至 2023 年 8 月《〈建设项目工程总承包合同纠纷仲裁案件的审理指南〉理解与适用》《基础设施不动产投资信托基金（REITs）法律实务》入柜，自己用了 25 年的时间在不断丰富今天所讲的故事，字里行间都是亲身感受和自然流露，本文只不过是水到渠成而已，迅捷成稿也就不足为奇了。故事讲完了，但我的学习之路依旧“路漫漫其修远兮”，唯有不懈努力，方无愧于以书所拜之师。

作者简介

隋海波，1971 年出生于黑龙江。1993 年毕业于北方工业大学经济法专业（经国家教委批准的全国第一个理工科院校法学本科专业）。毕业后，一直任教于长春建筑高等专科学校（2000 年与其他专科学校合并升为本科高校——长春工程学院），为房地产开发与管理专业讲授房地产法规、房地产合同管理课程，为工程管理专业、工程造价专业讲授建设法规课程。1995 年通过全国律师资格考试，2000 年开始做兼职执业律师。现为长春工程学院法学副教授，北京大成（长春）律师事务所房建与能源专业组、工程与基础设施行业组执业律师，吉林省律师协会房地产与建设工程专业委员会委员，吉林省法学会建筑法学研究会理事。

31 我们共同的信条：忠诚于建筑业

孙贤程

引 言

在传媒领域，一直有着“四力”的说法，即新闻采编工作者要有脚力、眼力、脑力、笔力，媒体本身要有传播力、引导力、影响力、公信力，这一软一硬相辅相成方能成就一张报纸、一档节目。本文作者就是一位老报人——建筑时报社运营总监孙贤程，20 多年专业领域的采编经验，让他的名字与建筑时报社这个行业权威平台紧密相连。

而朱树英之于他，之于建筑时报社又有着不一般的意义。从表面上看，如果说媒体是中央厨房，那么朱树英就是原材料的提供者，彼此之间是采访与被采访的关系；从深层次看，朱树英更像是一个选题策划人、专栏撰稿人，他站在一个专业律师的角度审视整个建筑行业。

于是，一个精勤不倦的专业律师，一个刻苦努力的行业记者，一个追求卓越的专业媒体，一个直击要害的司法角度，“1 +1 >2”的放大效应使其共同推动了建筑行业的规范与进步。就让我们一起来看看，20 年间这个黄金组合是如何一步步走过来的。

▲孙贤程

我是孙贤程，现为建筑时报社运营总监。我就是何重建大师《专业人生，只为一件事而来》一文中提到的大师接班人。

我是1998年进入建筑时报社当记者的，20多年来一直从事建设领域的法治宣传工作，具体负责该报《建筑法苑》专刊的采访与编辑。我在建筑时报社师从原副总编辑何重建先生。在此之前《建筑法苑》专刊是由何先生负责的。可能是何先生与朱树英老师私谊特别深厚的原因吧，我从进入建筑时报社开始，就与朱树英老师有了频繁的接触。其重要性外人可能并不以为然，但对我而言，却是做好工程法律采访及报道工作的一个得天独厚的有利因素。因为在此之前，我既无建筑业从业经历，也无法律专业学历背景，完完全全是个门外汉。而一入行就随同何先生与朱树英老师等一批工程法律大家保持高频度接触，自然使我有条件在较短的时间里了解、学习到了一系列建设工程领域的焦点、难点法律问题，并结识了一大批工程法律界的专家学者、主管部门的领导和大企业法务部门的负责人。当然，现在想来，这不仅是我在自身条件相对较差的情况下，得以迅速入门的重要原因，也是我20多年来，能够比较顺利地完成各项采访、报道工作的重要基础条件。

一、前后两次采访都出了洋相

我第一次采访朱树英老师是在1996年于上海举办的一次关于建筑工程保险问题的研讨会上。准确地讲，那次只是我单方面想采访朱树英老师而已，但实际并没有成功。

那时我还没有进入建筑时报社，但已离开原来就职的那家当年很著名的家用电冰箱生产企业，刚刚进入一家非建设类的媒体单位，受指派前往采访。会前，我确实花了一番工夫，仔细研究了会议预发的一厚叠材料，按习惯也准备了采访提纲。但当天到了会场，我向一位会务人员提出采访朱律师的要求后，事情就变得复杂起来了。他居然问我是想采访男的朱律师，还是女的朱律师。因为朱树英老师的那个“英”字，我就想当然地回答女的。他又追问我到底是“朱树英”还是“朱月英”（建纬律师事务所元老之一），我有点语焉不详，于是他就不耐烦地说：“你先去搞搞清楚。”然后转头去忙会务工作了。

我第二次采访朱树英老师，是进入建筑时报社不久。那时候因为我是新人，不了解行业，写不出像样的报道，报社领导和带教的何先生虽然还能容忍，但我自己感觉压力很大。于是就选了个自己并没有弄清楚，但已经是行业非常关注的工程款拖欠问题，前去采访朱树英老师。

这一次顺利地见到了朱树英老师，是在建纬律师事务所较早期的办公地——上海淮海东路恒积大厦，但这次所谓的采访完全没有采访的味道。因为我提前拟的采访提纲对工程款拖欠问题认识浅薄，所以采访全程一个多小时，我基本是在听朱树英老师耐心、细致地分析、讲解工程款拖欠问题的出现原因、特点、分类，现行法律法规规制工程款拖欠问题存在的缺陷，工程款拖欠问题对建筑行业、企业发展的影响，以及解决或缓解这个问题的路径等。这次受教，虽然没有顺利完成预定的采访、报道任务，却使我对这个行业中，在改革开放以后出现又伴随这个行业几十年发展的最重要、最基本的问题——工程款拖欠有了印象最为深刻的一次了解。最直接的后果就是我个人工作态度的大转变，以及建筑时报社《建筑法苑》专刊的报道方向也有了一个明确的路标：一切采访、报道都应该围绕工程价款问题。这样讲虽然有过于绝对化之嫌，但之后我多年的媒体从业经历表明，确属在理。

▲孙贤程在2023年度建筑时报社全国通联工作会议上作主题发言

二、“286 问题”与朱树英的行业情怀

所谓“286 问题”，其实就是《合同法》第 286 条规定的工程款优先受偿权问题。长期关注建筑业发展的人士现在都知道，这个问题是建筑企业在发承包合同纠纷处理中实现债权的生命线。在今天看来，这条法律制度的任何细微变化，都足以让建筑业、银行业等相关领域震动，因为它关乎的是巨大的利益调整。而在 1999 年《合同法》颁布后的很长一段时间内，建筑行业虽然饱受工程款拖欠的煎熬，甚至很多企业因此关门，但知道并运用该条法律解决工程款拖欠问题的人极少，司法适用该法条的判例与庞大的建设工程合同价款纠纷数量相比，几乎等于零（据有关部门不完全统计，从 1999 年 10 月 1 日《合同法》正式施行到 2000 年年底，全国仅广东中山有一例直接适用该条法律的案例）。之所以如此的一个重要原因，就是我国的工程款优先受偿权制度仅有《合同法》第 286 条的原则性规定，缺少具体实施细则，换言之，需要最高人民法院出台具体的司法解释。

因此，尽早促成最高人民法院出台工程款优先受偿权的司法解释就成为当时业界最重要的一项任务。当年，时任建纬所主任、上海律协建房委主任、全国律协民委会副主任朱树英老师，时任上海市建筑业联合会秘书长高志海老师，时任上海市政府法制办副主任顾长浩老师，时任上海二中院民庭庭长李景华老师，时任建筑时报社总编辑李敏老师、副总编辑何重建老师等人，多次研究讨论如何推动这项工作，我因为同时也参与着，所以今天总结起来看，当年实际上形成了四条共识，并予以了有效落实。

一是在舆论引领上，主要在《建筑时报》上集中刊发了 40 多篇与工程款优先受偿权相关的新闻报道和专题研究文章。其中朱树英老师的《运用 286 条款解决工程款拖欠》是已知国内公开媒体中最早探讨这个问题的文章；影响较大的文章还有梁慧星的《合同法第 286 条的权力性质及其适用》，顾长浩、马贝艺、孙贤程的《建设工程承包款的优先受偿权》等。

二是以诉讼实务推动司法解释早日出台。朱树英老师除了在自己代理的某些案件中明确向法院提出了适用《合同法》第286条的要求外，还联络浙江、海南、广东、江西等地一批在审或在执行的案件的当事人或代理人，向法院提出了适用《合同法》第286条的要求，推动法院重视这个问题。其中著名的有朱树英老师代理的上海七建诉某公司、李旺荣老师代理的浙江宝业诉某公司、王才亮老师代理的景德镇建筑公司诉某公司等案件。

三是广泛召开各层级的专题研讨会，厘清业界对工程款优先受偿权问题认识上存在的偏差。当年建筑时报社、上海市建筑业联合会、全国律协民委会、人民法院报社联合或分别就此问题召开过至少十次的专题研讨会，朱树英老师一次不落全都参加了，而且都做了非常具有说服力的主题发言。影响最大的是2001年7月建筑时报社与人民法院报社在北京联合主办的高层研讨会，梁慧星、王利民（书面发言）、王轶、何兵、汪治平、金德均、朱中一等都参加了会议。我记得朱树英老师在会上提出的“垫资款是物化的劳动成本”的重要观点得到了与会者的普遍接受，对解决当时争议很大的垫资能否优先受偿的问题起到了非常关键的作用。

四是由建筑时报社牵头组织各地建筑业协会向最高人民法院联名呼吁尽早出台关于《合同法》第286条的司法解释。这个想法最早是由顾长浩、朱树英、高志海等老师在一次聚会中提出的。该呼吁信函由我代表建筑时报社起草，经朱树英等上述各位老师修正后，于2002年5月25日联名全国18家省级建筑业协会寄发最高人民法院。不多久，最高人民法院就出台了关于工程款优先受偿权的司法解释。

今天来看，这个司法解释的局限性是显而易见的，但在当时的历史条件下来看，它所独具的突破性意义也是不容忽视的。尤其是朱树英老师等行业人士为之努力的行业情怀，值得被这个行业铭记。

▲《未雨绸缪控风险——施工合同证据“两分法”及管理“三要诀”》及《责任与使命——担任上海市政协常委十年的六十个提案》新书发布会

三、“促进行业的法制进步是专业律师最大的责任”

从一个媒体从业者的角度看，毫无疑问，朱树英老师最让我尊敬的地方就是他的行业情怀。20 多年来，我在这个行业，特别是工程法律的宣传报道这个岗位上，也接触了一定数量的人和事，但要论行业情怀，工程法律人中，能放在第一位的只有朱树英老师。

当然，反映朱树英老师深厚行业情怀的事例有很多，除了推动关于《合同法》第 286 条的司法解释的出台，他还做了大量其他工作，比如在全国人大废止各地审计条例时关于审计结论是否是工程款支付标准的讨论活动中，在推动建筑业各项立法、修法活动中，在各种版本的工程发承包示范合同文本的制订过程中，在很多典型、重大、复杂个案的处理中，都能明确而深刻地体会到朱树英老师深厚的行业情怀。

另外值得一提的还有，可能很多人都不知道，朱树英老师几十年来一直是建筑时报社的法律顾问和《建筑法苑》专刊的特约撰稿人，往近了说，也可以算是建筑时报社自己人了。而很多人不知道的是，建筑时报社有一条从未改变的社训：忠诚于建筑业。朱树英老师个人的基本信条同样是“忠诚于建筑业”。

▲建筑时报社以“忠诚于建筑业”为社训

他的这份独特的行业情怀来自哪里，我不敢贸然揣测，但有一点可以肯定，用他自己经常讲的两句话可以说明。第一句话，就是他非常感恩于他身处了几十年、服务了几十年，也培养了他几十年的建筑行业。第二句话，他认为，促进行业的法制进步是专业律师最大的责任。

关于这两句话，熟悉他的人可能都知道是朱树英老师在不同的公开场合和时间里讲的。但我最早感受到他的这两句话的精神，是在20多年前的一个私人场合。那年春节前，朱树英老师、何重建老师和我三人，在长乐路、茂名路交会处的一家菜馆餐叙。三杯两盏下了肚，餐叙话题就又转到了行业问题上。当时建筑业企业依法维护自身合法权益的意识和能力普遍不高，因此我们一直在谈论的话题都是通过什么方式、方法才能提升建筑业企业的法制观念和法务水平，推动行业的法制进步，我们对此进行了深入的交流。最后，我印象中我们好像统一了三点：一是建筑时报社要报道工程法制文章；二是朱树英老师要多写专题文章，多出专著；三是朱树英老师要多对建筑业企业相关人员开展面对面的法务培训工作。

我不能确定之后的事情发展与那次餐叙有多大关系，但我们可以看到的是，朱树英老师在几十年一贯的繁忙中，能保持每年至少一本的专著出版，真正称得上著作等身。而且他的每一本专著都能对各阶层读者的工程法律实践起到指导、启发、引思的作用，确实让人惊叹和佩服。我们还可以看到的是，几十年来，朱树英老师总是不知疲倦地奔波在政府、法院、各类机构、各家企业、各类讲坛之间，把他对各种工程法律问题认识的要义、解决方法和途径毫无保留地传授出去。据说他最多的一年培训讲课将近 200 场，而且他即使在年过 70 岁以后还保持了高频次的讲课活动。

这让我想起很多律师和企业法务跟我聊天时讲起的话：我们是读着朱老师的书，听着朱老师的课成长起来的。也让我想起北京的李晓斌大律师送给朱老师的匾额“律师之师”，这应该是代表工程律师界对朱树英老师的褒奖。对建筑业而言，我认为同样应该感念朱树英老师对这个行业的法制进步做出了贡献。

作者简介

孙贤程，1957 年出生，1975 年参加工作，赴上海崇明前进农场务工。1979 年回城后在上海上菱电器集团工作，先后担任总经理秘书、企业报编辑。其间，于 1985 年至 1987 年在原上海第二教育学院中文系全脱产班学习。1998 年 3 月进入中国科学报社任记者、编辑。1998 年 10 月起，任建筑时报社《建筑法苑》专刊主编，长期从事建筑业法制宣传报道工作，现任建筑时报社运营总监。

32 因为一个人，选择一条路，看到一片天

王　冰

引　言

“人们常用‘结缘’来形容命中注定的相遇和陪伴，这种说法或许有点唯心，但是，用来形容我和朱树英老师及建纬总所的相识相遇，倒是再妥帖不过。或者说，每一个深耕建工领域的法律人，迟早都会在某个拐角和朱树英老师结缘，和建纬结缘。”——这是本文的作者，建纬银川办公室主任王冰自己写下的引言。编者特别喜欢这句“拐角之处遇到你”，这是人生际遇，也是种人生机遇，更是所谓的“缘，妙不可言”。读罢全文，我们不难看出王冰律师应该是位雷厉风行且风趣幽默的人，“华丽转身”也好，“死磕硬骨头”也罢，抑或“急性子”，这些都对了朱树英的胃口。那么，之所以有计划外的银川办公室，可能就是因为朱树英在他身上看到了年轻时的自己，抓住机遇、努力作为，让一切不可能变得可能。

▲王　冰

我是王冰，建纬银川办公室主任。我的人生轨迹和建纬在冥冥之中结下了不解之缘。

一、惊鸿一瞥，心有所向

在朱树英老师面前，我是不折不扣的晚辈：1999 年我刚刚到法院工作时，朱老师已经创立建纬律师事务所达 7 年光景了；2008 年我辞职做律师时，朱老师已经享有全国律协颁发的“全国优秀律师”盛誉；我在律师行业奋力拼搏 10 余年后，朱老师已经将建纬打造成了建工能源房地产领域的天花板……我连紧紧追随都算不上，只能算是遥望项背、紧紧跟随。

幸运的是，在这个过程中，我一步步地走近了朱树英老师，也走进了建纬。

在我 1999 年 1 月刚刚进入宁夏石嘴山市大武口区法院工作时，被分配到了经济审判庭（现为民二庭即商事审判庭）工作。在建工类案件审理过程中我常常遇到疑难复杂的具体法律问题，同事就会给我介绍上海的朱树英律师，推荐我找朱树英的论文中的相关观点。我现在依然清晰地记得，在进入法院工作后不久的一天，我在宁夏回族自治区高级人民法院一位法官的办公桌上偶然看到朱老师所著的《建设工程法律实务》一书，随手一翻便被书中的观点和内容所吸引，爱不释手。从这一天起，我知道在建工领域有这么一位大咖律师；也因为这本书，我对律师这个职业有了一个全新的认识，原来真正的大律师并不只是能言善辩，更重要的是在某个专业领域有所建树。在这之后，我便开始向院里审理建工案件的同事推荐朱老师的著作

▲《建设工程法律实务》

和建纬出版的书籍，自己也不知不觉地开始侧重于建工房地产领域法律实务的学习和实践。

当我完成了从法官到律师的“华丽转身”，仍然一直关注且致力于建工、能源以及房地产法律服务。2012 年时为了听朱树英老师的课，我专门去北京参加了中国行为法学会举办的建设工程疑难复杂案件高端培训班，那是我第一次见到朱老师本人，这次的见面可以用震撼来形容！震撼到我的不仅是朱老师的学识和才华，也有他的思维能力、应变能力和风趣幽默，当然，还有他那超乎常人的宽厚与谦和。

据说，孩子们往往会因为喜欢一位任课老师而学好了一门课。这话不假，我就像是一个建工法律世界的孩子，因为折服于朱老师的专业深度和人格魅力，让我对律师这个职业产生了认可、欣赏、佩服、向往，从而走上了建工法律专业化道路，将其作为我律师执业的主营业务和专攻方向。

转眼间到了 2019 年，我入行做律师已经 10 余年了，在专业深度、客户资源、团队建设等方面都有了一定的积淀，同时也从最初的单打独斗转变为团队作战。这些年来，随着团队不断发展，我们肩上的责任和压力也与日俱增，同时增长的还有我的困惑和不解：我们看似忙忙碌碌，但总是在原地打转，鲜有实质性的提升和拓展。如何突破呢？虽然我深深懂得专业化服务的重要性，但对于专业化的路径、方法、方向都存在疑惑，就像困在玻璃房中的鸟，能看到光明却飞不出去。我的团队遇到“瓶颈”了。

遇到“瓶颈”往往意味着将要有突破和提升，当然，这都是事后的感悟，在事中时还真没有那么洒脱和通透。

2020 年因疫情在家封控期间，我参加了无讼组织的“无讼晚八点”学习栏目，我又在线上听了朱老师讲的工程总承包管理规定。像是老天给我的启发，我不由得萌发了加盟建纬的想法：一方面，将上海市建纬律师事务所的专业精神和专业水平在本地传承和发扬，进一步提升建纬在宁夏的区域影响力，为本地的建工和房地产市场提供更加优质专业的法律服务；另一方面，我也希望能够借此回应团队的憧憬、不辜负社会的期待！

二、青衿之志，履践致远

我是行动派，一旦确立了方案就立刻付诸行动。

疫情结束后，我专程去建纬上海总所参加培训，直接找到了朱树英老师，我说我是因为朱老师而毅然选择了建工这一专业律师之路的（带了点讹人性质，哈哈!），还讲了这几年我的建工专业打拼之路。那时恰好我的顾问单位宁夏住建厅想要邀请朱老师讲课，我借机请朱老师来银川看一看（有点假公济私，哈哈!），一向谦和的朱老师欣然应允。

2021 年春节过后，朱老师践约来到银川，除完成住建厅及部分央企、国企的授课交流工作外，他特地抽时间来到我执业的律师事务所，了解了我以及所里部分律师这几年专业化道路的发展情况，对我们的工作提出了指导和建议。借此机会，我正式表达了加盟建纬的想法。

我从朱老师口中得知，建纬原本不准备在银川设立办公室，但银川之行让朱老师改变了看法，因为银川除了有广阔的建工房地产市场外，还有我们这样一群奋发进取的建工法律人。之后，经过建纬总所的尽调并经总所管委会讨论，总所全票通过了银川办公室的加盟设立，我们成为建纬全国第 29 家分所（受疫情影响，2022 年 7 月 6 日建纬银川办公室才得以正式办理登记，所以建纬银川办公室“出生证”日期比实际“生日”晚）。

我深深地松了口气，我的职业理想、我的团队憧憬、我对朱树英老师的仰慕和追随，在这一刻终于落地生根了。我无比感激建纬和朱老师的信任!

三、栉风沐雨，居诸不息

加盟建纬之后，有两件大事必须提一下。

▲2022 年 7 月，“建纬律师事务所全国管委会会议暨 2022 年上半年总分所工作会议”在银川召开时的合影

一是承办全国会议。

2022 年 7 月，也就是建纬银川办公室刚刚成立时，因疫情影响，举办“建纬律师事务所全国管委会会议暨 2022 年上半年总分所工作会议”的重要任务交给了我们银川办公室。也就是说，我们将要以全所 40 余人之力，去承办历时 3 天、上百位建纬同仁参与的全国性会议，而我们收到通知的时候，留给我们的有效准备时间仅剩四天。

那几天里，我们的团队人人上阵，个个当先，每人都身兼多职，同时出现在多个微信工作群里；为防止误事，各个微信工作群都没开静音，律所里信息提示声从早到晚响成一片；所有的成员都被安排了多项任务，甚至有些成员的家属都来帮忙了……

事实证明了我向朱树英老师和总所的承诺：我们的团队是一支特别能吃苦、特别能战斗的队伍。此次承办全国会议，不仅体现了我们紧急动员和综合协调的能力，更处处彰显了我们的凝聚力和战斗力，敢挑战、有担当，特别是银川办公室一诞生即幸遇盛会，不仅使命光荣，且意义深远。

我为我们有这样的团队而骄傲。

二是举办开业论坛。

又是因为疫情，建纬银川办公室的开业仪式推迟到了 2023 年 9 月 2 日。

银川办公室的开业仪式延续并传承了建纬的优良传统，即以高端论坛的方式举办开业仪式。这次建纬银川办公室开业举办了"'十四五'规划下的西部工程项目投资和建设法律实务交流会议"。论坛的主办方是宁夏律师协会，承办方是银川市律师协会和建纬银川办公室，支持单位除建纬总所外，还有宁夏建筑业联合会、宁夏建设工程造价管理协会、中卫仲裁委员会。朱老师亲临现场，作了题为《西部基础设施投资与建设的优势和主要法律事务》的主旨演讲。

▲朱树英院长在建纬银川办公室开业论坛上发表演讲

建纬所作为全国建工法律行业的专业所，领跑同行业是业界的共识，更是得到了建筑业以及律师界的普遍认可，从此次论坛的举办就能得到证明。起初，我们计划以不超过 200 人的规模开办线下论坛。谁知邀请函发出后，因为朱老师和建纬在业界的巨大影响，一天之内报名人数就突破了 400 人，还有很多律师同仁以及建筑业的法务朋友联系到我们，希望能够同意他们线下参加这次交流会议。更让我意外的是，全国有十几家大型媒体对本次论坛作了专题报道，并对建纬所和本次论坛做了高度评价，在报道中称建纬所为"中国工程法务第一所"。这是对全体建纬人最高、最精准的评价，也是我们银川办公室一份难得的荣誉。

这是我第一次从律师同仁以及服务对象处感受到了建纬的专业影响力和品牌溢出效应，我也深深地懂得了，今后建纬银川办公室应该做什么、怎么做。

四、怀瑾握瑜，风禾尽起

建纬所的专业深度得到同行的肯定并不意外，且因建纬参与立法的站位和水平，还得到了省级管理部门的高度认可。

2023年6月21日，银川发生了一起令人痛心的因燃气爆炸造成死亡31人的重大安全事故，即“富洋烧烤6·21大爆炸”事故。为了加强对燃气使用的管理，杜绝此类事件发生，根据自治区党委的工作安排，由宁夏住建厅牵头修订《宁夏回族自治区燃气管理条例》。在该项工作中，住建厅诚意邀请建纬律师协助立法工作。此次任务时间紧、任务重，但是在听取了我们的汇报后，朱树英老师毫不犹豫地同意，并担任本次立法小组的组长，提供了他任上海市建设管理委员会法律顾问期间对《上海市石油天然气管道保护办法》所提的修改意见给我们作参考，对建纬协助立法工作进行全面指导。建纬安排总所副主任韩如波律师带队，从全国范围内抽调有这方面工作经验的总所高级合伙人孔祥强律师和在陕西燃气集团担任过总法律顾问的副主任侯晓莉律师专门赶来银川，连续工作了3天，在最短时间内提供了建纬所专家意见稿，得到了住建厅领导的高度评价。

这就是朱树英老师，实至名归的“律师之师”“造价师之师”，著作等身，为师有范；这就是朱树英老师一手打造出来的由一支庞大而精深的法律工匠队伍组成的专业化律师事务所。建纬扎实的理论基础、前沿的专业课题和丰富的实践经验，一直是我们建工法律人的教科书，也是我们日常法律服务工作中的执业标准。建纬各分所都把加入建纬视为加入了专业大家庭，总分所都是一家子的兄弟姐妹，大家人来客往互称“家人”，家人互助、有难同当的氛围在建纬这个大家庭里体现得淋漓尽致。

▲在“建纬律师事务所全国管委会会议暨2022年上半年总分所工作会议”上，王冰（左）与朱树英院长（右）合影

结缘朱树英老师，结缘建纬所，是挑战，更是机遇！“超前、务实、至诚、优质”，这是建纬律师的法律服务理念和方针，也是建纬总所给我们的考题。我相信我们的团队必将一往无前，勇锐争先，成客户之信赖，立同业之标杆，列建纬之前茅！

作者简介

王冰，上海市建纬（银川）律师事务所主任、宁夏律师协会建设工程与PPP专业委员会副主任、宁夏回族自治区人民政府第五届法律咨询委员会委员、中共银川市委政法委法制建设专家库专家、宁夏回族自治区人民检察院案件咨询专家、中卫仲裁委员会仲裁员。

33 专业引领明灯，人生良师贵人

——朱树英大律师与我的际遇感怀

贾明军

引 言

从先前的文章，我们认识了一批追随朱树英脚步、深耕建设领域法律服务的专业律师。一本《建纬律师之路——建设专业法律服务的实践和理论》让很多有志于从事专业法律服务的律师看到了“路在何方”；两本黄皮书《建设工程法律实务》和《房地产开发法律实务》为众多投身于此的专业律师打通了“任督二脉”。同样作为一位专业律师的贾明军，读着《房地产开发法律实务》“开蒙”，却闯出了另一片天地。

从关注造房子到关注买房子，再到关注家庭婚姻；从练笔积累到明确方向，再到著书立说。或许本文作者贾明军最终从事的专业领域与朱树英不同，但他让我们看到了什么叫“触类旁通”，什么是“取其精华”。从某种程度上说，贾明军律师读懂了朱树英，学到了“建纬模式”。

▲贾明军

我叫贾明军，是北京市中伦律师事务所的一名合伙人律师。建纬律师事务所成立已逾30年，受朱树英老师相邀，在此回忆我与朱老师和建纬品牌的交会际遇，我真是诚惶诚恐。作为一名后生晚辈，我有幸投身中国律师业的发展洪流，并且在最迷茫的时候，恩遇朱老师的教诲、指点与提携，让我受益终身。另外，在我20多年的职业发展中，虽然专业不是建筑房地产开发法律领域，但朱老师和建纬品牌的发展理念与精神，也同样指引着我，坚定地激励着我走专业化发展道路。

一、立志出乡关，有幸识贵人

2001年，我当时还在河南濮阳飞鸿律师事务所执业。时值上海成功申办世博会，使我萌生了到上海滩闯一番的想法，当时我年轻有热情，一想到黄浦江浪花击水、东方明珠高耸入云的场景，不免内心激荡起伏，仿佛自己的人生也要“开挂”，按捺不住内心初生牛犊不怕虎的冲动。万丈高楼平地起，即使有鸿鹄大志，也要从头做起。如何才能在上海滩生存和发展呢？我想，应该从研究上海的律界精英开始。那时候互联网方兴未艾，我从网上如饥似渴地收集上海大律师的信息和资料，李国机、傅玄杰、郑传本等律师的事迹与精彩故事让我热血沸腾，但同时又让我心生怯意。直到我看到朱树英老师《从小木匠到大律师》的报道，才更加坚定了我来上海执业的信心。我非法律本科出身，早年在油矿前线工作，后于1997年通过律考后，在恩师张海燕的教诲下才进入律师行业。由于基础薄弱，对于来上海这件事，内心深处还是有些惶恐，看到朱老师从一名基层员工成长为行业卓越律师的故事后，我增强了信心。

我在执业之初什么业务都做，民事、刑事、行政诉讼、法律顾问业务，可谓“万金油”“万花筒”，不过，我知道上海律师行业发展的方向是专业化、精细化。选择哪一个专业领域发展呢？在研读朱老师的网上信息时，我看到他刚在2002年出版了一本书——《房地产开发法律实务》，我当即买来并如饥似渴地读了起来，树专业形象、著专业书籍的梦想由此滋生。

皇天不负有心人，正当我以为与朱老师天壤之隔，只能昂叹皓月之时，机会来了，我的恩师在2002年受邀到建纬律师事务所访问，恩师表示可以带我一起去，就这样，我和恩师一起去拜访了建纬律师事务所，缘会朱树英大律师。

彼时，建纬律师事务所在南京西路、铜仁路交会处的九安广场，穿过精致、繁华的南京西路，就到了我心驰神往的建纬办公室。第一眼看到朱老师时，我印象极其深刻，他精神矍铄、满面红光、眼睛炯炯有神！至于后来坊间流传的朱老师的“养生”方法，都有不同的版本。朱老师彼时已是著名大律师，但他平易近人，对我们热情相待，没有任何架子，所述所言都敞开心扉，毫无保留。朱老师待人接物的做法，给了我对于“海派律师”极好的第一印象，真诚、务实、亲切、热情，现在想起来都心涌暖流。朱老师还带领我们参观了办公室，给我们看了所里办的《建纬律师》专业所刊。对于建纬所刊，朱老师格外重视，花了很长时间给我们讲述所刊的创办和编写过程。后来我和很多律师同仁交流时，都谈到过建纬所刊。据我了解，建纬所刊创刊至作者撰写本文之时，已出了正刊111期，增刊23期，在业界有重大影响！建纬律师的认真坚持和他们在业务上的前沿与务实，不仅展示了建纬律师的风采，而且对于律界同行的指引和律师行业的发展也起到了巨大的推动作用。朱老师勤于学习、笔耕不辍的精神，也是我后来提笔作文、以专业促发展的源头。

欢快的会谈后，朱老师热情地邀请我们与建纬同事一同午餐。他们简洁的“盒饭式午餐”也给我留下了深刻的印象，高效、务实的作风对那个时候的我触动很大。

二、懵懂专业化探索，发展靠贵人指点

虽然有幸和朱老师见面并共进午餐，但没有实力能投靠于建纬门下，在为恩师加盟建纬律所高兴的同时，我也陷入了深深的忧虑与焦躁中，我未来的执业之路，该何去何从呢？

2003 年年初，我有幸被宁夏金世永业（上海）律师事务所主任刘军厂律师招入麾下，开始成为一名崭新的“上海律师”。受朱老师与建纬所建工地产专业法律服务的影响，一开始，我也定位于房地产法律服务。那时我肯下功夫，购买和收集了很多学习书籍、资料，开始了研究和消化的学习之旅。后来我还撰写了一本 15 万字的《上海房地产预售法律实务》，并尝试在上海人民出版社出版。虽然后来没有出版成功，但被搜房网上海频道看中，改名“律师带您上海购房”，在该网站连载。

我当时立志向建纬、向朱树英大律师学习，想方设法接触建筑与房地产开发的律师业务，我从业主买房与交房纠纷入手，和所内同仁一起做“上海买房陪购”业务。我们每天研究上海新盘，争取在《房地产时报》和“美家买楼王”等纸媒和网络平台发表一些关于新盘购买的法律小文，吸引各地来上海买房的客户，拓展“买房陪购”的法律服务。不过，这个业务我持续做了近一年，由于收入有限，也没有拓展出关联的其他业务切口，因此，在生存压力下，我不得不放弃了对于房地产法律服务的研究与拓展。

虽然生存压力在肩，但我仍牢记建纬律师专业化品牌发展的经验，即使后来不再坚持做房地产相关法律服务转而选择了婚姻家事业务方向，但我仍然秉持专业化的发展模式。我向朱老师、建纬律师学习“总结归纳”的宝贵经验，努力做到“笔头子勤快”。我在办理案件后，及时归纳总结，争取发表在各种报纸、杂志与网站上。我看建纬律师和朱老师的文章发表在《建筑时报》上，我也有样学样，向《中国妇女报》《解放日报》等媒体投稿，并和法制日报社记者站取得了联系，还收获了“特邀撰稿人”头衔，这为我取得客户信任打下了一定的基础。

由于我专注于婚姻家事业务方向，自 2003 年后的 4 年多，一直没有机会和朱老师再见面。不过，我仍默默关注着建纬所的动向和专业发展。后来我陆续结识了几位在建纬所执业的律师，所以经常打听一些关于朱老师与建纬专业发展的消息。2008 年 4 月，我在参加上海律协举办的一次青年律师演讲示范培训班时，再次得到了朱老师当面指教和与朱老师交流的机会。

▲参与演讲示范培训班与朱老师再相逢

2008 年年初，第七届律协理事会任期即将届满之时，时任上海律协会长的朱洪超大律师非常重视青年律师的成长，通过律协所属部门举办了一期演讲示范培训班。本着“脸皮厚、受指点”的想法，我也斗胆报了名。到培训那天，开班导师阵容吓了我一跳，有海派刑辩大律师翟建，建工法律泰斗朱树英、王荣大律师，还有第八届上海律协刘正东会长等。虽然我抽签的导师是翟建大律师，但会后，朱老师让我留下，和我亲切交流起来。他听说我在 2006 年开办了专业婚姻家庭律师事务所，对于我专业化发展的模式非常赞同，并且还询问了我律所业务模式、市场拓展等很多律所管理细节方面的问题。他还再三教导我说：“婚姻家庭业务能普惠和帮助很多家庭，积累了这方面的专业经验，要舍得与同行分享。”朱老师还说，他刚从事律师职业时，也办过几个婚姻案件，印象深刻。他教导我要打破“婚姻案件是小律师或者案源困难的律师才办理”的刻板印象，要把婚姻家庭业务做精、做强。谈到业务经验的分享，朱老师语重心长地跟我说：“你不要怕和别人分享，不要怕同行学会了对你不好。你把今天的经验分享了，别人再学习、再消化，是需要时间的，只要你自己不断地钻研和努力，就会一直保持领先的优势。”这番话使我醍醐灌顶，后来的15年，我也一直牢记并践行朱老师的教诲。

我的专业分享之路首先在于著书立说，自2007年以来，我先后出版了《婚姻家庭纠纷案件律师业务》《私人财富管理实务操作》等十几本书籍。在业务发展上，即使是“丰收”之年，我仍心存危机意识，保持充电、吸收养分的状态。回首总结，我到上海发展的这20多年以来，如果说在婚姻家事业务领域有一定竞争力，那原因就是听取了朱老师“分享、吸收、创新”的教导。这也让我明白了一个道理，即使无缘在比自己站得高、望得远的人的麾下跟随，但有机缘的一次教诲，也同样意义重大，使人受益终身。

2008年下半年，由于工作原因，我开始频繁和朱老师接触，有更多机会在各种活动场合听他讲话和与他交流，也能听到和他熟悉的律界前辈谈论关于朱老师给同行讲课和写作的故事，受益匪浅。

比如，有一次听民委会的一位前辈讲，他和朱老师出差，总是能看到朱老师在飞机上写文章。一次出差，对别人来说空中之旅可能是一次小憩，但朱老师就可能出一篇作品。这个习惯，我后来也模仿了几年，收获颇丰。朱老师时刻保持学习的勤奋精神，抓紧时间总结归纳的良好习惯，以及提炼、分享、开放的公益态度，也是我在婚姻家事业务领域推崇和提倡的。其实，这就是朱老师和建纬人精于业、勤于笔、乐于演讲、乐于分享的律所文化。

再比如，2008年，根据上海市律师协会的安排，我和几位上海律师到青海交流授课。在和青海当地律师交流时，他们说，全国知名大律师他们认识得不多，但他们都认识上海的朱树英大律师，因为朱老师也多次到青海授课，受到青海律师热烈欢迎。后来我同全国各地律师交流得知，朱老师早已在31个省、自治区、直辖市讲过课，甚至在很多省的授课已做到了地级市的全覆盖！在律师行业，几乎没有不认识朱老师的，可以说，朱老师是全国知名度最高的律师之一。

三、受教参与指引撰稿，指导推动行业发展

经过那次在示范培训班后的深入交流，朱老师对我的关注也多了起来。2008 年，全国律协民委会开始组织各个细分行业的律师进行业务操作指引的编纂工作，其中，《律师办理婚姻家庭法律业务操作指引》也在计划中。经过朱老师引荐，我有幸参与了此项工作，并与王芳律师一起主笔起草操作指引的初稿，再与全国各地律师交流讨论。此次参与业务操作指引的编纂工作，不仅让我提升了眼界，还广交了朋友。之后一起共事 10 余年的婚姻法领域中各地的翘楚，很多都是在此次操作指引编纂的工作中结识的，并保持了深厚的友情。朱老师当时是全国律协民委会主任，他对操作指引起草工作非常重视，多次组织各种会议安排落实。

彼时，婚姻家事律师的专业化，没有今天这样普及，但朱老师却对婚姻家事业务专业化的工作非常重视。在他的倡议下，全国律协民委会组建了婚姻法论坛，由时任广西律协会长的刘晰律师担任论坛主任，王芳律师和我担任论坛副主任。不过，虽然论坛成立了，但当时民委会委员中报名参加婚姻法论坛的律师并不多，有时候会出现只有三位主任、副主任开会的尴尬场面，但朱老师和刘晰主任却很有信心，甚至鼓励我们说，相信我们会把婚姻法论坛办成民委会第一大论坛。

那时我 32 岁，正值风华，和同样青春的王芳律师搭档，精力充沛、充满干劲儿。为吸引全国青年律师对于婚姻法业务领域的关注，结合婚姻家事业务的特点，在刘晰主任的倡议下，我们于 2008 年在上海筹划了青年律师业务拓展研讨会。上海律协对此也很重视，时任秘书长万恩标老师亲临会场并接待各界朋友。朱老师也在开幕式中致辞，表达了对婚姻法律师的激励和鞭策。来自全国的百余名律师汇聚，参会过程中，大家都很激动，会后大家保持了联系交流。后来，参会的很多人成长为各省、市婚姻法业务领域的佼佼者。而我们婚姻法论坛的报名人数也与日俱增、发展很快；

并且，我们吸引了全国一大批虽然不是委员但积极参加论坛活动的积极分子，保证了论坛活动的有序开展。之后，在朱老师的直接支持、刘晰主任的直接领导下，我们婚姻法论坛的成员先后组织撰写了全国律协《律师办理婚姻家庭法律业务操作指引》等。很多行业大咖、前辈律师虽然不是来自婚姻家事法领域，但对婚姻继承业务操作指引很有兴趣，他们也在百忙中参会，表达了看法和意见，站在更高层面对上述指引进行了撰写和修订上的指导，其中包括李晓斌大律师、庞标大律师、郝惠珍大律师、楼韬大律师等，而我们婚姻家事法领域的参与者就更多了，现在大部分已经成长为全国或各省的业务带头人。

▲2007 年婚姻法论坛成立前夕受朱老师指引参加会议

因为参加全国律协民委会的业务操作指引编纂工作，经朱老师引荐，联合时任上海市律协民事业务研究会主任鲍培伦大律师的支持，我还被吸收为全国律协民委会委员。同年，我参加了上海律协民委会的主任竞选并成功，还被上海律协代表大会选为第八届律协理事。如果没有朱老师、鲍律师的帮助与支持，我也不可能在婚姻法业务专业化的道路上取得今天这样的成就。我在上海律协民委会主任的岗位上，也积极推动了上海市民事业务领域中四个业务操作指引的撰写与实施，为行业发展尽了绵薄之力。这些机缘，都是受朱老师提携才有的机会。

四、朱树英与建纬品牌对我的影响与相关思考

时至今日，我也在反思自己在上海发展20余年的成长道路，在与朱老师、与建纬品牌的交际机缘中，自己有哪些感悟、有哪些心得，总结一下，可能体现在以下五点。

1. 精神上的标杆和指引

“到上海执业、做专业律师”曾是我人生的梦想，学习触及建纬精神、感受朱老师的个人魅力之后，专业化成为我律师执业道路上不变的信条与理念。20余年的上海执业之路，朱树英大律师与建纬品牌专业化的标杆模式，直到今天仍然是我专业道路的精神指引。

2. 专业上的引领和借鉴

根据自身的特点与条件，我从曾经致力于做一名专业建筑房地产律师到转型定位为婚姻家事律师，也是在变通中借鉴与探索。虽然婚姻家事与建设工程貌似不搭边，但发展理念与拓展本质还是相通的。比如写作方面，起初写作是为了解决“空降上海”的案源问题。我是理工专业出身，原本不擅长写作，但出于拓展业务及学习偶像的原因，我也拿起了笔，一开始是总结理论，后来有了案件，就一边办案一边总结。到今天为止，也算是“著作等身”。但出书认知的过程，自己也是在不同的阶段而有不同的心态。以前，是“为出书而出书”，本质上更像市场拓展行为；但现在，出书更多的是问自己：你的东西质量如何？会不会误人子弟？同行与读者会如何评价你？出版甚至写作，都更谨小慎微了。再说演讲，在法庭上让法官听懂、接受的语言，与现在于金融机构的内训、客户宣讲沙龙上的演讲，几乎就是两个“专业”，是两件太不相同的事。也许我们在法庭上可以侃侃而谈、成竹在胸，但这不代表我们能在金融机构的内训和客户宣讲沙龙上表达出同样理想的效果，这是另一种“演讲”，甚至是另一种“专业”。

3. 看清律师专业化发展的本质

首先，专业化的尽头是复合多元化。刘桂明老师曾说过，一名律师成长的过程，就是从自己觉得“什么都不知道”到“什么都知道”，再到“知道自己不知道”，再到“知道自己知道”。律师业务专业化是相对的，业务发展到一定阶段，必然又是复合化，需要律师提升应掌握的相关学科的知识技能。比如，我现在每天都会像朱老师教导的一样，不停地吸收、学习。为客户服务需要我们熟悉掌握保险、信托、证券等业务知识，那就必须补上，不然就可能被淘汰，或者换句话说，就不能为客户提供更好的服务。同时，我们的业务也发展得越来越复合化。

其次，专业化的目的是服务好客户。客户的需求就是市场，客户的需求是一个发展变化的过程，是因国家经济发展、法治推动、社会前进而不断演化的，比如在我们私人财富服务领域出现的“接力二代传承”、财富的安全保障等需求。服务好客户，要对客户有敬畏之心，感恩“衣食父母”的信任与托付；要对律师职业有敬畏之心，不能给行业抹黑；要对法治有敬畏之心，要从内心相信法律的公平与正义，不把胜诉指望于其他的执念。

4. 要有工匠之心，精益求精

恩师曾教导我说，“律师本质上还是手工活儿”。虽然现在人工智能号称可以代替律师部分智力劳动，但律师开展工作的方式要揭露人性、伦理道德和情感。无论是建设工程领域，还是婚姻家事领域，“打磨”专业精度，除了产品本身的硬朗，还要有情感道德的顺柔。

5. 要把热爱之心融入律师之旅

从“把律师当作一种职业”、作为获取衣食的途径，再到“把律师当成自己的事业”，甚至是融入自己的生命、诠释自己活着的意义，是一个爱到深处、很自然的过程。我想，朱老师本身的经历和优秀的作品，都足够体现他对律师职业的热爱。从一名建筑工地的匠人，到年逾不惑踏上律师道路的30余年的精耕，他用匠人的精工，让律师职业和他的人生融汇成景，也征服了我们。有北京律师评价朱老师，说他“百年不遇”“200年出一个”，我觉得并非戏言。

五、不论四季变换，温暖相伴律途

2014 年年底，我关掉了创办 8 年的婚姻家庭律所，转到中伦律师事务所执业。朱老师也卸任了全国律协民委会主任的职务，但他对婚姻法业务的发展与我的业务提升仍很关心。每逢建纬所有庆典或者朱老师新书出版时，他总会给我观摩学习的机会。2017 年，我参加了建纬举办的外滩金融论坛；2018 年 3 月，朱老师《苦寒磨砺筑方圆——律师写作技能提升之道》《苦寒磨砺筑方圆——律师演讲技能提升之道》新书出版时，我又受邀参加了他新书出版的交流会，得以再次近距离向朱老师、向业界前辈贤达学习。我清晰地记得，建纬杭州分所主任陈沸律师分享道：“心心在一艺，其艺必工；心心在一职，其职必举。”他的评价，其实也是朱老师以及建纬所匠心精神的真实写照。在朱老师带领下，建纬律师共出版 20 多本书籍，字数已逾 2000 万字，成为业界学习知识的宝库；会议中途交流时，朱老师还就律师如何“能说会写”进行了心得分享。关于演讲，朱老师说：“演讲其实并不难，只需要解决好两个问题即可。其一，知道台下是谁在听，了解受众是谁。其二，知道听众关注什么、想听什么。解决了这两个关键问题，你的演讲就简单、有效多了。”这些真知灼见，对我影响很大。

▲有幸参与朱老师《苦寒磨砺筑方圆——律师写作技能提升之道》《苦寒磨砺筑方圆——律师演讲技能提升之道》新书发布会

我和朱老师的缘分还体现在我的团队建设上。2017 年，我在面试华政知识产权学院的应届毕业生袁芳时，看到她的简历上写着“曾担任朱树英律师助手”，经仔细询问和证实之后，我毫不犹豫地录用了这个小姑娘。事实证明，经朱老师带教过的助手的确优秀，现在袁芳律师已成为我团队的核心主办律师之一，相信她的成就将会在我之上，在律师专业化的道路上取得更大的成绩。

朱老师年逾 40 岁转入律师行业，就像华为任正非一样，虽然入行时已不年轻，但在行业里做出的贡献与取得的成就，却远超平凡！岁月流逝，时光荏苒，朱老师虽然年逾七旬，但宝刀未老，仍在律师业务与律师教育事业上发挥着巨大的作用。2023 年 11 月 28 日，在上海协力律师事务所 25 周年华诞的庆典上，我有幸又与朱老师相遇。相遇之际，倍感亲切，朱老师仍精神矍铄、谈笑风生。他拉住我询问近况，嘘寒问暖；我心涌暖流，十分感动。2024 年是我本命年，人也年近天命。原本斗志渐萎的我，这次遇到朱老师之后，又被他的精神感染；这段时间翻阅建纬公众号，又不断被朱树英精神、建纬精神所感动，我暗下决心，还要继续向他们学习，在保持健康体魄的同时，心不懈怠、再树斗志，成长自己、带动他人，做一个对律界、对社会有用的人。

最后我想说，对于我，有幸与朱老师同处一个时代、共享一个舞台，使我既能极目远望，又能有机会当面聆听教诲，幸甚！

作者简介

贾明军，1997 年通过律师资格考试并开始从事律师工作，先后取得了郑州大学法学学士和中国政法大学法学硕士学位，出版有《婚姻家庭纠纷案件律师业务》等多部书籍。现为北京市中伦（上海）律师事务所合伙人，主要从事婚姻、继承诉讼案件的办理，以及私人财富规划的非诉律师业务。

34 高山仰止，我心中的导师朱树英律师

闵三军

引 言

“20 年前，我读着您的书开始起步；20 年后，我沿着您走过的路得见真颜；泛黄的书页，是苦读的痕迹，更是岁月的积淀。”似乎但凡开启与朱树英有关的回忆，就会有人提到，自己是听着朱树英的“传奇故事”走上专业律师之路的；也有人回忆，自己是捧着朱树英的“实用工具书”逐步踏入了建工专业律师的门槛的。很多时候，有人甚至觉得“朱树英”对后学晚辈的精神激励作用比专业知识影响更为深远。就如同本文作者闵三军律师，科班出身的他初入职场就是在一家建筑行业的央企，这就意味着他自身的能力以及能接触到的学习资源都不会差。而就是这样一个“起跑线都比别人靠前”的青年新锐，对于朱树英却有着一种偶像崇拜，从听他的故事到读他的书，从跟随他的脚步到登上和他一样的平台，努力成为更好的自己。

▲闵三军

我是闵三军，广东铁骑山律师事务所首席合伙人、主任。我同时兼任深圳市、广东省律协建设工程专业委员会主任，也是本届全国律协建设工程与房地产专业委员会副主任。我很早就读过朱树英律师的书，但一直都没有机会当面与他认识。早在2001年冬天，我出差到沈阳，在书店里偶然看到朱树英律师刚出版的专著《建设工程法律实务》，随手一翻便沉浸其中、不能自拔。于是，这本黄皮书伴随我一路走到了今天。20余年来，在我内心深处，一直把朱树英当作自己的导师，直到2023年12月我在深圳“追星”成功，见到了慕名已久的老师。所以，我在本文中更愿意称朱树英为老师。

一、巨匠泰斗，专业灯塔

时间回到2000年7月，那时我刚大学毕业，到了武汉一家建筑央企从事法务工作，就听到单位领导非常高兴地在办公室讲到上海市建纬律师事务所朱树英律师代理我们上海分公司的某商厦项目案件非常成功，上海的法官对朱老师的观点都非常认同，开庭时也为朱老师的专业所折服。至今我都记得领导谈起案件胜诉时的那种喜悦，谈起朱老师时赞誉之情更是溢于言表。我心中默默地想，作为一名法律人，应当成为一名律师。如果成为一名律师，一定要像朱老师那样，成为一个为当事人所认可、为法院所尊敬的律师。我虽然与朱老师素未谋面，但是从那时起已默认他为我心中的导师，希望沿着他的足迹，使我步步走向专业。

2001年的冬天，出差到沈阳，在办理案件期间，我在北方图书城发现了朱老师在法律出版社刚出版的著作《建设工程法律实务》，顿时如获至宝。在那个网络不发达的年代，最新的法律法规和司法解释不能及时获取，司法案例也尚未公开，法律文书也没有成熟的样板，学得实务知识的途径非常少。《建设工程法律实务》一书对于建筑企业的法律事务工作者来说，是非常珍贵的。一方面，这本书是行业内第一部围绕建设工程律师实务形成的体系化的书籍，内容涵盖了招投标、合同管理、质量、造价、资金监管、工程保险、履约担保、基础设施或 BOT 的操作实务，以及朱老师代理的一些典型案例的案例分析和专业文书，解决了我当时刚毕业实务经验严重不足的问题。值得一提的是，其中的典型案例正好还收录了前面提到的单位领导特别认可的案件。另一方面，朱老师在自序《一路风雨 ·路歌》中介绍了自己的人生履历和律师执业经历，也对建筑行业和建设工程法律服务行业的发展作出了极具前瞻性的展望。后来才知道，《一路风雨一路歌》曾发表在《建筑时报》上，也是朱老师获评“东方建筑之子”的获奖感言。朱老师所叙述的风雨和高歌，如航标塔上的明灯一样，给当时职业前景非常迷茫的我指明了方向。

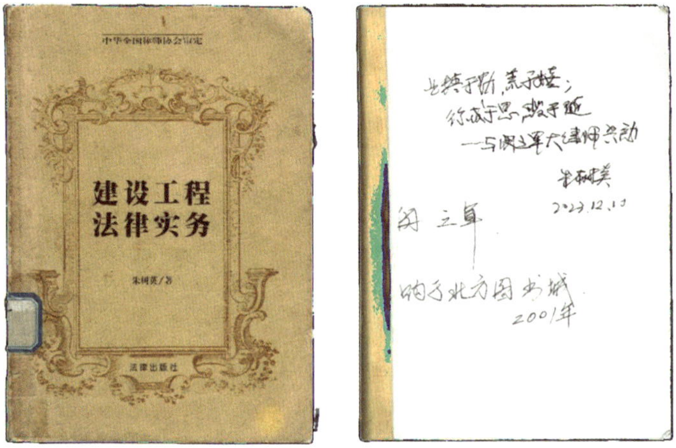

▲我于 2001 年购买的朱树英老师的“黄皮书”《建设工程法律实务》

遗憾的是，虽然当年朱老师为我的工作单位提供过法律服务，但是我并未有机会认识朱老师。由于后来我离开建筑企业去深圳成为执业律师，也因此错过了多次向朱老师请教的机会。得知朱老师将于 2023 年 12 月 10 日参加“建纬深圳 20 周年——建筑房地产行业风险化解与纠纷处理研讨会”，我特意带上了保存 20 多年的《建设工程法律实务》，请求仰慕已久的巨匠泰斗签名并合照，完成了夙愿。

▲在“建纬深圳20周年——建筑房地产行业风险化解与纠纷处理研讨会”上见到朱老师

二、讲学著书，孜孜不倦

朱老师一直勉励我们要提高演讲的能力，称一个专业律师一定要能说会写。朱老师曾在书中透露，从地域上来说，他已在全国30多个省、自治区和直辖市，包括香港、台湾地区授过课，甚至在海外也留下了讲学的足迹。从频率上看，在《2013版建设工程施工合同（示范文本）》正式施行时，他曾一年讲过113次课。

朱老师身体力行，在出版第一本专著《建设工程法律实务》后，还出版了《房地产开发法律实务》《工程合同实务问答》《苦寒磨砺筑方圆——律师写作技能提升之道》《苦寒磨砺筑方圆——律师演讲技能提升之道》《工程总承包实务问答》《责任与使命——担任上海市政协常委十年的六十个提案》以及大量合著和主编的书籍。无论工作单位和工作地点如何变动，只要朱老师有新书出版我都会第一时间购买，存为我的案头书籍，学习朱老师的成果。其中，《工程合同实务问答》已成为铁骑山律师事务所建设工程部律师的入门必读书籍。这些书不仅让我提高了专业知识水平，其中朱老师讲的那些难忘的故事和执业的感悟，更是支撑我坚定走专业化道路的信念。

▲购买和收藏的朱树英老师的专著

朱老师工作是孜孜不倦的。除了要办理案件，还有律师事务所的管理工作，律师协会的工作，以及全国各地的讲学，新的著作的出版。我从建筑企业法务转型成为专职律师，到如今开办一家律师事务所，明白这一切是非常消耗精力的，时间也是极难平衡的。许多同行都知道，朱老师向大家传授的工作技巧就是，他几十年如一日地坚持晚上八点睡觉早上四五点起床，利用早上精力充沛的时间将工作完成于他人睡梦之际。现任中华全国律师协会建设工程与房地产专业委员会（以下简称全国律协建房委）主任的袁华之律师也曾在一篇回忆文章中开玩笑似地“建议”朱老师适时给自己留点闲暇时间，精进专业的步伐稍微放缓一点，不要让我们这些后来者和追随者纷纷“绝望”。

三、学际天人，根深叶茂

朱老师除了讲学著书，还主持和参与了大量立法工作，以渊博的知识为法治建设做出了巨大贡献。虽然一直未曾谋面，但其实我却有幸能与朱老师遥相呼应参与推动建设工程法律界的一个重大历史事件，那就是关于建设工程价款优先受偿权的司法解释。朱老师因为代理上海市的某案件，就优先权的顺位和操作方式向最高人民法院汇报时，我们单位当时的领导、全国人大代表洪可柱也因为广东省中山市的一件执行案件向最高人民法院提出了《关于〈中华人民共和国合同法〉第二百八十六条在实际操作中的建议》，同时提出该建议的还有当时的全国人大代表石礼文。最高人民法院给全国人大代表的回复应该是最早确认建设工程价款优先受偿权顺位的文件。

整个事件的进展和消息通过媒体和其他法律界人士不断传播，我也读到了朱老师于 2000 年 5 月 18 日在《建筑时报》上发表的《遏制工程款拖欠的有力武器》一文。最终，在各地建筑业协会、建筑时报社以及全国人大代表的吁请下，最高人民法院于 2002 年 6 月 20 日正式下发了《最高人民法院关于建设工程价款优先受偿权问题的批复》（已失效）。司法解释出台后，原《合同法》第 286 条被磨成了一把锋利的快刀，迅速地解决了大量疑难执行案件，为建筑企业和农民工挽回了巨大损失。当时全国建筑企业有大量拖欠的工程款，建筑企业逐步开始重视法务工作，意识到未雨绸缪控风险的重要性。

成为执业律师后，我一直关注建纬律师事务所并向朱老师学习。朱老师在自己的执业领域已成长为参天大树，而建纬所的发展和人才的培养在朱老师的带领下也根深叶茂、精英荟萃。建纬秉持“超前、务实、至诚、优质”的服务理念，不断深化和拓展法律服务领域和地域，已形成上海总所与 31 家办公室资源共享的规模化法律服务格局，上海总所与 31 家办公室共有 1000 多名法律从业人员。

四、行业引领，成果丰硕

朱老师从 2005 年至 2012 年担任中华全国律师协会民事专业委员会主任，从 2012 年至 2019 年担任全国律协建房委主任。

任职两委主任期间，朱老师大刀阔斧，主动作为，带领委员会参与了多项课题研究，取得了丰硕的成果。他在任期内主持完成了《中华全国律师协会律师为买受人提供商品房买卖合同法律服务操作指引》《中华全国律师协会律师为开发商提供商品房买卖合同法律服务操作指引》《中华全国律师协会律师办理二手房买卖合同业务操作指引》《中华全国律师协会律师办理建设工程法律业务操作指引》《律师为政府投资项目招标投标阶段提供法律服务操作指引》《中华全国律师协会律师办理基础设施特许经营法律业务操作指引》《律师为政府投资项目提供法律风险管理法律服务操作指引》《律师为政府投资项目建设工程争议评审阶段提供法律服务操作指引》等比较有影响力的操作指引，组织撰写的专业书籍、研讨会论文等成果也是非常丰硕。

朱老师在任职期间为全国各地的律师授课，还带领全国律协建房委专业律师参加了全国律协的西部讲师团，赴广西、陕西、新疆等地授课。朱老师的这些行动和成果，引领着我们省、市律协相关专业委员会的工作。

虽然我参与律协专业委员会的工作较晚，朱老师还有大量的成果我还无法知悉和学习到，但是朱老师在全国律协建房委的工作成果，仍为我在律协专业委员会开展工作起到了较大的引领和榜样作用。

我自 2014 年开始参与律协专业委员会的工作，从 2017 年开始连续两届担任深圳市律师协会建设工程法律专业委员会（以下简称深圳律协建工委）主任，从 2022 年开始还同时担任广东省律师协会建筑工程法律专业委员会（以下简称广东律协建工委）主任、全国律协建房委副主任。

关于深圳律协建工委的工作，我们基本上是每月办一次面向全市的培训或研讨、交流活动，每年评选建设工程典型案例，还举办巡回培训，与建设工程相关行业协会达成战略合作协议并开展活动。在知识成果方面，我们每个月发布《建设工程法律资讯》，每年每个委员都会提交一篇论文，在法律出版社出版了《建设工程纠纷诉讼实务指南》，编制了《建设工程法律服务产品清单》、《业务综述》，以及《新冠肺炎疫情防控期间建设工程法律工作指引》、《新冠肺炎疫情防控期间律师办理建设工程法律工作指引》、《律师办理施工单位项目竣工结算业务操作指引》等文件。在业务创新方面，我们还开发了“施工企业签证索赔创效法律服务”等产品，并参加了深圳市律师协会举办的创新大赛。

▲深圳律协建工委合照

关于广东律协建工委的工作，我们也基本上是每月办一次面向全省的培训或研讨、交流活动，并在粤东、粤西、粤北举办巡回培训促进区域平衡发展，还组织了大湾区律协建设工程专业委员会的专题交流活动。我们还与广东省建筑业协会、广东省住房和城乡建设法治研究会等行业协会达成战略合作并开展交流，也与国内知名仲裁机构共同举办建设工程法律领域的活动。在知识成果方面，我们每季度都会形成常态化报告，分析在执业过程中发现的影响经济社会发展的重大问题、在办理案件中的重要经验启示，总结在观察分析社会热点事件时的深刻独到的见解。我们也为广东省及各地市关于建筑方面的法规、规章或其他规范性文件提出立法建议，每年撰写年度观察报告系统分析和总结建设工程法律方面的相关问题。另外，值得关注的是，近年来广东律师“走出去”方面取得了很大的进步，目前涌现了不少活跃在全国并有相当知名度的建设工程专业律师。

▲广东律协建工委合照

关于全国律协建房委的工作，我负责的是案例小组。2023 年全国律协建房委组织提交的案例中，有 56 个成为司法部选编的律师行业法律服务典型案例，下一步也计划与省市律协联合举办一个典型案例的宣讲会。

▲全国律协建房委合照

我相信，在中国的律师队伍中，还有很多人像我一样，虽然未能受教于朱老师，但是在心中奉他为导师，通过学习他的专业知识、职业感悟，不断地朝更专业的方向努力奋斗着。

作者简介

闵三军，广东铁骑山律师事务所首席合伙人、主任，英国皇家特许建造师，中南财经政法大学法学学士、中国人民大学民商法学硕士。曾就职于建筑央企从事法务管理工作，现为中华全国律师协会建设工程与房地产专业委员会副主任、广东省律师协会建筑工程法律专业委员会主任、深圳市律师协会建设工程法律专业委员会主任，贸仲、深国仲、上国仲、上仲以及海南、南京、长沙、厦门等地二十多家知名仲裁机构仲裁员，最高人民检察院民事行政咨询专家。

35 择一事终一生，不为繁华易匠心

——我眼中的朱树英律师

杨家学

引　言

我们常用“行百里者半九十”来告诫勉励大家要努力要坚持，但扪心自问，很多时候我们是因为怕吃苦，怕失败而放弃的吗？或许也不是。相反是在日复一日的努力工作中磨灭了我们最初对这份职业、这份事业的热情；是在纷繁嘈杂的外部变化下影响了我们的思考，动摇了“军心”。

在本文作者——全国律协建房委副主任杨家学看来，朱树英是一个传奇而“另类”的存在。在专业律师这条路上，朱树英可以说是先行者、开拓者，他始终是以创业姿态往前冲，所以他不存在“职业倦怠”；他没有什么兴趣爱好，其实是把“外在干扰”降到最低；他喜欢写书讲课，这恰恰是一个自我对话与总结反思的过程。没有了这种精神内耗，“坚持”对于朱树英而言或许也就是“习惯成自然”而已。

▲杨家学

我是杨家学，北京盈科律师事务所全国基建投资与城市更新法律服务中心主任，自2015年起任全国律协建房委副主任。

在我的书架上，摆放着一本2001年由法律出版社出版的《建设工程法律实务》①，淡黄色的封面，朴素简单的装帧，由于翻阅次数太多、时间太久，书页已卷曲破旧。每当看到这本书，我就会想起当初和朱树英律师结缘的点点滴滴。

▲《建设工程法律实务》

20余年前，作为一名已有数年工作经验的律师，我正值盛年、精力充沛，对律师行业充满了无限的热情和憧憬。在工作中我孜孜不倦、勤勤恳恳，用心对待客户委托的每一件案子，在专业上我也努力钻研力争上游，尽量在实践中提高自己的业务水平。彼时，律师行业方兴未艾，市场经济发展迅猛，社会发展一派欣欣向荣的景象，律师身处其中大有可为。然而，随着经办的案子越来越多，我因整日埋首处理各种类型的诉讼事务而身心俱疲，懵懵懂懂中我逐渐意识到这并不是自己想要的职业生涯。是选择继续做小而全的万金油式律师呢，还是

---

① 作为奠定朱老师专业“领头羊”地位的开山之作，这本黄皮书的出版其实也与全国律协有着千丝万缕的联系。根据朱老师后来的回忆记述，我们能从中了解一二：早在1996年年初，全国律协就计划按专业分工落实专人撰写一整套指导律师业务的系列法律实务书，各专业的专著或编著由专业律师负责写作，所出版的图书在封面标明“中华全国律师协会审定”。2000年6月，全国律协和时任全国律协民事专业委员会副主任及建筑房地产论坛组织委员会主任的朱老师商量，希望他能负责撰写《建设工程法律实务》一书。当时他分管全国律协的建设工程与房地产业务，又有自己在建纬律师事务所的实务操作经验，带领律师同仁从事建设工程和房地产领域的专业法律服务已有8年多，符合司法实践中认定为专业领域中专家的年限要求，积累了比较丰富的专业经验，并做过不少认真、系统的总结。2001年1月，朱老师按时完成了全国律协指派的写作任务，正式由法律出版社出版了他个人的第一本专著《建设工程法律实务》。这本书与一年后出版的《房地产开发法律实务》组成黄皮书姊妹篇，成为建设工程和房地产领域专业法律服务的奠基之作，也使得朱老师站在了全国律师建设工程和房地产专业法律服务的前沿，引领着行业的发展。

寻找一条适合自己的专业发展道路？我不断考问自己却又似乎找不到答案。我所在的城市地处内陆，整体经济水平和沿海地区差距较大，虽然作为中国最年轻的直辖市，也面临许多重大机遇，但是这种大城市带大农村的格局，又极大地限制了行业的发展，人无远虑必有近忧，我决定放慢步伐好好规划一下自己的律师之路。

我已经全然不记得我是如何获得朱树英律师的《建设工程法律实务》这本书的，但当时认真读完这本书后醍醐灌顶的感觉让我至今难忘。作为上海建筑行业取得律师执业执照的第一人，朱树英律师当时就清晰地认识到一般的律师已经不足以支撑行业的法治化建设，整个建筑领域非常缺乏既懂工程建设又懂相关法律的专业律师，跨专业的行业律师必须早日登上舞台。“专业分工越细，越有出路。当你成为专家了，人坐在家里别人都会找上来。”这句朴素而中肯的话像一把火炬，照亮了我前进的方向。自那以后，我对自己的职业生涯有了非常清晰而又明确的定位：成为具有建设工程和房地产专长的专家型律师。

有了前进的方向和目标，在随后的执业中我开始有意识地深耕基建投资与开发建设法律市场，并不断从理论和实践中提高自己的业务能力，在这个过程中，我和朱树英律师的交往也逐渐多了起来。我们常常邀请朱树英律师来做培训，或介绍前沿知识或探讨疑难案件，朱树英律师从不推脱，每次都是欣然前来侃侃而谈。2012 年全国律协设立建设工程与房地产专业委员会后，朱树英律师毫无争议地担任了建房委主任，由多位资深律师和我担任副主任，配合朱树英律师开展工作。工作上的交集让我和朱树英律师更加相熟。在朱树英律师的带领下，建房委的工作开展得有声有色，在全国律协的若干个专委会中独树一帜。2019 年朱树英律师以 70 岁高龄卸任主任一职，由袁华之律师继任，我继续协助袁华之律师开展工作。在朱树英律师打下的坚实基础之上，袁华之律师带领建房委又续写了新的绚丽篇章。

▲2020 年 10 月 17 日，中华全国律师协会建设工程与房地产专业委员会主办的《建筑法》修订学术研讨会在河南郑州隆重召开。当时由我主持，朱树英院长分享了《〈民法典〉施行对〈建筑法〉及其调适最高院司法解释提出的新要求》

“桃李不言，下自成蹊”，行业内都尊称朱树英律师为“律师之师”，对我而言，他无疑是我职业道路上的引路人和指导者，如果当年没有读到他撰写的那本书，没有认识这位从鲁班身后走来的律坛巨匠，我不知还要在律师专业化道路上彷徨多久才能得其门而入！每思至此，感念愈深，对朱树英律师的敬意和尊重又平添更多！曾国藩曾说君子“慎独则心安，主敬则身强，求仁则人悦，习劳则神钦”。在朱树英律师的身上，我看到了这种精神的延续。

一心一意，专注极致。朱树英律师16岁便开始在建筑工地上工作，在我看来，这种早年生活的磨砺造就了他极度专注细致的工匠精神。做事一丝不苟耐心细致，任何时候都专注当下，埋头苦干不论收获。这些年，朱树英律师和他一手创建的建纬律师事务所可以说将法律专业化做到了极致，从一开始的建筑、房地产合同管理，到现在的工程总承包、不动产金融、国际工程业务，随着专业分工的细化，市场知名度及占有量也持续走高，俨然成为国内律师界建设工程及房地产专业化法律服务的一面旗帜。

高度自律，严于律己。和朱树英律师相识越久，越为他工作上的严谨认真，生活中的简单朴素而感动。业界一直传闻，最难约饭的律师就是朱树英律师，这不仅仅因为他不喜应酬，更是由于他有着常人难以企及的生活习惯。朱树英律师曾对我说过，他几乎每天晚上在看完新闻联播以后，八点左右就上床睡觉，早上三四点就起来工作。他认为早上是一天中头脑最清醒的时候，是思考问题书写文章的最佳时间，同时也可以早点上班避开早高峰，所以从他当初创所到如今从主任岗位上退下来的30余年间，上班第一个到所里的，往往是朱树英律师。

我曾经有幸看到过朱树英律师随身携带的一本笔记本，里面工整详尽地记录了他每天的日程安排。他告诉我，但凡写在笔记本上的事项就一定会按时完成，并写下一段办事手记，365天天天如是，从不懈怠。每次和朱树英律师交谈，我都收获良多。我震惊于他每天如钟表一样的规律生活，只能感叹，只有这样极度的自律才能成就这样的非凡人生。

传道授业，笔耕不辍。在精进业务之外，朱树英律师还主编专业书籍

30 多本，撰写出版个人著作 10 余本，共计 1600 余万字。除个人写作之外，朱树英律师还不忘用所学之长回馈社会，他先后参与了《建筑法》《物权法》《合同法》《建设工程质量管理条例》《上海市房地产抵押办法》《建筑工程施工转包违法分包等违法行为认定查处管理办法（试行）》等法律、法规、规章以及司法解释的讨论研究，并受住建部、原国家工商行政管理总局委托负责起草《建设工程施工合同》《建设工程施工专业分包合同》《建设项目工程总承包合同》示范文本。

更难能可贵的是，在繁忙的工作之余，朱树英律师一直坚持授课，授课对象从最初的律师界发展到提供专业服务的建筑、房地产企业，又发展到全国的建筑行业和房地产行业，讲课次数过千次，听众累计数十万人次。这些数字的背后，正是朱树英律师“择一事终一生，不为繁华易匠心”的人生写照。

▲参加“集体土地征收补偿安置热点、难点、前沿问题论坛会”

行文至此，我不由得想起曾经看到过的一篇报道，一位朱树英律师的多年好友问他：“人生如此丰富多彩，你这样不是写文章，就是飞来飞去在外面讲课，不是放弃了很多美好的事物吗？”朱树英律师回答说：“这正是我的爱好啊。”

2021 年，朱树英律师从建纬所主任的位置上退下来，担任了建纬研究院院长，我们的交集却一点也没有减少。2023 年 9 月，我应邀参加了太原市律协和建纬所举办的“城市更新助力城市高质量发展高峰论坛”，并在论坛上发表了 40 分钟的演讲，演讲结束后朱树英律师走过来紧紧握着我的手并说道：“你对这一块研究得非常透彻和深入，这完全是可以讲一天的内容，下次我要请你去建纬所好好讲一讲。”

望着这位神采依旧、目光炯炯的律坛巨匠，我不由得感慨万千：如果说这世上只有一种成功，那就是以自己热爱的方式过一生。我眼中的朱树英律师，无疑拥有了这样幸福而成功的人生。

作者简介

杨家学，国家一级律师，享受国务院特殊津贴专家，中华全国律师协会建设工程与房地产专业委员会副主任，北京盈科律师事务所全国基建投资与城市更新法律服务中心主任，重庆市人大常委会委员。

36 领航者，朱树英律师

——引领律师专业化，一个时代的楷模

张霄云

引 言

作为一家坚持走专业化发展道路的律师事务所，建纬的发展始终定位为“专精特新”。专业化、精细化、特色化、新颖化——建纬在成立之初走的就是一条专业化发展的道路，而今更是通过“亚专业”细分来做强特色。同样明白“大水漫灌吃不开”这个道理的还有河北新业律师事务所，在张霄云主任的带领下，河北新业律师始终坚持在土地业务上做文章。所以从这点上说，张霄云主任如果与朱树英坐在一起喝咖啡，能讨论的并非仅仅是专业和努力，更多的是方向、是选择。

对于一个律师、一家律所来说，接案子、打官司就好比是做产品；有机会去讲课、有能力办论坛，说明品牌效应起来了；那么当你能著书立说、参与立法时，可能离行业翘楚就不远了。希望我们所有的专业法律人，都能成为行业的标准，行业的标杆。

▲张霄云

记得有篇非常励志的文章，叫作《我奋斗了18年才和你坐在一起喝咖啡》，我和朱树英老师的缘分，与这个故事有异曲同工之妙。我原在检察院工作，后辞职出来做律师。从2002年开始向朱树英老师学习走律师的专业化发展道路，直到2013年担任全国律协建设工程与房地产专业委员会副主任，这才有了和当时担任建房委主任的朱树英律师一起开会的经历。

2001年7月，朱树英律师正式出版了由全国律协审定的个人第一本专著《建设工程法律实务》，那时我们当地许多律师手里都有这本书，因为该书封面为黄色，所以被称为“黄皮书”。看了这本书后，我深受触动。2002年年初，我在懵懂中带着新业律师事务所走向房地产专业化之路，也获得了快速的发展，尤其是在土地业务上，我自以为已能在全国独树一帜，始终处于行业领先地位。这份收获，让我不安分地要为新业更好的发展进一步寻找出路。走进了房地产行业，才知道了上海有个大律师叫朱树英，他的书、他的课、他的专业性，扑面而来，给我们带来了极大的震撼。他从一个木匠到一位全国知名的建筑施工专业大律师的传奇人生和专业化故事深深地打动了我，我怀着强烈的愿望想认识他，靠近他，这就是吸引力法则的魅力吧。

一、讲课是律师打造个人专业品牌的最好方法

因为我也到处讲课，讲土地专业，逐渐在法律服务市场确立了自己的品牌。借2010年上海举办世博会之际，我带着新业十几名合伙人走进了建纬上海总所，全面学习和了解建纬的专业化运作模式，从此与建纬所和朱老师等大咖有了更多的交集。因朱老师在各种场合讲课很多，我们被邀请同台授课的机会也多。那次朱老师听了我的课，感觉不错，极力引荐我到中国人民大学律师学院等场所讲课，随之我个人与新业的品牌在全国打响。我深刻认识到，对一个律师来说，讲课是个人品牌建设的最好途径之一。在朱老师的帮助下，我也相继成为中华全国律师协会讲师团成员、全国律

师培训讲师和中国人民大学律师学院客座教授。在中华全国律师协会建设工程与房地产专业委员会任职期间，我参加了西部律师讲师团，重点讲土地业务：土地储备、城市更新、土地供应、土地征收等，也有些专业化发展的课题，无论是内蒙古（讲过三次课）、西藏、新疆还是四川、广西等地，西部省份全部留下了我的足迹，因此我也认识了全国各地的许多律师朋友。有的课讲完后，当地律师协会还会单独邀请我再次讲课，有一次在南宁讲课，我讲了一天征收补偿，有 1600 名多律师参加听课，大家反映特别好。因此全国曾经有十几家律所到我们所交流学习。单单西部地区的讲课、公益培训我就参加了 20 余场，除此之外，每年专委会的年会，朱老师都会安排我就土地问题与大家分享些内容，并且就司法部和律师协会一些特别的任务（征收类）也会交给我带着大家处理。根据全国律协的安排，全国律协面向全国律师的培训我还专题讲了两次课。直到目前还有全国的律师同行们不断地打电话咨询我一些土地问题，我都会认真解答，有的成了很不错的朋友。新疆石河子建设兵团司法局的领导还多次邀请我为他们专门培训一批土地业务专业律师，双方拟定了培训方案，但由于我的身体问题，没有成行。有了专委会这个大平台，我的土地专业品牌给我带来了许多讲课机会，不到五年时间，全国每个省我都去讲过课。同时新业所也培养了十几位优秀的讲课律师在全国范围内授课。我还组织新业团队全程承担了雄安新区集体土地征收补偿安置热点、难点前沿问题论坛的筹备和接待工作，不仅安排了十几位征收业务律师发言，还编辑了 2000 册土地征收补偿论文集，并发给所有委员。2019 年，我从国外直接飞回深圳，脚骨折还坚持参加了深圳的会议，并且专门讲了城市更新中的土地储备问题。

有了朱老师的栽培和支持，我也多次邀请朱老师来石家庄讲课，无论是什么课题，每次都会座无虚席，省市两级律师协会主管领导和会长都会参加，最多一次参加人数达 500 人之多。朱老师不仅懂业务，更多的是对行业的远见卓识，我记忆最深的是朱老师语重心长地说，全国的律师全部做建筑施工业务也做不完啊！这句话让我认识到，非诉讼业务市场巨大。尤其让我感动的是，朱老师讲课时，常常会提到新业的土地业务，夸赞我们土地业务做得最好，每次来石家庄，也会到新业所进行指导，我们新业人始终铭记于心。

二、参与行业法治建设是律所专业化发展的重要途径

2019 年 12 月 6 日，全国律协建房委主任会议暨 2019 年年会在深圳召开，主任袁华之，副主任林镥海、杨家学、周吉高、韦文津、张利军、蒲杰、我（张霄云）、江帆等参加会议，朱老师作为全国律协建房委顾问，也受邀参会并被奉为座上宾。会上，朱老师作了题为《最新立法对建设领域专业律师的法律服务提出的新机遇和新要求》的演讲，围绕《建设工程施工合同司法解释二》对律师开展业务的指导意义、《政府投资条例》施行后强化政府投资项目监管工作对于律师拓展业务的新机遇、国家推广工程总承包为律师业务发展带来的新机会、全过程工程咨询模式的应用对今后律师业务的影响四方面展开讲解，深入浅出，为参会委员扩宽了业务思路。

▲2019 年 12 月 6 日，全国律协建房委主任会议暨 2019 年年会在深圳召开

图片源自微信公众号“唯律”。

▲全国律协建房委顾问朱树英参会并发表演讲

图片源自微信公众号“唯律”。

▲张霄云参会并发表演讲

图片源自微信公众号“唯律”。

这就是朱老师，持续在建工法律行业发光发热，不知疲倦，也从不懈怠。当然，除了讲课以外，朱老师还通过著书立说和参与行业立法的方式，为推动行业法治建设持续贡献力量。

1. 潜心著书立说

在行业里朱老师率先出书，很多书成为法官、律师手头的工具书。在朱老师的影响下，我们也参与出版了几部专著，如中国人民大学出版社出版的《房地产业务律师基础实务》、人民法院出版社出版的《国有土地使用权合同纠纷案件裁判规则（一）》等。在朱老师的带动下，著书立说在整个律师行业形成了时尚，单单建纬所就有多个大律师出版了多部专著，成为行业翘楚。新业所也同步学习出书，并将之作为品牌建设的主要手段，每年新业所都会将数千册书赠予同行，单单土地汇编就编辑了共 12 册。

建纬 20 周年庆典之际，朱老师专门邀请我参加他们的庆典会议，并且送了我一套他们内部的专业所刊，从这些资料中，新业学会了向客户传递什么，用什么方式传递。

2. 参与行业立法

朱老师无论是在为政府部门提供法律服务时，还是在担任全国律协建房委主任期间，一直在行业里推动立法，指导行业律师将参与立法作为体现专业水准的方式。我们也紧跟步伐，随着我国法治建设的推进，新业所积极参与河北省、石家庄市立法工作。尤其在雄安，我带着新业 20 余名律师前后参加近 80 项立法工作，为雄安发展奠定了扎实的基础，以至现在新业在立法上都走在律师行业的前沿，我们每年参与的立法工作都在十几件。

▲孙霄云参加活动时发言

3. 顶尖的建筑施工业务专家

朱老师是建筑行业最懂法律、法律行业最懂建筑业务的专家型律师，住建部许多重大事件，都会邀请朱老师参加论证，朱老师说，多为高层领导做事，不仅是极好的学习机会，更重要的是知道领导们在思考什么、关注什么，从而提醒我们律师该做什么。朱老师有一半的时间都在为行业做不赚钱的事，这恰恰是一个高端律师应当做的事。有人说，一个人成长的最终目的是成为行业规则的制定者，朱老师无论在建筑行业还是在律师行业都是行业规则的制定者，是时代榜样、行业巨匠！

新业也有个不错的建筑施工业务服务团队，虽然没有建纬所那样的专业高度，但索赔与反索赔等业务一直都在努力前进，在朱老师的指导帮带下一定会取得更大的成就。

有了行业的付出，就有了行业的认同、行业的品牌，也就有了行业的市场。

朱老师依然是我们行业发展的标杆，我们自信在土地施工和征迁房地产等方面很专业，但与朱老师和他带领的团队相比，在高度和眼界上我们还有差距，我们是律不是师，我们缺少公益心。我们需要站在行业前头，用法律的触角探求行业深层的问题，并用专业、用精力来解决问题，相信不久后，我们也会成为像朱树英老师一样的大律师。

作者简介

张霄云，河北新业律师事务所高级合伙人，业务专长为土地业务；曾任全国律协建设工程与房地产专业委员会副主任，河北省住宅与房地产业协会副会长，石家庄市土地协会会长，河北省政府、石家庄市政府专家咨询委员会委员；曾获“全国优秀律师”荣誉称号。

37 得遇良师，何其有幸

陈庆林

引 言

做过老师、干过企业、辞职创业、崭露头角……本书不止一位作者提到自己是沿着朱树英的轨迹走出了一条成长、成功之路。在大家把“朱树英”视为教科书般存在的时候，编者思考的是为什么是“朱树英”，读了浙江论剑律师事务所主任陈庆林的文章，似乎找到了部分答案。

所谓“见字见人”，陈庆林律师初识朱树英是通过一本《建设工程法律实务》，而今编者“认识”陈律师则源于其行云流水的文字和那流畅的情感表达。26 岁成为当时的“网红教师”，不到 30 岁成为省内最年轻的建造师培训讲师，32 岁辞去公职白手起家，陈庆林谦虚地将这归结为“偷师学艺”的结果。但仅凭其文字表达功底，编者就敢说他的“师父领进门，修行靠个人”定能事半功倍。

再回到上文，说朱树英吸粉无数的原因，其中一个关键点就是——言之有物、言之有理、言之有情、言之有序、言之有趣。对事件的客观判断是物，有法律法规支撑是理，遵从公序良俗是情，语言表达逻辑清晰是序，人生感悟社会阅历是趣。由此就可以解释为什么朱树英的书看得下去，朱树英的课听得下去，朱树英办的案服得了人。

▲陈庆林

我是陈庆林，浙江论剑律师事务所创始合伙人、主任。人的一生是一场因缘际会的旅程，得遇良师，何其有幸。对我来说，2001 年从《建设工程法律实务》（业内都称的黄皮书）开始和朱树英大律师相识、相知、相熟的过程，正是我育梦成光的一段历程。

一、相识在书中

朱树英老师的人生经历颇为传奇，他本是建筑工地木匠出身，做过 5 年的建筑行业专职教师，凭借对法律的热爱，华丽转身，成功转型为律师，并成为国内最顶尖的建筑房地产专业律师，著作等身，引领行业发展，不得不让人心生敬意。

而我的经历和朱老师也有几分相似，这大概是冥冥之中注定的缘分。我也做过建筑学校的专职教师，做了 10 年。1997 年，正值我国第一部《建筑法》颁布，我大学毕业后进入浙江省衢州市建设局建筑学校担任专职教师，负责给全市项目经理、施工员讲授建设工程法规课程。说实话，初出茅庐的我缺乏实务经验，再加上当时的建筑法律体系又不健全，每次上建设工程法规课程，我都不知从何说起，只能泛泛而谈，以致学生们兴趣怏怏。那是一段颇为痛苦的过程，我想在课堂上旁征博引，让课程变得生动有趣，只无奈手头没有材料，巧妇难为无米之炊。

直到2001年7月的一天，我偶然在西湖法律书店的网页上发现了一本刚刚出版的《建设工程法律实务》，作者朱树英，我立即下单。这是我第一次听说朱树英律师的大名，当时我从“树英”这个名字推测作者可能是个女律师。《建设工程法律实务》里鲜活生动的经典案例和严谨缜密的法律分析，仿佛有种魔力，让人醍醐灌顶、豁然开朗。已经当了4年建设工程法规教师的我，从来没看到过如此既有理论知识又有实践案例的建筑法律书籍，当时真的可以用“如获至宝”来形容自己的感受。我不断研读这本书，并用书里的经典案例和法律分析重新调整自己的建设工程法规教案，结果我的授课在全市项目经理继续教育培训班上一炮而红。建筑企业经理培训班、“五大员”培训班，甚至全日制建筑技工班，都主动找我授课，26岁的我不知不觉成了大受欢迎的“网红教师”。

▲2001年，陈庆林购买了朱树英律师第一本专著——《建设工程法律实务》，如获至宝。后来又买了姊妹篇《房地产开发法律实务》

从此，我成了朱树英律师的“小迷弟”，将他的每一本著作当作必读书目和备课用书，授课水平直线上升，经常受邀到全市、全省各地巡回讲课。2004 年，全国开始组织一级建造师执业资格考试，我刚好虚岁满 30 岁，浙江省建筑业协会组织了全省一级建造师考前培训，我是最年轻的授课老师，负责建设工程法规及相关知识课程的培训辅导，经常和浙江大学、省建设学院的教授、高级工程师在全省各地同台授课。现在回想起来，当年如果没有“偷学”朱老师的“武艺”，是不可能有这样难得的机会的。非常有缘的是，现在的建纬律师事务所管委会成员史鹏舟律师当年还在企业工作，就已经取得造价工程师、监理工程师执业资格，我和他是在舟山海洋学院一级建造师考前培训授课时认识的。

二、相知在课堂

和朱树英老师的第一次见面，还是在 2005 年《最高人民法院关于审理建设工程施工合同纠纷案件适用法律问题的解释》实施以后的司法解释培训班上。那是浙江省律师协会组织的一次高层次的专题培训活动，由最高人民法院负责起草该司法解释的法官冯小光主讲条文解读，由朱树英大律师主讲实务操作。朱老师幽默风趣的授课方法，博大精深的理论功底，丰富多彩的实务经验，再一次深深地触动了我。也就在这时，我下定决心辞去建设局公职，转行做律师。2007 年，我正式进入律师行业，因为一直在建设系统工作，司法系统几乎没有资源，能不能在律师行业存活下去，是我面临的首要现实问题。从走出体制的那天起，我暗暗下定决心，要以朱树英老师为楷模，走专业化道路，做专家型律师。我时刻关注朱老师和建纬所的动态和成果，汲取知识、获取经验、收取养分。朱老师每次在浙江的讲座我必到，朱老师发表的每一篇文章我必看，朱老师出版的每一本书我必买。朱老师在课堂上的无私教导和悉心指导，助力我找准定位、把握方向、厘清思路。

▲2013 年，朱树英老师在浙江举行的“建设工程施工合同适用法律研讨会”上授课

转行难，成功转行更难。从建筑行业教师到建筑房地产专业律师，是理论工作到实践工作的重大转变，对教师出身的我，最怕我父亲时常提醒的“理论一大套，实际做不到”。正当我一脚跨入律师行业，对如何做好建筑房地产律师实务一筹莫展的时候，2007 年 3 月，朱树英律师的《工程合同实务问答》一书出版了。这本书的主体内容是 400 个与工程实务息息相关的问答，针对 2005 年《最高人民法院关于审理建设工程施工合同纠纷案件适用法律问题的解释》施行后在司法实践中产生的法官审理案件如何准确贯彻，当事人在施工合同管理中如何据以指导各自的工作，以及律师在实务操作中如何准确理解、如何适用等各种问题。问题均来自司法实践第一线，来自法律服务市场，来自当事人的合同管理实务操作。这对刚从建设系统转型做建筑房地产专业律

▲朱树英律师 2007 年出版的第一版《工程合同实务问答》以及 2011 年出版的第二版

师的我来说，犹如一盏明灯，照亮了我前行的路。

《东坡梦》有云："得遇良师，三生有幸。"有了这样一个引路人，我也渐渐闯出了一方天地，执业十多年来，连续三届担任浙江省律协建筑与房地产专业委员会委员，两届市律协建筑与房地产专业委员会主任，长期担任市住建局、市城投集团、市交投集团、市政府投资项目建设中心、市建筑业协会、市房地产业协会的法律顾问，还当选为市律师协会会长。

三、相熟在合作

我 2007 年辞职转行做律师时，曾经想申请加入建纬律师事务所，但因担心自己水平不够而作罢。不能和朱老师的建纬"律师天团"共事，成了我经常和家人提起的这辈子的最大遗憾。

2021 年国庆节，这是我永远无法忘记的时刻，我和家人正在杭州搬新房，接到了浙江大公律师事务所李旺荣大律师的邀请，说建纬所要来大公所交流，邀请我一同参加。"朱树英律师也要过来。"李旺荣会长特别强调。还有什么比我心心念念的与朱老师和建纬"律师天团""合作共事"更重要的事？为了不再让我留下遗憾，家人们全力支持我"逃避"搬家劳动，火速赶到绍兴与朱老师见面。那次相聚，我面对面聆听了朱老师对律所发展与合作的建议和看法，被他的眼界和高度深深折服。

其间，还发生了一段非常有趣的插曲，朱老师说要为我介绍一起来的建纬管委会成员，我笑着说道："不用啦，你们所的骨干，我都认识。"当我逐一说出邵万权、宋仲春、韩如波、陈军等律师的名字时，朱老师露出了惊讶的表情，"看来，你对我们建纬很了解嘛！"

绍兴之行奠定了"论剑"与"建纬"的情缘，2021 年 10 月 23 日，朱老师在百忙之中受邀来到衢州，为全市建筑企业开展工程总承包法规制度培训，并专门参观了我们律所刚刚乔迁的新办公楼，代表建纬所与论剑所签订战略合作协议，见证论剑所工程总承包业务部的成立。

▲2021 年 10 月 23 日，朱树英老师参观浙江论剑律师事务所

▲2021 年 10 月 23 日，朱树英老师见证论剑所工程总承包业务部成立

在朱老师的指导下，2023 年 4 月 12 日，我和朱老师合作办理的案涉标的 2000 多万元的黑白合同纠纷案件再审成功改判。本案中，浙江某施工企业因发包人拖欠工程款，向一审法院提起诉讼，要求发包人支付工程款 3000 多万元。一审、二审法院均认为，承包人与发包人签署的材料价格调

差的工程联系单明显构成对中标合同的实质性变更，且违反《招标投标法》的强制性规定，不符合建设工程施工合同工程量清单计算规范，背离了招投标合同的约定，相关约定无效。结果只判决发包人支付工程款 100 多万元。

施工企业一审、二审接连失利后，无奈之下，找到了我和朱老师，由我们共同代理申请再审。朱老师多次与我线上、线下进行案件研讨、材料梳理与论证，确定本案再审的主要思路：在因发包人原因导致工程不能开工、工期延长超过合同工期的严重违约的情况下，发包人与承包人所签订的材料价格调差的工程联系单均为双方真实意思表示，合法有效，并非双方恶意对中标合同的实质性变更，应作为案涉工程款计价依据。

据此，我们向省高级人民法院申请再审，经审查，省高院决定再审并经审理后认为：工程联系单应当作为计算案涉工程造价的依据，原一审、二审判决认定工程联系单构成对中标合同的实质性变更，违反《招标投标法》的强制性规定，存在不当，应予纠正。省高级人民法院于 2023 年 10 月 25 日撤销一审、二审判决，依法改判：发包人支付工程款 2000 多万元及利息。

省高级人民法院的再审判决完全认可了朱老师提出的思路，为当事人挽回损失 2000 多万元，在经济下行的当下，更是挽救了一家施工企业，保住了近百名员工的饭碗。

志合者，不以山海为远，这些年，在建纬所的帮助和指导下，我们论剑律师事务所逐渐走上了一条“律所品牌化、律师专业化、助理职业化”的高质量发展之路，成为当地规模最大的律师事务所。

师者，所以传道授业解惑也。得遇朱老师，何其有幸。法国思想界泰斗伏尔泰说，坚持意志伟大的事业需要矢志不渝的精神。朱老师的敬业让我无比佩服，勤勉、踏实、精进、执着，你能想象到的形容一个人勤恳的词语，都恰如其分地在他身上演绎。尽管已年过七旬，但他依然精神矍铄，每天凌晨 4 点起床，看书、写作、思考。朱老师把对工作的热爱和钻研发挥到了极致，所谓的匠人匠心，正是对他最好的评价。

所以，当我面对繁重的工作想有所懈怠的时候，当所里的年轻律师想偷懒躺平的时候，我就会说："70 多岁的朱老师还在伏案工作，我们有什么理由选择躺平？"

于高山之巅，方见大河奔涌，感谢朱老师，让我在热爱的领域选择做最值得的自己，从心底生出光与热，用遒劲的笔墨书写奋斗时光。

作者简介

陈庆林，浙江论剑律师事务所创始合伙人、主任、党支部书记，浙江省建筑业行业协会全国一级建造师培训讲师，浙江省建设工程领域第一批争议评审专家，浙江省法学会工程建设研究会常务理事，浙江省司法行政系统百名优秀人物（优秀律师）。

38 与朱树英同行，收获一份好成绩

陈　岩

引　言

犹记得在此前的文章中，编者说过建纬的文化透着“国企气质”，同事间喜欢以“老师”相称，内部管理很多时候也是“商量着就把事情办了”。但读了青海树人律师事务所陈岩律师的这篇文章，编者又生出了另一种感觉——都说建纬是建筑行业专业法律服务领域的黄埔军校，此话不假，而朱树英律师当仁不让就是“校长”。

在全国各地巡回讲课是面授机宜，帮大家提领知识点；见面礼送的书是课外读物，帮助大家拓宽视野、举一反三；提供研学进修机会更是深入带教，让大家积累实战经验，学习管理经验。不得不说，朱树英这么多年“送出去”的好成绩比比皆是，就如陈岩律师所言：“为事务所请了一个免费法律顾问。”

▲陈　岩

我是青海树人律师事务所律师陈岩，来自青藏高原三江源头的西宁市，从 2001 年与朱树英律师相识，至今已逾 20 年。在此期间我目睹了建纬律师事务所不断发展、壮大，也见证了朱树英律师从年富力强、活力四射的律界翘楚积淀成为坚韧不拔、胸怀家国的律界领头羊。在这 20 年中，朱树英律师给予了我们太多的帮助，让我们感触颇深。在我们心中，朱树英律师已经完完全全超越了同行的范畴，更是为我们传道、授业、解惑的老师，在这里就和大家聊一聊我们心中的朱老师。

一、心系青海，倾囊相授

我已经记不清是什么时候知道的朱老师的大名，但一直记得第一次听朱老师的课是在 2001 年 8 月，上海律协三名律师代表赴青海为全省律师上课。课上，朱老师以新颁布的法律、法规为依据，对律师在建筑房地产领域中的新业务、新特点进行了深入分析，让我们深受启发。

通过这次讲课，我们认识了朱老师，有机会与朱老师合作办案，并在日常交往中，与朱老师建立了深厚的友谊。多年来，我们在业务中遇到建设工程疑难复杂问题，把握不准时，总会在第一时间想到向朱老师请教，但同时也考虑到朱老师业务的繁忙程度，我们又尽可能减少对朱老师的叨扰。每次我们抱着愧疚但又无奈的心情向朱老师请教专业问题时，朱老师总能热情对待、及时答复，从未因自身原因有所倦怠或敷衍，而朱老师的答复也总能让我们拨云见日、豁然开朗，使得一个个棘手的法律问题迎刃而解，从某种意义上来讲朱老师是我所免费的法律顾问。

多年后，回忆起朱老师对我所的帮助、对青海律师的关爱，我们心头泛起阵阵暖流，一名长者的谆谆教诲时常回荡在耳边，特别是朱老师将独到的办案见解带给我们时，我们仿佛发现新大陆一般，不禁感叹原来案件还可以这么办理，法律条文的内涵是这样的，客户开拓还可以这样做……

▲2018 年 3 月 8 日，陈岩带领 26 位青海树人律师事务所律师专程到访建纬律师事务所参加专业培训，并与建纬签署战略合作协议

作为建工领域法律服务领头羊，朱老师从不吝啬将自己通过多年摸爬滚打总结出的成功经验分享给他人，积极参与西部律师培训，分享办案心得和律所管理理念，多次为青海省全体律师授课。虽然不太记得朱老师来青海讲课的次数和时间，但每次得到朱老师来青海授课的信息，我所都积极组织全体律师参加，同时，也会把我们在日常工作过程中遇到的疑难、复杂问题汇总梳理后，在课上或课后向朱老师请教。

“授人以鱼，不如授人以渔。”多年来朱老师给我们讲过建设工程法律实务、贯彻执行《建筑法》以及施工企业应注意的法律问题、《建设工程施工合同（示范文本）》解读、如何提高律师演讲及写作水平等。朱老师每一次讲课都从律师关心和关注的问题出发，讲课内容紧扣听众心弦、深入浅出、旁征博引，法律法规、政策文件信手拈来，让听众目不转睛、全神贯注，回答听众当场提出的问题时总能切中要害、言之有物，每次的授课都能给听课律师带来极大启发和帮助。

我们向朱老师请教的问题不胜枚举，既涉及法律专业问题，也涉及律师业务开拓、律师事务所管理等问题，但让我印象最为深刻、对我影响最大的，是朱老师对律师专业化、律师业务开拓方法的见解。

就如何做一名专业律师，专业律师的内涵是什么，我们专门向朱老师进行请教，朱老师指出，专业律师的内涵与标志是综合具备三种能力：第一，熟悉行业实际情况的能力；第二，熟知相关法律规定的能力；第三，熟练解决专业问题的能力。并提出，提升三种能力需要专业律师不断实践、不断研究、不断总结。朱老师结合自己在专业化道路上遇到的问题，给我们做了深入解答，分享了他承办的具体案例，证明提高律师综合能力的重要性，并向我们推荐了他所著的《墨斗匠心定经纬——建设工程疑难案件办案思路与执业技巧》。通过对这本著作的研读，我们对于律师专业化有了更深的认识，也为我所在律师专业化的道路上指明了方向。

律师如何开拓市场、打响品牌一直是最令律师同行头疼的问题，如何解决这个问题，我们一直不得其法。2009 年 6 月，由青海省律协主办、我所承办的全省律师论坛在青海省图书馆举办，朱老师应邀发表了题为《国家应对金融海啸设定的基础设施建设的合同新规制以及律师提供服务应注意的法律问题》的专题演讲，受到了青海省委政法委、青海省司法厅、青海省律协等相关单位的欢迎，包括律师、法官、检察官、公证员、大型企业法务等共计四百余人参加了活动，反响热烈。特别是很多律师同仁表示朱律师的演讲为他们拓展法律服务业务、解决专业疑难问题指明了新的方向。

本次讲课中，朱老师提出律师要“能说会写”，并就律师如何提高演讲能力、写作能力进行了具体的讲解。朱老师指出“酒香也怕巷子深”，演讲是律师可以特别打造的营销方法，一个专业律师就算专业很好、能力很强，如果不善于通过演讲让人知晓，业务发展就会受到制约，难以实现顺利发展。反之，如果专业律师能够通过精准、特定的营销，使潜在客户知晓自己的专业能力和品牌，那么潜在客户在遇到相关法律问题或纠纷时就会慕名而来。通过这种方式吸引业务既有助于律师提升自身地位，又有利于律师商谈相关费用，做到业务找律师，而不是律师找业务。朱老师还向我们分享了他通过演讲助自己获评“东方大律师”的实例、通过讲课获得客户资源的实例，让我们对如何通过演讲打造律师品牌、开拓市场有了更加直观的印象，解决了困扰我们多年的难题。

朱老师特别提出，律师业务开拓的根本还是律师自身的专业水平、业务能力，而不是关系勾兑、吃吃喝喝，游走在灰色地带，只有这样才能得到客户单位和律师同行的尊重、认可，才能在法律服务市场拥有一席之地。多年来，朱老师也一直秉承这个理念开展业务，在全国律师同行之间、法检系统中树立了良好的口碑。

朱老师先后推出了《苦寒磨砺筑方圆——律师演讲技能提升之道》《苦寒磨砺筑方圆——律师写作技能提升之道》两本专著，对律师如何开拓市场进行了系统性阐述。通过对这两本著作的研读，我们对于律师如何做到“能说会写”、如何通过演讲开拓市场有了全新认识，拓宽了我们开拓客户的渠道。

朱老师上述讲课内容，不仅面向我所律师，更面向青海全省律师。我认为，朱老师向大家传授的拓客之道，是律师开拓业务最行之有效的“大道”，是朱老师几十年律师生涯所总结出的精华，朱老师对大家毫无保留，和盘托出，他对律师同行的真诚、无私值得我们钦佩和学习。

二、专业精深，一锤定音

说到朱老师对我们专业发展的帮助，就不得不提我们和朱老师合作办理的一起建工纠纷案件。

2012 年 7 月，承包人方升公司因发包人隆豪公司单方解除合同、拒付工程款，向青海省高级人民法院提起诉讼，请求隆豪公司向方升公司支付工程款 2243 万元，并支付违约金（工程款以及违约金以司法鉴定结果为准）；隆豪公司提出反诉，请求方升公司退还多支付的工程款 106 万元、赔偿隆豪公司损失 492 万元，方升公司承担违约金共计 255 万元等。

我所律师有幸与朱老师共同作为原告方升公司代理人，全程参与了该案的一审、二审工作。

案件审理过程中，一审法院委托鉴定机构对方升公司已完工程及应当施工但未施工部分工程价款进行了鉴定，根据鉴定意见书，方升公司已完工程鉴定价格为 3272 万元。

一审法院认为，鉴定意见书应当作为定案依据，鉴定意见书鉴定价格为 3272 万元，扣减双方有争议的工程变更、签证项目 145 万元，方升公司已完成的工程总价款为 3127 万元；隆豪公司的已付款为 3105 万元。扣除税金 105 万元、已付款 3105 万元，隆豪公司超付方升公司工程款 83 万元，应由方升公司向隆豪公司返还。

根据上述认定，一审法院判决：（1）方升公司于本判决生效后 30 日内向隆豪公司返还超付的工程款 83 万元；（2）方升公司于本判决生效后 30 日内向隆豪公司支付质量缺陷修复费用 24 万元；（3）驳回方升公司的其他诉讼请求；（4）驳回隆豪公司的其他反诉请求。

因一审判决与预期结果差距较大，收到一审判决后，朱老师连夜从外地赶到西宁，第二天一早便与我们进行案件研讨，对一审判决及证据材料进行全面梳理、论证。在连续高强度工作十几个小时后，朱老师确定了本案上诉的主要思路：方升公司完成基础、主体施工后，隆豪公司单方解除合同，致使合同约定工程未能全部完工，合同约定的固定单价无法适用，隆豪公司应当按照定额结算已完工程价款。一审判决认定根据合同约定的固定单价按比例折算已完工程的工程价款，适用法律错误。本案鉴定意见书不能作为定案依据。

据此，我们向最高人民法院提出上诉。最高人民法院经审理后认为：(1) 尽管鉴定意见属于证据，是具备资格的鉴定人对民事案件中出现的专门性问题运用专业知识作出的鉴别和判断，但是，鉴定意见只是诸多证据中的一种，其并不当然成为人民法院定案的唯一依据。在认定案件事实上，尤其是涉及法律适用时，尚需要结合案件的其他证据加以综合审查判断。(2) 一审判决及鉴定意见以合同约定总价与全部工程预算总价的比值作为下浮比例，再以该比例乘以已完工程预算价格进行计价，存在明显不合理之处，采用该计价方法，将会导致隆豪公司虽然违反约定解除合同，却能额外获取 910 余万元利益的现象。这种做法无疑会助长以违约获得不当利益的社会效应，因而该方法在本案中不应被适用。本案应当根据实际完成的工程量，以建设行政管理部门发布的定额为依据，计算已完工程价款，其数额为：4065 万元 +8 万元 +5 万元 +145 万元 =4223 万元。

基于上述理由，最高人民法院撤销一审判决，判决：隆豪公司于本判决生效后 10 日内向方升公司支付工程款 941 万元，并支付违约金 6 万元。

最高人民法院的终审判决完全认可了朱老师提出的上诉思路，为当事人挽回损失近 1000 万元。

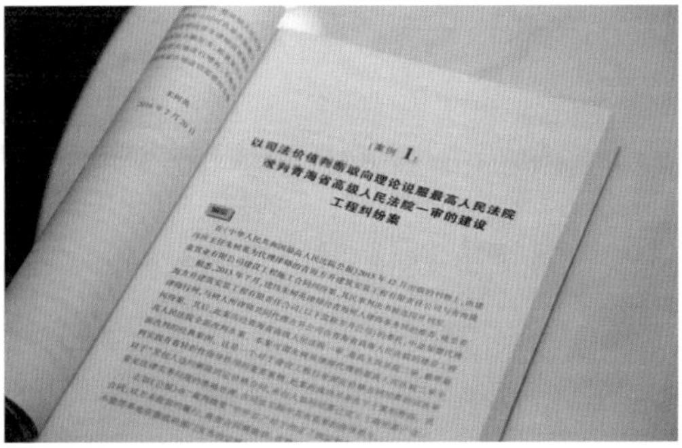

▲此案作为经典案例，被收录在朱树英个人专著《墨斗匠心定经纬——建设工程疑难案件办案思路与执业技巧》一书中

办理该案件时，朱老师已是赫赫有名的建筑工程领域专业律师，所代理的案件标的动辄上亿元，每日工作可以用不胜繁巨来形容，但他并没有因为这起案件标的不大而懈怠，工作尽心尽力，让我们零距离感受到了朱老师敏锐的洞察力、扎实的理论功底、丰富的实务经验。朱老师对案件争议焦点问题分析精准，一锤定音。特别是彼时朱老师已年过六旬，还拥有不弱于年轻人的旺盛精力、在专业问题的研究上异于常人的热情，这让我们自叹不如。这一案件的合作办理拓宽了我们在办理建设工程纠纷案中的思路、眼界，让我们受益匪浅。

这个案例颠覆了建设工程纠纷案件审理过程中，审判机关过于倚重鉴定报告，以鉴代审的裁判规则，在建设工程固定价格合同纠纷案件处理中凸显了追求实质公正的司法审判价值判断取向，具有现实的参考价值和典型的指导意义，最终成为最高人民法院2015年第12期的公报案例。

三、守望相助，无私奉献

因我们与朱老师之间的友谊，朱老师对我所格外关爱，在和朱老师的交往过程中，我所得到了朱老师很多的帮助。

多年前，当青海省乃至整个西部的律所还局限于小作坊式的单打独斗、万金油式的服务模式时，建纬所已经在专业化、一体化的方向上有所建树。朱老师结合中国律所未来的发展模式和前景展望，站在更高、更全面的角度为我所指明方向，受朱老师的启发，我所进一步夯实了律师专业化、一体化的分工和打造工作，在专业化发展方面取得了较好的成效。

众所周知，律师行业的竞争相比其他行业更为激烈，所以在律师界“教会徒弟饿死师父”的现象常有发生，为防止出现这种局面，律师在同行之间业务有所保留也是人之常情。但为了使我所能够更好地了解、学习建纬所专业领域的成熟经验和先进的管理模式，我向朱老师提出了一个不情之请——能否安排我所律师到建纬所进行参观、学习？朱老师听后欣然接受了我们的请求，并提出：短期的参观学习效果不明显，作用不大，建议我所安排律师参与到建纬所实际的业务办理过程中，更加系统、全面地学习。2009 年 10 月，我所安排两名骨干律师到建纬所进行学习，为期半年。其间，朱老师安排两名资深合伙人带教，从建设工程诉讼案件到工程建设全流程服务，建纬所全部知识成果均向我所两名律师开放，办案团队除涉及保密要求外的重大、复杂、疑难案件的讨论，均邀请两名律师参与并发表意见。在整个学习过程中，带教老师在业务上倾囊相授、毫无保留，经济上也给予我所律师大力支持，不仅未收取过任何学习费用，学习结束后，朱老师个人还向两名律师发放学习期间补助金，临别时组织送行晚宴，让我所律师在异乡感受到了朱老师及建纬所浓浓的关爱，朱老师“自奉宁过于俭、待人宁过于厚”，给我们留下了深刻印象。

通过在建纬所的锻炼，我所两名律师开阔了眼界、提高了专业水平、熟练掌握了办案技能，综合能力得到了极大的提高，现该两名律师已成长为我所高级合伙人，并在建设工程法律服务方面有所成就。

因两名律师在建纬所的学习经历，我所更多年轻律师对建纬所心向往之，都想近距离感受一下朱老师这位“律届大咖”的业务能力和人格魅力。在征得朱老师同意后，2012 年 3 月我所组织全所骨干律师一行共 34 人，到建纬上海总所参观交流。朱老师对我们的参观学习极其重视，参观前，朱老师安排人员与我们反复沟通，确定参观人员范围、敲定双方交流课题，并根据我们提出的需求，安排高级合伙人作专题分享。更让我们感动的是，参观前一日朱老师还在外地开庭，为接待我们，朱老师开完庭第一时间赶回上海，下飞机时已近午夜。第二日下午，朱老师又为我们作了专题分享，向每一位律师赠送了《工程合同实务问答》和《建设工程施工合同（示范文本）（GF－2013－0201）使用指南》两本专业书，让我们再一次感受到了朱老师以及建纬所的真诚和热情。

青海地处高原，经济欠发达，律师能接触到的业务范围无法与经济发达城市相提并论，律师在理论素养、实战经验上与上海律师差距明显，掌握的信息也有所滞后。朱老师作为建筑房地产业务方面的专家型律师，不仅掌握着建筑房地产领域最前沿的信息，还参与起草、修订、审查了大量建筑房地产领域的部门规章、制度、标准，可以说是建筑房地产领域法律服务的风向标。朱老师了解到我所乃至西部律所面临的这一客观窘境，主动向我们分享他掌握的前沿信息，在参与相关规章制度的起草、修订、审查时，主动邀请我们参与学习、讨论、研究，打破地域壁垒，缩小信息差，让我们能够第一时间接触到前沿信息，了解行业发展动向，为我所在专业化发展的道路上加油、鼓劲，是值得我们尊敬的良师益友。

▲建纬律师事务所 2010 年西藏旅游合影

对于朱老师对我们的帮助，我们无以为报，唯有以大美青海的壮丽山河相邀。2010 年 8 月，朱老师组织建纬总所律师及家属 37 人前往西藏旅游，在西宁中转，让我们有了一尽地主之谊的机会。听到朱老师一行要到西宁的消息，刚结束在建纬所学习之旅的两名律师为了表达对朱老师、对建纬所的感谢之情，自告奋勇要和我一起到机场去迎接，并提议以敬献哈达的方式向朱老师他们表达欢迎之意。朱老师他们抵达当日，因天气原因导致航班延误，飞机落地时已近半夜，我们一直在机场等待，直到我们将洁白的哈达搭在朱老师颈肩，并将各位贵宾全部安顿停当。唯有此，才能将我们对朱老师的感谢之情表达万一。

朱老师在上海，我们在青海，上海和青海都带个“海”字，如果说青海的“海”代表了高原湖泊的清澈、朴实，朱老师所在的上海“海”则代表了大海的宽阔、厚重，如同朱老师一般。朱老师虽然身在上海，但心系青海，他作为上海乃至全国律师的杰出代表，在专业方面的精益求精，对促进全国律师行业发展的辛勤付出，对律师同行的关爱照顾，永远值得我们学习和铭记。

作者简介

陈岩，青海树人律师事务所创始合伙人，中国政法大学民商法学硕士、中欧国际工商学院 EMBA，青海省首届“十佳”律师。曾任青海省人民政府法律顾问、青海省高级人民法院智库专家、青海省人民检察院专家咨询委员会委员。陈岩律师从业四十余年，为上百家企事业单位及政府机构提供了专业的法律服务，代理的案件曾被选定为最高人民法院公报案例，切实有效地维护了委托人的合法权益。

39 从“讲台”到“主播台”，传播也是生产力

——建纬承办第二届中国律师论坛的故事

陈雪虎

引　言

很多媒体从业人员对会议采访可以说是又爱又恨。如果不想花心思，那拿份主办方准备好的统发稿也能交差；但如果想要出爆款出独家，那就要在冗长的报告、枯燥的话题中去找亮点，这个对于记者来说靠的就是脑力和眼力了。

本文作者陈雪虎老师就是一位资深电视人，他与朱树英结识就缘于一个重量级会议，一个看似是花絮却意义非同寻常的新闻点。在赞叹媒体人捕捉力的同时，不得不说朱树英本身也是极具新闻敏感性的。无论是时间的选择，还是话题的引导，甚至是宣传的度，朱树英都有着信手拈来的把控力，这就是所谓的“立时代之潮头，发时代之声音”。

▲陈雪虎

我是媒体人陈雪虎。

我和建纬律师事务所创始人朱树英律师虽然相识、相知30多年了，但本文重点要讲的却是2002年建纬所独家承办第二届中国律师论坛的故事。30多年来，我目睹和见证了他呕心沥血，为其事业的开拓和建纬的发展所历之艰难。他的雄心壮志、远见卓识以及脚踏实地的埋头苦干精神，令我敬佩。

一、跨界相识，36年*前一场重要会议让我们结缘

我俩虽职业不同，但跨界相识，交情匪浅。他是律师，我从事媒体工作。1987年，改革开放后的上海电视媒体正处在蓬勃发展期。我离开从教12年的复旦大学新闻系，加盟成立不久的上海电视二台。1988年，我参加报道上海市首次受联合国委托举办的一次重要会议：“人力资源管理”专题研讨。36年前，“人力资源管理”这一概念正是通过媒体的报道，才开始被大众熟悉的。正是在那次会议上，我结识了朱律师（详见本书《为大型国际会议提供专项法律服务——朱树英1988年涉外专项法律服务记事》一文）。

▲1987年6月15日上海电视二台开播

▲上海电视二台台址南京东路627号七重天宾馆

---

* 本文成稿于2023年。——编者注

朱律师的大名，也因为这次会议为沪上媒体人初知。那次涉外国际会议有来自中、美、加、英、德、法、澳、日、韩等30多个国家和国际组织的官员，以及包括获诺贝尔经济学奖的专家学者、国际知名企业高管等300余人出席。时任上海市市长朱镕基亲自接见与会贵宾，成为当时上海的重磅新闻。同时，会议组织者为保护会上外国专家发表论文的知识产权，专聘朱树英律师发布维权声明。如此促进社会法制建设的做法，当时颇为鲜见，亦成此次会议报道中的新闻亮点。

▲1988年西安留影（左一陈雪虎，右一朱树英）

会后，应陕西省外办之邀，与会各国专家赴西安参观考察。朱树英和我分别作为律师界和新闻界的代表随行。

我俩频繁接触，还是在会议筹备期间。上海媒体记者何重建先生和我受命参与制作将在电视二台播出的“人力资源管理”相关电视专题片，以配合此会报道。为摄录会议筹备进程和内容细节，我常在相关会议上与朱律师相遇。后又听和他同出道的朋友徐祖恂介绍，方知朱律师的不凡经历。他自学成才、刻苦钻研，在实践中边干边学，从建筑工地上一名默默无闻的小木匠，一步步转型成为钻研建筑领域的律师。他在担任此次会议特聘法律顾问时让我感受到了他的热情投入、作风细致、思维缜密、处事果断，这些可贵的个人品质和工作能力，让我刮目相看，萌生敬意。

于是，我俩跨界结缘，日后交往频频，情投意合，友情历久弥新。后来，我参与创建《经济纵横》电视栏目，遇到社会有争议话题的报道和重大事件选题时，便向朱律师请教相关法律问题，他都会抽空不厌其烦地阐述个人见解。一番番交谈，丰富了我的逻辑思维，使我更好地把握报道分寸，得益匪浅。

二、再度合作，第二届中国律师论坛大放异彩

其实，朱律师本人十分低调，谦恭自守。那时，谈到他创办的建纬，他总谦虚地表示事务所还在发展阶段，没啥可张扬的，要多做些实绩。

但建纬承办第二届中国律师论坛时，朱律师却一反常态，决定要张扬一下。光阴荏苒，转眼22年。时至今日，往事历历在目。

2002年8月的一天，他打电话告诉我，建纬已主动向全国律协请求并获准，将于10月在沪承办第二届中国律师论坛。他希望我抽空到其单位会同市司法局宣传处的领导共同谋划论坛的报道事宜。我知道，他是位完美主义者，在条件许可的情况下，总想把事儿做到极致。那时，上海文广系统经数轮改革，我已转入东方电视台任职。

到建纬所后，我方知举办论坛的背景和朱律师的心思：

2001年12月，首届中国律师论坛在昆明顺利举办，会上讨论了下届论坛的主题和承办单位，在得知第二届中国律师论坛将以“专业定位和专业品牌”为主题时，作为首届协办单位建纬所负责人的朱树英，当即向上海市司法局和律师协会领导请示，主动提出申办请求并获通过。由此，建纬将独家承办由中华全国律师协会、上海市律师协会和《中国律师》杂志社联合主办的第二届中国律师论坛，开创了由一家律师事务所单独承办中国律师论坛的先河。

论坛筹备工作已启动。建纬动员骨干律师，组成以陶靖牵头负责的论坛筹备组，由时任事务所主任朱树英任组长。朱律师虽业务繁忙，但对论坛的筹备却毫不懈怠。所里许多律师以及行政人员各尽所能，默默地协助筹备组承担着大量烦琐而辛苦的具体工作。上海市司法局和市律师协会十分重视，多次召开工作会议，与建纬筹备组共同推进筹备工作。

当年，恰逢建纬建所十周年。建纬开始实施以专业为纽带的分所发展战略。8 月 28 日，建纬首家分所落子北京后，便为吉林大学、清华大学科技园、中国国家博物馆、2008 年奥运场馆、北京和天津的地铁及机场等一系列重大建设项目提供法律服务，使建纬在国内全方位开启了品牌所、精专所的规模化发展之路。此届论坛研讨内容和建纬所的发展战略不谋而合，借此论坛可拓展发展思路；而独自承办第二届中国律师论坛也成了建纬建所 10 周年庆的重要内容之一。

那天的碰头会议上，朱律师希望我为该论坛的媒体报道撰写所谓的新闻统发稿，我爽快应允。后经商讨达成共识：稿件不冠以统发稿之名，而是将其作为报道素材提供给媒体记者参考，让各家媒体各据视角，各取所需，从中发挥；由上海市司法局向本市媒体和中央媒体驻上海记者站发邀请函，召开新闻发布会。后来，当时市司法局的缪晓宝局长还出席了新闻发布会。

▲第 2 届中国律师论坛开幕式照片

图片源自中国律师网。

2002年10月19~20日，第二届中国律师论坛在黄浦江畔的上海国际会议中心成功举行。论坛开幕式由时任中华全国律师协会秘书长贾午光主持，时任司法部副部长段正坤，时任上海市副市长冯国勤，时任上海市司法局局长缪晓宝和中华全国律师协会副会长、上海市律师协会会长朱洪超等领导出席。

这届论坛成果丰硕，来自全国20多个省、市，香港、澳门特别行政区以及外国律师事务所的250余位律师同行欢聚一堂。他们通过主题发言和自由论坛的形式，就律师和律师事务所的专业定位与专业特色，行业发展与品牌战略，律师事务所的人才优势和专业竞争力，诚信建设与专业品牌的相互关系、发展规律、改革思路、竞争需求等热点、难点问题展开了深入、全面而实际有效的探讨与交流。论坛结束前，与会代表全票通过了《上海宣言》，并由本届论坛主办方上海市律师协会将中国律师论坛会旗移交给第三届中国律师论坛主办方广州市律师协会。

论坛举行的两天间，中央和本市新闻媒体纷纷采用各种新闻体裁，通过广播、电视、报纸和网络等媒介对此次论坛作了翔实报道，扩大了论坛的影响力，也使建纬声名远播。

三、海口重逢，老友叙旧友谊长青

古语有云：“益者三友，友直、友谅、友多闻。”朱树英无疑是这样称职的好友。尽管如今年岁已高，但我、何重建与朱树英相识36年，仍会不时相聚。2023年1月24日，朱树英因为公事来到上海建纬（海口）律师事务所指导工作，而刚好我和内子现居椰城，同为“候鸟”的重建兄居住在文昌市，距此不远。我们三人一拍即合，安排在位于南海大道的“琼厨鸡饭店”小聚。人生一大乐事，便是他乡遇故知，因缘际会，我们这群曾经在上海滩风云激荡的好友，如今相聚椰城，分外难得，席间我们觥筹交错，谈及往事笑语盈盈。饭后，朱树英还特邀我和重建兄共同参观建纬海口办公室，同行的还有建纬总所管理合伙人陈军律师。在建纬海口办公室苏文主任的热情招待下，我们可谓是宾至如归，他提前备好茶水和琼菜特色午宴，为我们好友叙旧创造了良好的环境。

▲陈雪虎（左）与朱树英（中）、何重建（右）相聚在建纬海口办公室

▲建纬海口办公室苏文主任盛情款待

是金子，总会发光。建纬厚积薄发，砥砺前行，乘风破浪31年。如今，

朱树英已是我国著名律师，建纬以其在专业法律服务领域的卓越业绩，铸就了中国律师事务所的知名品牌。建纬足迹辉煌，曾获全国优秀律师事务所、司法部部级文明律师事务所、《亚洲商业》杂志“中国最佳建筑律师事务所”、ASIA PACIFIC LEGAL 500（亚太法律500强）“中国知名律师事务所”等殊荣。

我是建纬发展历史的见证者之一，与有荣焉。

作者简介

陈雪虎，资深媒体人。

40 追随榜样，在专业化的道路上腾飞事业梦想

樊地建

引 言

榜样的力量直抵心灵、从榜样中汲取奋进的力量……经常能在新华社、《人民日报》的大幅标题中看到类似的话，给人的第一感觉就是“宏大叙事”“国之重器”。榜样的形象很高大，令人肃然起敬；榜样的事迹很感人，让人潸然泪下。而本文作者，建纬成都办公室主任樊地建同样提到了“榜样”——他很普通很平凡，他就是干一份自己热爱的事情，他说不上“功在当代利在千秋”，但他却实实在在感召了很多人。

一颗匠心，一生匠行，樊地建主任用这寥寥两句话写出了榜样的力量。正所谓，目标就在前方，坐而思不如起而行，从仰望星空到走到你身边，这就印证了——有一种精神，穿越时空，烛照前路；有一种力量，生生不息，催人奋进。

▲樊地建

提到朱树英律师，很多人敬佩他从小木匠到大律师的励志经历中所展示的专注与坚韧；敬佩他坚持著书立说，用一本本专著去传递知识与经验，影响同行与行业发展的无私与奉献；敬佩他一生做好一个专业，在专业化道路上不断钻研与深耕的刻苦与执着；敬佩他古稀之年仍坚守律师工作第一线，为推动建设领域法制健全、健康发展的呕心沥血。他是很多人心目中的偶像，亦是我人生的榜样，是我律师事业奋斗的目标。

第一次听到朱树英律师的名字是在2004年年底。最高人民法院发布了《关于审理建设工程施工合同纠纷案件适用法律问题的解释》，并将于2005年1月1日开始施行。该司法解释能够规范建设工程领域发承包主体生产经营行为，为解决因法律法规缺失而积累的诸多矛盾纠纷提供司法裁判依据，对于整个建筑行业及各类参与主体都至关重要。彼时，我就职于四川某国有大型施工企业集团从事法务管理工作，学习并宣贯好该司法解释是当时的重要工作。在我通过各种途径了解该司法解释的培训信息时，传来该司法解释的起草人冯小光法官与朱树英律师在北京市高级人民法院和北京仲裁委员会联合举办的专题培训班上培训讲课的消息，于是朱树英律师的神秘形象便出现在我脑海之中，想着如此重要的司法解释，是怎样水平的高人律师才能够与最高人民法院的起草法官一起去做权威的解读，如果有机会当面请教该有多好。

很有缘分的是，公司的上海分公司因一起工程纠纷案件请到朱树英律师做代理人，因此我有机会在成都与朱律师进行面对面交流。尽管时间很短暂，但朱律师对于案件细节的把控、对法律条文信手拈来的深厚功底，深深地折服了我。朱律师在上海建工集团从最初的小木匠做起，通过自己的努力，以常人难以想象的自律，一步步从专职教师、经理秘书、法律顾问室主任到建纬所主任的奋斗历程，更是让我无比感动与佩服。想着自己也是从最初的施工工长到现在的法务岗位，亦是一名律师，能不能成为像朱律师这样的行业大咖呢？那时我心中便埋下了一粒种子，要向朱律师学习，立志成为建工领域的专业律师。

一、于书中求知，聚奋进之力，学习榜样“择一行爱一生”的匠心

《建设工程法律实务》《房地产开发法律实务》《工程合同实务问答》《墨斗匠心定经纬——建设工程疑难案件办案思路与执业技巧》《苦寒磨砺筑方圆——律师演讲技能提升之道》，一本本专著、一个个鲜活的案例、一点点经验的提炼，描绘着朱律师不畏艰辛、精于计划、成于细节的形象，也成为我提升专业知识、积累专业经验的法宝。

▲朱树英律师个人专著

以所学致用，行力则知进，学习榜样“干一行优一行”的匠艺。在施工企业工作了 14 年后，我来到一家央企设计院，继续我的企业法务生涯，有机会完成从施工领域法务到设计院牵头的工程总承包领域法务的转型实践。我知道朱律师在 1994 年时，就为延安路越江复线隧道的设计施工总承包合同起草提供专项法律服务。我希望像榜样一样，去经历、学习并丰富自己在各类工程组织实施方式下的法务经验。我也像朱律师一样，不断去填补在法学理论上的短板，四川大学、西南财经大学都有我尝试进取的足迹。感恩设计院领导、同事的理解，我在两年以后离开单位与二位律师朋

友合伙设立了一家律所，正式开启了我的专职工程律师执业旅程。律所定位于从事建设工程领域法律服务的精专所，我想像朱律师一样，在这一领域发光发热，并不断向榜样靠近。

二、追榜样之光，汇前行力量，学习榜样“钻一行精一行”的匠行

从2011年到2017年，律所从初创期、发展期到瓶颈期，让我们明白走专业化的道路，成为专业的建工律师，需要榜样的引领和指导，“建纬”成了我们心目中的理想之城。于是乎，我联系朱树英老师，表达了我们希望成为“建纬人”的强烈意愿和追随榜样的坚定决心。

我现在还清晰地记得，2018年春节后上班第一天，朱树英老师来到成都考察我们办公室的场景，兴奋、激动之情无以言表。我们向朱老师真诚地报告了我们在专业化道路上的摸索、实践和遇到的问题，听到了朱老师关于建纬在“超前、务实、至诚、优质”的服务理念指引下不断壮大的发展历程和一个个优秀的建纬律师令人振奋的成长故事。我们坚信加入建纬就是我们最好的选择，也是实现事业梦想腾飞的最佳途径。

▲2018年朱树英律师（中）到访四川高维律师事务所

2019 年 3 月，上海建纬（成都）律师事务所正式在天府之国四川成都落地生根，从此我们的律师事业开启了新的篇章。

在“朱树英”和“建纬”品牌的感召下，许多律师同行慕名而来。有的是因为读了朱树英老师的书或听了他的讲座，被他的专业水平所征服；有的是因为和建纬律师合作过，被建纬律师的敬业态度所感动；有的是因为当过建纬律师的对手，被建纬律师强大的执业能力所吸引。我们在成立后的短短三个月内，共计收到 300 余份同行简历，面试律师 100 余人，有 20 多名律师加入建纬。

追随榜样，方知雾里看花与身临其境相去甚远，方知真正的专业化与大多数人认为的专业化大相径庭。

专业化在于博学而笃志，切问而近思。2019 年 2 月 1 日，《最高人民法院关于审理建设工程施工合同纠纷案件适用法律问题的解释（二）》正式施行，建纬成都第一时间在成都组织该司法解释的培训讲座，朱树英老师受邀作为主讲人，律师同行、企业代表 600 多人参与讲座，好评如潮。这是建纬成都组织的第一场专业讲座。自此以后，组织或受邀开展专题讲座成为建纬成都展示自己、与同行共享知识和经验的常态化工作，仅成立当年，我们就举办了 15 场专题讲座和论坛。而我自己也有更多的机会近距离向榜样学习，学习如何去演讲、去分享、去传递和展示建纬的形象和力量，在朱老师的提携下，同朱老师及其他优秀的建纬同事一起搭档培训输出。

专业化在于积力之所举，众志之所为。建纬成都从成立之初就特别注重复合型律师的吸收和培养，一批具有建造师、造价工程师、监理工程师、消防工程师等资格的律师，在建纬强大的品牌吸引下，来到建纬成都，大家共同研学、相互支撑，以专注的心做专业的事，不断成长、逐渐强大。到现在，建纬成都有一级造价工程师 15 人，一级建造师 8 人，一级消防工程师 1 人，一级监理工程师 2 人，二级建造师 11 人，计 37 人，在西部地区律所中居于领先位置。

专业化在于助力立法立规，贡献专业力量。在建纬 30 余年的发展历程中，朱老师带领大家积极参与行业立法立规和标准制定工作，为建筑行业有序健康发展不断贡献力量。建纬成都秉承这一优良传统，除了积极参与总所牵头的课题研究，还积极参与四川省内行业法规、制度的立法调研、修订工作。作为唯一一家受邀律所，我们参与了《四川省建筑管理条例》的立法修订工作，该条例于 2021 年 9 月 29 日经四川省人大常委会讨论通过，公布施行。四川省住房和城乡建设厅为此专门向律所发函感谢。我们还参与了《四川省建设工程勘察设计管理条例》的立法调研工作。对于行业主管部门公开征求意见的各类管理性文件，律所通过召集相关企业、行业协会代表和律师同行以研讨会、沙龙等方式，收集各方意见向主管部门进行反馈，如《四川省物业服务合同（示范文本）》《四川省房屋建筑和市政基础设施项目工程总承包合同计价的指导意见（征求意见稿）》《四川省房地产开发企业信用信息管理办法（征求意见稿）》等。建纬律师通过参与这些活动，不断提升专业能力水平，也利用自身的专业知识和经验为行业的健康发展贡献出建纬力量。

▲2023 年 12 月 15 日，朱树英带领建纬成都办公室一行，到访开元咨询集团调研交流投建营一体化的工程组织实施新方式

高山仰止，景行行止。虽不能至，心向往之。成为建纬人，在朱老师的榜样引领和具体指导下，在总分所伙伴的无私帮助下，我真切地感受到，我的事业梦想插上了腾飞的翅膀，从此穿花寻路，直入白云深处，浩气展虹霓。

作者简介

樊地建，上海建纬（成都）律师事务所主任、首席合伙人。曾先后供职于四川华西集团有限公司、中国建筑西南设计研究院有限公司共计十六年，负责集团法律风控及诉讼事务处理。为数十家大型国企、央企及政府平台公司提供法律服务，担任四川省住房和城乡建设厅常年法律顾问、法治专家库专家。

41 我与朱树英老师在造价和法律之间的故事

吴佐民

引 言

曾记得在为朱老师《墨斗匠心定经纬——建设工程疑难案件办案思路与执业技巧》一书作序时，本书副主编顾卓敏用了“功夫在诗外”这个标题，想要传达给读者的是——朱树英之所以被称为建筑工程领域的专业律师，不仅是因其有着出色的法律服务能力，更重要的是他是一位“专家型”法律人。毕竟从施工图纸到建筑材料，从建设工期到维保质量，其中的门道并不是靠读法条就能明白的。

北京市建设工程招标投标和造价管理协会会长吴佐民的这篇文章就提到了朱树英的另一重专家身份——中国建设工程造价管理协会唯一一位跨界的常务理事兼专家委员会副主任。看似造价师与律师隔着行隔着山，但研读过朱树英案例丛书的都会发现，无论大案小案，无论民案刑案，定价和算账都是必争之地。同样，听过朱树英讲座的都有感受，看似是讲法讲案，但总包分包各个自省自警。或许“造价师之师”就在于，朱树英之于造价师就是一种“诗外的功夫”。

▲吴佐民

我是吴佐民，几十年来一直在造价行业工作，曾任中国建设工程造价管理协会（以下简称中价协）秘书长，现为北京市建设工程招标投标和造价管理协会会长。朱树英律师创建的建纬律师事务所（以下简称建纬所）成立30年之际，我的好朋友，广东省工程造价协会原会长钟泉请著名书法家给朱树英送了一块匾，题词“造价师之师”。我认为：朱树英虽是一名专业律师，但是他跨界被誉为“造价师之师”是恰如其分、名副其实的。所以，在本文中我也称朱树英为老师。

一、全国最早给造价工程师讲法律课的律师

我最早听说朱树英老师的名字是在2006年7月，当时陈光云先生任中价协培训部主任，他负责具体的造价工程师教育培训事务，我任中价协的副秘书长。有一次培训后，光云主任跟我讲，朱树英老师讲工程造价纠纷的课很受欢迎，他将法律和工程造价业务巧妙地结合起来，课讲得非常好！这让我对朱老师有了最初的印象。2008年，朱老师成为中价协唯一一位律师跨界担任的专家委员会委员，后又担任了常务理事、专家委员会副主任。其后，在中价协的推荐下，朱老师也在忙碌的业务中，经常给中价协和地方工程造价协会讲课，拓宽了造价工程师的专业视野。

2013年，中价协委托广联达科技股份有限公司（以下简称广联达）给

全国造价工程师组织业务培训，广联达找了朱老师担任主讲人，整整录制了一天的课程。之后，全国的大部分造价师都先后听了朱老师的视频课。2014 年，中价协受香港测量师学会邀请，其希望中价协派资深讲师去香港给测量师们讲中国的造价管理制度，中价协委派朱老师前去讲课。据当时香港测量师学会会长林濬先生反馈：香港的测量师普遍反映朱老师的课深入浅出，讲得很好，香港测量师学会还专门赠送了朱老师纪念奖牌。多年来，朱老师应邀给江苏、广东、山东、四川、重庆、新疆等地的造价协会讲造价和法律结合的课程，这些课都给各地造价工程师们留下深刻的印象。

2018 年年底，最高人民法院发布《关于审理建设工程施工合同纠纷案件适用法律问题的解释（二）》（已失效，以下简称《建设工程司法解释（二）》），并将于 2019 年 2 月 1 日起正式施行，这一消息引起各方高度关注。2019 年 1 月 20 日，《建设工程司法解释（二）》施行前夕，中价协迅速安排培训，在北京京林大厦举行“以工程造价视角解读最高院施工合同司法解释（二）专题培训班”，来自全国各地的造价管理机构、行业协会及工程造价咨询企业相关人员近四百人赶赴北京参会，会场座无虚席。本次培训邀请了负责起草《建设工程司法解释（二）》的原最高人民法院民一庭高级法官李琪、朱树英律师、四川省造价工程师协会会长谢洪学及中价协纠纷调解中心主任吴雨冰作为主讲人，从不同的角度深入解读该司法解释，并结合国家标准《建设工程造价鉴定规范》及中价协调解中心的工作开展培训，指导工程造价从业人员解决造价咨询业务中面临的具体法律问题。专家们紧扣行业热点，取得了超出预期的培训效果。

2020 年 8 月，朱老师到成都给四川省造价工程师协会讲课，谢洪学会长亲自参加。他在看了朱老师赠送的新书《墨斗匠心定经纬——建设工程疑难案件办案思路与执业技巧》后，认为这本书对造价工程师的帮助极大，当即现场办公，决定团购 18,000 本，给全省每个造价工程师每人送一本。这个“造价 + 法律”的故事在全国各地的造价工程师协会成为一则美谈。

▲2019 年 1 月 20 日，中国建设工程造价管理协会在北京京林大厦举办专题培训班

二、和朱老师在工程造价领域立法和制定规范建立的深度合作

我很少参加教育培训的具体工作，与朱老师相识后，涉及工程造价立法和制度建设相关的工作，我便经常请朱老师参加，并向其请教。例如，从 2009 年 4 月开始，中价协由我负责的原建设部于 2001 年颁行的《建筑工程施工发包与承包计价管理办法》（已失效）的修订过程中，朱老师数次来开会讨论，且每次会后均能全面、系统地反馈修改意见与建议。该办法已于 2013 年发布，修订的新办法明确了工程量清单计价制度、最高投标限价制度、工程

结算（包括工程计量支付）审核制度、工程造价纠纷调解制度、全过程工程咨询制度等，对稳定工程造价咨询企业的“口粮”起到了积极的作用。

又如，我一直建议并努力争取由国务院制定建设工程造价管理条例。巧的是，2008 年 4 月中价协在昆明举办由 100 多名专家参加的“委员会成立大会”，与会的朱老师等专家也提出了这个立法建议，这和我的设想不谋而合。在我负责的该立法研究与草案起草过程中，朱老师都发挥了核心的作用。2023 年 12 月 23 日在《话说建纬》专栏发表的何红锋老师的文章《为建设领域法律完善不断努力的朱树英律师》中也提到了这一立法事项。尽管该条例最终没有出台，但我始终认为，这是工程造价行业人员应当始终坚定不移的立法目标。价格是工程管理的核心，是合同管理和有效履行的最关键因素。在市场经济体制下，缺乏工程造价管理的立法，难以保证合同的有效管理与履行，从而引发工程经济纠纷，还会对建设工程的质量与安全产生不良影响。

除了参与造价行业的立法修法工作，朱老师还参与了行业的制度建设工作。作为住建部建筑市场监管司的法律顾问，他受该司的委托负责起草、制定《房屋建筑和市政基础设施项目工程总承包管理办法》，并负责修订《建设项目工程总承包合同（示范文本）》，这一工程总承包的制度建设对造价行业的发展产生了重大影响。2019 年 5 月，朱树英受建筑市场监管司委托，负责起草我国首个《房屋建筑和市政基础设施项目工程建设全过程咨询服务合同（示范文本）》。初稿成形后，同年 7 月 29 日，中价协在北京召开该文本的第三次专家论证会，朱老师在会上介绍了该示范文本的重要现实意义和起草制定过程中的情况，我也在会上发表了专家意见。2021 年山东省工程建设标准造价协会根据总承包合同示范文本关于争议评审的相关规定，对该省工程建设标准造价协会于 2019 年已试行的山东省《建设工程造价争议评审规范》的地方行业标准进行修订。朱老师接受该省工程建设标准造价协会委托，带领建纬所的律师完成了这个领先的地方行业标准的修订工作。直到前不久的 2024 年 1 月 3 日，应广州仲裁委员会委托，由我负责起草的《建设工程造价鉴定作业指引》举办专家论证会。朱老师作为专家参加评审，他一如既往，认真负责地对初稿提出了详尽的书面修改、完善意见，获得广州仲裁委员会和与会专家的一致好评。

▲2018 年 3 月 18 日，吴佐民和朱树英一同受邀出席“2018 浙江 · 全过程工程咨询发展论坛”

三、特别有意思的“造价 + 法律”的“疑难案件双百交流”活动

在有关建设工程施工合同的纠纷逐年增多的背景下，我们造价行业的业务也相应发生了变化。造价问题往往和法律问题交织出现，尤其是具有造价司法鉴定业务的咨询企业，都涉及越来越多的相关法律问题。对此，朱老师提出“所有的造价问题都是法律问题”。我对此深有同感，因为所有的施工合同纠纷案件都离不开计价和结算。

还记得我和朱老师合作的一件非常有意义的“造价 + 法律”的事。根据我们的了解，许多造价人员反映办案时对复杂法律问题难以判定，而朱老师也提出许多专业律师办案时常常遇到不知如何分析有关造价的难题。我们经多次研究商讨，认为很有必要把资深的造价工程师和专业律师聚到一起，对同样的问题从不同角度进行探讨。2015 年 7 月 25 日，中价协组织

了100名造价工程师，朱老师和袁华之副主任组织了全国律协民事专业委员会100名专业律师，共同在长沙宾馆举办了一次为期一天的“疑难工程案件从造价和法律相结合”的研讨活动。双方各挑选10名资深的造价工程师和资深的律师对我们双方挑选的10个疑难复杂的工程案件，分别从各自角度进行分析研讨，然后由专家点评。时任全国律协副会长吕红兵在会上作了精彩发言，他在讲话中说到“春江水暖鸭先知，你有问题找律师”，让我至今记忆犹新。我记得当时还给江苏捷宏工程咨询有限责任公司董事长吴虹鸥写了一张纸条，上面写着“要请律师先交钱，挣钱还靠造价员”。

这次“双百活动”取得了圆满成功，朱老师和袁华之律师的精彩点评都给我留下深刻的印象。正是从这次活动开始，我们中价协全面重视并加强了造价和法律相结合的管理工作，造价师们开始从传统的单纯造价分析转向了造价和法律相结合的研究。2017年7月，中价协组织成立工程造价纠纷调解委员会，朱老师任副主任；同年8月，中价协组织首批调解员专业培训，朱老师前来专题讲课。从此，中价协率先在全国开展工程造价纠纷的调解工作。

▲2023年8月25日下午，吴佐民受邀参加建纬“一带一路”法律服务最新研究成果——《国际工程索赔与反索赔》书稿专家论证会

此后，我受朱老师影响，通过培训、考核，担任了北京仲裁委员会的建设工程专业仲裁员，并承办了不少专业仲裁案件和评审案件。在办案过程中，凡是遇到疑难案件的法律问题，我都会咨询请教朱老师，他总是不厌其烦地给我作答。可以说，我现在能够成为北京仲裁委员会的一个比较资深的建设工程专业仲裁员，离不开朱老师的提携、支持和帮助。

朱老师于造价工程师的业务拓展是有较大贡献的前辈，也是我认识并走向仲裁员，进行仲裁业务、争议评审以及担任专家证人等从事工程纠纷业务的老师。在朱老师从事律师工作的三十余年职业生涯中，我谨以此文向朱老师致敬与感谢！

作者简介

吴佐民，教授级高级工程师、国务院政府特殊津贴专家、中国注册造价工程师、咨询工程师、英国皇家特许测量师，北京、深圳、武汉仲裁委员会仲裁员。曾任国家建筑材料工业标准定额站站长、中国建设工程造价管理协会秘书长、广联达第一届及第二届董事会独立董事。现任北京广惠创研科技中心主任、中国建设工程造价管理协会专家委员会常务副主任、住建部高等教育工程管理专业评估委员会副主任、教育部高等教育工程管理和工程造价专业指导委员会委员、北京市建设工程招标投标和造价协会专家委员会名誉主任、“一带一路”（中国）仲裁院副院长、广联达高级顾问等职务。

42 梯山航海，师者掌舵，不畏波澜阔

谭 芳

引 言

在中国人的老传统里，过完元宵节才算过完年。这其中最浅显的寓意或许就在于，“元宵”象征着团圆。一家人合家团聚吃上一碗热腾腾的汤圆，由此能量满满开启一年的忙碌与奔波。那么在今天这个元宵佳节日（本篇文章线上推送之日恰值元宵佳节），我们就一同来说说“家国情怀”。

一砖一瓦筑广厦，一家一户惠民生。如果说，朱树英是让我们城市更安全、更智能、更高效，那么本文作者谭芳的工作就是让我们每个个体更安定、更幸福、更有保障。作为现任全国妇联常务委员，谭芳始终关注妇女儿童保护问题；作为专业律师，她带领的团队是目前上海唯一一家专注于家庭婚姻的律师事务所。就是这样一位上海女律师的杰出代表，在她的笔下我们可以感受到，无论是在律师这条专业化道路上，还是在参政议政建言献策上，她都把朱树英视作先行路上的指引。

不积跬步，无以至千里；不积小流，无以成江海。从个案做起，总结梳理共性问题；以立法先行，用制度规范行为，防微杜渐。正是有这么多心怀天下者，才有国泰民安。

▲谭　芳

我是谭芳，上海首家专事婚姻家庭法律业务的家与家律师事务所主任。作为不同专业领域的上海律师，我之前虽然也曾听说过朱树英律师，但真正认识他并受其专业影响，是在我 2009 年 8 月加入朱树英任主任的全国律协民事专业委员会之后。此后我历任该委员会副主任及秘书长，受朱老师专业法律服务的影响，也是从那时开始的。

人生的航行，漫长而急遽，我能够坚定地沿着婚姻家事专业化道路走下去，离不开朱树英老师的影响，他身上有创业者敢为人先的闯劲、滚石上山的拼劲和久久为功的韧劲，他一直在以此精神激励着身边的人。

一、定航：道阻且长，行则将至

2009 年 8 月，中华全国律师协会民事专业委员会年会暨第十一届民商法实务论坛在成都召开。当时我是民委会的一名新委员，当我乘机飞往成都时发现，我的邻座竟然是当时的民委会主任、首届“东方大律师”朱树英主任。

虽然我之前参加过几次民委会一年一度的民商法实务论坛，也多次听过朱老师的讲课，会议间隙有过几次简短的交流，但是如此近距离地交流还是第一次。没想到朱老师不仅马上叫出了我的名字，而且还记得我是做婚姻家事业务的。他问我为什么会选择这个执业方向，我告诉朱老师，一方面是基于发展趋势和市场的空白，当时鲜有律师专门从事婚姻家事业务；另一方面是基于我的工作经验和专业优势，过去十余年的审判经验和调解经验使我在家事领域应该可以游刃有余。

朱老师充分肯定了我的选择，他说："律师走专业化之路是大势所趋，婚姻家事业务将来一定大有可为。"交谈中，朱老师更是毫无保留，讲述了自己在建筑房地产领域的专业化做法，让我深受启发。

道阻且长，行则将至，那次与朱老师航班同行及论坛前后的探讨交流，使我印证了自己的选择是正确的，也更坚定了我走专业化道路的决心。此后几年，民委会每年一次的年会和民商法实务论坛，我们上海的几位委员都会相约着与朱老师同一趟航班往返，与朱老师的交流对我们来说都是非常宝贵的学习机会。

此后很多年，朱老师的一言一行如灯塔一般，激励着我，为我定航、护航。

▲朱树英律师在全国律协民委会成都论坛上发言

二、护航：尽小者大，慎微者著

古语有云：“细微之处见风范，毫厘之优定乾坤。”细节决定着一个人的成与败。在如何把握细节方面，朱老师堪称楷模。

有一次在同行的航班上，我坐在朱老师的后排，他一上飞机就打开电脑开始工作，说要修改明天讲课的课件。近3个小时的飞行，他一直在反复修改课件，不断斟酌细节，键盘上密集而微弱的敲打声见证着他充实的行程。飞机降落后，我问朱老师，课件改好了吗？他的回答令我难忘：“改是改好了，但还不够完美，我会一直修改到讲课前的那一刻，因为要对来参会的200多位律师负责啊。”

在后来很多次大大小小的行业论坛及学术会议中，我总能看到朱老师电脑不离身、键盘不离手，永远在争分夺秒、精益求精。

会务工作他也亲力亲为，小到席卡摆放、座位排列、会议指引、嘉宾行程，大到拟定议题、邀请嘉宾、议程衔接等，他都有一套严密的逻辑体系。如果有嘉宾临场不能赶到，他会启动应急预案，协调好整个流程。对于会上每位嘉宾的发言内容，朱老师都提前详细了解，注重在内容安排上的严密逻辑。例如将法律实务内容的发言，安排在该领域学术理论的发言后面，因为只有这样才能更方便与会人员去理解议题，才能让论坛充分发挥交流沟通的作用。

我犹记得2012年12月15日，中华全国律师协会民事专业委员会2012年年会暨第十四届中国民商法实务论坛在苏州举行时，会务组提前入住酒店部署论坛各项工作，朱老师作为全国律协民委会主任，负责大会统筹工作。

朱老师平日总是早上4点多就起床，后来我们了解到，那天同样如此，他以雷打不动的健身锻炼开启新的一天。到了早上7点大家来吃早饭时，朱老师已完成好几项工作，早早到达餐厅，召集秘书处成员和部分委员边吃边开晨会，快速部署会务工作，保证各个环节完美衔接。与朱老师同行期

间，那些耳濡目染的经验，也让我在后来能够独当一面，尤其是在我负责筹备一些大型会议时发挥了重要作用。

除了共同参会的点点滴滴，让我印象深刻的还有朱老师的课件。每次出去讲课时，他的课件都紧跟行业最新热点动态，做深度法律解读。他厌弃形式主义，总是实实在在地关注大家的学习效果，根据受众的具体情况及时调整授课内容，每一堂课都鲜活而生动。

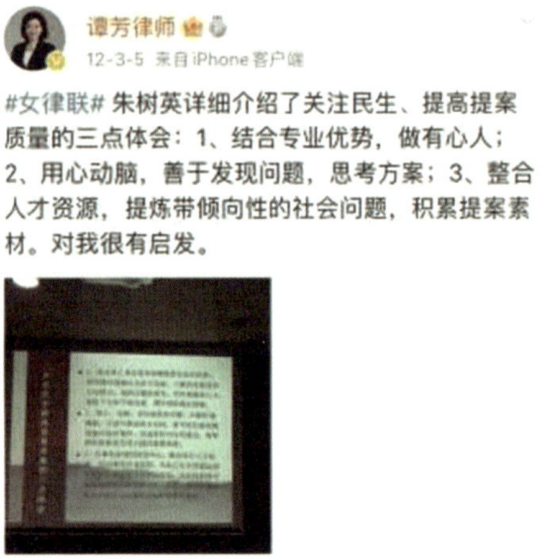

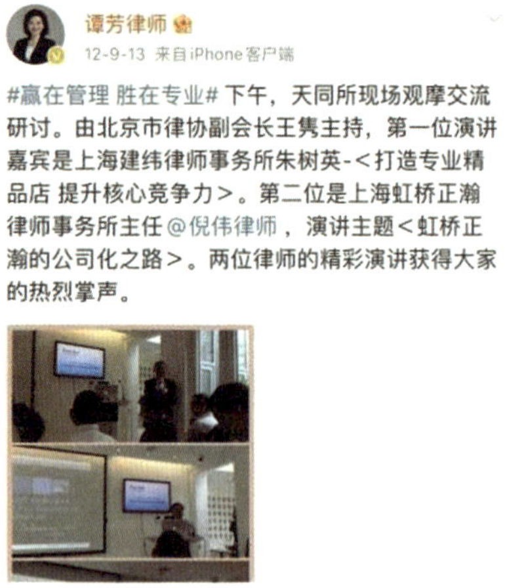

▲谭芳律师微博截图一

他既要忙于案件办理，又要兼顾律所管理，还担任了10多家高校建筑房地产专业的客座教授，并兼任许多研究中心、学术论坛等专业组织的职务，每年往来各地讲上百次课。他的事务如此繁忙，但他的课程必是精品，他将“传道、授业、解惑”当成一份责任，他是一位名副其实的“学者型大律师”。

我曾经多次坐在台下，感受朱老师精彩纷呈的真知灼见；跟随朱老师的脚步，我不断学习成长。一幕幕场景，宛如星火，更让我明白前人伫立，今人当接续灯火，秉心超越。

三、启航：法安天下，德润人心

2011 年 11 月 27 日，中华全国律师协会“《民事诉讼法》修改的律师视角”研讨会在中央财经大学召开。本次会议由中华全国律师协会主办，全国律协宪法与人权专业委员会和民事专业委员会承办。那次的研讨会是全国律协就专门立法问题首次举办的全国性会议，开创了律师以专题研讨会形式参与立法的先河，对中国的立法工作起到了积极的推动作用。朱老师在这次全国立法研讨会的举办中发挥了举足轻重的作用。

我作为当时上海市律师协会民事业务研究委员会主任，负责组织上海律师提出高质量的立法修改意见，以及参与北京研讨会之行。

在赴京参会之前，上海律协向全市律师发出征求意见倡议书，并多次组织有关专家、学者、律师充分研讨论证《中华人民共和国民事诉讼法修正案(草案)》，广泛征集了上海律师对该草案的修改意见。后来汇总提出了“立案难，取证难，执行难、胜诉难”与现行诉讼法中突出的四个问题，充分表达及总结了上海律师所关注的立法重点，推进上海律师完善了研究成果和专业论述，为上海律师在全国立法研讨会中的亮眼表现打下了坚实基础。

2011 年 11 月 27 日，“《民事诉讼法》修改的律师视角”研讨会如期在北京召开。朱老师当时是全国律协民委会主任，他既是本次研讨会承办单位的负责人之一，也担当了大会的主持人。由于参会律师发言热情空前高涨，立法观点有的甚至针锋相对，气氛既紧张又热烈，朱老师当机立断，在自由发言阶段创新形式，采取“抢话筒”方式，规定每人限时两分钟发言，以此循环轮换，保障人人都有发言机会；而他则在台下认真做好每一条发言记录，充分归纳各位律师的立法修改建议。

▲会议现场律师排队发言

谭芳律师
11-11-27 来自 iPhone 客户端

#民诉法研讨# 现在是自由发言阶段，由全国律协民委会朱树英主任主持，采取抢话筒的新颖方式，每人两分钟。需要发言的律师在话筒后面排队。我们陆律师排队去了。

谭芳律师
11-11-27 来自 iPhone 客户端

#民诉法研讨# 抢话筒现象真是亮点，主持人严格控制时间，发言律师言简意赅，观点鲜明。有位律师准备讲4点，2点未尽，又重新排队去了。不知道是否轮得到，连我们竺律师都被主持人点名劝退了，还有30分钟，最多15个律师排队，后面的可以回座位了。

谭芳律师
11-11-27 来自 iPhone 客户端

华灯初上，中央财经大学，学术会堂，关于民诉法修改的研讨会仍在继续。来自五湖四海的各省市律师代表们，争相发表自己的观点。主持人在担心，还有一个半小时能否结束？下面有人回答，我们律师参与立法的机会多么难得，哪怕通宵也值得啊！

▲谭芳律师微博截图二

与往常会议只允许各组代表发言不同，本次会议真正做到了人人可发言。究其原因，朱老师讲：“在修改民诉法的过程中，一定要有不同的观点之争，只有一种声音的立法，会剑走偏锋。在立法过程中，人们往往肯定被采纳的观点价值，但我认为也要重视没有被采纳的观点的价值，避免一种倾向掩盖另一种倾向，这样才能兼顾好公正与效率。”

那次研讨会的盛况足以载入史册，甚至有律师在台下呼喊“律师参与立法的机会多么难得，哪怕通宵也值得”。多年之后参会的经历依然深深地刻在我的脑海中。

法安天下，这是我辈法律人的热切期盼；德润人心，这是那次会议上朱老师所展现的珍贵品质。

记得那次研讨会结束后，朱老师还专门打电话告诉我，上海律师在这次研讨会上提交论文数量之多、论文质量之高、参与热情之高，获得了很多专家学者以及律师同行们的高度评价。他很高兴地说，你这个主任当得很好啊，为我们上海律师争了光。

2012 年 12 月 23 日，中华全国律师协会调整新设政府法律顾问等 7 个专业委员会，并从民事专业委员会分离出建筑工程与房地产专业委员会。朱老师作为建筑房地产法律服务的领军人物，出任首届中华全国律师协会建筑工程与房地产专业委员会主任。上海市律协第六届会长朱洪超律师从朱树英律师手中接过接力棒，担任了全国律协民委会新一届主任，我也有幸成为中华全国律师协会民事专业委员会副主任兼秘书长。

当我与朱树英老师再次在行业论坛上会面时，他第一时间走到我身边，关切询问我的履职情况。他提到虽然我们身处不同的专业委员会，一同参会的机会少了，但他一直关注我的工作情况和个人成长。他语重心长地叮嘱我：“朱洪超主任不仅担任过上海律协会长，还担任过好几届全国律协副会长，格局高视野广，你可以从他身上学到更多不一样的本领，我为你感到高兴。你还兼着秘书长，担子就更重了，一定要把我们坚持多年的民商法论坛办得越来越好。”

四、领航：望山远，而力行

钱钟书先生说过：“如果不读书，行万里路，也只是个邮差。”对于律师行业来说，不断读书更新知识，提升法律素养，本就是基础操作。我们的职业特性决定，律师们终其一生都是与厚厚的法典书籍做伴。但如何才能做到理论与实践相结合，最终形成自己的理论系统和经验智库？在这一点上，朱老师也给了我不少启发。

朱老师曾经对我说过："想要帮助更多人，就要尽可能在自身领域内扩大声量，打出自己的专业化形象和品牌。不管是读书、讲课还是写作，都是律师总结法律实务、提升理论水平的有效途径。"

当时的朱老师已著作等身，出版了多本建筑房地产法律专业著作。据我所知，朱老师在繁忙的工作中始终保持高频的写作习惯，笔耕不辍。从1992年开始筹办建纬律师事务所至今，跨越了30多年，他已书写了上万篇工作笔记和记录了30多年的办案经验。多年来，他出版了《建设工程法律实务》《房地产开发法律实务》《工程合同实务问答》《墨斗匠心定经纬——建设工程疑难案件办案思路与执业技巧》《苦寒磨砺筑方圆——律师演讲技能提升之道》《未雨绸缪控风险——施工合同证据"两分法"及管理"三要诀"》《责任与使命——担任上海市政协常委十年的六十个提案》等十多部巨著。2012年12月29日，恰逢上海市建纬律师事务所成立20周年，我受邀参加庆典，并获赠他编著的书籍。

我在2008年将自己的办案经验汇总，出版了人生第一本书《婚姻三重门》，后来我把这本书送给了朱老师，并分享了这本书的创作初心。还记得我对朱老师说，我希望能用通俗易懂的语言让人理解法律，让大众在婚姻家庭发生变故时，都能拥有法律的智慧，掌握规划人生的技巧。朱老师听后给予我高度赞扬，他还鼓励我："女性对整个家庭及子女教育的影响是非常深远的，维护好这个群体的利益，对社会和谐意义重大，这样的普法书籍你要多写。"

▲谭芳律师微博截图三

此后我也一直谨记朱老师的话，聚焦婚姻家事专业领域，关注妇女儿童权益保障，保持平均每年出一本书的频率。至今我已累计出版了《婚姻三重门》《智慧女人的法律学堂》《家庭维权与司法》《婚姻律师办案手记》《民法典中的200个财富管理锦囊》《妇女权益保障法100个热点问题》等十余部婚姻家庭普法著作。

回忆起朱老师的那些点滴小事，我明白了对未来真正的慷慨，就是把一切都献给当下，知不足而后进，望山远而力行。

五、远航：仰之弥高，钻之弥坚

时光知味，岁月沉香。上一次和朱老师会面已经是半年之前了。2023年7月25日，“桂客半月谈”第12期走进建纬律师事务所上海办公室，众多行业专家围绕建筑工程、知识产权、婚姻家事、刑事辩护等专业领域，结合律所品牌建设、团队建设等观察视角，探索与分享律师专业发展的专精特新之路。

▲ “桂客半月谈”第12期会谈合照

这次会面令我受益匪浅，朱老师作为共和国的同龄人和建筑业的老兵，年逾古稀依然奋斗在建筑工程法律服务一线，神采奕奕一如往昔，行动间雷厉风行。他在台上向大家分享了建纬律师事务所发展至今开设30多家分所、迈入千人大所行列一直遵循的“超前、务实、至诚、优质”的八字所训由来，以及这八个字对建纬律师事务所的重大意义。他还以“从苦寒磨砺到墨斗匠心”为题，充分诠释了律师专业发展的“专精特新”之路，表明精细化专业法律服务的未来是更精、更细。

在我分享了“家事律师的专业化道路及第二曲线”之后，朱老师对我的专业化发展给予了高度肯定，对我在婚姻家事法律服务领域取得的成果表示欣喜，他还仔细询问了我所带领的上海家与家律师事务所这些年的专业化建设情况。

得益于朱老师的专业化发展建议及建纬律师事务所的专业化建设经验，近些年来，在个人发展方面，我不负朱老师的期望，获得了第四届“东方大律师”、全国维护妇女儿童权益先进个人、全国三八红旗手等荣誉，并担任了第十三届全国妇联常务委员。

在律所专业化建设上，我所带领的上海家与家律师事务所也成为上海目前唯一一家只专注婚姻家事与财富传承的律师事务所，在妇女儿童维权工作方面走在“全国前列”，在财富管理领域深受客户信赖，连续多年荣登钱伯斯、LEGALBAND 榜单。在过往的 20 多年中，我以及我所带领的家事律师团队，办理过 4000 多起家事案件，其中不乏在民事诉讼案件中具有里程碑意义的重大案件，在专业化领域受到了社会各界的广泛好评。

“专业化”虽只有三个字，却包含了道不尽的经验与智慧。作为法律人，朱老师的勤奋和诸多品质，让我看到蓄力耕耘，必有收获，坚毅登攀，定能拏云；让我相信黾勉苦辛，朝乾夕惕，天道酬勤，力耕不欺。在此与诸位共勉。

作者简介

谭芳，上海首家专事婚姻家庭法律业务的家与家律师事务所主任。

2009 年 8 月加入朱树英任主任的全国律协民事专业委员会，后任副主任兼秘书长。现任全国律协婚姻家庭法专业委员会副主任、中国法学会婚姻家庭法学研究会理事。

曾获全国三八红旗手、上海市第四届“东方大律师”和全国维护妇女儿童权益先进个人等荣誉，2023 年 10 月被选举为全国妇联常务委员。

43 谈在钱伯斯工作时认识朱树英律师

卢安宜

引　言

2024 年，国际法律评级机构钱伯斯在官网上发布了《钱伯斯大中华区法律指南 2024》及《钱伯斯全球法律指南 2024》，大中华区榜单上建纬律师事务所 7 大领域 11 位律师荣登榜单，全球榜单“项目与基础设施”领域也是榜上有名。事实上，上榜钱伯斯对于建纬律师事务所早已不是新鲜事了，朱树英、建纬律师事务所与钱伯斯的渊源早在 2008 年就开始了。

作为国际法律评级机构，钱伯斯以其客观性和权威性在全球享有盛誉。本文作者卢安宜女士就是一位曾经就职于钱伯斯的管理者与研究者。从对朱树英的耳闻，到通过电话与朱树英取得联系，再到此后一次次愉快的会面，今天的卢安宜对朱树英、建纬律师事务所的评价可以说是有私人感情在的；但在尚未谋面的当时，站在一个观察者的角度，卢安宜对朱树英的评价，完全是客观、公正的。在朱树英理所应当获得“终身成就奖”的背后，不仅有对他个人专业素质的考量，还有对律所的内部管理、团队协作、业务发展、人员培养等方面的综合考虑。

▲卢安宜

我叫卢安宜，出生在中国香港特别行政区（以下称香港），从小生活在香港。2006 年香港大学翻译专业本科毕业，2008 年英国华威大学媒体硕士研究生毕业，2009 年加入在伦敦的国际法律评级机构钱伯斯。当时我是钱伯斯唯一能讲中文的人，负责其刚发展起来的亚太区研究工作。在钱伯斯履职期间，由于职责所在，大中华区的采访都由我做，这让我有幸与国内最顶尖的律师们交流，我初次听到关于朱树英律师的事迹就在那时。

由于中国法律服务市场的历史相对比较短，法律评级这一概念对中国律师来说自然很陌生，我的任务就是让钱伯斯在中国更广为人知；但是当时除了少数比较有规模和涉猎国际业务的律所认识钱伯斯，许多中国律所都对钱伯斯知之甚少，很多律所也没有接受我的采访邀请。早在我加入钱伯斯之前，朱树英律师当主任的建纬律师事务所已在 2008 年钱伯斯亚洲地区法律评级（英文版）第一期中名列榜首了。按钱伯斯的惯例，对凡是上榜的律师都要进行跟踪采访，听取本人意见。当我电话采访时，朱树英律师非常乐意拨冗与我在电话上通话，为我介绍建纬律师事务所的业务和中国法律市场的动态。朱律师虽然那么资深，但是对于当时资历尚浅的我却那么耐心，愿意深入浅出地分享其业务精粹，并不厌其烦地回答我的所有提问。这是我第一次跟朱律师接触，他给我的印象是知识渊博、深得人心，且非常亲和。

CONSTRUCTION

Construction
Leading Firms
Band 1
Fangda Partners
Shanghai City Development Law Firm
Band 2
AllBright Law Offices
Hylands Law Firm
Shanghai Zhongjian Law Firm

Leading Individuals
Band 1
Ji Nuo *Fangda Partners*
Wang Yingying *Fangda Partners*
Zhu Shuying *Shanghai City Development Law Firm*
Band 2
Luo Jianrong *AllBright Law Offices*
Zhu Richard *Shanghai Zhongjian Law Firm*
Alphabetical order within each band. Band 1 is the highest

▲钱伯斯亚洲（那时候还没叫亚太）第一期（2008）中国建设工程排行榜：建纬律师事务所和朱树英律师均获评第一级别

2010 年我分管中国法律评级工作伊始，为了展示钱伯斯对国内法律市场的承诺和进行更深度的研究，我开始亲自到国内各地的律所进行探访，并于同年推出中文版的中国榜单，在北京举办了钱伯斯第一届中国颁奖典礼，在香港设立了钱伯斯第一个也是唯一一个海外办公室。分享一段小插曲：由于钱伯斯在中国第一次举办的颁奖典礼是在北京国贸大厦，第一届颁奖典礼完全是免费的，我们既没向律所销售任何门票或奖杯，也没有预先告诉获奖律所他们将会得奖；结果在我宣布建纬律师事务所获奖的时候，并没有代表上台拿奖，他们都不知道自己得奖了，我们后来把奖杯寄到了律所里。虽然当时有点可惜，但是这也证明钱伯斯的评奖是独立公正的，来的未必拿奖，没来的也不一定没奖。

当然，我不会只听一家律所的介绍就决定排名，因为根据我多年与众多律所的交流经验，并没有谁会说自己卖的花不香。但奇怪的地方在于，几乎每一家律所都会说朱律师“卖的花很香”！钱伯斯的排名除了考虑律所提交的申报表，还会访问客户，与业界交流，并且自己独立做种种调研。客户对朱律师的肯定是毫无疑问的，而且连竞争对手都那么一致推崇，让我在选择谁该获得钱伯斯第一届年度最佳中国建设工程律师事务所时变得没有难度。第一届的获奖名单一定要有公信力，建纬律师事务所得奖大家都心服口服。

整体而言，钱伯斯在香港设立办公室以后，由于跟中国律师接近了，又没有时差可以随时沟通，与不少律所建立了友好的关系，有助于之后的研究与互动。当我事后到上海拜访建纬律师事务所的时候，我简直受宠若惊，因为朱律师竟然安排了当时正在参加全国律协民事专业委员会的资深律师一起接见我，让我一下子认识了各地许多资深的专业律师，学习、了解他们的业务和对业界的见解。朱律师不只是法律精英，还是建设领域的专家。大家可能以为建设律师懂建设行业很正常，但我可以告诉大家，并不是每一位律师都精通自己领域的实质内容，正如一位海事律师未见得比一名船长对航海更了解。朱律师却是万中无一的：他既是顶尖律师，又有深耕建设行业的经验和背景，是实干型的建设专业领域的领袖。

2012 年，我又要准备第二届的中国颁奖典礼了，除了律所奖项，还要推出律师的个人奖项。这一奖项也很难定夺，当年只有两项个人奖，就是杰出成就奖和终身成就奖。为了有公信力，钱伯斯对这两个奖项的审核非常严苛，绝不马虎。那两年由于我已经调到香港工作，所以拜访国内律所和参与各种法律活动都很方便。我非常感谢全国律师协会对钱伯斯的支持，并让我跟随参与多个不同地区和领域的论坛与交流活动，从深圳到成都，从江苏到沈阳……中国东南西北的律所我统统都去拜会，结交了几百名律师朋友，而他们都有一个共同点——他们都认识和敬佩朱树英律师。尽管朱律师常驻上海，其名声却是遍布全国，加上他在法律行业和建筑行业也是桃李满门、建树良多，所以钱伯斯终身成就奖的人选为朱树英已经没有悬念了。

▲上图为建纬律师事务所荣获“钱伯斯中国法律卓越奖——建设工程年度最佳中国律师事务所”；下图为朱树英荣获“钱伯斯中国法律卓越奖——终身成就奖”，这一奖项当时在国内仅颁给两人

按钱伯斯的要求，律师个人如在颁奖典礼上获奖，需要上台发表获奖感言。尽管朱律师也是在颁奖典礼上才知道自己获奖，但他即时发表的简短感言既言简意赅、风趣幽默，又情真意切、感人至深。我们香港人祝贺他人时都喜欢说向前向上的“龙马精神”，但他却归纳了自己特有的“牛马精神”。在阵阵掌声中他感慨道：“能在典礼上获得‘终身成就奖’完全出乎意料，这个奖来得太早了，因为我今年才 62 岁。我是 1949 年 5 月生人，生肖属牛，5 月的牛命中注定要吃苦耐劳，埋头耕耘；前不久，我在办理退休前向全国律协提出，我已担任民事专业委员会负责人多年，希望同时让我办理退休手续。谁知领导说：你的前任 70 岁才退休，所以你说退休还为时过早，现在免谈。这还不算，在我 60 岁生日时，全国律协秘书处给我送了一匹骏马雕塑，题词‘志在千里’。看来我只能继续发扬‘牛马精神’，埋头苦干了。”朱律师获奖后的这寥寥数语既风趣又感人，我至今记忆犹新。

▲全国律协秘书处赠送朱树英律师的骏马雕塑，寓意“老骥伏枥，志在千里”

在我看来，朱律师对我的友好并非因为我在钱伯斯工作。还记得 2013 年我离开钱伯斯加入国际律师事务所史密夫斐尔负责业务拓展的工作，这对许多律师来说我可能变成了竞争对手，或者是跟他们再没有交集的路人。在钱伯斯工作的最后一天，我给所有认识的中国律师发了一封辞别邮件，并附上私人联系方式希望保持联系——结果我联系的一百多位律师里面大概只有十来位律师回复了我，与我保持联系，朱律师就是其中一位。其后十年来，不管是我去上海还是朱律师到香港，我们都会争取见面聊天。这份情谊我没齿难忘，感恩多年来能与朱律师保持联系。

2023 年 12 月 5 日至 6 日，朱树英律师携建纬总分所管委会的代表团一行 8 人，受邀参加了在香港举办的备受瞩目的“亚非法协 2023 年度仲裁论坛”。该论坛由亚非法协香港区域仲裁中心主办，香港特别行政区律政司主要赞助，主题为“Resolving Difference in a Changing World by Staying True to the Bandung Spirit”（在世界时代变局中秉持万隆精神化解纷争）。

▲朱树英律师在亚非法协 2023 年度仲裁论坛上发言

在这次盛会上，朱树英律师受邀以“我国涉外法治建设应该坚持的两点要求”为题发表演讲。朱律师精准地阐述了当前我国涉外法治建设应该坚持的两点要求：第一，中国律师应当响应习近平总书记的号召，为加强中国涉外的法治建设，营造有利的法治条件和外部环境而努力。第二，中国律师在强化涉外法治建设的过程中，重点可以为加强我国涉外贸易过程中标准合同示范文本的制定工作作出努力。朱律师指出，推动标准合同的制定，是加强涉外法治建设的重要任务，是有利于推动中国标准走出去的一项重要工作。推动涉外法治建设的这项工作非常重要，我们将坚持不懈地努力，共同为中国涉外法治建设出一份力。

朱律师以其出神入化的演讲风格和深厚的专业功底征服了挑剔的专家听众，亚非法协香港区域仲裁中心主任陈晓峰在会后专门致信朱律师，表达感激之情。他在信中说道：“您是亚非法协本年度仲裁论坛的明星演讲人，我代表亚非法协香港区域仲裁中心全体团队成员来信向您表达最诚挚的感谢。您深刻而富有洞察力的演讲让听众深受启发。我们可以感受到您对我们论坛的重视和为此演讲所做的认真准备和深刻思考。来自全球各地的听众都向我反馈了对您演讲的高度褒奖和深深的感谢。您的讲授将对他们的工作和思考有持续性的影响和启发。我们来信恳请获得您的允许在我们官方活动网页或其他有关平台刊登发布您的演讲，以期让全球更多的听众从您的知识和专业中获益。”

朱树英律师所展现的专业水平和卓越能力让海内外同行和专家都对他赞叹不已，也让我无比钦佩。

▲朱树英（左）与卢安宜（右）

▲2024 年钱伯斯大中华区建设工程榜单

今天再看钱伯斯的中国建设工程榜单（操持者当然已是我的后任），已经多了许多律所和律师在里面，但是建纬律师事务所和朱律师依然雄踞榜首屹立不倒，而且保持着最长上榜时间的记录。近年来，在钱伯斯大中华区榜单上，建纬律师事务所在建设工程领域蝉联第一等，同时在房地产项目与基础设施、公司/商事等相关领域有重大突破、屡有斩获。朱树英律师获得过终身成就奖、律政之星和业界元老等称号，也有越来越多的建纬律师事务所合伙人、律师登上榜单，这是建纬律师事务所专业实力的真实写照，可知“路遥知马力”此言不差。

作者简介

卢安宜，出生在香港，从小生活在香港。2009 年加入国际法律评级机构钱伯斯，负责亚太区研究工作，后在钱伯斯任大中华区总编辑暨亚太办公室主管。2013 年在香港的史密夫斐尔律师事务所工作，担任排名主管，负责业务拓展和客户管理工作。

44 专业“神明”，高山景行

——我敬仰的朱树英老师

何兴全

引　言

学霸和学渣的差距，不只是一堂网课。看了来自四川天投律师事务所主任何兴全的这篇文章，编者第一反应就是上述这句话。从电大到函授，从慕课到网课，或许远程教育由来已久，但流量时代只认最好的。我们不得不说何兴全主任是“识货”的，他在海量信息中选择了“朱树英”，而更重要的是他让我们看到何谓“善用网课，自律成才”。

无论是此前的“以书拜师”，还是今天的“上网弟子”，一个又一个勤学者用他们羽化成蝶的励志故事告诉我们，在做律师这条专业道路上，你永远可以相信朱树英。

▲何兴全

从静谧的农村山区到法律的殿堂之上，我的成长之路充满了挑战与坚持。我所生活的四川省广元市，地处秦岭山脉南麓，距离上海1700多公里。我在信息闭塞、交通不畅、经济困顿、互联网空白的农村长大，17岁时便踏上了自学法律的艰辛道路。那时，从零开始摸索学习方法、构建专业体系无疑是一场艰难的挑战，每一步都似乎比登天还难。我依靠在基层法律服务律所中代理民事案件维持生计，通过坚持不懈的学习，取得了法律职业资格，正式成为一名执业律师。然而，成为律师后，我执业道路上遇到的最关键抉择是：究竟应该选择哪一个专业领域作为自己以后的执业方向？

一、网络结缘遇恩师

2010年9月，四川省律师协会创新律师培训方法，发布了网络培训课程，我选择了“建工法务”领域里面的一门课程，而那门课程便是朱树英老师主讲的2005年最高人民法院发布的《关于审理涉及国有土地使用权合同纠纷案件适用法律问题的解释》。

▲房地产专业律师讲坛之朱树英

一听到朱老师的视频讲课，我就被深深地吸引住了。我脑袋里面犹如惊雷乍起，有一种开辟鸿蒙、拨云见日般的亢奋感，我由此决定选择建设工程作为自己的专业领域。在反复听课几遍后，我深刻感受到，朱老师的课程从头到尾、从纲到细，就是一部标准的教科书。我从初次听课的亢奋中逐渐平静下来，内心逐渐生发出一种敬仰和崇拜之情。我在我的专业领域终于找到了“传道、授业、解惑”之师，找到了引领我入行带我前行的高人、贵人。

朱老师的讲座如同一道光芒，驱散了我内心的迷雾。他对土地使用权合同纠纷的深入解析，对我而言不仅是一堂专业的法律课，更是一次对我灵魂的触动。每一个细节、每一条解释，都在朱老师的引导下焕发出新的生命力，让我看到了自己专业领域的广阔天地和无限可能。就是这一次偶然的网络课堂学习经历，不仅锚定了我的职业方向，更为我在建工法务领域的深耕提供了明确的路径。这一次偶然的缘分，让我坚定地走上了建工法律专业之路，而我也将朱老师视为我的引路人和灵魂导师。

在我对朱老师建设工程专业法律服务体系的深入钻研过程中，我的热情可谓达到了痴迷的境地。朱老师的声音成为我心灵的回响，讲座的内容成为我思维的指南，我始终在用朱老师的智慧检视并引导我的实际工作，力求实现理论与实践的完美融合。通过这样不懈的追求，我深刻体会到，达到建工法律专业高境界的要素是：熟练掌握知识、精准运用技能以及巧妙解决问题。

所谓做人做事，在朱老师潜移默化的影响下，我坚信：只有勤奋，我们才能收获知识与智慧；只有持之以恒，我们的专业技能才能日臻完善；唯有不懈地勤学苦练，我们的业务才能达到精湛的境界，从而不断向专业领域的巅峰迈进。朱老师的专业法律体系不仅为我指明了方向，更为我职业生涯的成长提供了无限的动力和灵感，是我不断前行的不竭源泉。

二、自主学习靠勤奋

常言道“万事开头难”。我在远方大山里景仰并追随着朱老师的专业之路，虽遥不可及，但心向往之。自 2010 年起，我便踏上了一条前路不问有多远的追随之旅，这是一条充满挑战却又无比光荣的学习之旅，这段旅途每一步都凝聚着朱树英老师的光辉，是朱树英老师的知识体系帮助我找到了方向和力量。

我的第一个学习方式是深入学习朱树英老师讲授的课程。在过去的十余年里，我竭尽全力地收集了朱老师在公开渠道分享的宝贵讲座和音频，包括但不限于关于审理涉及国有土地使用权合同纠纷案件适用法律问题的解释、政府投资工程律师业务、房地产律师的写作技巧、建筑纠纷诉讼时效、建设工程合同或条款无效及其表现、工程总承包管理办法在实务操作中的八个法律问题、建工律师是这样炼成的——司法解释熟读与疑难实务拆解、建设工程签证与索赔实务应用与技巧全讲系列课程、详解工程总承包系列课程、建设工程纠纷案件10大难点问题及化解对策、PPP与EPC融合风险防控等。朱老师的每一堂课程知识都被我视为至宝，为了保存这些知识珍宝，我历经艰难，从使用简易摄像机到利用最新的技术手段，再到网上购买课程；我还分门别类地针对朱老师的课件专门建立了自己的文件库，并且不断完善我的收藏。

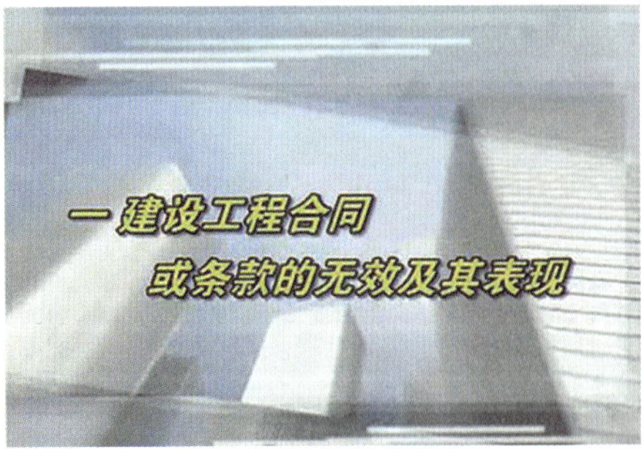

▲朱树英讲课视频

冰冻三尺，非一日之寒。学习朱老师的课程，不是听个一次两次就能轻易掌握的，不下苦功完全不能领会其精髓。我将我的时间完全投入学习中，无视节假日和休息时间，全身心致力于知识的探索。我推掉了所有不必要的应酬，反复聆听和收看课程，很多课程看了不下十次。我通常以听五遍为一个完整的流程：第一遍听讲课的大致内容同时做笔记；第二遍听熟悉老师课程的构架同时做笔记；第三遍温习课程的基本内容与构架同时细化前两次的笔记；第四遍就单纯听，同时我的脑海里就如同电视剧的分镜头一样，一幕一幕地跟着课程的节奏加深记忆；第五遍就在前面四遍的基础上，把课程的内容与自己多年的实践结合起来进行初步的融合、对接，并整理出文稿，形成自己的工具资料。以五遍为一个循环周期，后面则是继续重复上述五个阶段的内容。

通过这样的循环往复，可以说朱老师这些课程的主要内容，我基本可以熟练背诵。例如，新万寿宾馆案、沙特阿拉伯案、江西丰城电厂“11·24”事故案、浙江慈溪学校案、上海静安区大火案、上海“比萨斜楼”案、陈某军涉及土地刑事案等；又如，诉讼时效、建设工程合同或条款的无效及其表现、详解工程总承包管理办法、建设工程签证与索赔实务应用与技巧等。篇幅所限故无法一一列举。我甚至还归纳出一些记忆口诀：无资超资和借资、未招无效转违分、低价无规划压质期、标后让利可无效。根据这些记忆口诀可以还原出认定施工合同无效的16种情况。

通过不断的课、记笔记、深度思考和实践应用，我逐步领悟了朱老师课程中的深刻内涵，并将其融入我的专业实践中。一开始听单独的一节课只是觉得讲得好；结合法条与工程实务，综合多种课件听完后，再反复听几次，回过头来梳理，才发觉它们是一个完整的体系，单个课件只是从不同的点位进行讲解。听课的次数多了，做笔记也日臻完善。就这样慢慢地吸收、消化、运用，反复地再吸收、再消化运用，如此循环往复，这些课程和课件不仅构成了我的学习基石，也帮助我初步建立了“建工法务专业体系”的框架雏形。

我的第二种学习方式是研读朱树英老师的书籍。朱老师的视频课件与其著作相得益彰，互为照应，著作是对视频课件的规范化和系统化梳理，视频课件中的知识点也体现在著作之中。我收集了朱老师的许多著作，包括但不限于《建设工程法律实务》《工程合同实务问答》《房地产开发法律实务》《墨斗匠心定经纬——建设工程疑难案件办案思路与执业技巧》《未雨绸缪控风险——施工合同证据“两分法”及管理“三要诀”》《法院审理建设工程案件观点集成》《工程总承包实务问答》等。

我的第三种学习方式是领悟与实践，将学到的知识进行自我领悟并投入实践学习中。朱老师的视频课件与著作是一个完整的体系，就相当于一个建设工程的全过程学习资料。通过这 10 多年的学习，我全面理解了朱老师构建的建设工程全过程法律体系。这个体系涉及预科研—立项—初步设计—设计—审图—招标—施工合同的签订—监理—施工全过程—签证与索赔—竣工验收—仲裁与诉讼等整个全链条过程。只有把这个全链条过程掌握熟练了，在遇到具体个案时，才能够整体与局部相互照应、共性与个性兼容，才能避免在办理具体案件时“只见树木不见森林”。根据朱老师的课程，我又创新性地构建了独属于自身的建工法务学习体系和房产开发与建设涉及的 30 个专业板块的学习体系，在课件体系与工具体系的基础上，我整理出 30 多万字初具雏形的实操工具资料。

▲朱老师的工程总承包专题课程，自上线后影响广泛、好评如潮

学习的过程是一点一滴完成的，从学习朱老师的课件以及知识体系到吸收、消化、运用，是一个相当漫长的过程。朱老师的专业体系课程引领我入行并帮助我搭建起属于自己的建工法律体系。在这十余年的网络学习旅程中，我始终怀着一颗敬仰之心，渴望有朝一日能见到朱老师。

三、当面就教获激励

2023 年，我有幸穿越知识的丛林，在现实的轨迹上与朱老师的人生路径交汇。这一切得益于上海建纬（成都）律师事务所樊地建主任的无私协助，以及四川省广元市律师协会的精心筹备，他们成功地邀请到了档期紧张的朱老师来到广元律协传道授业。

▲从左到右依次为何兴全、王海臣、朱树英老师、张科

在那个充满期待的日子里，我在市律协领导的带领下，终于有幸与朱老师面对面。当我第一次见到朱老师的那一刻，我的心中涌起了难以言喻的情感——仿佛我们之间的相识，穿越了时空，回到了几十年前的某个瞬间。然而，朱老师并不认识我。在律协领导的介绍下，他们告诉朱老师，

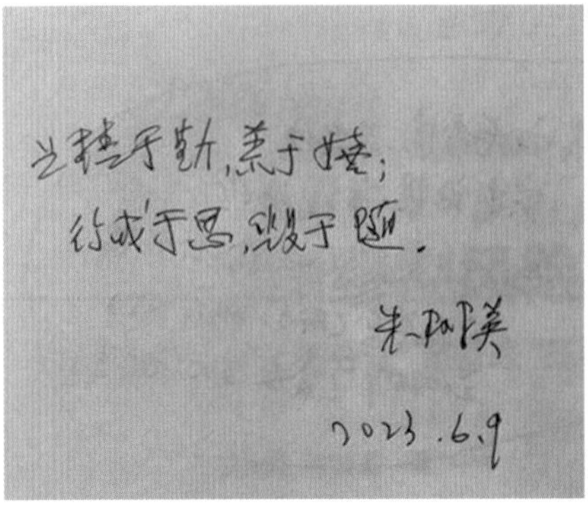

▲朱树英赠言

我是广元律师中对朱老师崇拜至深的“特别粉丝”。激动之余，我拿出精心收集的课程单和一大包专著，与朱老师进行了简短而珍贵的交流。在这段珍贵的交流后，朱老师在他的专著《未雨绸缪控风险——施工合同证据“两分法”及管理“三要诀”》一书上亲笔赠予我一句签名——“业精于勤，荒于嬉；行成于思，毁于随”。

这句话源自韩愈的《进学解》，在我的青年时代，当我第一次在大学语文课本中看见这句名言时，它便深深地烙印在我的心底。如今，朱老师的亲笔签名将这句话赋予了新的生命和深远的意义，使之成为我人生旅途中的一盏明灯，照亮我前行的道路，勉励我以勤勉为本，以深思为行，让这句古老的名言在我的生命中焕发出新的光彩。2023 年 6 月 10 日，也就是讲座当日，我不仅有幸与朱树英老师共处同一时空，也留下了珍贵的合影，成为我人生中难以磨灭的记忆。在广元市律师协会精心组织的讲座中，朱老师以“建设工程签证和索赔的法律规制与操作实务”为主题，为我们这群饥渴求知的律师，提供了一场深度的知识盛宴。那天的会场座无虚席，汇聚了 400 余名法律从业者，每个人都对朱老师的深邃见解和丰富经验报以最热烈的掌声。这次难得的学习机会，让我这位长期仰慕朱老师的骨灰级粉丝，终于实现了与恩师面对面的愿望。见到朱老师的那一刻，我的心情无法用言语表达——既有对知识的渴望，又充满了对朱老师的敬仰。那几日，我兴奋到几乎无法入睡，脑海中不断回放着朱老师讲座的每一个细节、每一个案例、每一条法律解释。我深刻地感受到，朱老师不仅以其卓越的法律才华和丰富的实践经验引领着我们这些后来者，更以其对法律的热爱和对知识的敬畏，激励着我不断前行。与朱树英老师的这次见面，不仅让我对自己的专业领域有了更深的认识和理解，更重要的是，它点燃了我内心深处对法律事业的无限热情与灵感，让我明白了作为一名律师，应该怀着怎样的心态和使命去面对未来的挑战和机遇。这次见面，成为我职业生涯中的一个重要转折点，它不仅丰富了我的法律知识，更重要的是让我对自己的职业有了更高的追求和期待。我深信，要在任何一个专业领域实现卓越，必须经历三个层次的提升：首先是熟练——对本领域的知识和技能必须了如指掌；其次是精准——在实际问题的解决上要达到精确无误；最后达到巧妙——这是艺术般的最高境界，正如那句俗语所言，“四两拨千斤”，表达了技能运用的高超和智慧。这三个阶段不仅体现了深邃的哲学思考和逻辑性，更是一个由浅入深、由量变到质变的过程。没有深厚的积累，就无法实现从量的累积到质的飞跃。正如建筑工程的每一个环节，从设计到施工，都需要扎实的基础和精细的操作，以及每个节点的不断深化和完善，最终才能构成一座无懈可击的建筑。朱老师对“建设工程全过程法律体系”的精心构建，不仅仅是一套系统的理论框架，更像是一件经过精练铸就的艺术杰作，在这一领域内犹如“定海神针”，时刻激励着我不断进取。回顾自初次接受朱老师面授法律知识之日至今，我从遥远的仰慕到终于得以面对面和朱老师进行交流，在这一段不平凡的旅程中，朱树英老师不仅是我在建设工程法律执业领域的指路明灯，更是指引我人生方向的恩师，朱老师是我的“神明”。正如韩愈在《师说》中所言：“古之学者必有师。师者，所以传道受业解惑也。”师者，不仅传授知识、技能，更重要的是解开学生心中的困惑，引导学生走向光明。朱老师对我所传的“道”、所授的“业”、所解的“惑”，都是我宝贵的精神财富。朱老师亲笔赠予的箴言——“业精于勤，荒于嬉；行成于思，毁于随”，已成为我的人生信条，我誓将其铭记于心，身体力行，也必会将这份智慧与勤奋的精神贯彻我日后的每一步行动之中。

正如哈佛大学所倡导的那句名言：“忙完秋收忙秋种，学习，学习，再学习”，我也将以此精神作为自己不断前进的动力。在未来的征途上，我将以朱老师的教诲为灯塔，不断深化法律知识，拓宽职业视野，勇敢面对挑战，孜孜不倦探索。在法律的广阔天地中，我将持续进取，不断学习，以求不仅在专业领域达到更高的成就，更要在人生旅途中追求更深的意义与价值。

作者简介

何兴全，广元市第四届律协理事、建设工程和房地产专业委员会委员，2016 年、2018 年、2019 年被广元市司法局党委评为“优秀党员”，曾任广元市利州区法律服务行业联合党支部书记，现任四川天投律师事务所主任；遂宁仲裁委员会、北海国际仲裁院仲裁员；专业领域：施工全过程法务及案件代理、影视剧全过程法务及案件代理、刑事辩护。

45 律界“铁人”，专业偶像

——我赞赏的朱树英老师

徐宗新

引　言

如果要用“铁”字来形容一个人，大家会想到有哪些用法？编者首先能想到的是“铁榔头”郎平，“铁人”王进喜。这些带有金属质感的评价不仅是对当事人的肯定，也总能给旁观者带来精神上的感召与激励。同样，本文作者上海靖予霖律师事务所主任徐宗新就用一系列的“铁”讲述了他眼中的朱树英。

无论是对朱树英专业能力、敬业精神的钦佩，还是对朱树英待人接物、为人处世的认可，在字里行间我们都能感受到，徐宗新这位“铁粉”对偶像的崇拜之情。在“铁粉”之外，编者更想说，徐宗新与朱树英绝对是“老铁”！这不仅仅是一种新颖的社交称谓，更是因为共同的兴趣、志向或者人生经历而产生的共鸣，这种共鸣加深了他们彼此的感情，更在相互鼓励和支持间形成强大的凝聚力。

▲徐宗新

与朱树英老师的第一次谋面，是在2011年杭州萧山“11·15”湘湖地铁坍塌案的法庭上。由于是刑事案件，其中一位当事人找了我；由于系建设工程引发的案件，另一位当事人请了朱树英老师。专业领域的刑事案件，专业律师+刑事律师，应当是标配。

对朱老师的第一印象，是他没有大律师的架子，笑容可掬，和蔼可亲，一副长者的慈祥面容，给人满满的安全感。

开庭时，他娓娓道来，从建设工程的原理角度，对案件事实与涉案行为进行了分析，提出了本案责任划分的界限，对我们只做刑事案件的律师有很大的启发，让我们感受到了专业之美。

▲中国律师发展论坛朱树英发言

第二次见面，是在成都举办的桂客年会上。已经72岁的朱树英老师作为“70后”资深律师代表作主题演讲，他将自己16岁参加工作至今归纳为两个28年。第一个28年，他做过木工、教师、工会干事、办公室秘书，自学获得了华东政法学院（现华东政法大学）本科文凭并通过了律师资格考试。第二个28年，他创办专注于建设工程领域法律服务的建纬律师事务所并一直担任主任。28 年，从 1921 年到 1949 年，也是 28 年，这可不是一般的数字；而朱老师，正好与共和国同龄。别人是“十年磨一剑”，朱老师是“二十八年磨一剑”，这也不是一般的缘分。

与朱老师接触多起来，是在我来上海执业以后。在智合的一次交流会上，我邀请他到我所指导，称同是专业所，可以探索“专专合作”；他回答说“应当如此，我早有此意”。这个回答，反应之快，情商之高，堪称经典，让我这个晚辈顿觉春风拂面，相见恨晚。

随着联系的增多，我也对朱老师有了更多的了解。我发现，在他的慈祥与温柔之下，有着铁人般的意志和铁一般的身体素质。他晚上八九点钟睡，早上四五点钟起，雷打不动，几十年如一日。在别人还堵在早高峰的路上时，他已经工作了三四个小时。他全年无休，一直处于工作状态。担任建纬律师事务所主任 29 年，大到项目承接、著书立说、律所管理，小到接待客人、带教徒弟、指导办事，朱老师均亲力亲为，一丝不苟。三十年来，他垂直深耕一业，从不言难，笑看得失，只顾前行，勤勉精进，不断刷新房地产建设工程法律服务的天花板。“铁人”王进喜说“宁可少活二十年，拼命也要拿下大油田”，朱老师也有一样的冲天干劲和顽强斗志。正因有此“铁人”的坐镇和引领，建纬律师事务所才能日益壮大，成为行业领先、有口皆碑的专业规模品牌律所。

在这位“铁人”的领导下，建纬律师铁心做专业，“弱水三千只取一瓢”，坚持专做房地产建设工程业务。“书痴者文必工，艺痴者技必良”，正是因为建纬人的舍得精神，专攻一门，才成就了建纬律师事务所的专业品牌。

“铁人”“铁心”做专业，必须有“铁腕”。建纬的“铁腕”就是：审时度势，顺应发展精进专业；响应号召，服务政治经济大局；建言献策，助力党和政府出台相关政策；著书立说，出版专业书籍 30 多本，近 1500 万字。特别是出版行业操作指引和标准，如《建设工程法律操作实务》《房地产开发法律操作实务》等，参与住建部《建设工程施工合同（示范文本）》《建设项目工程总承包合同（示范文本）》的起草与修订工作。朱老师平均一年对外讲课50次左右，认真组织和积极参加律协专业委员会的工作，将专业成果惠及律师同仁，又通过律协平台提升专业影响力，共同推动律师行业专业化工作。建纬人以铁的意志身体力行，以铁的作风共同努力，久而久之，成果丰硕，人才辈出，影响日盛，形成了建纬专业集团军的压城之势。

那么，建纬律师有什么拿手绝活，又有什么“铁弓”（硬产品）呢？首先是有高端的专业人才。朱树英老师是公认的行业领军人物，被称为“律师之师”。年轻一代的邵万权主任和宋仲春、韩如波、陈军、陈应春、史鹏舟及分所主任陈沸、贺倩明、李俊华等人也都是专家型律师。还有一批如徐寅哲、王景伟这样的中青年优秀律师。他们能办案，能讲课，能写文章，还能出书，是律所的核心“武器”。其次是产品，大量的成功案例、30多本专业书籍、数百门专业课程、权威的标准合同注解，让行业视建纬为专业之巅。最后是分享精神。建纬律师事务所总是毫无保留地把成果第一时间与同行和客户分享。朱树英老师有一句话：不要考虑保护我们的知识成果，要及时公布。你不及时公布，人家怎么知道你是老大！想起马斯克对特斯拉的技术不申请专利的观点，两者简直如出一辙。这就是敢把自己拍在沙滩上的气魄。“铁弓”在手，何患无友！

朱老师和建纬还有一批“铁粉”。罗马不是一天建成的，也不是一个人能建成的。朱老师的得意之笔，是培养了一批优秀的徒弟，而且这些徒弟不离不弃，忠于建纬事业，忠于朱老师，自然是朱老师的“铁粉”。他们都默念和践行着这句话：“不为顶峰慕名而来，亦不在低谷转身离开”。当然，对于离开建纬的律师，朱老师也大度包容；知名律师曹文衔、刘一虽然转到其他律所，但对朱老师还是饱含深情。在同行眼里，对朱老师高山仰止；在客户眼中，朱老师是事业的后盾。一有法律问题，首先想到建纬，请教解决方案。中国律师的好朋友、著名律师行业观察员刘桂明老师也是对建纬情有独钟，有召必来。为什么建纬会有这么多的铁粉？是因为朱老师的独特魅力，引领形成了建纬的专业魅力。这种魅力，不是虚名粉饰，而是由内到外的实力散发。

在建纬律师事务所成立的30年之际，我曾就建纬的上述五“铁”谈了心得，撰写了《五“铁”建纬，卅年辉煌》，发表于靖予霖和建纬的公众号，点击量颇高。我期待在朱老师的精神指引下，靖予霖律师事务所成立30年时，也能取得建纬律师事务所这样的成就。

随着我与朱老师日益熟络起来，我们的共同语言越来越多，特别是在律师专业成长和专业律所发展上，我们有完全相同的观点。虽然朱老师比我的父亲大一岁，我当他是父辈，但他在专业上却认我是小兄弟。在朱老师的全力支持下，靖予霖律师事务所与建纬律师事务所搞了几场专业活动，值得一提的有以下两件：

一是建纬律师事务所与靖予霖律师事务所签订“专专合作”协议。专业律所由于业务方向单一，案源“进口”自我限制，案源“出口”存在需求，而且专业领域交叉的案件日益复杂、日益增多，故要让专业律所的“专专合作”成为可能。作为在各自领域有一定影响力的专业律所，2021年11月3日，建纬律师事务所与靖予霖律师事务所在建纬律师事务所签订了合作协议，邵万权主任等建纬管理层参与座谈交流，媒体也作了报道。这次活动，倡导专业律师之间的合作，在业界具有一定的影响力。整个过程，我感觉是建纬对靖予霖的提携，是朱树英老师对我的提携。当时建纬成立已28年，靖予霖才12年；建纬已蜚声国内外，靖予霖才刚有一定的影响力；朱老师已经70岁，我才50岁不到。朱老师的大气、包容、纯粹、奉公，让我深受感染，十分感动。

▲2021 年 11 月 3 日，徐宗新和靖予霖律师事务所一行 7 人到访建纬，与建纬签订合作协议

二是共同发起“上海专业律所合作发展座谈会”。2022 年 1 月 29 日，建纬律师事务所和靖予霖律师事务所与律新社共同发起了“上海专业律所合作发展座谈会”，邀请了沪上知名专业律所家与家律师事务所（婚姻家事）、蓝白律师事务所（劳动）、新闵律师事务所（税务团队）、中天阳律师事务所（保险）、阳光时代律师事务所（环境能源）、江三角律师事务所（劳动）负责人齐聚一堂，介绍各所的专业化特色与产品，共研专业发展路

径，共商合作发展之道。活动很成功，随着律新社的报道，在业界的影响力较大。上海有精细化的土壤和文化，律所走“专精特新”之路应该是条康庄大道，于是此次座谈会取得了预期的效果和有益的成果。这次活动，我们是拉着朱树英老师的大旗吆喝。如果没有朱老师的号召力加持，是难以聚集这么多专业律所的负责人的，而如此有益的探索亦未必能够成行。

接下来，我和朱老师，靖予霖和建纬，还想在上海律所的专业化发展上做点事；如果做成了，还想在全国推广。所以，我衷心希望和祝愿，这位中国律师及律所专业化的先驱，能够开心快乐，健康长寿！

▲2022年1月29日，“上海专业律所合作发展座谈会”在上海靖予霖律师事务所会议室举行

作者简介

徐宗新，上海靖予霖律师事务所主任。曾在检察机关工作，于2009年创办只做刑事业务的靖予霖律师事务所，倡导“先专门再专业”的专业化发展路径，累计办案千余件，出版专业书籍13本，授课近千场，在业界有良好的专业口碑。兼任中国刑事诉讼法学研究会刑辩委员会，华东政法大学特聘教授，第十二届上海市律师协会副会长。

46 一日为师的教诲，终身为傅的缘分

杨文佳

引 言

不知从何时起，改口称“朱老师”为“师傅”，而这一声“师傅”就是一辈子。——编者在读到这里时，不由心里一热。接下来，让我们感受北京大成（上海）律师事务所合伙人杨文佳的那份真挚情感。或许“师傅”有别于“老师”就在于一个“傅（父）”字。

在杨文佳律师的讲述中，时不时能看到其父杨平昌的“客串”。如果说人生路上有父亲“引路”，子承父业会有压力，那么事业发展有师傅“护航”，青出于蓝而胜于蓝就有了动力。初次合作遇到的就是朱树英，初次办案就是一场 7 年的持久战，在大咖“陪伴式”的成长下，有“朱树英的影子”或许就是一种荣誉。

▲杨文佳

我叫杨文佳，是北京大成（上海）律师事务所合伙人。我是朱树英的“编外助理”，十年来始终承蒙朱树英师傅对我这

个“外所徒弟”的抬爱。我的父亲是杨平昌律师，早从2001年就被北京大成律师事务所派驻到上海创办大成上海办公室。他长期主攻建设工程领域的法律业务，如今他虽年过六旬却仍然是业务长青的高级合伙人。非常荣幸，2014年我从美国硕士毕业回国后给我父亲当助理，担任助理期间的第一个案件就是工程总承包的仲裁案件，接触到的所外合作律师正是朱树英。是的，领我进入建设工程领域的师傅，就是负责起草《房屋建筑和市政基础设施项目工程总承包管理办法》的朱树英大律师。该办法自2020年3月施行，而我在7年前就已经跟着朱树英律师开始办理工程总承包的案件了。

一、“另辟蹊径”演示一日为师的教诲

那是一个关于位于内蒙古土默特右旗地区的火力热电厂项目EPC工程质量纠纷的仲裁案件，发包方式为设计、采购、施工的工程总承包项目，即国际通行的“EPC银皮书”，我们的客户是火力热电厂的建设单位发包人。由于案情疑难复杂，发包人聘请了包括土默特右旗当地和首府呼和浩特的两家律所，以及大成、建纬共四家律所，联合组成一个律师团，并且由朱树英律师主导，带队共同为客户代理案件。这个仲裁案件打了7年，我们和朱树英律师一起奋战了7年。感恩这些年前辈们共同代理的本案对我的历练和打磨，我切身感受到了专业能力的独特魅力。其实，对于行业晚辈来说，很难有机会近距离、长期接触行业泰斗级人物；而我，因为这个案件，有幸在执业生涯中开启了多位导师的带教模式。朱树英律师教会了我处理案件时如何另辟蹊径，如何化繁为简，如何精准攻击。时至今日，我父亲常夸我的办案风格中能找到“朱树英的影子”。不知从什么时候开始，我改口叫“朱老师”为“师傅”，这个称呼一直延续至今。师傅经常调侃：“我的助理一般都不叫我‘师傅’，你怎么像孙悟空叫唐僧那样，叫得这么顺口、这么虔诚啦？”我说：“哎哟，已经叫习惯了嘛。”需要说明的是：由于本案是当时国内少有的工程总承包仲裁案件，且案情复杂、专业性强、

办案难度大，委托人在聘请大成律师后又聘请了师傅，他们是由内蒙古律师协会宋建中会长陪同专程来到上海，在和我父亲谈妥后又找到师傅，提出希望再增加聘请师傅，并由师傅主导，四家律所共同代理本案。我父亲一口答应，满心喜欢，并关照我一定要珍惜这个难得的机会认真向师傅学习。2014 年 12 月 25 日这一天，我们在北京的中国国际经济贸易仲裁委员会开庭。那是上海一个有能力提供成套电气设备的供应商作为双方 EPC 合同的总承包人的纠纷案件，这种既不是由设计人，也不是由施工人，而是由设备供应商作为总承包人的特殊案件，当时在国内很少见。庭审中，我方在师傅的主导下以一系列证据提出了已完工程主体工程质量不合格的基本观点，我方主张系争工程在设计之初的抗震系数就不符合发电站所在地区的强制性标准，设计图无法通过审图中心的验收，从而导致整个工程无法完成验收备案手续，要求仲裁庭全面启动施工质量鉴定、设计质量复核以及主体结构现状安全性及抗震能力鉴定。经过双方的激烈角逐，我方的观点和主张为仲裁庭采信，仲裁庭同意启动本案的主体结构质量缺陷的抗震设计标准的鉴定。

尽管我方成功启动了司法鉴定，但是仲裁庭却遇到一个难题——找不到鉴定机构。就在大家对寻找鉴定机构一筹莫展的时候，师傅提出：“现行的抗震规范标准是由中国建筑科学研究院制定的，我们就找中国建筑科学研究院作为鉴定机构，他们负有法定义务。”这是一个令人眼前一亮的想法。我们迅速联系了仲裁庭，最终得以确定由中国建筑科学研究院的下级单位，即国家建筑工程质量监督检验中心为司法鉴定单位。这十年来，每每大家提及此事，师傅都会像顽童般调侃一句：“你看我的思路可以吧。”而我的父亲也常把师傅挂在嘴边，高度肯定师傅当年办案的主导地位。另外两家律所的律师闲聊时提及师傅，也总是会回忆起当时听到鉴定思路时分外欣喜的心情。本案为找不到鉴定单位时的妥善解决提供了对策，为当前众多工程总承包纠纷案件涉及设计或设备争议没有法定鉴定单位的难题，提供了现实、可以借鉴的有效方法。时至今日，我都铭记师傅的教诲，达到诉讼目的的路径不止一条，要多想办法打开思路。

有一次，我们与师傅共赴内蒙古开会，遇到晚上的转机航班多次广播延误，师傅当机立断去机场酒店先行休息，次日另行买票与我们会合。我当时碍于机场酒店的卫生条件，又寄希望于航班可能突然通知准备登机，一直等到凌晨广播航班取消之后才带着大部队找到了稍远的酒店。次日，大部队疲惫不堪赶到机场时，师傅已经精神抖擞在候机大厅等我们了。对比之下，我当即意识到了自己的决策失误。师傅如慈父般耐心听我复盘，帮我分析利弊，也分享了他处理突发情况时的逻辑，以及如何快速判断及执行。为了缓解我的情绪，他还打趣道："当律师就要跳得了龙门，钻得了狗洞。"这段经历教会我处事要懂取舍，更要果断。

▲在内蒙古办案期间四家律所代理律师的合影，杨文佳居中，杨文佳左边是父亲杨平昌，杨文佳右边是师傅朱树英

二、“挂职锻炼”开启终身为傅的缘分

自打师傅用“找标准制定者做鉴定机构”给我演示了“另辟蹊径”之后，我就一直在寻找机会向师傅多学一些“厉害的武器”。说来也是有趣，当年的客户对师傅是又敬又怕，每次开会或者出差都是推着我或者我父亲出面去约师傅。慢慢熟络之后，我索性提出来跟在师傅身边学习一段时间。父亲首先表示同意并予以支持，师傅接受后还颇具幽默地称之为“挂职锻炼”。

我“挂职锻炼”的第一天就遇到一个“二进宫”的案子。那是焦油深加工系统 EPC 总承包工程发回重审后再次回到最高人民法院的二审案件，故而称之为“二进宫”。该案件的争议焦点集中在涉案工程存在的质量问题是属于合同目的无法实现的范畴，还是属于质保维修或质量索赔的范畴，足可想象该案证据有多么繁杂。我当时有些无从下手的茫然感和失落感，可是师傅上阵，仅仅用了半天就整理出清晰的诉讼思路。师傅带着我一起去沈阳的最高人民法院巡回法庭开庭，在法庭辩论环节，对方代理律师大约是感受到了师傅的强大气场以及压迫感，竟然在庭上将我方上诉人称为“老师”。庭后师傅主动走到对方律师面前交流：“你们在法庭上不能叫我老师的呀。”对方代理律师相映成趣回应道：“可是我们都叫老师叫习惯了，我们都是听你课的。”那一刹那，我心里又骄傲又触动。作为一名青年律师，能有幸在执业起步积累业务能力的阶段，跟着行业大咖研磨重大疑难案件，我是多么幸运。后来在下飞机的接驳车上，师傅似乎察觉到了我的五味杂陈，他主动和我说道：“建设工程案件的证据通常都有量大又琐碎的特点，你要化繁为简，在一团乱麻中理出一条主线猛攻。”这句话对我此后的职业生涯产生了无比深远的影响。这些年在面对需要用托运行李箱搬运开庭材料的案件时，我也化繁为简，逐渐形成了捋出一条逻辑主线攻击案件弱点的办案风格。2024 年元月，我陪同大成上海办公室的执行主任陈俊

律师、党委副书记刘蓉蓉律师、高级合伙人杨平昌律师、高级合伙人范建红律师到访建纬律师事务所，与建纬律师事务所主任邵万权律师、我的师傅——建纬研究院院长朱树英律师，以及建纬团队精英律师座谈交流，深入探讨了3.0版的工程总承包模式。我看到了师傅身体力行地助推律师行业深入研究投建营一体化模式，致力于制定“中国标准”。师傅总是先行一步，在《最高人民法院关于审理建设工程施工合同纠纷案件适用法律问题的解释（一）》征求意见阶段，师傅就召集大家研提反馈意见，现在又在工程总承包的新时代浪尖践行着投建营一体化模式的远景规划。作为晚辈，我看到的是师傅对于这个行业的热爱和执着，更是一份感动、一份启发。泰斗级的律师思考的从来都不是分蛋糕，而是创新蛋糕、做大蛋糕。

▲2024年1月16日，北京大成（上海）律师事务所执行主任陈俊律师一行莅临建纬律师事务所考察交流

师傅的不吝教导和对我这个外所徒弟的抬爱，长期影响着我的执业习惯甚至三观。结尾借用我父亲的说辞：“朱树英身上聚集了一名泰斗级律师所必备的所有优秀特质，曾经以为是可以学习的，但当与他近距离相处越久就越发现朱树英其实是学不来的。”尽管如此，我仍然习惯于把师傅的教

诲、工作习惯甚至生活观分享给我的家人、我的朋友、我的工作团队，写这篇文章也是希望通过分享一些师傅的点滴小事，惠及更多的人。

作者简介

杨文佳，北京大成（上海）律师事务所合伙人。业务领域涉及建设工程、商事、金融争议解决。非诉业务擅长投融资、不良资产、公司商事业务。具有华东理工大学工程管理学士、美国宾夕法尼亚州立大学金融学硕士、美国宾夕法尼亚大学计算机硕士、中国政法大学法律硕士、长江商学院 MBA 的教育背景。

47 有幸同行，与有荣焉

侯晓莉

引 言

10 年前（2014 年）一个仲裁案，成就了杨文佳和朱树英的师徒情缘，也在侯晓莉心中埋下了一颗“冰山下的火种”。为什么编者会这么形容？相信各位看了上海市建纬（西安）律师事务所副主任侯晓莉的文章，也会有这样的感受——那是一种从压抑中破茧而出的释放。

因为有更重要的工作安排，3 次与朱树英擦肩而过；因为有更好的职业前景，没能第一时间加入建纬。从中我们能看到侯晓莉的遗憾，但更多的是理性与审时度势。时机一旦来临，褪去冷若冰霜的外表，她的内心热烈奔腾。裸辞是果断的表态，加盟是实力的展现。罗马非一日建成，这是一场双向奔赴。如果说当年朱树英种下了种子，那么如今建纬显然是大大的花园，让更多人能在此开出大大的花。

▲侯晓莉

我是侯晓莉，我加盟建纬的时间不长，但与朱树英老师早在2015年就开始神交。本书的上一篇，大成上海办公室杨文佳《一日为师的教诲，终身为傅的缘分》一文，说的是她2014年当助理时有幸跟随朱老师合作办案的故事。文中说到的内蒙古某热电厂工程总承包仲裁案件，也是我从体制内出来选择建纬所的直接原因。我硕士就读于西北政法大学（以下简称西法大），我的导师是经济法学院院长强力教授，正是杨文佳一文中说到的中国国际经济贸易仲裁委员会一案仲裁庭的一个仲裁员。10年后，杨文佳成为大成（上海）律师事务所的合伙人，而我则由于导师对朱树英律师的客观评价和专业分析，最终选择并加盟了建纬，成为建纬西安办公室的党支部书记兼副主任。

▲参加2023年建纬总分所党建工作联席会议

一、多次擦肩，失之交臂

虽然加入建纬时日尚短，但其实我与建纬和朱树英律师却有着很深的渊源，回头想想，也许近十年后的选择，一切都早有预示。

1. 曾经多次错过

2015年，我供职于陕西燃气集团有限公司（以下简称陕西燃气）。当时正值企业组织机构调整，我从人事处副处长的岗位调任政策法规处处长，部门职责是：宏观经济政策、行业产业政策研究以及企业法律事务管理。当年，按照省委省政府关于陕西燃气“负责陕西省天然气长输管网规划、建设及运营管理”的职能定位，天然气管道建设及企业经营管理的法律风险防控就成为我们政策法规处的主要职责之一。当时的朱树英律师已经享誉业内，所以，邀请朱律师前来授课就成了我的一项重要工作计划。虽然出于客观原因计划未能实现，但用时下流行的话讲，也许从那时起命运的齿轮就开始转动了……

几年之后，我出任陕西燃气总法律顾问、政策法规处处长，兼任陕西省天然气股份有限公司（以下简称陕天然气）监事会主席。由于深圳证券交易所和陕西省国资委披露了陕天然气涉及天然气管道规划、建设、运营的法律纠纷和风险提示，在我们政策法规处的指导下，由陕天然气政策法规部组织安排了工程管理的专题培训，授课专家正是朱树英律师。按说当时培训专程请示了我的时间安排，但由于临时接到陕西省国资委的会议通知，我再次错过了向朱树英律师学习和讨教的机会。

之后的数年，同属于陕西省管一级企业且由陕西省国资委行使出资人权限的兄弟企业，包括陕西延长石油（集团）有限责任公司（以下简称延长石油）、陕西建工集团有限公司等，都先后组织过集团总部层面的专业培训，并邀请了朱树英律师授课。但阴差阳错，我始终未能与朱树英律师有一面之缘。

2. 又在取舍之间

我本科毕业于西北政法学院，后来又在职取得西法大的法律硕士学位，因此与西法大渊源颇深。毕业之后我也一直与学校的教授、老师们保持密切联系，西法大无论对我个人的传道授业解惑还是我从业之后的工作，都给予了极大的支持。

2017 年建纬西安办公室筹办之初，参与筹建的一位西法大老师就曾邀请我加盟成为合伙人，且把合伙协议发给了我。实话说，我当时是真的动了心，一是因为难得有建纬这样的平台和机会，二是因为做律师是我自小学六年级起的理想。在我犹豫之际，恰逢陕西省国资委落实国有企业总法律顾问制度，我所任职的陕西燃气作为第一批次落实该制度的国有企业。省国资委按照企业法律顾问任职资格条件，遵从干部管理相关规定，进行推荐与选拔。最终我作为省管企业为数不多的完全符合（具有法学专业学历教育背景、法律职业资格，担任企业中层正职3年以上，在两个以上企业中层管理岗位历练等）国企总法律顾问岗位任职资格条件的候选人高票当选陕西燃气总法律顾问。不可多得的机会+更高更大的平台+组织的信任与重托，百般纠结之后，我最终还是选择留在了企业。

二、直面本心，殊途同归

2019年，陕西省国有企业“压减”（压缩管理层级、减少法人户数）工作初见成效，省国资委为了深化改革、推进全省国有企业布局结构调整，针对监管企业的兼并重组此起彼伏，而与延长石油同质化业务颇多的陕西燃气也被纳入该轮重组计划。

1. 机缘巧合，理想重启

不久后，陕西燃气就从省国资委监管一级企业调整为延长石油的子企业。考虑到未来将面临多重阻碍，我在配合完成企业重组和机构改革后，经过慎重考虑，选择了至今身边很多人都不能理解的“裸辞”。然后经过陕西燃气党委会、陕天然气股东大会等历时近半年的漫长程序，我终于实现了年少时的理想，成为一名执业律师。此时距离我2008年取得法律职业资格、2009年拿到律师执业证已经过去了10年。

离开企业后，由于原单位在我主持法务工作时组织过建纬（西安）律师事务所等十几个大所的企业法律顾问招标入库，为避嫌，我回绝了好几家品牌大所入伙的邀请，拒不加盟已入库的律所，而是决定加盟西安本地一家规模不大的律师事务所。我选择的标准有两个：一是它不能是陕西燃气的入库机构，二是合伙人脾气秉性趋近，能合得来。但同时，我也给自己设定了职业规划，那就是经过 2 ~ 3 年的律师职业历练，如果未来立志将律师作为毕生职业，那就要重新选择一家全国性的律所执业。因为只有在更高更大的平台上，自己的眼界格局和发展前景才会更加广阔。

2. 兜兜转转，坚定选择

于是又过了 2 年多，到 2022 年年底，我走出了职业生涯规划的第二步，就是在众多选择中，最终选定并成为建纬西安分所的合伙人。作为自己未来职业生涯规划的重要选择，多年在体制内的我其实审慎考虑并甄选了很长时间，包括综合了解律所专业评价和业内口碑，有选择地接触不同律所的负责人或管委会成员了解律所文化，甚至有条件地参加一些律所的公开或内部活动。比如在加盟前我就参加了 2023 年 2 月建纬所“众建贤才　共论经纬”的研修班，而且获益匪浅，但我却始终没有能够下决心做出坚定的选择。促使我最终选定加盟建纬的，是来自我大学本科时经济法学院的院长、法硕时的导师强力教授的一段评价。那次是请教一个专业问题，其间强老师问起了我的打算，我说出几个备选项后，强老师进行了客观分析，最后还分享了一段他对于有过一面之缘的建纬所创始主任朱树英律师的印象。事情的起因是强老师作为中国国际经济贸易仲裁委员会的仲裁员，在一起工程款纠纷案件中被一方当事人选为仲裁员，而对方当事人委托的代理律师就是朱律师。从案件证据来看，朱律师代理的当事人比较被动，但朱律师却凭借他既熟悉行业又熟悉法律的专业积淀和高深造诣，化被动为主动，取得了很好的庭审结果。强老师告诉我，他与朱律师虽然只那一面之缘，但也因之听到了业界和坊间关于朱律师的一些评价，比如勤奋、务实、专业、工匠精神……清一色的好评。至今我仍然清晰地记得，促使我下定决心选择建纬所的是老师说的一句“创始人决定机构走向，朱树英这样的律师，他带领下的建纬所应该是值得托付的，你需要慎重考虑的是西安分所合伙人的‘同心同向同行’的问题，毕竟合伙制律所是‘人合’的属性”。

▲在“众建贤才　共论经纬”研修班上荣获优秀学员，朱树英院长颁奖

于是，经过一系列的转所手续和程序，我成了建纬西安办公室的一名律师。回头想想，这大概也是天时地利人和综合作用下的结果。

三、一子落地，万象更新

到今天，我加入建纬大家庭已有半年时间，由于自身专业背景和职业履历，先后多次参与总所专业法律服务业务和各类专业论坛。

我曾参与《宁夏回族自治区燃气管理条例》立法项目。该条例因银川发生一起令人痛心的燃气爆炸重大安全事故，由宁夏住建厅牵头，邀请建纬律师进行协助。在朱老师与我说明后，我立即赶往银川，与各位建纬大咖齐心协力，连续工作了三天，在最短时间内提出了建纬所专家意见稿，得到了住建厅领导的高度评价。该条例由宁夏回族自治区第十三届人民代表大会常务委员会第五次会议于2023年9月23日修订通过，经公布后，自2023年11月1日起施行。

2023年8月20日，建纬律师事务所宣布正式成立“建筑消防法律服务中心”，并同步举办首届建筑消防法律问题研讨会，吸引了一众律师、建筑施工企业人员、专业消防工程管理人员与会交流；3600 余人通过线上线下方式同时参与交流学习，共襄盛举。我作为主题分享嘉宾，以“消防与火灾事故处理法律服务浅析”为题，结合自己从业 20 年以来担任陕西燃气总法律顾问负责政策法规研究工作以及担任陕天然气监事会主席在工作过程中积累的经验，从火灾与消防、消防管理、典型案例分析、建筑消防法律服务（非诉和诉讼）、相关法律法规等角度展开论述。

▲在首届建筑消防法律问题研讨会上以“消防与火灾事故处理法律服务浅析”为题进行分享

不到一个月，在朱树英老师与智拾网合作的“建设工程司法鉴定周”系列公益课程中，我受邀成为讲师，结合近年来重大燃爆事故的调查要点以及归口管理，以“燃爆事故调查报告的司法鉴定与质证要点”为题作了交流分享。同年 10 月 13 日，经中共西安市律师行业委员会批准，上海市建纬（西安）律师事务所党支部组织召开了党支部换届选举大会，我有幸获选担任建纬西安办公室党支部书记。同年 11 月 24 日，在参加建纬昆明办公室举办的总分所联合党建活动期间，在朱老师的带领下，我与建纬总所青工委主任俞斌律师，一同赶赴云南省建设投资控股集团有限公司，调研投建营一体化建设总承包模式的实务经验，为建纬正式开启课题研究提供前期的实践资料，助力法治建设成为投资建设总承包模式研究的重要任务。

▲赴云南省建设投资控股集团有限公司为“投建营一体化工程建设总承包课题”做调研

虽然加盟建纬才刚刚开始，但我参加了建纬的多项党建活动，近距离接触韩如波律师、孔祥强律师等业界大咖，亲身参与邵万权主任领导下的“党建带所建、奋进新征程”建纬法律服务的高质量发展工作，身体力行“超前、务实、至诚、优质”的建纬所训。这完全印证了我的导师对朱树英律师和建纬所的客观评价以及我加盟建纬专业对口、前途无量的正确性。

一路成长一路收获，共谋发展共同见证。

何其有幸，参与其中；与优秀者同行，与有荣焉！

作者简介

侯晓莉，上海市建纬（西安）律师事务所党支部书记、副主任、合伙人，陕西省房地产商会副秘书长，正高级经济师，高级人力资源管理师。曾任陕西燃气集团有限公司总法律顾问、政策法规处处长，陕西省天然气股份有限公司监事会主席。

48 树德传道　律政精英

——记恩师朱树英老师

吴贞艳

引　言

回顾我们的学习过程，其实最初都是从模仿开始的。就像画画的学描红，练习书法的先临帖一样，写材料也是如此。所谓“天下文章一大抄，就看会抄不会抄”，这里考验的不仅是判断力，更是领悟力。本文作者——来自江苏神阙律师事务所的吴贞艳律师就是一位办案“抄作业”的高手。她抄的对象是业界大咖，抄的难度是公报案例，并且抄的还是关键步骤和正确答案。从模仿到总结，再到提升，这其中的功力绝不只是吴律师自谦的“新手上路”那般。

一头雾水间，翻开一本书，第一篇文章就正中下怀；为了听课占座，凌晨从无锡驱车400多公里提前赶到淮安律师协会排队等开门，却发现同样很早来、站在一旁等待开门的竟然是朱树英。看似偶然的背后实则是必然，吴贞艳能得朱树英同意成为加收的外所弟子，也正应了那一句“天道酬勤”。

▲吴贞艳

我是吴贞艳，是江苏神阙律师事务所的合伙人、建筑和房地产中心主任。我是2015年5月自说自话拜朱树英为老师，并且事后获批准的。古人云，“师也者，教之以事而喻诸德者也”，人生之中，能遇到一位在业务上指导自己，在品格德行上影响自己，在成长道路上扶持自己的先生，可谓恩师矣！很幸运，在律师从业道路上，我就遇到了这样一位恩师——朱树英老师。今天，就来说说我和朱老师的师徒故事。

一、墨斗匠心，律政生涯引路人

大学毕业后，我曾在基层检察院工作数年，但是心中一直怀揣着律师梦。2015年5月，我辞去了原来的工作，加入了江苏神阙律师事务所，但关于以后从事的业务方向，我却一片茫然。初来乍到，手足无措之际，我接到了第一个诉讼业务——一个“半拉子”* 工程合同纠纷，我方作为施工单位起诉建设单位索要工程款。当时合同的争议焦点在于该“半拉子”工程是否依据合同约定下浮结算。由于刚执业就接触如此专业的案件，我心中不免忐忑，深感无处下手。这时造价工程师朋友给我推荐了朱树英老师的一本书——《墨斗匠心定经纬——建设工程疑难案件办案思路与执业技巧》，开篇第一个案例“青海方升建筑安装工程有限责任公司与青海隆豪置业有限公司建设工程施工合同纠纷案”与我的案件情形有些类似，其中的代理意见完全可以用来参考借鉴。后来也正是凭借这篇最高人民法院公报案例，让我人生中的第一个工程案件有了很

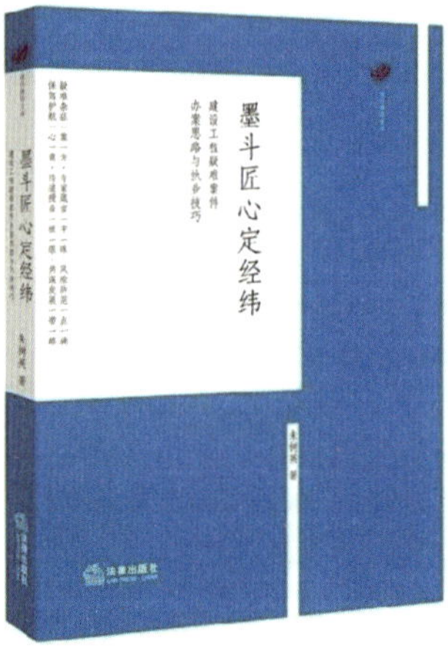

▲《墨斗匠心定经纬——建设工程疑难案件办案思路与执业技巧》

* 工程未完全施工完成，处于中间状态。——编者注

大转机。从此，朱树英这位行业泰斗的指引仿佛一道光，照亮了我的律政之路。

二、和蔼暖心，传道授业解惑人

有了第一次的经历，我对朱老师就有了崇拜和关注，2019 年 3 月，听闻朱老师要来淮安律协讲课，我立即决定去听课。彼时淮安还没有开通高铁，我和小伙伴开了 4 个多小时的车只为面对面聆听朱老师教诲。为了坐在最前面，我们早早来到淮安律协门口等开门。这次早到冥冥中开启了我与朱老师的师徒之缘——朱老师居然也在门口和我们一起等开门。激动之余，我要了朱老师的微信，希望以后能有机会向他请教；朱老师完全没有任何架子，热情耐心地对待我们后辈。

▲与朱老师在淮安市律师协会合影

朱老师是高高在上的行业泰斗，而我只是一名新手律师，我以为我们不会再有交集，只是继续每天上下班路上听他的音频课件，但是缘分就是如此奇妙。两个月后，也就是 2019 年 5 月，听说无锡律协和无锡仲裁委要联合组织一次建工课程培训，我想，如果能请到朱老师来授课就太好了，结果就真的请来了朱老师。我一想自己不是有朱老师微信吗，于是主动请缨负责接送，再往后就有了越来越多的接触。接触越多，我越为朱老师之为人做事所折服，带着对朱老师的崇拜之情，我问他能不能拜他为师？朱老师回复我：不是早就是了吗！我热情邀约朱老师多来无锡，朱老师坦言也很喜欢无锡。此后，他真的每年抽空带家人或老友来无锡休假，而我也非常乐意和荣幸担任他的“导游”，并借助这个便利为自己谋“福利”——随时向他请教执业中遇到的问题。他也非常乐意解答和指导。

三、慧眼慧心，行业前沿带头人

此后，在师父的不断鼓励下，我更坚定了自己的专业化发展道路。经过这几年的磨砺成长，我有幸成为本所建筑和房地产领域的核心骨干。一直以来，师父所创建的建纬律师事务所始终走在行业前列，他也永远洞悉行业最前沿的信息和发展机遇，而且永远不吝赐教，帮扶我们这些青年律师加速成长。这两年，在师父的耳濡目染之下，我一直坚持走专业化路线。师父提出“未来工程律师的发展机会在于工程总承包”，这也成了我最为关注的方向。因为建纬一直在做这方面的学术研究和各类论坛，师父也建议我应该向律所报请设立该部门。我和主任汇报以后，主任同意在原建筑和房地产中心下设工程总承包部门，由我担任中心主任。由此我也慢慢开拓了这方面的市场业务，参与了工程总承包方面的诉讼和非诉讼业务。2021 年 7 月，无锡一家上市公司涉工程总承包诉讼纠纷，找到了我们律师事务所，同时又通过其他途径找到了师父。沟通后，该公司最后决定同时聘请我们律师事务所和师父所在的建纬律师事务所合办案件。合办过程中，师父及其团队为案件起草的证据材料等各种法律文书，让我如此近距离真切地见识到他们法律服务的专业性。点滴之中，师父的提点，让我学到很多非常好的诉讼思路和规范的法律文本。如此这般对于后辈的指引建议，在师父身上不胜枚举；他永远那么目光如炬，洞察时代发展新机遇，也永远那么助力年轻律师的成长发展。

▲参加建纬律师事务所《工程总承包项目〈发包人要求〉编写指南》新书发布会

四、不改初心，成长路上助梦人

师父乐于讲课，专注于专业法律人才培养。常年在全国各地授课，不仅造就了他健步如飞的体态，也使他收获了全国各地如我一样的“粉丝”。我们这些“粉丝”沿着各自专业道路不断前进。每个行业的英杰，都会在“立功、立德、立言”三个方面不断建树，朱老师就在百忙之余，坚持著书立作。因为常年写书分享案例，也让更多的年轻人认识他，并且从他的文章中受益，影响了一大批青年律师。就如我，曾经拿着他代理的案例，在案件诉讼过程中有了重大转机。受他启发，我也开始积极分享法律知识，也多次受邀无锡地铁集团、中铁二局等大型企业进行相关法律专业培训。受他影响，我也开始注重理论研究，这些年一直坚持每年发表论文，如《建筑企业破产后挂靠、转包模式下工程款处理》《〈建筑工程司法解释（二）〉背景下浅谈黑白合同问题》《房企破产情形下工程款优先权的实务分析》等多篇论文，被多家省级以上期刊转载。2022 年 1 月，我被无锡市律师协会评为无锡市优秀专业律师（建筑与房地产类）。我第一时间把好消息跟师父分享，他回复两个词：祝贺！祝贺！这句话胜过千言万语，鼓励着我更加坚定理想信念！

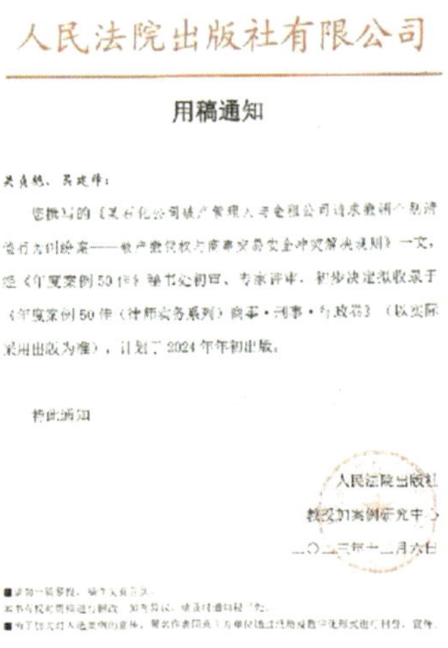
人民法院出版社有限公司

用稿通知

[illegible]：

您撰写的《[illegible]》一文，经《年度案例 50 件》编书处初审、专家评审，初步决定拟收录于《年度案例 50 件（律师实务系列）商事·刑事·行政卷》（以实际采用出版为准），计划于 2024 年年初出版。

特此通知

人民法院出版社

[illegible]

二〇二三年十二月六日

▲人民法院出版社用稿通知

2023 年 8 月，他将人民法院出版社年度优秀案例征稿启事分享给我，并鼓励我申报。其实当时我是完全没有信心申报的，要知道人民法院出版社可是最高人民法院唯一直属出版机构，它的评选要求和标准可是按照最高人民法院的优秀案例标准制定的。但是师父觉得我的某篇案例是可以参与申报的（我时常会和师父分享办结的效果不错的案件），并且他给了我很多中肯的意见。最终我忐忑地提交了案例申请。幸运的是，经过多轮专家评审，2023 年 12 月 6 日，我收到人民法院出版社的年度优秀案例录用通知，而且还要出版！这一刻，除了激动，更多的是感恩：感恩相遇，更感谢师父一直鼓励我、指点我，我何其有幸！

朱树英老师，当之无愧的律师之师！论法律著述，让我“含英咀华，受益匪浅”；论言传身教，让我“如沐春风，倍受鼓舞”；论为人处事，让我认识到了“桃李不言，下自成蹊”。师父的执业经历告诉我，想要成为一名优秀的专业律师，专业素养、敬业精神和法治情怀三者缺一不可。最伟大的事就是坚持做最平凡的事，做到极致，在自己的岗位上勠力耕耘，奋楫前行。

作者简介

吴贞艳，毕业于南京师范大学，江苏神阙律师事务所建筑和房地产中心主任，无锡市优秀专业律师（建筑与房地产类），第四届无锡市优秀女律师，无锡市名优律师人才培养对象，无锡市高新区（新吴区）法律顾问专家库成员，专注于建设工程、房地产领域诉讼及非诉讼业务。

49 那个为中国工程造价事业“点石成金”的人

尹贻林

引　言

若想要快速地了解一个学者的专业背景，“文献检索”或许不失为一条捷径。于是本着知己知彼的态度，编者通过中国知网搜索“尹贻林”三个字，结果显示有近500篇署名文章，其中不少都是围绕EPC模式下工程项目造价管控难点展开的。《贻林微观察》EPC篇寥寥千字，更是把EPC的理想型与现实状讲得明明白白。

就是这位享国务院政府特殊津贴，在工程造价咨询产业界享有盛誉的尹贻林教授，对朱树英在工程造价尤其是EPC领域做出的贡献给出了难能可贵的极高评价。如果说尹贻林教授从学术层面做了诸多研究甚至是沙盘演练，那么朱树英做的则是从实战出发的实践研究。无论是基于信任调节还是价值共创，发承包双方的利益之争无疑还是焦点，而律师的介入不仅是维权更是调停，只有对于行业链的整体把握才有助于推动点上的突破。这或许就是为什么朱树英能“破局”的原因。

▲尹贻林

我是尹贻林，天津理工大学教授，博士生导师，中国重大工程技术走出去投资模式与管控智库主席。尽管我早在中国建设工程造价管理协会第五届理事会上就认识了朱树英，但我们在中国建筑业转型升级的工程总承包和全过程咨询“两翼齐飞”中惺惺相惜、互相支持，还是近7年的事。据我所知，朱树英接住建部建筑市场监管司通知，2023年7月参加中国勘察设计协会的原课题组，负责起草工程总承包管理办法。2018年2月，住建部建筑市场监管司与建纬律师事务所签订课题委托合同，由朱树英任完善工程组织实施方式研究课题组组长，课题研究范围包括起草《房屋建筑和市政基础设施项目工程总承包管理办法》和《建设项目工程总承包合同（示范文本）》，开始全面负责研究起草我国工程总承包的法规制度。

作为律师、上海市建纬律师事务所创始主任，朱树英先生的贡献已经远远超出了律师界，对中国工程咨询尤其是工程造价咨询产业产生了深远影响，其影响范围和程度恐怕是朱先生自己都没想到的。朱先生已有一系列荣誉和头衔，我再给他加几个，边际效应也不会陡增，我对于视为知己的他，有很多话不吐不快。

一、当之无愧的“中国EPC教父”

政府是要依法行政的，律师是要依法保护行政相对人的，听起来好像有些对立。朱树英先生一直是政府依法行政的顾问，他参与了多部政府行政文件的制定，还是多个政府部门的法律顾问。朱树英先生退休之际，住建部市场监管司写来感谢信，令人钦佩。

中国改革进入了深水区后，当时的EPC即工程总承包推行遇到瓶颈，学术界和实务界在招标时点和计价方式上存在分歧。朱树英先生接受住建部市场监管司的委托，经过广泛调研，召开多次研讨会，很快统一了各方认识，顺利推出《住房和城乡建设部、国家发展改革委关于印发房屋建筑和市政基础设施项目工程总承包管理办法的通知》（建市规〔2019〕12号），助推了工程总承包在中国的稳步实施。后来又起草《建设项目工程总承包合同（示范文本）》（GF－2020－0216）。同时，为了配合合同示范文本的使用，又编写了中国第一本《工程总承包项目〈发包人要求〉编写指南》，还起草了《工程总承包合同纠纷案件法律适用的裁处规则（试行）》和《工程总承包合同争议评审指南（征求意见稿）》等文件和出版了一系列专著。

▲尹贻林发言

除了这些文件、标准和专著，朱树英先生还办理了一系列具有风向标作用的工程总承包合同纠纷案件。早在30年前的1994年，他就负责起草制订了上海延安东路隧道复线、国内首个设计施工总承包合同；20年前，他就担任了武汉仲裁委员会、首个设备采购和施工总承包纠纷案件的首席仲裁员；10年前他就代理了内蒙古某热电厂设计、采购和施工合同纠纷案件的代理律师。他不愧为中国EPC工程总承包“第一人”，而我还要给朱树英先生加一个头衔——“中国 EPC 教父”。为此，我征求了中国部分工程咨询头部企业领军人物的意见，他们都赞同。为了站住脚，我辗转于大批 EPC 文件之中，翻阅了大量文献，走访了好多工程咨询领域领军人物和专业精英，最终我再重复一遍，朱树英先生是当之无愧的“中国 EPC 教父”。

二、对工程造价咨询产业的贡献堪称：点石成金

工程造价咨询过去就是概预算，就是识图算量的，至今，英国皇家特许测量师学会仍把工程造价专业人士称为“测量师”，造价工程师的社会地位仍处于较低的尴尬地位。朱树英先生创立的上海市建纬律师事务所专门承接建设项目的工程造价纠纷案件，他们这些大律师从理解合同入手，涉及发承包模式、招投标活动、支付与结算、价款调整与索赔、事实与证据、签证与指令、不可抗力与政令等多方位，立体分析纠纷的性质与特征，进而提出解决问题的思路和策略。表面上看他们是保护当事人的合法权益，实则是全面提升了工程造价咨询的专业水准和范围，直接拔高了工程造价咨询产业的社会地位。我曾在一个公开场合说，朱先生对工程造价咨询的贡献犹如“旱地拔葱”，使局势瞬间发生了有利于造价人的变化，给工程造价咨询产业和专业人士以巨大的震撼和灵感。据此，中量工程咨询有限公司的领军人物钟泉先生提出新咨询“工程造价 +”，已经到了 5.0 版本，每一个版本都有“工程造价 + 法律”，受到中国广大工程造价咨询专业精英的热烈追捧。朱树英先生和他的团队成功地重新定义了工程造价咨询，为中国工程造价咨询丰富了咨询内容和咨询产品，也为工程造价咨询的领军人物和专业精英提供了标杆和实践经验。可以说，朱树英先生及其团队对中国工程造价咨询产业的溢出效应的历史定位就是“点石成金”。

▲尹贻林致辞

三、中国造价师之师

2022 年 12 月底我应邀去上海参加朱树英先生筹划的第十一届外滩金融法律论坛。其间，我在朱先生办公室看到一幅条幅，不禁陷入沉思。条幅是中国一个工程造价咨询头部企业领军人物送的，赫然五个大字“造价师之师”。我在想朱先生绝对是“律师之师”，而是不是“造价师之师”，或可商榷。但是最近一件事让我顿悟：住房城乡建设部、市场监管总局联合制定的《房屋建筑和市政基础设施项目工程建设全过程咨询服务合同（示范文本）》（建办市〔2024〕8 号）（以下简称《全咨合同范本》），经过多年的征求意见终于正式发布了。这个范本的主要起草人朱树英先生终于松了口气，看到自己呕心沥血的成果受到各界人士的肯定，我猜想他是很高兴的。我把这个《全咨合同范本》的发布评价为“划时代的贡献”，而朱先生谦虚地说：“只不过是中国国内的第一个版本。”为什么我说是划时代？因为中国工程咨询产业进入“全咨”后才真正跟上了世界工程咨询的步伐，并且迅速地华丽转身为“领跑”。我助力中国工程造价咨询产业走向世界，原来只是想跟上英国皇家特许测量师学会和亚太区工料测量师协会（PAQS）的脚步，这两年却带着大家出席国际项目管理协会（IPMA）和项目管理协会（PMI）的国际会议。我们从“项目投资管控”转变为“以投资管控为核心的项目管理”皆拜“全咨”所赐。从这个意义来说，《全咨合同范本》的发布就是具有“划时代意义”的里程碑事件。朱树英先生被誉为“造价师之师”是当之无愧，实至名归。

▲2021 年参观朱树英办公室

四、朱树英先生与我亦师亦友

我原来只是久闻朱树英先生大名，后来在2011年中国建设工程造价管理协会的理事大会上结识朱先生，他当时是上海政协委员，在国内工程领域享有盛誉。让我没有想到的是，久负盛名的朱先生平易近人，谈吐儒雅，于是我们俩一见如故，互相切磋，更加深了了解，从此建立起深厚的友谊。朱先生尊称我是老师，其实朱先生是我的良师，我应该尊称朱先生为老师。因为，我在徐大图教授引领下进入工程造价领域，接受了徐大图教授关于“工程造价与概预算的本质区别在于从被动反映设计到能动影响设计”的理念；而朱树英先生使我接受了法经济学的理论：“建立更有利于经济发展的规制，寻找自由的市场和有效监管的自洽逻辑。”因此，朱先生是我的良师。同时，朱先生和我相互提携，互相帮助，又是益友。我们的互相理解深到：朱先生重要的成果鉴定一般会请我做专家组长。其实，朱先生所在的上海市建纬律师事务所是世界一流的工程咨询平台，他本人又是“东方大律师”，但他既认为我能全部理解他的思想，也相信我的学识可以驾驭局面。这使我非常感动。因此，我说朱树英先生是我的益友。总而言之，敢说朱树英先生和我亦师亦友，我有充分的理由和依据。

朱树英先生是中国“造价师之师”，他对中国工程造价事业起到了“点石成金”的作用，他是当之无愧的“中国EPC教父”。朱树英先生是我的良师，更是我的益友。

▲与朱树英一同受邀参加 2023 EPC 项目投资管控探索与实践高峰论坛

作者简介

尹贻林，天津理工大学教授、博士生导师，国家级教学名师，享受国务院政府特殊津贴。兼任中国民航大学经济与管理学院学术院长，担任天津理工大学公共项目与工程造价研究所所长，中国重大工程技术走出去投资模式与管控智库主席。

50 匠心不改的“大先生”

李　琪

引言

熟悉朱树英的人都有这样的体会，朱老师最大的兴趣爱好是工作，最常参加的社交活动是讲课，早睡早起是他多少年如一日的生活习惯，不搞关系不跑衙门是他的处世态度。很多人用严谨自律、专业敬业来形容朱树英，但本文作者——原最高人民法院民一庭审判员李琪说“对朱树英既熟悉、又陌生”时，编者不得不说审判员的眼光着实一针见血。

朱树英外表给人的感觉永远是和善、谦虚的，但事实上他对于坚持的事情、关注的问题却有着撞破南墙的决心和不讲情面的执着。细细回想，在熟悉与陌生间，大家是否有这种感觉：要做事了能看到朱树英，吃喝玩乐估计就难约了。所以，诚之者，择善而固执之者也。朱树英无论身处哪里，永远知道自己追求什么，一言以蔽之，曰“大先生”。

▲李　琪

我是李琪，原先在最高人民法院民一庭任审判员。2023 年朱树英老师嘱咐我写篇文章，从一个前法官的视角，谈谈建纬律师事务所，谈谈建工裁判。我从2017年认识朱树英至今已有7年，写一篇此类文章本不是难事，但是文章一拖再拖，一则有些懒散，二则此类文章难免有“为尊者讳”之嫌，三则静心梳理后，忽然发现对朱老师似乎感觉既熟悉、又陌生。

也许因为距离，所以更多美好。在我心里，我愿意将其视作保持“匠心”的“大先生”和“忘年交”。

一、“大先生”需要做大事情

如果没有记错的话，第一次见到朱老师——我习惯称其为“朱老师”，每次同台授课，总执以师礼——应该是在2017年8月。全国律协建设工程与房地产专业委员会举办年会，时任该委员会主任的朱老师，邀请我作为《最高人民法院关于审理建设工程施工合同纠纷案件适用法律问题的解释（二）》（以下简称《建设工程司法解释二》）的起草人作主旨发言，也听一下律师代表的专业意见。

会前，我对朱老师久闻其名，他是住建部建筑市场监管司法律顾问、《建设工程质量管理条例》等行政法规的制定参与者、《建筑工程施工转包违法分包等违法行为认定查处管理办法（试行）》的起草者，还有从普通工匠到首届“东方大律师”的传奇经历。

初次见面的朱老师，笑容可掬，如同当下热播剧《繁花》中的人物，满满“海派”男人的范儿。探讨的第一个问题，不是会场讨论热火朝天的“中标通知书的性质”“黑白合同”“建设工程价款优先受偿权”“实际施工人”，他开口第一句是：“李法官，这个司法解释有无可能把工程总承包纳入？”我当时即怔住。虽然20世纪80年代工程总承包的理念即在我国确立，国家也出台了一系列政策文件推行工程总承包模式，但是《合同法》《建筑法》等现行法律，包括相关司法解释的起草，仍以传统平行承发包模式为基础。我已不记得自己当时是如何保守地回应了，只记得之后在2023年3

月《工程总承包合同争议评审指南》团体标准专家评审会上，当朱老师再次说起这个话题时，我依然给他泼冷水："在现行法律缺位的情况下，通过司法解释予以规定似乎不现实，近期能通过指导性案例方式解决这个问题就不错咯。"

▲2018 年 11 月 24 日，我和朱树英律师受邀为安徽律师进行"全省建设工程施工合同司法解释（二）专题讲座"

事后我才知道，在我认识朱老师的一个月前，他已参加了住建部的工程总承包课题组，已在负责起草《房屋建筑和市政基础设施项目工程总承包管理办法》，他正在做一件"大事情"。朱老师团队正在推动以制度化明确工程总承包的发展模式、裁判规则。记得 2022 年 3 月，我接到朱老师电话，他满是兴奋，而正在广西梧州处理空难事件的我无暇多说，只告知他"短信联系"。朱老师很快发来《疫情之下，课题研究不掉线，建纬律师云聚力》一文，律师上百人申报集中研究"工程总承包项目合同解除后价款结算纠纷处理"问题。我的第一反应是，法律制定、国家政策、司法解释、行业模式，为什么总有建纬研究的身影？

这几年，我很欣慰地看到由建纬律师事务所参与起草公布施行的《房屋建筑和市政基础设施项目工程总承包管理办法》《建设项目工程总承包合同（示范文本）》。尽管在这一模式下，传统施工总承包合同性质及案由、建设工程规划许可手续对合同效力的影响、发包人要求、优先受偿权的债权范围及行使主体的争论仍在延续，但行胜于言，相关规范的出台让当事人行为与纠纷的处理有了更多的可预期性。特别是，建纬律师事务所又在强化工程总承包与投资期、建运并存期、建设后运营期、运营移交期等多个阶段的投建营一体化模式的研究，这必将对推动行业发展大有裨益。

二、“大先生”需要有大格局

2023 年，我与一众法官、法总、律师等志同道合且有情怀的建工法律人，依托“常设中国建设工程法律论坛”平台完成“优先受偿权”课题，研究对当下观点混乱的建设工程价款优先受偿权的性质、主体、债权范围、行使方式、放弃与限制、权利顺位等予以规范，力图为当下房地产寒冬背景下承包人的利益保护与银行抵押权等权利行使寻找利益平衡。记得在中国国际经济贸易仲裁委员会（以下简称贸仲）开会时，我在介绍司法解释起草人时开玩笑说，“大家知道鸡蛋好吃，这就是那只下蛋的母鸡”。当时，我的脑海中也浮现以朱老师为代表的前辈对原《合同法》第 286 条落地、《最高人民法院关于建设工程价款优先受偿权问题的批复》出台所做的努力。

但毋庸讳言，目前的建筑市场并不让人乐观。低于成本价中标、转包、违法分包、借用资质屡见不鲜，更可怕的是“潜规则”成为“明规则”，当你与他讲法律时，他与你讲道德，当你与他讲规则时，他与你讲行规，冠以“保护弱者”名义不断破坏秩序与规则，行政管理与司法裁判脱节。记得起草《建设工程司法解释二》时我专门写过一条“对于经审理查明存在转包、违法分包、出借资质等事实，法院可在案件终结后将相关材料移送行政管理部门”，就是面对违法乱象无法处理的无力感使然。

我第一次在平台线上授课，虽仅有 4 万观众，但面对冰冷的电脑中蹦出作为新冠疫情防控集中隔离酒店的福建“欣佳酒店”坍塌造成 29 人死亡、42 人受伤的事件，不由心生悲凉，无尽感慨——“保障建设工程质量真的不是一句空话，各方都有义务和责任，最起码让我们的孩子有一个不会轻易倒塌的房子”。保障建设工程质量、维护建筑市场秩序、促进建筑业健康发展，对包括法官、仲裁员、律师、行政主管部门、建设单位、监理单位、施工单位等主体而言，任重而道远。

30 年来，秉承建设完善法制大格局的朱老师和他的团队发挥建筑工程实践者及各参与方“桥梁”的作用功不可没：在立法层面，《建筑法》《建设工程质量管理条例》《房屋建筑和市政基础设施项目工程总承包管理办法》《上海市房地产抵押办法》等法律法规规章的讨论研究，成效斐然；受住建部、原国家工商行政管理总局委托起草《建筑工程施工转包违法分包等违法行为认定查处管理办法（试行）》《建设工程施工合同（示范文本）》《建设工程施工专业分包合同（示范文本）》《建设工程施工劳务分包合同（示范文本）》《建设项目工程总承包合同（示范文本）》，引领行业。在司法解释起草方面，无论是 2002 年《最高人民法院关于建设工程价款优先受偿权问题的批复》，还是两个“建设工程司法解释”的起草，朱老师及其团队均发挥了重大作用。在行政执法层面，多个办法的出台进一步细化了执法依据。

“不谋全局者，不足谋一域”。建筑市场秩序的维护，需要更多人去克服文人相轻、部门壁垒的陋习和弊端。朱老师担任全国律协建设工程与房地产专业委员会主任期间，搭建平台、汇聚众智，围绕“保障建设工程质量、维护建筑市场秩序”使命群策群力，充分体现出规范行业的大格局。

▲2019 年 4 月 13 日，上海建工集团举办“《建设工程司法解释二》专题培训”，朱律师（左）和李琪（右）担任主讲

三、“大先生”需要有“工匠心”

这是一个浮躁的时代，也是一个流量的时代，“黑红”也是红，知名度似乎比美誉度更易变现。如同当下的法律圈，自媒体中冠以“重磅”“官宣”噱头的文章此起彼伏、眼花缭乱。细读下来不由感慨，能够静下心来认真做事、下笨功夫的真的是极少数。

从认识朱老师起，我就知道他有个习惯：每天早上四点多起床，读书写文章。想起国学大师钱穆曾说过：“古往今来有大成就者，诀窍无他，都是能人肯下笨劲。”我自认做不到，只有钦佩的份儿。

朱老师曾跟我聊过，要求他的律师“能说会写”，下笨功夫。“建纬律师”公众号我一直在关注，文章质量颇高，无论是宏大的立法建议、工程建设模式推广，还是关于某个细微法律问题的分析。我听说过朱老师爱出“命题作文”，对于稿件删阅修改事必躬亲，甚至有修改标题“一字之师”的意味。

“匠心”需要对专业的精益求精。我一直坚信：法律服务市场想要越发精细，唯有专业立本，而建工法律人则更需要工程专业知识与法律的融合。我给律师授课时经常会鼓励他们：“也许你的第一学历未必是法律，可能是工民建专业，也许你的第一份工作未必做法律，可能是施工企业商务，但你要知道，凡是过往皆为序章，你所有的经历都是你做好建工法律服务的积累。”其实，多年来我也一直给自己鼓励和打气，鞭策自己恶补建工知识。我曾戏称，“带着助理到施工企业干一年，搬砖做起，真正熟悉这个行业的专业技术本身”。在这方面，朱老师及其建纬律师事务所中很多人，具有工程、造价、法律专业的背景，而这正是做好建工法律服务的集群优势。

“匠心”需要认准目标的坚持。近几年，朱老师一直在大力推进“工程总承包合同争议评审规则”的完善。平心而论，我始终持谨慎乐观的态度，虽也曾当面泼冷水："诚信缺乏的社会，如何让缺乏制度保障的规则具有可执行性。"但我很欣喜地看到，在朱老师等业界大咖的推动下，在传统争议解决方式诉讼和仲裁的基础上引入国际工程领域争议评审机制，《工程总承包合同争议评审指南》团体标准初具雏形并已在个案中见到成效。

四、"大先生"亦时有"烟火气"

建工法律圈很大，似乎越发成为"显学"，很多年轻律师选择建工作为执业方向。与前辈聊起建工法律服务的发展和影响，朱老师是开创者、践行者、推动者，建工法律服务作为独立的专业发展，"律师之师"的朱树英老师功不可没。

建工法律圈很小，江湖恩怨，是是非非，在所难免。"建纬"可谓建工法律圈的"黄埔军校"，很多大咖出自建纬。在这个圈子待久了，各种"故事"也都难免入耳。

回顾与朱老师交往的多年，我颇有感慨：一是在我做法官时，他从来没有为一个案子打过招呼。君子之交淡如水，专业安身立命，纯粹业务交流，保持互相尊重。二是对于江湖上的各色事等，或许因为职业超脱，或许缺乏"八卦心"，我们从未背后说过任何人一句坏话——谁人背后不说人，谁人背后无人说——我觉得，这是美德。

朱老师 1949 年出生，比我父亲年龄大。我对朱老师一直执以师礼，我很享受与朱老师交往的"君子之风"，也很享受偶尔小聚貌似豪爽的"壶搞"*。

"人事有代谢，往来成古今"。经常会想：到了朱老师这个年纪，我能否活得如此洒脱、激情满满？

---

* 喝酒喝到高兴时，直接用分酒器饮酒。——编者注

▲朱树英与友人小聚

作者简介

李琪，最高人民法院原高级法官，曾任中国人保财险总公司法律合规部主要负责人，现为深圳国际仲裁院等多家机构仲裁员、贸仲建设工程争议评审专家。曾担任审判长或承办人办理大量矿业权、房地产、建设工程合同纠纷案件，曾获全国法院优秀裁判文书一等奖，主办案件多篇文书刊登最高人民法院公报。曾执笔起草“矿业权司法解释（初稿）”“消费民事公益诉讼司法解释”，是《建设工程司法解释二》主要起草人。曾任《民事审判指导与参考》执行编辑。参与撰写有关物权法、民间借贷、民事诉讼法司法解释等理解与适用的图书。在《人民司法》《法律适用》发表多篇文章。

51 视野与格局：素描朱树英的启示

曹义孙口述　梁文永整理

引言

这篇近万字的叙述可以说是本书篇幅最长的文章，同样也绝对算得上是一篇以反映典型人物为主的报告文学范文。从表面上看，赣江新区国际仲裁院是曹义孙教授与朱树英从彼此认识到彼此认可的关键所在，但细看文中对朱树英工作、学习、生活的大量细节描述，则非赣江新区国际仲裁院7年共事所能了解的。由此可见，曹义孙教授对于朱树英的关注由来已久，甚至是以研究者视角来看待诸多“朱树英事件”的。

话不多说，让我们用一杯咖啡的时间，细细来品这篇由曹义孙教授口述、梁文永教授整理，全景化展现朱树英的文章。

▲曹义孙

我是曹义孙，中国政法大学教授，博士生导师。2017年11月赣江新区国际仲裁院特批成立，我任理事长，朱树英任副院长，后又任院工程总承包仲裁中心主任。我们一起在赣江新区国际仲裁院工作已经7年多了。

朱树英是建纬律师事务所的创始主任，在其从事建筑行业及建设工程法律服务行业60年之际，《话说建纬——创始人一甲子的专业积淀与引领》栏目邀请我分享朱树英的故事。因我与朱树英相识时日已久，交流比较多，所以，很高兴谈谈我所认识的朱树英。

一、素　描　篇

无论是建筑行业还是建设工程法律服务领域，说起朱树英大家都不陌生。在建设工程法律服务领域，建纬所（含总所及各分所，下同）是公认的行业标杆，而朱树英则是建纬所的精神领袖。他在建筑行业深耕28年，后转入法律服务领域历经32年，在一甲子的岁月里，他的荣誉接踵而来：被评为首届“东方大律师”；以“中国工程合同示范文本奠基人和法律专业咨询开拓者”身份入选中国工程咨询博物馆“工程咨询名人堂”；获得2011年钱伯斯“终身成就奖”……一个个奖杯、一项项荣誉、一声声赞誉，朱树英实际上成为建设工程专业法律服务领域的“珠穆朗玛峰”。

有人说，朱树英是一种现象，代表一种极具个性特色、富有人格魅力的精神风貌，而建纬所的独特魅力正是其创始主任朱树英个人精神特质的外化。我想，无论“朱树英现象”的总结是否准确，但身处新时代，法律人如何精益求精做好自己的法治事业，如何用自身的才干与独特见解推进立法、支持执法、参与司法、带头守法，如何在不断提升自身的同时，团结、培养后继的法治人才，促进中国的法治进步，在这些方面，朱树英无疑可以说是一个非常成功的典范。

朱树英的成功往往被归结为其异于常人的勤勉和孜孜以求的专业深耕，但我认为根源在如下两个方面：视野与格局。有视野的人并不一定有格局，而有格局的人一般都有着广阔的视野，朱树英则兼具视野与格局。朱树英在青年时期就对社会发展趋势有着异常深刻的洞察，他在诸多行业、领域当中，选择带领建纬律师深入建筑工程行业，数十年如一日坚持“专业主义”；他积极参与境内外论坛，开展专业对话交流，展现了超乎常人的广阔视野。事实证明，他作出了正确的选择。他又以自身的人格力量感染着身边的人，团结一切可以团结的力量，凝聚了建纬所各团队的向心力，而这又反过来助推他所选择的正确之事能够以正确的方式做成。这非仅有格局的人所能达成的。

▲曹义孙

这样的认识是基于我与朱树英的“三个交集”：

第一个交集是，我和朱树英都有较长的参政议政工作经历。我曾任全国政协第十一、十二、十三届委员，朱树英也曾任上海市政协第十、十一届委员。他是一位非常活跃的政协委员，其诸多参政议政活动都被传为佳话。譬如，在2008年1月上海“两会”期间，朱树英一口气提交了5份关于地铁建设的提案（包括《长三角地区地下空间开发利用管理办法》《及时制订相应政策，允许成立民营轨道交通运营和后续投资企业的建议》《对轨道交通沿线土地使用权出让中开征特别市政配套费的建议》等），被誉为一套轨道交通发展的专项提案。其提案之全面、系统、专业，即使是地铁专业人员可能也达不到。

第二个交集，我们都贯彻“把非诉讼纠纷解决机制挺在前面”的信念，都致力于非诉讼领域的理论研究和非诉讼法治实践模式的探索与推广。在赣江新区国际仲裁院，我与朱树英是同事：我是该院理事长（仲裁委员会主任），他是副主任，都是班子成员。朱树英长期任上海、北京等仲裁委员会以及中国国际经济贸易仲裁委员会的建设专业仲裁员。在建纬所内部，非诉业务亦得到格外重视。尤其值得一提的是，他的一个堪称建设工程领域矛盾纠纷预防与多元化解的重大制度创新的设想——我认为这是一项在我国乃至国际范围纠纷解决史上都可能具有里程碑意义的法治事件。

在这一设想中，朱树英提出，建工领域的相关项目在签订合同时提前将全过程常设专家评审小组植入条款，能够实现在履约过程中将问题化解，做到最终项目结算等各个方面均无争议，做到将矛盾提早化解，分析潜在问题，防控风险。在朱树英领衔的专家组指导下，中亿丰新建研发大楼工程总承包项目成为国内第一个落地实践应用“专家评审解决争议模式”的项目，迈出了多元预防与化解建设工程项目纠纷这一非诉解纷领域中历史性的一大步。

朱树英也非常关注和支持我近 10 年来在非诉讼领域的教学科研成果和实践探索。我在常州大学史良法学院开设、推广仲裁法课程，积极推动在法学一级硕士点设立仲裁法研究方向，推动建立国内首家中葡法学院，重点研究葡语系国家的仲裁制度，与常州仲裁委员会联合建立“史良仲裁法庭”，与吉尔吉斯斯坦工商会国际仲裁院等联合发起设立“世界仲裁交流中心”等。上述的每一步我都与朱树英分享过。

第三个交集，我和朱树英都以不同方式致力于法学理论的学术研究和法治理念的阐释与传播。从某个角度上说，担任政协委员以及赣仲理事长并非我的社会兼职，而是我学术研究的逻辑延伸，参政议政和实务活动于我而言都属于学者的学术活动。依我之见，社会科学研究者要把社会活动本身看作自己所从事的社会问题研究的一部分，是社会科学研究结论证实或证伪的过程，是学术思考的配套实验。朱树英也是如此，他的主业是律师，在担任政协委员参政议政的同时著书立说，又担任清华大学、中国人民大学、常州大学等多所大学法学院的客座教授，对建筑房地产领域中疑难复杂的法律理论与实务问题有着自己独到的研究与见解。在他眼中，我担任政协委员，从校园走进庙堂，从事仲裁实践，深入纠纷一线，凡此种种，不仅不是学者的“不务正业”，而且是一个法学理论工作者应有的具有社会担当的身体力行。在我眼中，他参与教书育人，从法庭走进课堂，从事社会科学研究，把自己关进书斋……凡此种种，不仅不是律师的“不务正业”，反倒是一个法治实践工作者应有的理性关怀的思想升华。

▲2022 年 8 月 6 日，在杭州参加建纬东部片区“建设项目工程总承包合同纠纷案件适用法律若干问题的裁处规则”课题研讨会

二、视 野 篇

我们所说的“视野”其实指的是人的精神，或者说是看问题的站位。“会当凌绝顶，一览众山小”，说的就是这个意思。

1. 工匠精神

1965年，朱树英中学毕业，年仅16岁，便为父母分挑家庭重担；因近视不戴眼镜不能进中专学习，他便到上海市第八建筑工程公司的工程队中当了一名学徒，学的是木工。建筑工地的木匠自然是又苦又累，许多人往往几日下来便坚持不下去，而朱树英却不以为苦，反以为乐，在他人抱怨、退却时仍努力工作，这一干，就在建筑行业深耕了28年。

"我今天来看，我当律师和做木工其实是一回事"——朱树英坦言。他的木匠工作一做便是10年，他对当时工作时的一只弹线的墨斗至今念念不忘、情深意切。"木受绳则直"，墨斗是准绳，线直不直，角准不准，全靠墨斗。他从这支墨斗中悟出了人生哲理：做事要有规有矩，做人要有线有型，为人处事要有底线要有准绳。

很多年以后，他当了律师，手握的还是墨斗，另一支墨斗——以法律为准绳的法治墨斗。"做木工是一定要算清楚的，就是要计算得很精细。要做好一个案子，你必须认真负责，精细地研究法律问题、解决法律问题，这怎么能说不是一回事呢？"我想这对于法学研究者以及实务从业者同样适用。如何把一件事做好对于法律工作及其他工作其实都是一回事，殊途同归，都需要有工匠精神。把手中的论文打磨好需要工匠精神，将自己面临的案情梳理好也同样需要工匠精神。朱树英是真正明白而且做到了这一点的人。

2. 进取精神

就我所了解的朱树英的大半生，他几乎每个阶段都处于积极进取的状态。在其木匠生涯中，朱树英靠着吃苦耐劳和勤奋钻研，技艺大有长进，多次比赛获得第一。有次我去建纬所与朱树英见面，谈及过往当木匠所得的荣誉，他的脸上仍洋溢着自豪的笑容。荣誉感使他保有活力，使他有毅力去奋发进取。朱树英曾言："要做就要做最好的，要争就要争第一。"

朱树英展现才干的舞台换了一个又一个，但其始终秉持着进取精神，在他从事的各行各业中都奋勇争先。他也曾当教师上讲台，同时花了 4 年时间学完了中文专业课程，练得一副好口才；后又当工会干事，熟悉了如何与各个部门打交道，知道了如何为弱势群体谋利益；再是当经理秘书，既学得了政策，又练得一手好文笔。朱树英面对不同人群，处在不同时空下，都能将自身的才干发挥到最佳，可谓“人尽其才”，过往履历均展现了他的进取精神。

3. 开拓精神

我与朱树英结缘大约是在他继建筑行业深耕多年后转入法律界的时候。他的开拓精神亦给我留下了很深的印象。记得 2022 年 8 月 15 日至 20 日，“工程总承包合同争议评审员培训班”在湘潭大学法学院举办，我与朱树英都作为嘉宾出席。15 日当天傍晚，在结束了一天的会议后，我们一起在校园散步。想到朱树英已经在建筑行业深耕多年，取得了一定的成就，却又跳出了“舒适区”转投法律行业，我便和朱树英讨论起了人生的话题。

▲工程总承包合同争议评审员培训班开幕式

在我印象中，朱树英谈道，当时改革开放的春风已经吹暖了深圳大地，后大有吹遍神州之势，他预见用不了几年，上海定会掀起改革开放的浪潮；一个崭新的时代将喷薄而出，而这个时代正是开拓新领域、成就新事业的好时机。为迎接新时代的挑战、寻找新的舞台，朱树英深知必须补充新的知识，由此他开始学习法律，这是一个“超前”的选择。

在湘潭大学美丽校园内巍峨耸立的三道拱门前，是庄严肃穆的毛主席铜像广场，在伟人的铜像面前，我们又谈到这些年中国社会的治理和发展。朱树英补充道：“一个国家的发展进步，法治为先，依法治国必将成为国策。”当时，朱树英先是到上海大学法学院上律师培训班，再到华东政法学院攻读法学本科。1986 年，他通过律师资格考试，次年被正式聘为法律顾问，兼职律师。1992 年 4 月，朱树英的“人生分水岭”来临——上海城市建设主管部门建设委员会筹划组建一家专为城市建设提供法律服务的专业律师事务所，组建工作落到了朱树英身上。由此他开启了至今长达 32 年的专业律师生涯，他凭借孜孜不倦的毅力和满腔热血，开拓了建筑建设领域法律服务的新业态。

一路上，我和朱树英先后路过湘潭大学土木工程学院和法学院，触景生情，我们又谈及了工程建设和法律服务的关系。朱树英认为：“在每个国家重大工程政策背后，都涉及建筑工程法律服务，必须要有专业人士提供相应服务。我国建筑业在转型升级的过程中，面临法律不完善的问题，亟须通过立法来完善各类法律法规，促进和保障产业升级。”作为上海建筑领域首位获得执业律师资格的人，朱树英在当时深知行业中缺少兼具工程和建设知识的专业律师。一般的专业律师已不能满足行业法治化建设的需求，跨专业的行业律师亟待崛起。建纬在全国各地设立分所，以建筑工程法律服务为核心，整合全国力量，打造专业法律服务人才平台。过去 30 余年，朱树英带领建纬律师深入建筑工程行业，坚持“专业主义”，不断拓展专业法律服务的深度和广度，推动专业律师理念，提倡承担专业律师责任，为中国建筑工程领域的法治化治理提供了重要支撑。

▲2023年3月2日，受邀赴建纬所与中国香港特别行政区政府律政司原司长、资深大律师郑若骅及威尔基·法尔及加拉格尔律师事务所律师李俊贤一行进行座谈交流

三、格　局　篇

这里所说的“格局”，指的是人的眼界，或者说是认知高度。朱树英明明是律师，可是却有更多的人叫他“老师”，这正是他的格局所致。

1. 律师之师朱树英

“不会写书的律师不是好律师”，朱树英有不一样的视野，更有不一样的格局，慢慢地，朱律师做成了律师们的“朱老师”。作为赣江新区国际仲裁院理事长，我在与朱树英及建纬所的共同工作、相处中，真真切切地感受到在朱树英带动下整个建纬所天然的学习研究氛围。为满足我国“一带一路”走出去的项目投资和建设的法律需求，我们酝酿编写与出版一套“一带一路”法律丛书。这部大型丛书，计划花10年时间完成，每年出版一部，我忝为丛书的编辑委员会主任。丛书的出版，朱树英领衔的建纬所功不可没。丛书的编辑工作紧锣密鼓，有许多需要协商、沟通之处，于是我与朱树英一段时间内保持非常频繁的联系。

令我感慨的是，这一系列撰写计划需要付出巨大时间和精力，建纬所的年轻律师纷纷积极主动参加，每次撰写征集计划一经在建纬所内部发出，都有近百名专业律师报名参加。对于一家律师事务所而言，这份向心力尤为重要。我在与朱树英的交流中，见证了他的“工匠精神”，他不仅对撰写内容和进度了如指掌，而且会就编辑出版的细节与我和出版社编辑反复推敲，尤为认真。难能可贵的是，受朱树英的影响，建纬所律师们的目标更多聚焦于如何成为一位既懂行业又懂专业的跨界律师，可以说建纬所内到处是浓浓的师徒情、师生义。

2. 青年之师朱树英

朱树英不仅是建纬所年轻律师的老师，其也以自己的人生经验为新时代法律青年提供生活与执业发展的经验。2022 年 9 月 29 日下午，我代表史良法学院邀请担任建纬研究院院长的朱树英到常州大学举办“法律科研结合市场操作实际的重要性及其选题的可运用性”讲座。讲座中，朱树英以“倒逼工程总承包立法的丰城三期电厂事故”为典型案例开篇，指出法律科研选题应关注行业重大事件，从典型案件中提炼观点，与史良法学院的青年师生进行了特别“有营养”的互动。

▲2022 年 9 月 29 日下午，曹义孙邀请朱树英到常州大学发表演讲

会上，史良法学院某青年教师询问有关科研选题的问题。朱树英表示："法学教师的科研选题只有坚持理论、案例、实务的三位一体，才能熟悉行业实际情况、熟知相关法律规定、熟练解决专业问题。"另外，作为学者型律师，朱树英提出"上山问樵，下水问渔"，法学院科研团队在进行科学研究的过程中，要结合市场操作实际，更深入地了解市场核心需求，为青年教师提供中肯建议。

一位硕士生就未来人生选择的相关问题向朱树英进行提问，朱树英结合自身从业经历娓娓道来："理论与实践并行，是追求真理的必由之路。刚刚入学的新生都会对自己未来的职业规划产生疑虑与不确定感，这都是很正常的；而作为法学生，我们无论以后从事何种职业，都离不开现实存在的法律实务问题。所以我们在进行人生选择的时候，先要脚踏实地，学会发现问题、研究问题乃至解决问题，慢慢地，人生道路的选择便会明朗起来。法学研究生还要努力做到'能写'和'会说'。'能写'是指专业化带动专业论文，论文带动专业化，'会说'是指能够到专业领域授课。"现场气氛活跃、反响热烈，同学们备受鼓舞、获益良多。正如一位本科生会后说："朱树英老师的精彩讲座不仅消除了我对于专业前景的迷茫感，也让我更加明确自己如何进行职业规划。向朱老师学习，努力争做最勤奋的常大学生。"

朱树英现在还是我们史良法学院的客座教授，在我把聘书交到他手上时，他笑言："我和你作为朋友的故事还在继续，我和史良法学院的故事也还在继续。"会后，我与朱树英谈及正在筹建的全国首家非诉讼研究机构的计划："非诉讼的手段很多，有投诉、调解、裁决、仲裁、申诉、信访等，但当前国内还没有一家机构能够对于这些手段进行综合研究。在当前社会治理背景下，建立起一个专门研究非诉讼法律原理及制度的机构是极为有必要的。"朱树英听完我的设想后非常认可，我记得他引用了孔子的一句话，"听讼，吾犹人也。必也使无讼乎"，且当场就给我提出了一些意见和建议。2022 年 11 月 18 日，常州大学非诉讼研究院揭牌成立，当时朱树英给我提供的意见和建议在研究院的路径设计和工作开展中发挥了重要价值。可以说该研究院的建立与工作的顺利开展，与朱树英一直以来与我的交流和给我的鼓励具有很大的关联。

3. 自我之师朱树英

2022 年 8 月 28 日，由中国国际贸易促进委员会建设行业分会主办，中国国际经济贸易仲裁委员会及中国工程咨询协会工程管理专委会支持，上海市建纬（北京）律师事务所承办的“基础设施投资建设实务高峰论坛”在京顺利召开。会中，我代表赣江新区国际仲裁院向建纬北京分所成立 20 周年表示了热烈祝贺。朱树英也上台分享，为大家带来了“政府投资基础设施项目采用工程总承包模式发包时应注意的六个法律操作问题”的主题演讲。台下探讨热烈，掌声不断。

▲与朱树英共同参加“基础设施投资建设实务高峰论坛”

会后，我对朱树英说：“别人都叫你朱老师，我觉得你是‘朱三师’。”朱树英听后，有些好奇，笑眯眯地问道：“我还是第一次听到这个说法。”我回复道：“这是我的总结，可能还不能完全揭示出‘朱老师’的丰富内涵。”我继而解释说：“‘朱三师’有三层含义，分别是：律师的老师、青年人的人生导师以及一定程度上可以称得上专家的老师。”朱树英听后，连连摆手，笑言道：“这我可不敢当，我不敢做任何人的导师。但如果一定要称作老师的话，我只能做自己的老师。我是‘自己之师’。”

这下轮到我好奇了，对于他“自我之师”的定位，我有些意外。朱树英微微一笑，说道："今日之我已非昨日之我，明日之我不待今日之我。"他接着谈道，"旧我"与"新我"是辩证统一的，"新我"不是对"旧我"的否定，是在"旧"的基础上的超越。换言之，"新我"从"旧我"出发，在"旧我"中涅槃；"旧我"向"新我"蜕变，靠"新我"来延续。

他接着补充道："我觉得不管是做木匠还是做建工，还是从事法律行业，一言以蔽之，都是一个不断进行自我完善的过程而已。我从事律师行业、研究法律已经多年，我发现法律对于人来说是一种'他律'，是靠外力对自己进行约束。相较于'他律'，我觉得'自律'更为重要，也就是说自己要做自己的立法者、司法者和执法者。"我说："你这是把自己当作'客体'啦！"朱树英回答道："不仅是'客体'，我还将自己作为一个'主体'。既要和许多人交流学习，又要自己学习、自己督促自己。说实话，我非常忙碌，要同时完成各种繁重的工作任务，如果一定要说有什么'秘诀'的话，我的'秘诀'是'自律'。"我颔首称是，深表赞同。

朱树英所谓的"自我之师"，实际上是要把自己永远摆在学生的位置上，不论成就，永远把自己当作学生，只有这样，才能依靠"自律"和"他律"不断鞭策自己前进。已经70多岁的朱树英，依然保持旺盛的精力，他几十年如一日，每天清晨四点钟起床，每天抽出两个小时写作，一年下来就可以积累多达700多个小时的写作时间。他还要求自己每年出版两本新书，至今参与和编写的文字已近1500万字。我想这与他的"自律"有着必然的联系，也正因此，他被称为"上海滩最勤奋的律师"。每年几百万字的产出量，让许多理论界专家学者都觉得不可思议、自愧不如。

我也曾疑惑过，朱树英每天除了管理律所、处理案件，还有空闲时间吗？对此朱树英说道："我的体会是，时间就在自己手里，是可以控制的。我经常利用逢年过节的大块时间来构思写作，更多的还是利用忙里偷闲的碎片化时间，积少成多，写作、修改、定稿，直到最终完成。"文至于此，我又想到前面所谈的"视野"和"格局"，二者单独拿出来说都很清晰，但二者相加又等于什么呢？回想朱树英有关"自我之师"的说法，我想我已经有了答案。朱树英的成功之道，也许可以总结为一个“朱氏算式”吧，视野 + 格局 = 境界。

四、启 示 篇

朱树英的经历和成功经验对于怎样培养新时代法治人才以及对法学院校法治人才培养模式都有相应启示。虽然一个不可复制的经验并不是完整意义上的教育学模式，但观察朱树英其人其行，却在一定程度上解答了我长期以来有关法学教育和法治人才培养的一些困惑。

习近平总书记指出：“法治人才培养上不去，法治领域不能人才辈出，全面依法治国就不可能做好。”① 时代是思想之母，实践是理论之源。在当今时代大背景下，什么样的法治人才能够顺应乃至推动时代的发展呢？我想首先要坚持以习近平法治思想为指导，只有坚持以习近平法治思想为指导，才能真正培养出忠于党、忠于国家、忠于人民、忠于法律的中国特色社会主义法治事业的建设者和接班人。另外，正确“做人”比“做事”更重要。法治人才的“做事”体现在法律基础知识的掌握、具有实践操作能力和持续学习能力等方面，而“做人”更体现在具有良好的职业操守和团队合作精神等方面。在与朱树英及建纬所的共同工作、相处中，我真真切切地感受到了朱树英及整个建纬所具有的家国情怀、职业操守和团队合作精神。“一带一路”法律丛书这部大型丛书的编写与出版几乎由朱树英所领衔的建纬所独立完成，这便足以体现出朱树英和他所带领的建纬律师“做人”与“做事”的风貌。

---

① 中共中央宣传部、中央全面依法治国委员会办公室：《习近平法治思想学习纲要》，人民出版社、学习出版社 2021 年版，第 135 页。

▲2023 年 8 月 25 日，建纬所“一带一路”法律丛书的最新研究成果——《国际工程索赔与反索赔》（送审稿）专家论证会在建纬北京办公室举办

那么对于如何培养新时代法治人才，朱树英给了我哪些启示呢？纵观上文，答案已经呼之欲出。无论如何，全球经济一体化的历史趋势势不可当，国际法律事务和涉外法治工作日益重要。因此，法治人才需要具备国际法律知识和跨国法律事务处理能力，以应对全球化带来的挑战。2008 年 3 月 31 日，在丹麦这座以童话故事而闻名世界的国度里，有一个国际性研讨会，论

题为地铁建设。他在研讨会上作了题为“中国地铁发展概况以及土地分层使用的法律制度”的演讲。朱树英何以在童话之都站上国际讲坛呢？是因为他敢于开拓出一个全新的视野，于是便能打造出一个更加广阔的舞台。他的独特见解和专业才能是他站上国际舞台的敲门砖，他关于地铁建设的观点受到了国际专家的高度关注，可以称得上是中国于世界在这一领域的法治名片。

培养新时代法治人才还应注重创新思维的培养，让人能够适应不断变化的法律环境，提出新的解决思路和方法。同时，还要关注新兴领域与交叉领域的法律问题。如今互联网与人工智能技术飞速发展、迅即普及，随之带来的法律问题也亟须解决，我想这是法治人才需要注意到的。

总而言之，朱树英其人其行对于法学院法治人才培养模式的启示颇丰。客观地说，并无完整的法学科班出身经历的朱树英，却在法律行业如鱼得水，离不开其在其他行业深厚的知识功底。这不禁让我联想到在某些国家，法律教育和法学专业主要集中在研究生层次，大学可能提供与法律相关的课程，如犯罪学、宪法学、民法学等，但它们并不是正式的法律专业课程。要成为一名合格的律师乃至法官、检察官，学生通常需要在完成本科学位后继续深造，并通过法律院校的严格招录过程和学习才能获得法律行业的入门资格。我想法学院在培养法治人才的过程中，不能一股脑地灌输法学的知识，还要兼顾其他方向的知识，引导学生将其他领域与法学领域串联起来，敢于创新的同时做到海纳百川。法治人才不能只懂法，更要懂政治，懂社会运行机制，懂天理人情，由此才能服务于社会的发展。

作者简介

曹义孙，中国政法大学教授、博士生导师，常州大学特聘教授。全国政协第十一、十二、十三届委员。最高人民法院第五届特邀咨询员。赣江新区国际仲裁院理事长（赣江新区仲裁委主任）。

梁文永，常州大学教授、博士生导师，中国财税法学研究会副会长，民盟中央法制委员会副主任，赣江新区国际仲裁院专家委员会秘书。

52 中部法律人感受“东方大律师”的风采：专业的力量，人格的魅力

周子良

引言

第一次见面是几月几日，第二次见面是哪个地方，上午 10 点会面合影……在上海市建纬（太原）律师事务所总顾问、山西大学法学院教授周子良的讲述中可以看到很多精确的时间、地点、事件。如果周教授不是有记日志的习惯，那只能说这些与朱树英有关的记忆太令人印象深刻了。

从市场调研到事务所筹备，再到上海市建纬（太原）律师事务所正式开业，前后仅一年时间。虽然周子良教授并未用评价性的语言来描述这一过程，但他用两场盛况空前的论坛告诉我们——专业的力量与人格的感召力。五年发展规划、五年总结经验，中国人历来有逢五逢十搞庆典的传统；而相比于十年庆，五年更侧重于“谋”——谋发展、谋布局、谋人才。建纬太原分所的五年走得很坚实，走得很有力，我们也期待太原分所的十周年会更好！

▲周子良

我是周子良，曾任山西大学法学院教授，博士生导师。2018 年 9 月 28 日，上海市建纬（太原）律师事务所（以下简称建纬太原所）正式成立，三晋大地升起了一颗灿烂的专业律所新星。在筹建过程中，建纬太原所主任张晓玲就征求过我的意见，她想在山西走律所专业化发展之路，希望我能出任顾问。我之所以接受并给予全力支持，是缘于上海市建纬律师事务所（以下简称建纬所）创始人、上海首届“东方大律师”朱树英老师的启迪。

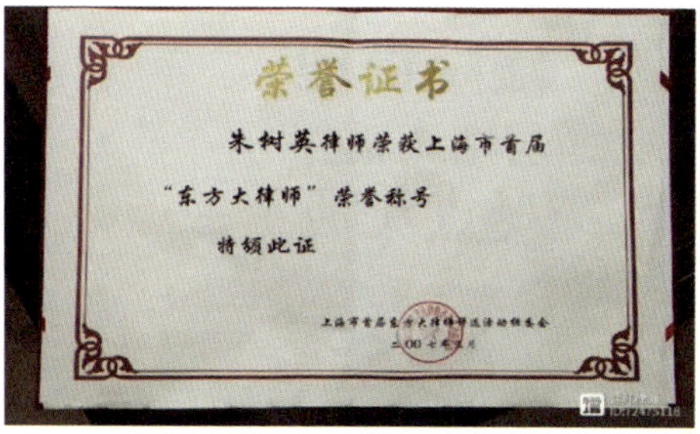

▲2007 年 3 月，朱老师荣获上海市首届“东方大律师”荣誉称号证书

一、采风大律师

初识朱树英老师，可谓是未见其人先闻其名。我在山西大学法学院任教期间，因为教学、科研和解决法律疑难问题的需要，经常要去书店买书，因此也形成了逛书店的习惯。一个星期不去书店看看，就感觉缺少了什么。2014 年 3 月的一个星期天，因习惯使然，我又去太原市大营盘附近的晋京法律书店买书。除了买到自己喜欢的书籍，我又浏览了其他书架的著作。因为前几天有朋友咨询有关购买商品房后房屋存在质量问题如何解决的事宜，我特意查看了有关房地产方面的图书。不经意间，我看到了朱树英老师主编的《法院审理房地产案件观点集成》（中国法制出版社 2012 年版，2017 年再版）一书。

该书由建纬总分所的专业律师撰写，分别涉及房地产开发的规划许可、房地产开发土地使用权的取得、房地产合作开发、房地产开发中的项目转让、房屋权属登记、商品房租赁、房地产金融、有关房地产开发的其他案件等法律问题。其中，第五章正是我想要了解的商品房销售的法律问题。

▲《法院审理房地产案件观点集成》

该书最大的特点是按照问题来写作，除了每一章中的“综述”，全书共涉及房地产方面的多个问题，不仅有明确的问题导向，而且解释每一个问题，都是从案例入手的，包括案情简介、各方观点，以及关联案例、律师点评等。这种从多个视角解析问题的写法，使读者能够全面地了解学习自己想要解决的问题。通过粗略的阅读，我的感觉是，这是一本能解决实际问题的著作，比起只讲理论的书籍更有实用价值。由此我也相信，能编出这样高水平著作的作者也一定是学有专攻的业内顶尖专家。从这以后，我就开始关注建纬所、关注建纬律师，更关注建纬所创始主任——朱树英老师。同时期望以后能有机会向朱老师请教学习。

2018 年 1 月中旬，当张晓玲主任告诉我朱老师要来调研太原是否具备成立建纬分所的条件时，我的内心充满了期待，期待能在现实中而不是书本上见到这位建工领域的大咖级人物。2018 年 1 月 24 日，建纬太原所副主任黎明接我过去，与朱老师以及诸多业界精英小聚，这是我第一次见到朱老师，近距离感受这位“东方大律师”的独特魅力。朱老师虽是古稀之年，但仍精神矍铄，不仅思维敏捷、幽默风趣，而且学识渊博、才华横溢。交流中，他始终面带微笑，极具亲和力。我们虽是初识，但相聚甚欢，而朱老师更是给我留下了极其深刻的美好印象。2018 年 8 月 25 日晚，我在山西会馆第二次见到了朱老师。朱老师依然是那样笑容满面、和蔼可亲。说来也巧，在我们吃饭的地方，正好有“山西大学堂”的标志，随即我们在这里合影留念，留下了这张珍贵的照片。

▲朱树英老师（前排左三）与张晓玲主任（第二排右三）、周子良（前排右二）等专家合影

第二天，由中华全国律师协会建设工程与房地产专业委员会、太原市律师协会主办，建纬太原所（筹）承办，并由太原市司法局支持的《最高人民法院〈关于审理建设工程施工合同纠纷案件适用法律问题的解释〉（二）》立法研讨会在山西太原举办。众多业内法律专家齐聚一堂，共同研讨学习。研讨会由太原市律师协会会长刘跃峰主持，最高人民法院民一庭原法官、该司法解释主要起草人李琪，最高人民法院法学研究所研究员李明，以及作为中华全国律师协会建设工程与房地产专业委员会主任、建纬所主任朱树英应邀参加研讨会并作主题演讲。

▲2018 年 8 月 26 日朱老师讲座现场

来自山西省高级人民法院、太原市中级人民法院的法官，以及太原市、山西省乃至全国各地的房地产、建设工程的专业律师共计600余人参加了本次研讨会，远远超过预计的200人规模，主办单位不得已临时更换了会场。众多的参会者使会议厅座无虚席，甚至有许多律师只好站着听讲。同时，作为深耕建设工程、房地产专业法律的建纬总分所共计80多名律师参加了当日研讨，其中15家由分所主任或副主任直接带队参加。

再次见到朱老师是在2019年1月3日太原洲际大酒店三层阳光厅举办的建纬太原所“开业仪式暨工程总承包（EPC）高峰论坛”上，我们共同见证了建纬太原所具有里程碑意义的时刻。我作为山西大学法学院主持工作的副院长，在开业仪式的致辞中表达了对建纬太原所的热烈祝贺和美好祝愿。朱老师则以“工程总承包发包方式对律师的法律服务提出的新机遇和新要求”为题，向参会嘉宾解读了对《房屋建筑和市政基础设施项目工程总承包管理办法》（送审稿）的理解和适用，同时对律师开展工程总承包法律服务提出了新思路和新要求。

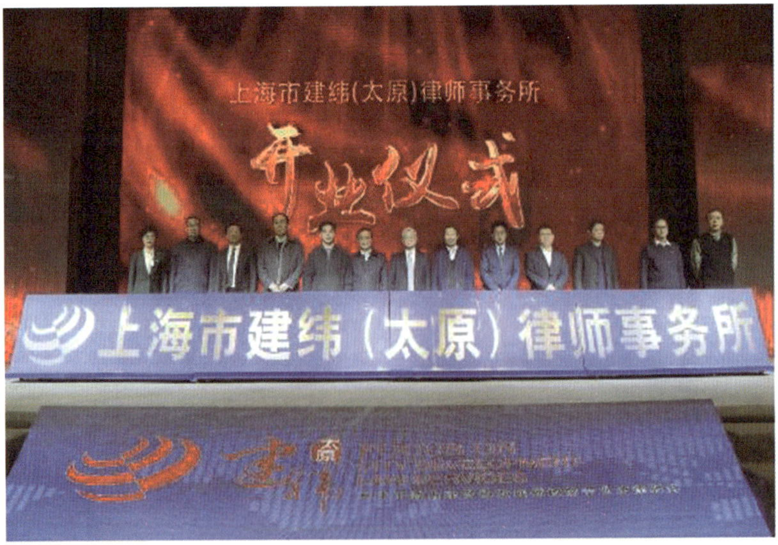

▲建纬太原所开业仪式

▲周子良致辞

▲2019 年 1 月 3 日朱老师讲座现场

二、专业的力量

在法律界，有学者将朱树英老师的成功概括为“律师行业独特的‘朱树英现象’”，并将这种现象的形成过程分为三个阶段：从专职律师到专业律师，再办专业律所；从做木匠到当律匠，再到成巨匠。这一概括十分精当。

1992 年，朱老师离开上海八建，正式成为从事建设工程和房地产法律服务的专业律师，参与组建专业律师事务所——上海市建纬律师事务所（1994 年 9 月前称为上海市建设律师事务所）。朱老师认为：“中国律师行业发展到今天，律师的精细化专业服务，律师队伍的专业化发展，已成为整个律师行业一个重大的管理课题。律师作为研读法律的智者、解惑疑难的师者，应当汲取‘业精于勤’‘术业有专攻’‘工欲善其事，必先利其器’等古人总结的经验，成为熟悉某一专业领域法律的‘名医’‘名师’，成为擅长解决相应领域法律问题的专家。”“在当下的法律服务实践中，因法律服务市场需求的变化和当事人越来越专业的客观要求，对应的法律服务市场逐渐分化。律师的法律服务形成专业分工且分工越来越细，律师队伍已经形成一批熟悉不同专业的律师队伍。”换言之，随着社会的发展，法律服务市场和当事人越来越需要专业律师，而专业律师应当是“指律师主要从事某一领域法律服务，同时具备熟悉行业实际情况、熟知相关法律规定、熟练解决专业问题三种能力即具有综合能力的律师”。基于对客观现实情况的理性分析，朱老师认为律师、律所的发展需要走专业化的道路，并将这一理念付诸实践。

在专业化的道路上，朱老师亲力亲为，带领建纬总分所律师着力从提供全过程法律服务、办理案件、著书立说、课题研究、讲座讲学和参与立法等各个方面开展工作。例如，朱老师为上海金茂大厦的配套工程、金茂花园项目提供全过程法律服务，有效预防了法律风险，避免了法律纠纷的发生。朱老师一直认为，能说会写就是法律人的品牌。法律人要有自己的品牌，必须要能说会写。他不仅这样告诫律师同仁，而且身体力行。他的讲座讲学遍及全国各地，而且效果极佳，场场爆满。2023 年 3 月 23 日，朱老师在“山西律师大讲堂”的讲座，让我再次见识了讲座现场的盛况。本次讲座线上线下同步进行，线下参会人数达到 300 余人，线上人数达 3800 人次。

▲2023 年 3 月 23 日朱老师讲座授课现场

在办案、讲座之余，朱老师勤于思考，笔耕不辍。2001 年，朱老师出版了他的第一本专著《建设工程法律实务》。之后，又出版了《房地产开发法律实务》《工程合同实务问答》《苦寒磨砺筑方圆——律师写作技能提升之道》《苦寒磨砺筑方圆——律师演讲技能提升之道》《未雨绸缪控风险——施工合同证据“两分法”及管理“三要诀”》《墨斗匠心定经纬——建设工程疑难案件办案思路与执业技巧》《墨斗匠心定经纬——房地产开发疑难案件办案思路与执业技巧》《工程总承包实务问答》《责任与使命——担任上海市政协常委十年的六十个提案》等专著。此外，他还主编以及与他人合著了大量的著作。

▲朱老师独著和主编的部分著作

三、人格的魅力

江平先生曾说："律师是一个国家法治文明的标志"（《沉浮与枯荣：八十自述》第 435 页）。"律师兴则民主兴，律师衰则民主衰，甚至可以更进一步说，律师兴则国家兴，律师衰则国家衰"（《沉浮与枯荣：八十自述》第 436 页）。我想这样的律师一定是专业水准高超、具有谦和仁爱人格魅力的律师。2006 年 7 月，上海市司法局和上海市律师协会共同启动了在上海律师中评选首届"东方大律师"的活动，评选历时 9 个月。经过组织申报、律师演讲、专家投票，到 2007 年 3 月，最终在 248 名律师中选出了 10 名"东方大律师"，朱老师榜上有名。能被授予"东方大律师"，那一定是专业水准高超、具有谦和仁爱人格魅力的律师。

朱老师从 1965 年开始从事建筑业，1985 年作为律师从事法律服务业，1992 年成为一名从事建筑与房地产法律服务的专业律师，在专业化的道路上，秉持"超前、务实、至诚、优质"的执业理念，早已成为建设工程和房地产行业法律服务专业水准高超的领军人物，也是业内虚怀若谷，春风化雨的泰斗级人物。

2023年3月23日，山西省律师协会主办“山西律师大讲堂2023年第1期——工程总承包项目律师服务”专题讲座，特邀朱树英老师来作演讲。上午10点多，我在建纬太原所的主任办公室见到了朱老师，随后，有幸与朱老师合影留念。

▲从左到右：张晓玲主任、朱老师、周子良

虽然经过长途远行，但朱老师依然是那样声音洪亮、精神抖擞，依然是那样和蔼可亲，没有一点傲气。正所谓“天下古今之庸人，皆以一惰字致败；天下古今之才人，皆以一傲字致败”。朱老师之所以能成为泰斗、大师，除了高超的专业水准，他谦虚谨慎、忠信乐易的人格魅力也是主要因素之一。

下午，由山西省律师协会主办，山西省律师协会业务创新与指导工作委员会协办，山西省律师协会建设工程与房地产专业委员会、建纬太原所承办的专题讲座在文旅大厦隆重举行。朱树英老师作了“全国律协已颁行的工程总承包项目法律业务操作指引对律师的专业法律服务提出的新机遇和新要求”专题分享：对全国律协已颁行的中华全国律师协会律师办理建设工程总承包项目法律业务操作指引的基本内容进行讲解，针对发包人对“发包人要求”约定不明导致工程存在潜在争议、承包人对总承包合同基本原则及权责边界理解瑕疵导致潜在损失、全过程咨询不能同步推行导致现阶段总承包模式的推行流于形式等三个方面，深刻讲解工程总承包模式在实践中潜伏的多样性、复杂性矛盾和争议；提出过程防范并化解争议的新对策；通过典型案例指出律师办理工程总承包法律服务的六种方法。在最后一个环节，朱老师对听众提出的几个重要问题现场作出解答，获得全场参会人员的认同与赞许。

再见到朱老师是在2023年9月。2023年9月23日，是建纬太原所举行5周年庆典活动的日子。为了支持建纬太原所，朱老师改变了原来的行程，于21日乘机来到太原。下午，我和王祚嘉律师驱车前去武宿国际机场迎接朱老师。在去酒店的路上，我把庆典活动的筹备情况给朱老师做了简要的汇报，并说明了晚餐和次日的安排。朱老师直言道：“晚餐就不吃了，明天要在酒店的房间里写一个报告，不用安排。”我便急忙说道：“您长途劳顿，哪有到饭点不吃饭的道理，而且晚餐已经安排好了。”朱老师有些着急地说：“我已经告诉你们行政人员了，在飞机上吃便餐，晚上7点还有个视频会，她怎么没有告诉你呢？”既然朱老师都这样说了，我只好打电话告诉行政人员取消晚餐。在我打电话的时候，朱老师接过电话，很严肃地问：“我告诉你不要安排晚餐，怎么不把这个信息向领导汇报呢？你失职了！”等我挂断电话后，朱老师笑着对我说：“对年轻人，要严格些，这样对他们成长有好处。我刚才这样严肃地讲话，她会很紧张，不过，明天我要亲自找她，安抚一下。”当时，我听了朱老师的话，甚为感动。身居高位的长者，虽事务繁杂，但仍然关心年轻人的成长，竟然还能体谅到后辈的心情。仁者，仁心！紧接着，朱老师说，明天什么也不要安排，到中午，让酒店送一碗面就可以。朱老师生活一向俭朴，但对工作却是兢兢业业、一丝不苟。敬业与专业在“东方大律师”朱老师的身上得到了完美的体现。

9月23日上午8点半，为庆祝建纬太原所成立5周年，由太原市律师协会主办，建纬太原所、太原市律师协会房地产与建设工程专业委员会承办的“城市更新助力城市高质量发展高峰论坛”在太原星河湾酒店正式开幕。朱老师作为建纬总分所管委会主席，代表建纬所致辞。

▲2023年9月23日，朱老师在山西太原“城市更新助力城市高质量发展高峰论坛”上致辞

朱老师对这次论坛的主题做了充分的肯定，对“高质量发展”作了富有见地的阐释，并希望建纬太原所始终秉持建纬八字方针，不忘初心，砥砺前行，在专业化道路上行稳致远，不断提升在太原乃至山西建工行业领域专业法律服务的水平和影响力。朱老师的讲话铿锵有力、高屋建瓴，赢得了广大听众的热烈掌声。

本次交流会议采取线下和线上同步直播的方式举行，现场邀请到业内外人士300余人，线上直播观看人次超6600人。论坛取得圆满成功！

这次论坛之所以能取得圆满成功，朱树英老师、邵万权主任以及建纬所各地办公室的鼎力相助是一个重要因素。由于公务繁多，朱老师按原计划是抽不出时间来太原的。虽然当时感觉遗憾，但也觉得尽在情理之中。但出乎意料的是，古稀之年的朱老师不辞辛苦，设法推掉了9月23日的公务，专程来到太原参加建纬太原所的活动。朱老师这种夙夜为公、提携晚辈的大爱之心和人格魅力让张晓玲主任和我都甚为感动。

我作为山西大学法学院的教授，退休后接受建纬太原所聘任成为总顾问，有两个重要的原因：一个是因为建纬太原所有朱树英老师这样泰斗级的领路人以及建纬总分所亲如一家的温馨。另一个则是对张晓玲主任专业能力和价值理念的文化认同。张主任是山西省律师界屈指可数的实力派律师，山西省律师协会建设工程与房地产专业委员会副主任。

共同的价值理念和深刻的文化认同，让我和张晓玲主任作为中部法律人，都受到“东方大律师”朱树英老师的感召，得以与建纬所以及建纬太原所结缘。感恩相遇，相守流年！

作者简介

周子良，建纬太原办公室总顾问，山西大学法学院教授，博士生导师，山西省高等学校131领军人才。中国人民大学法学博士。山西省公安厅法律顾问，山西省法学会法律史学会长，中国法律史学会常务理事。曾任山西大学法学院副院长（主持工作），山西省政府法律顾问，“山西省高等学校法学与公安学类专业教学指导委员会”主任委员。发表学术论文50余篇；出版专著、国家统编教材（参编）等14部；主持国家社科基金、教育部课题和山西省法学会重点课题等19项；获司法部、山西省人民政府等教学、科研奖44项。

53 企业法务工作的引路人，工程新质模式的先行者

王永维

引言

如果说，在引入“律师”这个职业前，同为法律工作者的讼师一直是律师的代名词，那么对于“法务”而言，其给普通人的联想空间似乎并不多，或许你退休时都不知道单位里还有个同事的岗位叫“法务”。

严格意义上的法务应该从1997年原国家经济贸易委员会①发布《企业法律顾问管理办法》说起，该办法首次将公司法务制度作为一项公司管理制度予以确定。2000年就从事法务工作的王永维先生无疑是行业内较早的从业者，他见证了这个行业的跨越式发展。就在这个“先行先试”的过程中，朱树英的一本书让他走出了迷茫期，有幸参与朱树英的课题组让他真正明白了“风险控制”的核心意义，而第一本自己参与编写的著作更是让王永维坚定了继续跟随朱树英做研究的决心与信心。

在倡导“新质生产力”的当下，工程新质模式必将有助于打造“中国建造”升级版。

① 现为国家发展和改革委员会。

▲王永维

▲《未雨绸缪控风险——施工合同证据“两分法”及管理“三要诀”》

我是王永维，在位于江苏苏州的中亿丰建设集团股份有限公司（以下简称中亿丰）任负责法务等工作的风控部部长。尽管我2000年就开始从事建筑施工企业法务工作，但对朱树英律师这位施工企业法务工作的前辈和引路人真正了解，是从2019年3月我批量团购朱老师的《未雨绸缪控风险——施工合同证据“两分法”及管理“三要诀”》一书后，将这本书作为项目经理加强合同管理的工具书开始的。当年3月5日，朱老师连续第三年在北京组织举办两本新书发布会，其中一本是《责任与使命——担任上海市政协常委十年的六十个提案》，另一本正是这本《未雨绸缪控风险——施工合同证据“两分法”及管理“三要诀”》。

一、企业法务工作的引路人

在中国，企业法务是一个起步比较晚的职业。虽然目前企业法务已经成为大中型企业必不可少的岗位，但其至今尚未列入国家职业资格目录。法务，尤其是建筑企业的法务，在企业中应处于什么位置，工作职能如何设定，职业发展方向如何，没有经验可以借鉴。和大多数行业一样，建筑行业法务最初的工作仍限于审查合同和处理诉讼，至于在这两项基本工作之外法务还能做什么，企业法务同行们都在自己摸索着前进。

我之所以高度关注朱老师，与我的工作有关。2000 年我大学毕业后进入一家总部位于西安的中字头央企法律事务部工作，成为国内较早一批企业专职法务人员。2001 年一次偶然的机会，我买到法律出版社出版的朱树英律师的《建设工程法律实务》一书，因为这本书，我第一次知道了大名鼎鼎的朱树英律师。这本书后来被我们建工行业法律人员称为“黄皮书”，足见该书在行业中的影响力。《建设工程法律实务》打开了我对建筑企业法务工作的全新认知，让我知道了企业法务在审合同和打官司之外，原来还可以做那么多工作——可以参与招投标评审，可以进行全面工程合约管理，可以参与合同谈判。最为重要的是，书中提到的建筑行业专业律师对建设工程质量、工期、资金的全流程监管的工作模式，对我来说完全是打开了一个全新世界的大门，让我意识到企业法务工作是大有可为的，工作涉猎范围是可以进行拓展的。按照这本书中的建议，结合我自己对企业管理环境的判断，我开始学习建纬律师的工作模式，去检查项目部的日常资料管理。比如价格签证、工期签证办理是否完整有效，建设单位迟延付款有没有按照合同约定的时间进行催告，工地材料供应商随货是否有完整的合格证检测报告等。这些工作将企业法律风险管控工作进行了前置，有效防范和避免了后期纠纷的发生，切实提升了企业法务工作成效，也得到了企业领导的肯定和表扬。

后来我还陆续参加过很多次朱律师的培训。从朱律师的书和课程中，我们建筑企业法务学到了如何以建工案件证据搜集为思路，指导倒推进行建设工程项目履约风险管理。就如同朱律师讲课时告诉我们的一样：打官司，打的就是证据；如何保证官司胜诉，工程项目履约期间的证据搜集会起到决定性作用。企业法务和律师深度参与工程项目履约，协助工程项目部整理资料的过程，就是将传统意义上的工程资料转化成诉讼或仲裁中切实可用的证据资料的过程。这个观点极大地影响了我后来的工作方式，甚至成为我的工作指导理念，而这，更是一名法务在企业中体现价值的途径。我非常感谢朱律师带给我观念上的革新，让我找到了一名法务在企业中的位置，也是这样的理念让我能一直在这个行业中从事法务工作 20 多年。企业法务深度参与工程履约风险管理，不仅仅是在为企业减少风险，也成为企业商业价值创造中的一个重要环节。企业法务通过日常工作中对工程资料完整性和有效性的监控和管理，保证了工程验收、结算方面资料的有效性，即使后期产生纠纷，这些法律意义上已经具备有效性的资料也是未来胜诉的重要保障。法务的工作成效，不仅是间接地创造价值，更可以直接为企业创造经济效益。

2019 年，朱律师将建工律师参与工程履约风险管理的丰富经验著书出版，命名为《未雨绸缪控风险——施工合同证据“两分法”及管理“三要诀”》。该书从工程企业现场管理工作实际出发，紧扣诉讼证据搜集整理的主线，直接从经典案例入手，让施工企业人员充分理解何为证据、证据的作用以及证据对施工企业利益的核心影响。这本书不仅适用于律师和企业法务人员，现场施工管理人员更是开卷有益。得知这本书的出版，我立即采购了一批发放到企业项目经理手中，让他们阅读和学习；同时我还根据书中的内容，编写了考题，对项目经理们的学习成果进行检验。后来我和项目经理交流的时候，一位项目经理告诉我：读朱律师的书，不仅学习到法律和风险管理的知识，更重要的是革新了观念且提升了自己的认知。可以说，朱律师不仅影响了律师行业和法务行业，甚至影响了建工企业的管理者，在一定程度上也提升了建设工程类企业的管理水平，促进了建工企业的健康有序发展。

作为我国施工企业法务工作的前辈，最早从 1985 年就担任大型施工企业法律顾问室主任的朱树英，就是我们法务后辈名副其实的引路人。

二、工程新质模式的先行者

再次与朱树英律师结缘，是我2020年回到苏州任中亿丰法务风控中心总监后，在具体工作上与朱树英律师有了更多的交集。

中亿丰是苏州本土规模较大的综合性建设企业集团，拥有“双特三甲”资质，年营业收入超过300亿元。公司因在行业内的影响力，承办了多个建设工程领域内的大型活动，其中就包括连续承接了三届由中国建筑业协会指导，建筑时报社和华东六省一市建筑业协会联合举办的“华东地区建筑企业法务工作经验交流会”。交流会每届参加人数都超过了600人。朱树英律师这几届都受邀连续参加，并在交流会上作了高质量的演讲；而我则作为东道主参与了承办工作。我还记得再次见到朱树英律师的时候，我对朱律师说：“朱律师，我是听着您的课成长起来的，这么多年了，我终于可以鼓起勇气向您说声谢谢了！”

1. 参与《发包人要求》编写指南课题研究

2021年年初，建纬律师事务所总承包业务部成立“建设工程总承包合同示范文本《发包人要求》编写指南课题组”。中亿丰法务团队作为工程法务管理经验较为丰富的施工企业代表，也有幸在朱律师的推荐下参与课题研究。中亿丰法务团队先后几次参加课题论证会，对初稿提出了部分修改意见。在朱律师的建议下，中亿丰法务团队协同中亿丰项目管理团队，根据指南初稿的要求，结合自身项目管理经验，以中亿丰未来建筑研发中心项目为例，编写了一份约3.5万字的《发包人要求示例》，为发包人要求的编写提供了一份翔实的范例。《建设项目工程总承包合同（示范文本）》虽然发布了好几年，但真正意义上将发包人要求填写完整的，中亿丰应该是首例。“发包人要求”是工程总承包合同管理体系中非常重要的一部分，“发包人要求”涵盖了工程建设项下招投标、合同签约、工程履约、验收、结算、争议解决等工程项目主要内容，与合同专用条款具有同等效力。在

▲《工程总承包项目〈发包人要求〉编写指南》

朱树英律师的指导下，我带领中亿丰法务团队完成的《发包人要求》和“争议评审管理办法”成为建纬律师事务所出版的《工程总承包项目〈发包人要求〉编写指南》一书的重要组成部分。我本人也是生平第一次参与著书立说，自己的职业生涯也因之实现了一次质的提高。

2．参与工程总承包争议评审实践探索

中亿丰在2020年启动了新公司总部大楼的建设工作，新公司总部大楼被命名为“中亿丰未来建筑研发中心”。此后，朱树英律师多次应邀来我司参会讲课。朱律师看到我们的项目准备开工建设便告诉我，他和建纬律师事务所的同事接受住建部的委托，正在进行“工程总承包争议评审即非诉讼纠纷解决机制避免争议”的课题研究，而我们中亿丰的未来建筑研发中心项目，发承包双方既是合同相对方又有关联，能够同时听到发包方和承包方两方的诉求，而且我们的项目刚开工，争议评审的课题研究比较适合在我们的项目上进行试点，因此朱律师委托我与领导层进行沟通。中亿丰的领导认为该课题非常有意义，对项目也有帮助，于是，在集团领导的支持下，项目承发包双方决定采用住建部和国家市场监管总局颁布的《建设项目工程总承包合同（示范文本）》第20.3条关于争议解决机制的规定，组成项目争议评审专家组，并签订工程总承包合同的关于争议解决的补充协议。该协议约定，在本项目合同履行发生纠纷时，适用发、承包双方将争议提交专家评审组，并由专家按管理办法对争议出具评审裁处决定意见、双方均根据专家决定执行的争议解决方式。争议评审组由三名具有丰富的建设领域争议解决经验的专家组成，发包人选择工程管理专家为评审员，总承包人选择造价专家为评审员，由承发包双方选定的两位专家共同选定上海市建纬律师事务所朱树英律师为首席评审员。该项目争议评审组由朱树英担任评审专家组组长，组成了“工程专家＋造价专家＋工程法律专家”的豪华专家阵容。

2021年9月18日，项目发包人、总承包人分别与三位专家签订评审专家聘请协议。经评审专家与发、承包双方前期共同讨论、制定，为本项目争议评审专家裁决机制提供操作程序指引的《苏州新建研发大楼项目设计—采购—施工—运营一体化（EPC＋O）工程总承包合同争议评审管理办法》定稿实施。该管理办法确定了项目争议发生后“不诉讼、不仲裁、不鉴定”的原则，双方一致同意采取专家评审裁决的方式。该管理办法还规定了评审组的组成和资格要求、评审组的工作流程、评审意见的效力等具体要求。就具体项目的争议评审模式和专家裁决的效力制定一个专门的管理办法，也是落实“不诉讼、不仲裁、不鉴定”的一项首创。在本次工程总承包项目中，以朱树英律师为首席评审员的争议评审专家组每季度亲自到现场一次进行过程把控和风险研判，为避免争议作出了突出贡献。该项目的争议评审机制也帮助推动总投资11亿的项目提前半年“零纠纷”落地完工。例如，项目建设过程中，曾出现进度计划与合同进度偏差42天的情况。对于该等进度偏差究竟是由发包人给予工期签证，还是处以工期罚款的问题，争议评审专家组经分析认为，该进度偏差是受疫情影响，从而项目进度延缓；此外，联合办公楼及总部办公楼因发包人要求功能布局的调整而进度有所偏差。最终发包人接受了争议评审专家组的分析建议，予以总承包人工期签证。又如，发包人和承包人在工程款利息计算方面产生了争议，双方共同提交专家组进行评审。争议评审专家组经分析认为，发包人基于资金统筹安排的原因，总承包人发生融资成本属实。经专家组的协调，发包人最终同意按照约定利率计取利息。

2023年7月18日，苏州新建未来建筑研发中心设计—采购—施工—运营一体化工程项目争议评审结题研讨会在苏州举办，通过中亿丰“未来建筑研发中心”项目实践检验，验证了评审专家争议裁决模式专业性强、效率高、公信力强等优势，为国内建设工程总承包合同争议评审专家解决模式提供了很好的示范，在一定程度上促进了造价法律、争端评审法律的体系化和制度化。

▲苏州新建未来建筑研发中心设计—采购—施工—运营一体化工程项目争议评审结题研讨会

▲苏州新建未来建筑研发中心设计—采购—施工—运营一体化工程项目争议评审结题研讨会

中央全面深化改革委员会第十八次会议审议通过了《关于加强诉源治理推动矛盾纠纷源头化解的意见》，强调要推动更多法治力量向引导和疏导端用力，加强矛盾纠纷源头预防、前端化解、关口把控，完善预防性法律制度，从源头上减少诉讼增量。朱树英律师牵头的中亿丰新建未来建筑研发大楼争议评审解决纠纷机制的课题实践为中国建筑工程行业非诉讼争议评审机制的确立和推广起到了巨大的作用。近期，在最高人民法院的指导下，各行业均建立或正在建立非诉调解委员会，推行纠纷诉前专家调解模式。在这些行业的调解规则中，都或多或少地借鉴了朱树英律师牵头的中亿丰研发大楼项目中采用的“行业专家争议评审”机制。朱树英律师不仅在建设工程纠纷处理、建设工程法律服务等方面开创了新的模式，在争议评审纠纷解决机制方面，又一次走在了行业的前列。

关于工程总承包争议评审即非诉讼纠纷解决机制课题研究的成果，朱树英律师让我写成了总结文章。2023 年 7 月 31 日，《建筑时报》对该文章整版进行了发表。

中亿丰“未来建筑研发中心”项目获得成功

▲《建筑时报》刊载全文

3. 参与进一步完善工程组织实施方式课题研究

朱树英律师虽年逾古稀，但工作斗志、精神状态一直非常饱满，实在令我们年轻一辈钦佩。虽然在很多课题和研究上，朱律师已经取得了丰硕的成果，但朱律师依旧在不断突破自己，一直站在建设工程争议解决理论研究的前沿。在我们大多数普通建工法律人还在学习工程总承包模式如何应用的时候，朱律师已在“工程总承包模式”的基础上前瞻性地向“建设总承包模式”的研究前进。朱律师提出：我国国内的总承包模式分施工总承包、工程总承包、建设总承包。投建营一体化的建设总承包是总承包模式的 3.0 版本，目前我国工程投资与建设模式正在进行加速变革，投建营一体化模式正是契合我国大力发展民营资本、拉动投资增长点的新型承包模式。投建营一体化将工程项目运作范围向前扩展到项目的开发和投融资环节，向后延伸到项目的运营维护环节，打通了投、融、建、管、运的全过程，推进产业链向价值链转换，关注建设工程项目的全过程生命周期。

▲“建设总承包”模式研讨会照片

幸运的是，中亿丰也敏锐地捕捉到时代的脉搏，开始在建设总承包方面发力，包括自己的总部研发大楼在内，中亿丰已经参与好几个产业园区从前期立项、投融资、建设工程管理直至后期运营的全流程建设总承包项目。鉴于我和中亿丰法务团队积极参与前两次建纬律师事务所的相关课题，朱律师建议我们再次参与“建设总承包合同示范文本”的课题工作。2023年12月，建纬律师事务所朱树英律师与韩如波律师、德慧律师一行来到苏州，在中亿丰与我们中亿丰法务风控团队进行了充分交流。朱律师和韩律师对我们投建营一体化的建设总承包的落地方式、项目实践和国家政策方向等方面都给予了专业的指导，而我也代表中亿丰介绍了公司在“F + R + EPC + O”* 总承包新模式下的一些实践和尝试。最终朱树英律师决定将中亿丰作为投建营一体化工程建设总承包课题的调研基地，与中亿丰合作研究投建营合同文本。我非常高兴又有机会可以参与朱律师的课题研究，未来可以参与起草适用投资建设总承包模式的合同示范文本，甚至有机会参与行业标准、国家标准的制定工作，这将是我的职业生涯的再一次提升。

回想与朱树英律师交流的诸多情景，我最大的感受就是，每次见到朱律师，我都会被他充满斗志的工作状态所带动感染，自然而然也会精神饱满地投入工作。在工作疲惫的时候，想起朱律师70多岁依然奋战在争议解决第一线，依然在做建设工程行业最前沿的研究工作，我不禁深受鼓舞。相较于朱律师还很年轻的我，有什么理由松懈呢？

从业以来，我一直向朱律师学习深耕建设工程法律领域，现已在建工纠纷领域积累了丰富的管理经验和诉讼经验。我常常试着结合企业文化和企业发展的不同阶段，为企业建立完善的企业风险管理体系。此外，出于企业综合管理工作的需要，以建工企业法务业务工作为基础，我还聚焦投融资、收并购、混合所有制改革等重点领域并进行了一系列的学习和研究工作；熟悉资本市场法律事务管理规范，拥有丰富的投融资并购、资产重组、混改等方面的工作经验。

在朱律师的精神鼓励和带动下，我从一个建筑业默默无闻的“小透明”，成长为大型综合性建设企业法务负责人，不仅圆满完成了本职工作，

---

* F为融资，R为研发，EPC为设计—采购—施工，O为运营。

还能在工作之外参与建设工程行业重要课题的研究，为推动行业发展贡献自己的绵薄之力。所有这些，都离不开朱树英律师和建纬律师事务所团队给我的影响。这种影响将继续激励我前行！

作者简介

王永维，中亿丰建设集团股份有限公司风控部部长，公司律师，国内数家仲裁机构仲裁员。从业以来一直深耕建设工程法律领域，在建工纠纷领域有丰富的管理经验和诉讼经验。能够结合企业文化和企业发展的不同阶段，为企业建立完善的企业风险管理体系。熟悉资本市场法律事务管理规范，有丰富的投融资并购、资产重组、混改等方面的工作经验。

54 专业、专注，用功、用心*

周汉民

引 言

“两会”这一专有名词对于大家来说绝不陌生，体制内的要组织学习贯彻精神，体制外的要关注热点寻求机遇。作为一个参与过上海市“两会”和全国“两会”报道的记者，编者（本书副主编）的个人感受是，政协更出新闻，政协委员更“敢”说。本文作者是其中的代表人物——全国政协常委、前上海市政协副主席周汉民先生。

周汉民先生与朱树英的结识就在政协这个参政议政的平台，由此我们也看到了，此前众人不曾提及的另一重身份——同志。这一“同志”关系，不仅是周汉民先生与朱树英的志同道合，更是彼此间的尊重信任。一届政协5年，一任委员数百人，他们虽来自不同界别，但皆是各自专业领域的翘楚。其中朱树英的“突出”以及他能被关注，不在于其身份与地位，而在于其心里有人，眼里有活。这恰恰就是我们一直追求的“小政府，大社会”“小切口，大民生”。

* 本文系周汉民先生为朱树英律师个人专著《责任与使命——担任上海市政协常委十年的六十个提案》所作的序，由知识产权出版社出版，2019年3月5日在北京举办新书发布会。

▲周汉民

我从1986年至2000年担任兼职律师，由此我和树英同志是同道；我自2003年起出任全国政协委员、常委，2008年起担任上海市政协副主席，由此我与树英同志是同任。我十分熟悉树英同志，十分敬佩树英同志，捧读树英同志在担任上海市政协常委期间参政议政、民主监督和政治协商丰硕成果的文集，感动之，思索之。感动，在于一位职业要求极高的律师，能够不辱使命，不负时代，为中国民主政治建设奔走呼号！思索之，树英同志在认真履职期间，所有的丰硕成果至今仍有十分重要的现实意义和深远的历史意义。我们须时常温习、时常学习、时常践行。

上海市建纬律师事务所主任朱树英律师是上海市政协第十、十一届连续两届的常委。从2003年至2013年，朱树英常委任职10年间先后提出60份提案，代表全市律师在参政议政中发挥了积极作用。当时作为上海一万多名律师的代表，朱树英常委在政治协商和参政议政中代表律师行业发表的声音，获得市政协领导、各提案承办方和众多媒体的高度评价，先后有4份提案被评为市政协的“优秀提案奖”，1份被评为“优秀提案特别奖”。

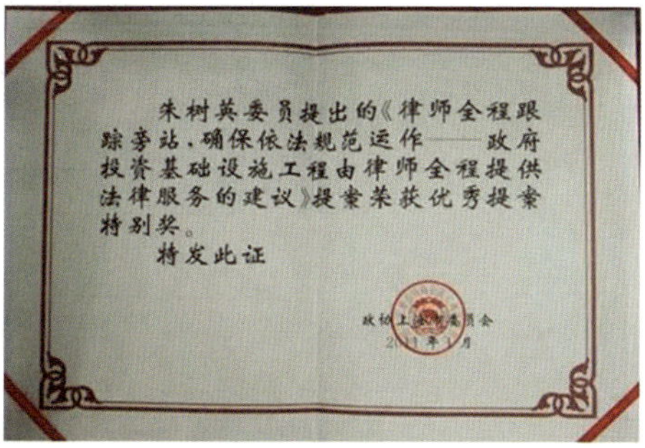

▲朱树英律师获得的政协上海市委员会颁发的证书

律师制度是社会主义法律制度的重要组成部分，律师队伍是社会主义民主法治建设的重要力量，律师在全面落实依法治国基本方略，加快建设社会主义法治国家的进程中肩负着重要职责。由于律师具有了解社会、了解民生，又具有能说会写且善于分析的职业特点，我们希望律师界有更多优秀的律师能够积极参与各级政协的工作，充分发挥律师参政议政的作用。当然，因为律师工作比较繁忙，办理案件要出席法院开庭，难以集中精力参与政协的工作，这也是我们对律师委员能否集中精力参政议政的担忧。但是，朱树英律师在担任上海市政协常委的 10 年间，专注、用心、坚持、执着地参政议政，利用自己熟悉建筑和房地产行业的专长，充分发挥自己的专业能力，连续对城市、建设领域政府管理和社会民生中的一系列问题，以平均每年 6 个提案的频率，先后提供了有质量的 60 个提案。朱树英律师以“不在其位，不谋其政；既在其位，必担其责”的态度，以实际行动积极参政议政带来的突出成效，使我们解除了原先对律师能否集中精力参政议政的担忧。

一、朱树英常委提供的提案有一个显著特点是专注精神和专业水准，这正是我们对广大委员提高提案质量的希望

从《责任与使命——担任上海市政协常委十年的六十个提案》一书汇

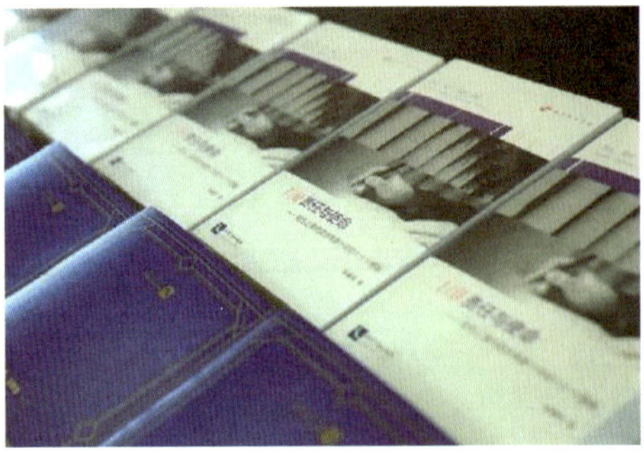

▲朱树英个人专著《责任与使命——担任上海市政协常委十年的六十个提案》

集的 60 个提案的内容中可以发现，这些提案基本上都是反映城市建设领域的政府管理中的问题，或者是反映相应行业的民生问题，集中体现了提案作者的专注精神；同时，提案承办部门对提案提出问题的反馈和评价，可以充分反映提案的专业水准。在 2009 年上海市政协十一届二次全会上，朱树英常委从配合中央和地方政府共同实施扩大城市旧城改造和基础设施投资、拉动内需的发展战略，确保十多万亿元中央和地方政府投资项目的规范有序推进，帮助政府有效地进行旁站式跟踪监督，预防因对重大项目投资监管不严而产生的腐败出发，认真准备、深入调研撰写了《律师全程跟踪旁站，确保依法规范运作——政府投资基础设施工程由律师全程提供法律服务的建议》的专项提案，当年提案被列为“留作参考”。朱树英常委认为上述提案应引起有关部门的重视，在 2010 年上海市政协十一届三次会议上继续提出《本市推行重大建设项目由律师提供全过程法律服务，确保项目依法、规范运行的再次建议》的提案，引起了上海市委、市政府的高度重视。承办单位上海市发展改革委回复说该提案已被采纳，会由市委、市政府联合下发《关于进一步发挥律师在法治政府、法治社会建设中重要作用的若干意见》的专门文件。这是国内地方省市党委、省市政府首次以市委、市政府的名义发布的地方规定。2011 年上海市“两会”召开前，朱树英常委结合上海市“11·15”火灾中暴露的重要问题，再次提交提案《政府重大决策前听取律师意见要成为依法治市的制度——把政府决策过程中发挥律师作用的要求真正落到实处的建议》。

朱树英主任注重发挥律师在依法治市中的作用，连续 3 年就同一主题提出 3 份提案，反映了政协委员的专注精神。在 2011 年上海市政协十一届四次全会正式召开之前，由市发展改革委提议，经市政协领导慎重认真地分析权衡，并经公示征求意见，朱树英常委在2009年上海市政协十一届二次全会上所提的《律师全程跟踪旁站，确保依法规范运作——政府投资基础设施工程由律师全程提供法律服务的建议》提案，获得了市政协首次设评的个人“优秀提案特别奖”的殊荣。

二、朱树英常委提案的另一个特点是用心分析和用功研究，这也是我们提高委员提案质量的明确要求

政协委员用心分析提案所涉问题，用功研究化解和改进的对策和措施，更是提案承办部门对提案质量的要求。朱树英常委的提案《千万不可因管理小缺陷，有失国际大都市尊严——关于加强本市公共场所的城市管理并及时整修相关缺陷的建议》正是政协委员用心分析、用功研究的代表作。朱树英常委撰写此提案并获成功，说明律师政协委员想要拿出有质量的提案，首先要做有心人。

2008年6月，朱树英常委因出差南京经上海火车站南广场，准备上车时，偶然发现一个外地旅客险些被路面破碎的石板绊倒。这个常人通常熟视无睹的情景，引起了朱树英常委的重视。他经观察发现，上海火车站南广场上由石板铺设的路面有十多处已破碎，有的已翘起，威胁着来往匆匆赶路人群的安全。上海世博会举办在即，这样的城市管理中的“小毛病”还有多少呢？返沪后，朱树英常委特意去一些大型公共场所和场地察看，发现不少广场、路面都有类似情况——有的影院门口石板台阶断裂破损，有的公众场地围护栏杆松动摇晃，有的人行天桥的上下楼梯踏步防滑条折断翘起。这些虽是城市面貌的“小缺陷”，却有损上海国际大都市的观瞻和尊严，而且还会给群众造成安全隐患，如不及时改进会产生极人的负面影响。

▲2011 年 11 月，朱树英应上海市政协社会与法制委员会主任缪晓宝邀请，参加“委员在线法律咨询”活动，为网友答疑解惑

图片来自“上海政协”官网专题报道。

问题发现了，反映一下就可以了吗？朱树英常委感觉不够。“病症在哪里呢？”就建设主管部门的管理职能而言，为什么没有部门能及时发现、及

时处理呢？这些问题该由哪个部门管？于是他先就火车站路面破损问题与火车站管理人员联系，被告知问题发生在广场应归市容管理部门负责处理；市容管理部门已归口上海市城市管理行政执法局。与该局联系，被告知该局只负责行政执法和行政处罚，工程质量问题应由原施工单位负责维修。又与工程承包人上海五建公司联系，该公司认为工程早已过保修期，承包人已没有义务继续保修。绕了一圈，朱树英常委终于发现症结所在：这些问题的背后，存在城市管理职能结合部以及“结合部职责不明”而造成的管理责任缺失。

于是，朱树英常委在上海世博会举办之前，2009 年 1 月召开的上海市政协十一届二次会议期间，提出上述提案。提案指出：这些城市管理的“小缺陷”有关民生和社会安定，有关部门应加以高度重视，采取有效措施加以整治已刻不容缓。这份由“小缺陷”入手，解决城市管理“大问题”的提案，首先引起市政协领导的重视，提案被呈送市委。时任上海市委书记的俞正声亲自批阅道：“对这个问题我也有同感，有关部门要加强研究认真解决。”后来，朱树英常委这则提案被评为 2009 年度上海市政协优秀提案并受到表彰。

朱树英常委所在的上海市建纬律师事务所大力支持政协委员的参政议政活动。政协委员所在单位给委员的参政议政活动建立了一个支持平台，为委员撰写提案提供素材和相关资料，这也是从《责任与使命——担任上海市政协常委十年的六十个提案》一书汇集的资料中可以充分反映的一条成功经验。在朱树英常委的带领下，上海市建纬律师事务所及其各地的分所，目前已涌现出 6 位省、市政协委员，并且都能够利用自己的专业特点积极参政议政；上海市建纬律师事务所也获得“全国优秀律师事务所”“司法部文明律师事务所”“上海市文明单位”等荣誉。

▲2016 年 11 月 11 日，周汉民受邀参加建纬律师事务所承办的第六届外滩金融法律论坛

▲2023 年 12 月 29 日，周汉民受邀参加建纬律师事务所举办的建纬自贸区法律服务高端论坛

三、结　语

《责任与使命——担任上海市政协常委十年的六十个提案》这本书生动地再现了朱树英在上海市政协任职常委期间专业、专注，用功、用心的不懈努力。他持之以恒地用了10年时间，在自己繁忙工作的同时，积极参与政协的工作，这种精神难能可贵。我们希望所有政协委员都能够合理安排时间，积极参政议政，多写高质量的提案。我们也祝愿政协委员所在单位能够和委员一起百尺竿头，更上一层楼。

作者简介

周汉民，法学教授，博士生导师。现任全国政协常委，上海公共外交协会会长。周汉民同志历任浦东新区副区长，上海世博局副局长，上海世博会执行委员会副主任，上海中华职教社主任，上海市社会主义学院院长，上海市政协副主席，民建中央副主席等职务。周汉民教授主要从事国际经济法、国际贸易法、中美关系、浦东开发与开放、世界博览会等领域的教学与研究。主编或著述《中国走进WTO》《与WTO规则的融合：中国外经贸法律新制度》《十年世博路》《世博与我：亲历者谈那些日子那些事》《善与人交　久而敬之：上海公共外交实践》等著作，发表论文300余篇，获得2020年度“全国政协委员优秀履职奖”等荣誉。

第三部分

精专创新

55 精专创新中见证专业的底蕴

洪祖运

引　言

在众多的讲述人中，本文作者，这位来自上海之合网络科技有限公司（智合）的创始人洪祖运可算是一位传奇人物。法律人出身却极具商业眼光，在网上搜索智合，最鲜明的标签是——一家中国领先的法律专业信息及服务供应商。

如果说，有明确的目标客户群体，依托自己的专业背景，洪祖运诠释了“专业的人做专业的事”；那么，无论是搞建纬研究院还是做网络课程，对于朱树英来说就是“放下偶像包袱的二次创业”。虽说朱树英牵头出品的专业著作不少，在全国各地讲的课更是数不胜数，然而一旦“触网”，“最好”的唯一性与“品牌”的吸引力同样重要。本文讲述智合与建纬是如何强强联手的，洪祖运与朱树英又是如何碰撞出火花的。

▲洪祖运

关乎律所，专业所向精专所发展的路径该怎么走？2020 年以来，我们智合和建纬互相成就，我和朱树英老师深度交流，从“专业的力量”角度回看，在律所新式管理和合伙人领导力培训两方面，建纬已然积累了可供借鉴的经验。

一、初遇，共话行业历史

作为一名法律人，在创办智合之前，我对朱树英老师的名字便早有耳闻。2019 年，智合受中华全国律师协会委托，撰写《中国律师行业发展报告（1979－2019）》。当年 6 月，智合组织筹办了第四次编写会议，邀请曾任全国律协专业委员会主任的上海大律师们参会研讨，对报告提出修改意见，朱树英老师便是其中之一。

▲《中国律师行业发展报告（1979－2019）》第四次编写会议成员大合照

初遇朱老师，朱老师就给包括我在内的所有智合人留下了深刻印象。铿锵有力的发言，对报告中律师专业化发展部分提出了极具关键性的修改意见，也给大家梳理了建工律师专业化发展的脉络。我正是那会儿得知，朱树英老师每天凌晨4点左右起床看书写作，早上7点会到办公室开始工作，晚上8点至9点休息，几十年如一日，对此我心里由衷敬佩。极致的自律，才成就顶级的专业，极致的勤奋和积年累月的优秀习惯，才成就一位著作等身、听说读写办案开拓样样精通的全能型律师和律所管理者。

无疑，也正是朱老师榜样的力量，激励了无数的青年律师勤奋向上，脚踏实地地投入建工律师的专业化进程中，才成就了建纬良将如潮的今日。

二、沉淀，见证建纬发展

在共同研讨上述中国律师行业发展初遇之后，智合很快就和朱树英老师有了新的合作契机——智拾网线上课程。2020年5月，朱树英老师携团队两位非常优秀的业务骨干合伙人孙宁连律师和张雷律师开启了智拾网线上授课。该课程以“建工纠纷应对方略”为主题，系统梳理了施工合同纠纷涉及的质量、工期、诉讼时效、造价、价款结算、优先受偿权等实务话题，切中当时建设工程领域的痛点难点，一经上架就获得了广大学员的好评。

2020年12月29日，最高人民法院发布了《关于审理建设工程施工合同纠纷案件适用法律问题的解释（一）》，建纬律师事务所第一时间学习研究并向客户进行解读。智拾网团队也认识到该司法解释的重要性，于是很快便拜访了朱树英老师，希望其能对该司法解释进行授课解读。在长期钻研的沉淀下，朱树英老师的新法解读课高效上架。

智合能够很明显地感受到，在朱树英老师的带领下，建纬律师事务所已经形成所内进行常态化前沿业务研究的优良传统。2021年2月初，建纬敏锐发现工程总承包项目的市场需求和相关法律风险，积极响应国家最新政策，迅速成立相关课题组，开展“《建设项目工程总承包合同（示范文本）》（GF－2020－0216）附件‘发包人要求’编写指南”课题研究工作，包括政府投资项目、企业投资项目和立法调研三个分课题组。2 月底，课题组已经形成了 8 万余字的初稿。在 3 月到 4 月之间，课题组又相继组织了 4 次专家论证会，一稿一稿地调整课题研究成果。

2021 年 9 月 18 日，《建设项目工程总承包合同（示范文本）》首次提出的争议评审专家裁决新模式在工程总承包项目中正式创立。2022 年 1 月，上海市建纬律师事务所编写的《工程总承包项目〈发包人要求〉编写指南》出版。上架之后，该书被作为工程总承包项目发包人要求撰写的权威参考书籍。同时，该书编委会的成员们也被诸多律协、造价协会、高校乃至职业培训机构邀请授课。“工程总承包”成为 2021 年至 2022 年建工领域兴起的前沿热议课题。智拾网也有幸请到建纬工程总承包领域的天团组合朱树英、韩如波、宋仲春、邵万权四位主任合办线下培训，取得了非常好的效果。

▲建纬工程总承包领域讲师天团

据了解，朱树英老师2021年3月从律所主任岗位改任建纬研究院院长，不仅每年会根据当下争议问题进行研究出版著作，如《工程总承包项目〈发包人要求〉编写指南》等，建纬研究院还受全国律协委托出台了三个业务操作指引，分别是《中华全国律师协会律师办理建设工程总承包招标阶段法律业务操作指引》《中华全国律师协会律师办理建设工程总承包实施阶段法律业务操作指引》《中华全国律师协会律师办理建设工程总承包结算阶段法律业务操作指引》。

建纬律师事务所呈现出来的研究能力，想必让很多同行歆羡，而我也一直在思考，究竟是怎样的管理模式或培养模式才能致此？有幸听到朱树英老师的一场讲座，让我找到了答案。朱老师认为成为一个专业化律师有三种方法：第一就是要加强律师实务研究，包括研究律师意见被采纳或者被否定的经验教训，写案例分享，并在业务学习时交流经典案例，在同行中展示；第二是要"能写"，以撰写专业小论文的方式带动专业化，做到长期积累；第三是要"会说"，到专业机构授课，多讲课，在教学相长中提升。

案例总结+专业论文写作+专业授课，事实上就是一位年轻律师成为一名专业律师的学习闭环。通过实践代理案例做经验总结，通过专题研究结合自身案例经验输出观点，针对自己的观点或者解决方案形成课件，向更多同行或者客户输出；从经验到知识，从输入到输出，通过授课又能不断接受反馈，进行优化调整。在这样经年累月的沉淀之下，便会有质的飞跃。

正因如此，朱老师对每次与智拾网的课程合作都特别重视，不仅会亲自组织所内建工专家成立讲师团，细磨主题和大纲，还会在直播之前进行督促，在直播之后第一时间关注学员反馈，以期下一次能够获得更高质量的备课和学员好评，同时要求所有参加授课的律师在讲授过程中发现自己的不足。

过去的两年里，在朱老师的带领下，智拾网已经推出了建纬团队共计十套以上的大课，覆盖各建工业务主题，例如“政府投资项目工程总承包法律实务”“实际施工人法律实务”“建设工程司法鉴定核心法律实务”“建纬天团：工程索赔实务精讲”等，均获得非常好的效果。因而智拾网的同事们也常跟我反馈，“建纬出品，必属精品”。

三、专业，相互成就未来

专业的背后是持续不断、多年如一日地钻研与学习。两年后的2023年，建纬又与智合合作，建纬主办、智合承办的“众建贤才　共论经纬”2023建纬律所管理高级研修班，在新冠疫情云翳初消的2月开课。朱老师担任研修班的班主任。

这也是智合第一次给一家全国性的规模大所量身定做覆盖总分所全体合伙人的律所管理主题定制化培训。朱老师对此亦十分重视，因此在课程研发过程中我们也和建纬团队频繁交流、深度沟通。最后的培训邀请了很多业内大咖，如通力律师事务所的创始合伙人俞卫锋律师、浩天律师事务所的全国董事局主席蒋琪律师、上海虹桥正瀚律师事务所的管理合伙人王正律师等，我们共同在课程框架和内容设计上下了许多功夫。

建纬缺领导力和管理经验吗？我认为至少在管理运作上，建纬其实已经走在了国内律所的前列——一家精专所能发展到如今的体量，分支机构横跨大江南北，如果管理不过硬，是很难实现的。所以我们其实也邀请建纬分享过管理经验。2021年，建纬律师事务所入选成为智合律所领导力与发展战略——中国课程（LLMC）中方案例五家律所之一，朱老师和邵主任来到现场，给全国各地的律所管理者学员讲述建纬坚持专业所规模化之路的故事。事后有好几位学员给我发消息，说之前可能只是听闻过建纬在建工这块做得很好，但现场的分享则可以说是刷新了他们对建纬所的认知，甚至很大程度上给了他们做专做精的信心。

这让我深深感受到一家律师事务所的专业基因有多重要：不仅可以驱

动律所在客户服务上以严格标准要求自己，甚至在管理上也会带动机构逐渐向专业化和精细化深耕。

因此后来的“众建贤才　共论经纬”2023 建纬律所管理高级研修班是智合与建纬合作的延伸，在我看来，这更是建纬从长期主义的视角入手，希望在更远的未来掌握律所管理与发展的制高点。所以，建纬要提早培养管理者梯队，要系统学习、持续提升——这不仅需要律所主动组织，也需要所里的合伙人确实有意愿自我提升。

▲洪祖运在“众建贤才　共论经纬”2023 建纬律所管理高级研修班上作分享

在该研修班上，我受邀为建纬全国各地的合伙人分享“中国律所的竞争战略”。课上，建纬合伙人们对于业务发展与管理思维提升的渴求，对于分所发展的深度思考，让我印象深刻。在涉及合伙人互相讨论交流的环节中，各位合伙人畅所欲言，真诚探讨所在分所存在的问题并提出建设性的改进方案。“结硬寨，打呆仗”“狠抓实干，稳扎稳打”，建纬的基因和气质体现在这家律所的方方面面和角角落落。

我想这可以说是一次“上下同欲”的培训。首先，从全国管委会层面认识到管理理念和宏观视野对于建纬总分所合伙人的重要程度。其次，各总分所合伙人个人自发的对学习团队培养、律所管理，深入了解行业发展乃至如何将“战略”这一看似抽象的词汇融入具体的业务推进和律所发展有着迫切需求。

受邀《话说建纬》专栏撰文之后，我认真翻看了专栏里其他同行、大咖们的建纬印象。其中给我很深印象的是，已离开建纬并已在上海市第六人民医院任宣传文明处主任，业余撰写了《话说建纬》全部文章引言的顾卓敏女士评价朱老师是“快节奏”，但却不认为朱老师是“急脾气”，而是将“快”诠释为“专注”。这很有意思，当时我就想，是不是这种专注感染了建纬的合伙人们，才会有这种律所层面的学习活动，才会有那期研修班现场建纬合伙人们的认真和专注。

事后智合开复盘会，负责执行的小伙伴们也一致向我感叹朱老师既“和蔼可亲”，又“细致缜密”，我觉得他们应该也学到了很多。

和建纬最近一次大规模的合作应该是2023年11月的智合论坛2023。论坛第一天，上海律师协会会长邵万权律师在开幕式上作了精彩的发言，朱老师则是在“行业律师”那场分论坛上结结实实又给我们很多同事乃至同行“上了一课”。之所以这样说，不仅是因为前期朱老师带领建纬的合伙人们精心准备，提前开会演练，更是由于论坛开始前一天有新规出台，朱老师当天凌晨4点起来字斟句酌地修改PPT，以确保内容最新；还有建纬四位律师现场的精彩表现，广受所有到场听众好评。这是在3天论坛的诸多圆桌会议中，唯一一个准备了PPT的圆桌会议！恰如建纬自己人所言，这是专业，更是专注。

▲建纬律师参加智合论坛 2023

作为“精专所”，在建设工程领域做到业内第一的规模，足见建纬在专业这条路上走得有多远。下一个 10 年，建纬又要在保持适度规模的基础上，“精耕细作”，不断细分建筑行业上下游产业链上的法律专业领域，关注大数据、人工智能新技术对于客户行业和律师行业的发展——基于这 30 余年在专业上的积淀，建纬显然还会迸发出更大的价值与力量。

我很期待见证建纬未来一个个新的里程碑，也祝愿建纬发展越来越好！

作者简介

洪祖运，上海之合网络科技有限公司（智合）创始人、董事会主席、首席执行官。拥有斯坦福大学法学硕士学位、华东政法大学法律硕士学位、上海交通大学经济学学士学位，曾供职于美国众达国际法律事务所香港办公室。担任的主要社会职务有中国中小企业协会副会长、企业合规专业委员会执行主任，中国中小企业国际合作协会常务理事，华东政法大学律师学院特聘教授，中国律所领导力与发展战略研究中心执行主任等。

56 建纬传承“三让”：君子之风，山高水长

王凤梅

引　言

如果用断代史来形容，2021 年对于建纬就是一个里程碑式的时间节点：掌门人的顺利交接不仅对于律所本身意义重大，对于整个行业而言同样关注度极高。本文作者就是一位长期关注建纬的“热心人”——来自律新社的王凤梅对建纬的新老交替颇有研究，她提出“争与让”这个命题。但编者作为第一个读者细细品来，则感觉建纬走过 30 年，到达某个时间点，改变并非一个动作所促成的，而是“水到渠成”。

建纬发展至今已然打上了“朱树英”的烙印，如果接班人不足够优秀，他无以来争；建纬要二次腾飞必然就要期待“青出于蓝而胜于蓝”，如果后继者不足担当，朱树英让也没用。那王凤梅为什么会提出“三让”呢？编者大胆揣测她是想表达朱树英的“不在乎”。建纬对于朱树英就如同是自家养的孩子，父母对于孩子的爱是不求回报的，名利都能放下又何况一砖一瓦。“争”是对于邵主任的勉励，希望在他的带领下，能为建纬争得更大的市场份额，为专业律师发展争得更大的发展空间。

▲王凤梅

我是律新社的王凤梅，我和建纬律师事务所（以下简称建纬）的朱树英和邵万权都很熟悉。说到律所新老交替、平稳过渡和专业传承，就不得不讨论“争与让”这个问题。争与让，是一对颇有意味的辩证关系，在律所传承中掌握好尺度是技术，更是艺术。在建纬创始人朱树英律师以及继任者邵万权律师身上，在建纬长达十余年的传承中，他们用“让”演绎出了一段律界佳话，正所谓“夫唯不争，故天下莫能与之争”。

2021 年，72 岁的朱树英律师作为中国律师事务所中年龄最大的律所主任正式卸任，同时担任建纬研究院院长，由接班人邵万权律师出任建纬主任。当时，我带着律新社同事对朱树英院长和邵万权主任做了专访，深度了解了中国律界这一特殊律所的创业奇迹和传承故事。

▲朱树英律师与王凤梅

2022 年，建纬迎来了 30 周年庆典，我受邀撰写了《专注的奇迹：从一人一所一业到千人一所一业——“朱树英与建纬”30 年的启示》，写作过程颇有收获；而每一次研究建纬现象，都让我自己受益良多。

2023 年，建纬再次爆出“大新闻”——9 月 17 日，上海市第十二届律师代表大会第一次会议召开，建纬主任邵万权律师当选第十二届上海市律师协会会长，并摘得第五届“东方大律师”荣誉称号。建纬的传承之道可谓成功。

从1979年律师制度恢复到今天，45年来，中国律师业快速发展。从1992年起，中国律师业进入市场化发展，30余年来，伴随着第一批优秀律师的努力奋斗，一批规模所、精品所也脱颖而出。与此同时，第一批创业者即将离开历史舞台，律所传承问题也逐渐成为行业组织发展的难题之一。传承做好，可基业长青；否则，则可能功亏一篑。

如果说建纬对行业的第一个贡献，是在专业行业化上探索出了模式；那么建纬对行业的第二个贡献，就是对规模大所稳定传承的实践。尤其是建纬传承中十年“三让”的故事，值得探析。我再次有幸“独家倾听”了幕后的来龙去脉，接下来把这个故事分享给大家，一起感受“君子之风”的启示。

一、第一让：让拟定接班人负责律所管理10年

朱树英经常用2个“28年”形容自己的人生与事业巧合。他16岁参加工作，第一个“28年”，他做过木工、教师、工会干事、办公室秘书，自学取得了华东政法学院（现为华东政法大学）本科文凭并通过了律师资格考试。

第二个“28年”，开始于1992年，那一年，他43岁。那时，“市场经济”被写进党章，房地产市场蒸蒸日上，第一个在上海建筑行业取得律师牌照的朱树英在上海城市建设主管部门的支持下组建了上海市建设（后改名叫建纬）律师事务所，成为国内首家从事建设工程与房地产领域法律服务的专业律师事务所。

1998年，全国取消城镇职工福利分房，房地产业借着政策的东风，直上青云。21岁的邵万权即将从华东政法学院毕业，被建纬独树一帜的专业化发展模式吸引，遂成为一名建纬实习生。

建纬实行合伙人带教制，合伙人会将青年律师们“扶上马，送一程”，类似于师徒关系。邵万权的带教师傅是赵萍律师，建纬创始合伙人之一。赵萍律师带着邵万权在一个个业务项目中磨炼技艺，在每日的学习中给予悉心指引。即便问题不属于她的业务领域，她也会尽心解答。

邵万权与赵萍律师在业务中紧密合作，还因为恰巧生日在同一天，每一年他们都会一同在建纬同事的陪伴下吃蛋糕、许愿、庆祝生日。陪伴、成长、传承，欢笑、泪水、感动，都在这对师徒的生命里刻下了清晰的痕迹。

长于建纬，成于建纬。邵万权在建纬的师徒温暖带教环境中茁壮成长，表现非常优异。26 岁成为首批初级合伙人，29 岁成为首批普通合伙人，31 岁成为高级合伙人。他也把这种温暖自然传承下来，像一个大家长那样爱护着他的后辈，在条件允许的情况下，他会尽可能地为青年律师创造发展机会，提供发展空间——邵万权也成为建纬精神的传承人之一。

业务办理中，邵万权与创始主任朱树英律师也多有合作。频繁出差的间隙，万米高空上的飞机里，朱树英律师勤奋工作、不断思考写作的身影，每天雷打不动凌晨 4 点起床开始工作的习惯……都牢牢印在邵万权心中，激励他勤勉做事，俯首耕耘。

“邵万权不是我的徒弟，但我们在一个长达 12 年的案件合作中，形成了一种默契。”朱树英后来给我讲述了他和邵万权的一个特殊“缘分”。在上海律师为上海经济建设发挥作用的典型案例中有一个关于上海证券大楼服务的项目，因为建纬总所和深圳分所参与过深圳证券交易所办公大楼的法律服务，所以在 1999 年投资 120 亿元的上海证券大楼启动建设时，朱树英律师是牵头律师，邵万权是办案律师。由于建设工期长，加之遇到世博会停工等复杂问题，这个项目居然做了 12 年，于 2011 年才正式交付。在这个过程中，朱树英和邵万权形成了更紧密的合作关系，双方也有了进一步的深度了解，也更相互认同。

与此同时，朱树英一直在考虑传承的事。“要把律所交给一个管理班子，而这个班子要有一个领头人。”他早早就开始物色人选。此前，他曾考察培养过一名接班人，但并没有成功。“要成为律所的领头人，除了专业好、业务能力强，还要能服众、能凝聚人心。”

2012年，建纬20周年时，朱树英经过反复考察，认为邵万权最适合做建纬主任。那一年发生了这样一件事，让朱树英坚定了想法。2012年3月，建纬组织了妇女节塞班岛旅游活动，在途经蓝光洞景点时，一名女律师和她丈夫不慎跌入海中。彼时海浪湍急，水深莫测，危急时刻，邵万权未假思索便跳入水中救援，最终有惊无险。“从那个时候开始，我心里就做好决定了。”朱树英确定，把建纬交给他，大家是放心的。

但是，63岁的朱树英愿意让位，邵万权却不愿意接。理由有二：第一，当时很多建纬的分所都是冲着朱树英律师来的；第二，他可以协助律所管理，但是主任还是要朱树英来担任。

面对如此有“主意”的继承者的坚持，朱树英同意了，但也开始让邵万权参与律所管委会工作，主要是配合朱树英律师的日常管理事务。于是这一年，35岁的邵万权开始参与建纬的管理。在这一过程中，邵万权的能力和付出大家有目共睹。尽管每年要花至少一半的时间在管理上，占据了大量的业务时间，但他依然心甘情愿付出不计个人得失。前些年邵万权还曾因为身体透支过度而腰椎间盘突出，不得不在家休息了半年，但他依然心系律所管理工作，让大家非常感动。

经过10年的历练，邵万权在驾驭律所管理上越来越如鱼得水。2021年的合伙人会议上，新一届管委会全票通过，换届水到渠成。在朱树英眼中，现有的管理班子正是由“一个个认认真真做事、兢兢业业开展业务，愿意付出且有责任意识的人”组成的，因此他很放心。

这一年，邵万权也是44岁，与朱树英律师当年创办建纬时的年龄几乎相当。这种巧合令人惊叹。

二、第二让：让风景、位置最好的办公室

2021 年，建纬搬入上海外滩金融中心，办公环境大为改观，其中最黄金的“金角”江景办公室作为主任办公室给了朱树英。在这间大约 15 平方米的办公室里，不仅可以看到黄浦江景，还可以看到东方明珠电视塔等陆家嘴“三件套”，视野非常好。

邵万权的办公室就在这间办公室门口，大概 8 平方米，视野也很好，但相比就要简朴一些。朱树英一直要求他搬进“金角”办公室，但是这样的办公室格局是邵万权坚持的。

在邵万权看来，建纬虽然没有刻意提炼过文化，但其核心有点像儒家文化。年轻律师都是在师徒制下成长起来的，对老师的尊敬是必然的。所以，当朱树英要求搬出“金角”办公室，而由邵万权搬进去，其实是发自内心希望将这种传承一以贯之；而邵万权却带着对朱树英“如师如父”的朴素情感坚持让出最好的“金角”，不做调整。

他另外的理由是，朱律师每天来得很早，全国各地朋友也多，这间大办公室可以接待很多客人，这对邵主任来说也是“扶上马，送一程”。

朱树英其实一直表示反对，他认为应该“在其位，谋其政”。但是邵万权的坚持，让他一再推辞不得，也就暂时同意了联合办公的提议。

但是，朱树英心里一直有退隐之心，虽然他还有建纬研究院院长的职务，但是除了专业带教，很多管理事务就不参与了，他要给年轻人施展手脚的舞台。

事实上，“官宣”邵万权主任之后，所有人都看得出邵万权的魄力。作为建纬总所主任，邵万权大力推进建纬的改革创新，参与推动建纬全国布局战略，包括推行新设分所的尽职调查制度、制订总分所合伙人的议事规则、设立总分所管委会等，高频率、多平台、多角度为建纬进行品

牌宣传工作，包括授课分享、论坛演讲、参与立法课题、与企业联建互动等。

▲照片摄于 2021 年 3 月 5 日，邵万权主任在建纬总所主持工程总承包法律服务论坛，这也是他第一次以建纬主任身份出现在公众视野

眼看着邵万权逐渐得心应手，朱树英放心之余，心里更加坚定了，一定要彻底放权。

2023 年 11 月的一天，朱树英自己收拾了办公室的书籍、资料和所有个人物品，打包了一个箱子，默默地搬出“金角”江景办公室，搬到了律所的一间小办公室。这是给律所退休合伙人的共享办公空间。

结果，邵万权出差回来发现朱老师已搬出，且去意已决，也不好再坚持。于是他立刻召集了管委会会议，最后，大家一致同意，不让朱树英到退休律师办公室合署办公，而是将律所的另外一个银角小会议室改成朱律师的办公室。看到大家这样真诚的挽留和安排，朱树英也只能欣然接受。

▲建纬窗外的风景与朱树英律师继续发光发热的建纬研究院

2024 年年初，当我再次来到建纬时，看到朱树英律师从律所另外一端办公室里走出来迎接我，我丝毫没有觉得有什么分别。他依然健步如飞地在办公室里穿梭，整个建纬仍然到处都有他的影子。更确切地说，是他的精神已经和大家融合成了建纬精神和文化，默默地影响着所有建纬人的言行，无论他在不在办公室。

三、第三让：让新船长踏上精专创新之路

虽然朱树英一直在所内注意“退出”角色，但是一旦遇到重大情况，他还是会义无反顾地挺身而出。如果之前“两让”，是相互谦让和尊重，这第三让就是助力邵万权，让他全力以赴为行业做贡献。

2023 年，邵万权当选上海市律师协会会长后，考虑到他即将面临律所管理事务和行业履职之间的时间精力冲突，朱树英挺身而出，特意嘱托律所管理班子成员，要为邵万权多考虑，多分担他的律所管理任务，让他有更多时间投入行业管理，让他放手创新。这对邵万权而言，既是支持，更是鞭策。

当选上海市律师协会会长后，邵万权工作更忙，视野也更开阔。无论是治理律所，还是治理行业，他都有了更加融合的视角。他说，将建纬放在中国 40, 000 多家律所、上海 2000 左右家律所当中，都具有很多共通性。每家律所发展都有差异，大、中、小所都各有运营逻辑，如何找到适配自己的发展方式，是大家共同探索的课题。

接触过邵万权律师的人，都能感受到他的谦谦君子之风。他的性情气质、职业成长经历无不透露出细水长流的沉稳，他宽厚、务实、令人安心。

他“自嘲”之前没有任何律所管理课程可以学习，大家都是在实践中摸索，对律所管理能力的理解是被“逼”出来的。参与律所管理工作后，之前是每个月都会组织一次管理会议，现在分所多了，每周一他都会在律所推动管理工作，也经常分不清周末。在律所的管理实践中，他越来越感受到律所治理的核心精髓。建纬的前 30 年，是他跟随建纬一起成长起来的，见证了律所专业化、品牌化、规模化的过程，接下来如何通过建章立制推进律所规范化、市场化、国际化，如何传承律所文化之魂建立“百年老店”，是他重点思考的问题。

他认为，建纬的成功传承得益于内部“静水深流”的专业之风。建纬

有很多研究探讨会议，内部氛围很平和，于是文化得以积淀，而静不下来的人就走了。内部积淀下来的是相对认可、风格相近的人，这是传承中重要的基础。一家律所最初是合伙人带着走，在律所中合伙人带年轻人共同成长，相互认可而能持续稳定地在一起。律所是人合性质的，所以在这样的组织中，不是有个名头就可以成为主任，一定要对文化建设有理解、有贡献。

▲邵万权与王凤梅在“2024 年度最受上海律师欢迎的法律科技产品大赛”启动仪式

除了人合，一家律所的主流价值观要正，要总分所协同发展，要不断做到同频共振。建纬全国 32 家办公室要推进“一体化”如何做到？邵万权的办法是以党建促所建——加强政治引领，统领总分所律师工作，促进律所高质量发展。

2021 年，在中国共产党成立 100 周年之际，建纬建立总分所党建工作联席会议制度，从起初的 20 余位参会代表，到如今覆盖总分所 50 余位代表，在提高党建工作质量的同时，也为总分所一体化管理提供了新思路和新方法。在充分实践的基础上，建纬制定了《建纬总分所联合党建工作制度》，为全面实现总分所一体化管理提供了制度保障。一是联合开展党课教育，发挥全国32家办公室的布局优势，依托各地红色教育资源，举办瞻仰毛主席故居、重走红军长征路、祭奠革命烈士等活动，将红色基因根植每一位建纬人心中。二是党总支牵头拍摄党建宣传片，统筹30余家分所编写党建宣传册，加强总分所的横向交流，不断提升律所组织凝聚力，不仅让建纬品牌更加响亮，总分所一体化管理进程也不断加快。三是引领党员律师带头参与政府立法讨论，承担国家和地方政府课题研究，以服务国家重大工程项目建设为己任，为港珠澳大桥、上海浦东国际机场等重大工程建设提供高质量法律服务；积极参与公益法律服务，通过提供法律咨询、编写普法手册，提升人民群众尊法守法意识，维护社会和谐稳定。

▲2023年建纬总分所红色党建活动

在党总支的引领下，建纬坚持走党建引领下的专业化发展道路，推动党建与业务深度融合，形成了富有建纬特色的党建工作经验，成为推动律所发展的制度优势。

与此同时，不断研究专业，客户不断，是一家律所基业长青的重要基础。建纬32个办公室各有差异，要让其规范化、市场化，就要不断推出研究课题，与开发的法律产品挂钩，针对客户需求进行研究。建纬全国11个委员会、25个专业委员会、1500余名律师，鼓励大家有条件的出书，参与立法和示范文本的编写。建纬聚集了众多具有相关行业专业资格和背景的合伙人及资深律师，编著和出版了一系列在行业内有重要影响力的专业书籍，如《〈建设项目工程总承包合同纠纷仲裁案件的审理指南〉理解与适用》《基础设施不动产投资信托基金（REITs）法律实务》等。在业务领域，不断细分，推动很多衍生板块业务。比如之前研究工程总承包，目前研究城市更新业务、并购、不良资产和破产等。

加强涉外法治建设既是推进高水平对外开放、应对外部风险挑战的当务之急，也是时代赋予律师队伍的责任与使命。建纬积极响应国家重大发展战略，通过“坚持党建引领、助力法治建设、强化党员担当”，不断提升涉外法律服务质量。自“一带一路”倡议提出后，许多“走出去”的中国企业都在广泛采用投建营一体化的建设总承包模式。建纬作为专注于城乡发展综合法律服务的专业律所，在探索符合中国国情和特色的新总承包模式上主动担当起义不容辞的责任。在党建引领下，建纬以“立足上海、放眼全国、走向世界”的发展目标，通过组建国际业务部、布局重点城市并成立“一带一路”研发中心、参加中国国际服务贸易交易会、培养涉外法律服务人才等多种形式，为中国企业“走出去”提供多样化的涉外法律服务。建纬结合专业特色，总结“一带一路”投资、建设法律实务研究成果，党员律师带头参与编写“一带一路法律丛书”，为中国企业海外合规经营保驾护航。建纬的海外工程项目，涉及东盟国家、非洲、俄罗斯等地的工程服务，可以通过“一体化”的力量去进行投标服务，在行业强监管的模式下，不断优化服务能力，确保律所人员常态化忙于业务之中。

2023年，为庆祝建纬成立30周年，建纬通过影视手法记录律所成立30年来的发展历程，集中展现建纬情怀与超前、务实、至诚、优质的法律服务理念。建纬与律新社联合推出了大型拍摄采编计划，走遍中国30城，记录建纬在全国的发展足迹，展现建纬全国30家律所的律师风采，诠释建纬30年来的卓越品牌之道。截至2023年年底，在律新社与建纬各地办公室的配合下，终于完成全部拍摄工作并交付，各地办公室宣传片已全部出炉。

▲律新社为建纬拍摄的《建树——建纬所三十年开拓之路》宣传片的一帧

建纬还在不断深化发展中。2023年，建纬抓住历史机遇，顺势而为、开枝散叶，虹桥分所正式开业。

2021年起邵万权担任建纬主任，总分所有很多沟通工作，他经常需要到处飞。通过不断加强与分所主任的交流，他越来越认识到专职管理的重要性。于是，建纬降低了高级合伙人提成比例，留出专门资金，逐步建立起宣传部、市场部、党务工作的专职岗位等。随着管理架构的调整，有必要组织合伙人参加管理培训，进一步提升管理能效。

在这个过程中，邵万权在进一步思考律所到底是什么？律所是一个组织，组织是有功能定位的，组织靠各种管理职能来运行。因此，2024年年初，上海出台新政，律所可以引入特别合伙人制度，未来律所的管理模式将进一步创新。

其实，不管律所未来治理的形式发生怎样的变化，符合中国律师职业特性的君子之风必然是律所文化构成的重要组成部分。历史上，儒家君子强调“修身、齐家、治国、平天下”的人格追求。在当代，君子之风映射在律师职业之中，则成为律所文化传承中的底层逻辑。

《大学》云："一家仁，一国兴仁；一家让，一国兴让。"意思是一个君主的家族倡行仁爱，一个国家也会兴起仁爱；一个君主的家族倡行谦让，一个国家也会兴起谦让。建纬传承的文化根底是一群志同道合的人，大家在谦让中构建了一个文化体系，形成了这个体系独有的价值。

如果说，建纬从无到有、从小到大的过程是朱树英律师极度专注的人生奇迹，那么建纬能够平稳传承，也是极度专注之后的培养成果。一家好的律所，对外服务好客户，对内培育好人才，或许就是律所ESG（环境、社会和公司治理）可持续发展的一个样本写照。有幸见证这样一段律界传承佳话，我也与有荣焉。（有趣的是，见证这段"三让"史话的2023年，我也正好44岁。）所以，把它写下来，让更多人有所体悟，更笃定地把每一个当下努力做到极致，也让更多人感受到君子同道之美，山高水长之风。

作者简介

王凤梅，律新社创始人、首席执行官。毕业于复旦大学中文系（本科）、复旦大学新闻学院研究生。华东政法大学兼职教授、上海政法学院兼职教授、上海财经大学兼职硕士生导师，上海市企业法律顾问协会副会长、上海市法治研究会副秘书长、深圳律师协会律师行业发展观察团媒体观察员、华东政法大学公共法律服务研究院特聘研究员、华东政法大学法制新闻研究中心高级研究员、华东政法大学新闻与传播专业研究生兼职导师、华东政法大学中国新兴法律服务产业研究中心副主任。2002～2013年在解放日报报业集团《新闻晚报》工作，参与《法制周刊》创立运营，2014年，参与创立上海报业集团法律新媒体"上海法治声音"。2015年8月1日，创立中国法律服务业第三方信息服务机构"律新社"，通过新媒体、产业研究和品牌服务，推动产业品牌价值升级。连续5年发起中国新兴法律服务业高峰论坛、中国律界公益论坛及公益榜单，并推出前沿研究报告及各类法律文化出版物，倡导行业新技术新思路新公益之风。多次获评全国律协及上海律协宣传优秀奖。

57 初心如磐　笃行致远

——建纬品牌的传承与发展

宋仲春

引　言

俗话说，一流企业做文化，二流企业做标准，三流企业做产品。抛开“高大上”的评判标准，其实我们可以从企业发展的过程来理解这个“一二三”。从物质积累到精神提炼，而精神内核又促进企业不断发展壮大，这完全符合政治经济学规律。

我们一直都在说建纬精神、建纬品牌，那么这个“品牌”如何而来，又是怎么打造成为“品牌”的？本文作者——建纬上海总所的宋仲春绝对是最能说清其中深意的几位知情人士之一。十年磨一剑，在经历了初创期的积累后，建纬在朱树英的带领下选择了一条怎么样的发展之路；在拥有了市场美誉、实现了社会价值后，建纬又是如何以文化的底蕴为发展基础，持续推出自己的理论和模式的。看完本篇文章，相信你能找到自己想要的答案。

▲宋仲春

我是宋仲春，我是2021年3月在我的老师朱树英卸下主任职务后担任建纬所副主任的。之前，我于2005年7月南开大学研究生毕业后加盟建纬所，师从朱树英老师。由朱老师一路打磨，经过7年的努力，2012年我在成为高级合伙人后担任了建纬所主任助理。成为副主任并负责直营的北京办公室的管理工作后，我同时成为建纬总分所管理委员会委员，和建纬长沙办公室主任戴勇坚共同分管品牌建设。从此，如何发扬光大建纬的品牌，便成为我在建纬最重要的工作和须臾不敢分心的责任。

一、朱老师栉风沐雨30年创立建纬品牌

30年峥嵘岁月，看今朝盛世华章。建纬品牌的建立和发展，离不开朱树英老师栉风沐雨地辛勤耕耘与卓越领导。

美国著名营销专家艾·里斯说过：“所谓定位，就是令你的企业和产品与众不同，形成核心竞争力；对受众而言，即鲜明地建立品牌。”行业内也有种说法叫品牌基因说，大体意思是，一棵树茁壮繁茂是基因的力量，小草的基因长不成大树。这种说法恰恰可以用于解释外界对于建纬基因的认识。建纬的基因正是源自工地上走来、在工程行业深耕几十年并被钱伯斯授予终身成就奖的朱树英大律师。30年来朱树英理所当然地成为建纬的代言人，使建纬品牌极具辨识度。建纬所基因里的工匠精神和专业精神也都源于朱树英老师。朱老师不仅创立了建纬品牌，更开创了工程法律服务行业，是工程法律的奠基人。

作为全上海建筑行业里真正取得执业律师牌照的第一人，自建纬所成立之初，朱老师便精准地将建纬所品牌定位在建设工程与房地产领域的专业化律师事务所。这一点，从上海市建纬律师事务所的历史沿革中便可见一斑。建纬所成立于1992年，最初以“建设”命名。当时身任律所主任的朱树英老师还清楚地记得当初沪司发律管字（1992）第425号批文中的内容：“经研究，决定同意成立上海市建设律师事务所，该所在业务上应着重

在房地产和其他城市建设的法律服务方面努力开拓，形成专业特色。”30年来，朱老师、建纬所从未改变这样的品牌定位，坚定地在建设工程、房地产领域深耕细作，目前建纬已经成为很多人心目中工程法律服务品类的代名词。

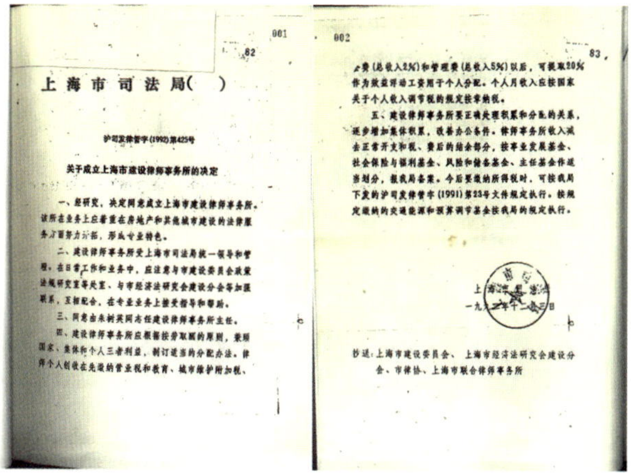

001 82

上海市司法局（ ）

沪司发律管字(1992)第425号

关于成立上海市建设律师事务所的决定

一、经研究，决定同意成立上海市建设律师事务所。该所在业务上应着重在房地产和其他城市建设的法律服务方面努力开拓，形成专业特色。

二、建设律师事务所受上海市司法局统一领导和管理，在日常工作和业务中，应注意与市建设委员会政策法规研究室等处室、与市经济法研究会建设分会等加强联系，互相配合，在专业业务上接受指导和帮助。

三、同意由朱树英同志任建设律师事务所主任。

四、建设律师事务所应根据按劳取酬的原则，兼顾国家、集体和个人三者利益，制订适当的分配办法。律师个人创收在先缴纳营业税和教育、城市维护附加税、

002 83

费(总收入2%)和管理费(总收入5%)以后，可提取20%作为效益浮动工资用于个人分配。个人月收入应按国家关于个人收入调节税的规定按章纳税。

五、建设律师事务所要正确处理积累和分配的关系，逐步增加集体积累，改善办公条件。律师事务所收入减去正常开支和税、费后的结余部分，按事业发展基金、社会保险与福利基金、风险和储备基金、主任基金作适当划分，报我局备案。今后要缴纳所得税时，可按我局下发的沪司发律管字(1991)第23号文件规定执行。按规定缴纳的交通能源和预算调节基金按我局的规定执行。

上海市司法局

一九九二年十二月三日

抄送：上海市建设委员会、上海市经济法研究会建设分会、市律协、上海市联合律师事务所

▲关于成立上海市建设律师事务所（建纬所前身）的决定

朱老师对于建纬品牌建设的理念还体现在律所的服务理念和商标设计上。早在20世纪90年代初，上海市法制办领导就超前对律师的专业法律服务提出一系列的明确要求，此时建纬所尚在筹建之初，朱老师便早早就确立了建纬所专业法律服务的目标和方向，并且归纳、提炼出“超前、务实、至诚、优质”的八字办所理念。从2001年开始，朱老师和建纬团队对品牌的认识更加深刻，他意识到，要使建纬品牌长久发展，不仅要在法律服务领域深耕细作，还需拓展到其他行业，加强品牌保护。在上海总所成立10周年的时候，建纬总所合伙人会议高瞻远瞩地做了一个决定：委托专门的设计单位设计建纬品牌的商标，要求以“超前、务实、至诚、优质”这八字办所理念为设计理念设计建纬的商标，建纬也据此办理了商标注册。

众所周知，建纬的八字办所理念一直是建纬所律师同仁不断追求的品牌理念，是建纬所专业发展的指导思想、行动纲领，更是30余年来建纬不断取得新的成绩和更大成功的动力源泉。30年来，朱老师始终将这八个字

作为自己的办所理念和初衷，并且使之成为整个建纬所的初心使命和立身之本，成为律所专业化发展的志向和坚守。在朱树英老师的带领和鼓舞下，全体建纬律师也不断以实际行动诠释着“超前、务实、至诚、优质”的八字办所理念和初心，矢志不渝地把“不忘初心，方得始终”作为全体建纬人的思想指导和行动纲领。例如，在准备设立青岛分所时，面对三位资深律师的强烈意愿与优秀能力，最终选择王树友律师组建青岛分所的决策，正是反映了建纬对品牌影响力和扩张潜力的高度重视。为了更好地保护建纬品牌，在朱老师的领导下，目前我们已将建纬商标注册拓展到多个行业类别，并注册了建纬论坛、建纬律师学苑、建纬公开课等专业品牌，以彰显“超前、务实、至诚、优质”的建纬风格。

▲朱树英律师在建纬 25 周年时解读八字办所理念

二、专业所向精专所创新发展任重道远

“敢为天下先”是朱树英老师骨子里的倔强和自信，建纬所的发展历程不仅是一部专业法律服务不断创新、改革、更新、发展的历史，更是一部

坚定追求、不懈探索专业化道路的历史。建纬所从专业所走向精专所的迭代升级之路，正是朱老师作为律所创始人敢于突破、敢于创新的见证之路。

在朱老师的引领下，建纬所始终坚持专业化发展道路，不断深化和拓展服务领域。从建设工程和房地产法律服务的深耕细作，到基础设施、不动产金融、能源与环境、公司与商事等多元化领域的拓展，建纬所始终走在行业前沿，以专业精神和创新思维，为客户提供全方位的法律解决方案。一直以来，建纬律师团队凭借专业的法律服务能力、丰富的办案经验以及严谨认真的工作态度，承接并成功处理了一大批情况复杂、标的巨大且具有典型示范意义的案件和项目；作为中国律师界工程领域专业法律服务的佼佼者，建纬所积极参与《建筑法》《合同法》《物权法》等一系列国家与地方法律、法规、规章以及司法解释的讨论，并提供了专业的起草和修改意见。此外，建纬所还受托参与了多个合同示范文本的起草工作，为港珠澳大桥、杭绍台铁路等国家重点工程项目提供了专业法律服务。建纬所不仅在法律界产生了深远影响，还在建筑房地产行业树立了卓越的声誉。

▲港珠澳大桥

建纬所正由专业所向精专所创新发展以适应行业发展的新趋势。我们从建设工程业务板块中独立出基础设施业务板块，并设立了自然与基础设施业务部；随着国家战略的调整，我们又设立了能源与环境法律服务中心，并成立了不动产金融部以及不良资产处置与破产重组业务部。在朱老师的带领和全体建纬人的共同努力下，建纬所在建设工程、房地产、项目与基础设施、不动产金融、能源与环境等多个法律服务专业领域获得了行业内知名评级机构的高度认可和推荐，其中包括钱伯斯、《亚洲法律杂志》、《商法》、《亚洲法律概况》等多项荣誉。这些成就和荣誉的背后，是建纬人对专业法律服务的不懈追求和对创新发展的坚定信守。

我们深知，前路漫漫道阻且长，任重而道远，但我们仍将继续秉承专业精神，不断创新，为社会提供更加优质的法律服务，为法治中国的建设贡献新的更大力量。面对机遇和挑战并存的未来，建纬所的精专发展之路仍然任重而道远，但建纬人会矢志不移秉承朱老师的教诲，不断探索、创新，以更加专业和精专的服务，为社会提供更加优质的法律保障。

三、捍卫并传承建纬品牌脚踏实地埋头苦干

朱老师作为建纬所的创始人、领头人，建纬所的每一步成长，都凝聚着他的智慧和汗水，而我有幸师从这样优秀的领路人，荣幸之至。

卓越的事业一定有卓越的人格做支撑，熟悉朱树英老师的人都知道，朱老师是一个极度勤奋、自律、专一的人。曾有新闻媒体宣传建纬所朱主任是上海滩最勤奋的律师，大家也都知道，勤奋是朱老师身上最优秀、最典型的品质。朱老师晚上一般不应酬，几十年来，他晚上七八点就会睡觉，清晨四五点钟起床，每天清晨都会不受干扰地办公三小时。朱老师会随身带一本黑色笔记本，但凡写在笔记本上的事项一定雷打不动按时间表完成，并写下一段办事手记。朱老师说话靠谱，说今年出两本书到年底就出版两本书。回忆当初我在给朱老师做助理的时候，朱老师让我搜集授课后学生提出的每一个问题并检索研究答案。那时候，施工企业、高等院校、住建

部、人民法院都会邀请朱老师上课，差不多每两天就有一堂课，由我负责收集来自实务界、学校的形形色色各种问题。朱老师每次都当场回复，课后再让我进行检索案例研究。就这样在两年的时间里，我研究了几千个工程法律问题并写了几十万字的整理稿。正是在那段跟随朱老师学习的日子里，我快速积累了深厚的建工领域专业实践经验和知识。朱老师身上的勤奋刻苦、专注自律感染和鼓舞着每一个与他共事的人。

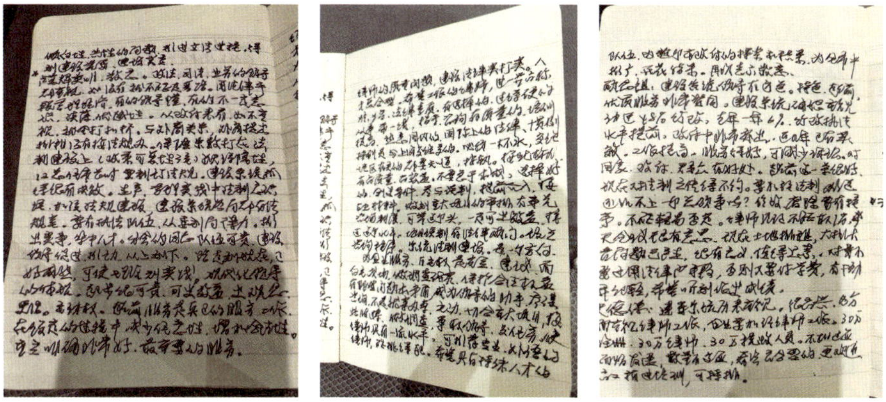

▲朱树英与会的工作日记原始记录

择一事，终一生，不为繁华易匠心。朱老师将建设工程作为倾其一生耕耘的事业。早在 1992 年建所、当律师之时，朱老师便已经在建筑业摸爬滚打了 28 年；自 1992 年接到筹建专业律师事务所的任务，朱老师以对法律事业的热爱创立了定位在建设工程与房地产领域的专业化律师事务所，应运而生的“建纬律师事务所”便是他自己为之奋斗终生的事业。

建纬品牌的发展倾注了朱老师毕生的心血，保护并传承这一品牌，是每一位建纬人责无旁贷的使命。我自 2021 年 3 月起出任建纬总分所管委会委员，与建纬长沙分所主任戴勇坚共同分管建纬品牌建设。被委任负责建纬品牌建设的我们看上去站在了巨人的肩膀上，仿佛大树底下好乘凉，但站过巨人肩膀的人才知道难度有多大。如何在制高点上继续发扬光大建纬品牌，成为我在建纬最重要的工作和须臾不敢分心的责任。

▲朱树英（左）与宋仲春（右）在2021年建纬北京办公室年终总结大会

毫无疑问，作为朱老师的后辈，建纬所的每一份荣誉，都是对我们工作的认可，也是对我们责任的激励。我们将持之以恒秉承朱老师的精神，不忘初心，砥砺前行，将建纬品牌发扬光大，为社会提供更加优质的法律服务，为法治中国的建设贡献新的更大力量。

我们深知，品牌的建设和维护是一个长期而艰巨的任务，需要我们脚踏实地、埋头苦干，不断致力于专业能力的提升，不断创新法律服务模式，以实际行动维护和发扬建纬品牌的价值和影响力。面向未来我们将一如既往地坚持建纬所的八字办所理念，以朱树英老师为榜样，继续在法律服务的道路上砥砺前行，为实现建纬所的精专发展目标而不懈努力。

建纬所砥砺前行三十余载，朱老师以其超前的洞察力、务实的工作态度、至诚的服务精神和卓越的专业能力，不仅塑造了建纬所的专业形象，更铸就了建纬品牌的灵魂。在他的引领下，建纬所已发展成为国内最大的专注于建设工程与房地产专业法律服务的专业化律师事务所，也已成为专注于城乡发展综合法律服务的行业引领者。朱老师的领导之路，是一条充满挑战、铸就辉煌的励志之路。三十年时代变迁，不变的是如指路明灯引领团队前行、推动法制建设的初衷。朱老师的精神和建纬所的成就，激励着每一位建纬人奋发前行，为法治中国的建设贡献专业的力量。

作者简介

宋仲春，上海市建纬律师事务所副主任、建纬（北京）律师事务所主任。兼任中国国际贸易促进委员会建设行业分会副会长、中国仲裁法学研究会仲裁与调解专业委员会专家委员、上海市国际股权投资基金协会理事会联席理事兼不动产分会副会长。在自然资源与基础设施、房地产与建设工程、不动产金融、能源与环境等行业的非诉与争议解决领域具有丰富的法律实务经验。任北京、上海、杭州、长沙、南昌、廊坊、大连、哈尔滨、台州、遵义等多地仲裁委员会及赣江新区国际仲裁院仲裁员，蝉联多届ENR（美国《工程新闻记录》）/建筑时报最值得推荐的中国工程法律专业律师、钱伯斯上榜律师、《商法》The A-List 法律精英“中国业务优秀律师”、“中国业务睿见领袖”，荣获 2021 全国招投标领域年度聚焦优秀工程律师、2021 中国房地产金融 50 人、2022 ~ 2024 年度 BENCHMARK LITIGATION 中国争议解决榜单“建筑工程与房地产”领域“争议解决之星”，荣获第十一届金砖财经企业家“2022 年度睿智人物”，荣获 2023 年度《中国知名企业法总推荐的优秀律师 & 律所》业务精湛的律所管理者 & 客户智选律师，中国雄安集团合同管理研修班专家顾问，获得“建筑合约纠纷系列诉讼案”LegalOne Merits（Exemplary/典范）评级，最值得推荐的中国工程建设专业律师工程法律及工程质量纠纷（诉讼类）——金牌讲师 & 金牌律师，上海市律师协会第十一届房地产专业委员会优秀委员，获 2024 年度国际金融地产联盟（IFFRE）“专业人士贡献奖”等。

58 砥砺传承，以进一步完善工程组织实施方式为己任

韩如波

引 言

专业从事建设工程与房地产领域的法律服务——这是32年来紧紧贴在建纬律师事务所身上的标签。留心看建纬近年来的发展，你会发现在深耕专业领域的同时，事务所内部又成立了一个又一个“业务部”。从最先设立的建设工程部、房地产部到如今前沿的不动产金融部、国际业务部，这些精准服务满足了不断升级的市场需求。虽说不断细分是未来趋势，但编者一直在想朱树英当年是如何考虑在同一研究领域进行专业划分的。

看了建纬副主任、工程总承包业务部和全过程咨询业务中心主任韩如波的文章就会了解，什么是专注专业，什么是专业的人做专业的事情，而透过韩如波对工程组织实施方式如数家珍般的讲述，更可见建纬团队家底之深厚。再联系此前宋仲春副主任的讲述，编者大胆猜测朱树英通过“分笼子养老虎”的战略眼光，细分跑道让更多有为者有施展的空间，做大蛋糕才能招才纳贤。

▲韩如波

我是建纬所韩如波律师，曾先后在中建五局、宝钢建设、绿地建设集团等单位从事法务工作10余年。2007年8月我加盟建纬所，7年后于2014年12月担任主任助理，之后兼任工程总承包业务部和全过程咨询业务中心主任，2021年3月起担任建纬所副主任参与管理工作，并分管直营的南京办公室。在朱树英老师的影响和引领下，2017年以来，我一直注重完善工程组织实施方式的研究，在后建纬时代，这项实务研究也必将成为承发包方式精专创新的重点。

一、精神感召，建纬律师在完善工程组织实施方式研究中前行

建筑业是我国国民经济的支柱产业，中国建筑业的健康发展关系到上下游产业链和千家万户。但我国建筑业的发展并非一帆风顺，在开放的大门持续打开，国内国际市场竞争日趋激烈的现实背景下，传统的工程组织实施方式弊端尽显，尤其在“一带一路”倡议施行后，我国企业不适应国际工程承包方式的情况更加凸显。因此尽快建立一套能够充分提升企业竞争力，同时又适应我国企业实际情况的工程组织模式，进而保障整个行业的持续高质量发展，成为各界共同关注的热点。

2017年2月21日，国务院办公厅下发《关于促进建筑业持续健康发展的意见》（国办发〔2017〕19号），提出完善工程建设组织模式，具体表现为加快推行工程总承包和培育全过程工程咨询。该文件指明了中国建筑业由传统的施工总承包向工程总承包转型升级的发展方向。之后的2018年3月，住建部市场监管司与建纬律师事务所签约，正式组建“完善工程组织实施方式研究”课题组，由朱树英老师任组长，而我则有幸成为课题组的副组长。由此，以建纬律师为骨干，探索适应我国国情的新型工程组织实施方式的序幕正式拉开。现如今被大众所熟知的《房屋建筑和市政基础设施项目工程总承包管理办法》和《建设项目工程总承包合同（示范文本）》便是该课题组研究的主要成果。

朱树英老师作为行业泰斗级人物和中国建筑工程法律领域的领军人物，一直被誉为上海滩最勤奋的律师。接受住建部市场监管司的任务后，朱老师以身作则，勤恳工作，不负重托，迅速组织律所最顶尖和最优秀的专业律师投入工作。课题组夜以继日地研究、讨论、调研、起草、修订、征求意见、专家评审，每次重要编写节点和会议论证，朱老师都会提前做好细致准备并全面参与；其间我经常早上起来看到朱老师凌晨四点多钟发来的完善修改文本的信息和邮件，其中的专业问题可谓精雕细琢。《房屋建筑和市政基础设施项目工程总承包管理办法》数易其稿，每一次的修订版本都保存在我的个人电脑中。至今回首，课题组奋斗在探索工程组织实施方式前沿阵地的峥嵘记忆仍然让我感动满满。没有辜负领导的期望，在部委领导的正确指挥和朱老师带领的课题组成员的共同努力下，备受关注的《房屋建筑和市政基础设施项目工程总承包管理办法》于 2019 年 12 月 23 日正式出台，并于 2020 年 3 月 1 日起施行。紧接着《建设项目工程总承包合同(示范文本)》于 2020 年 11 月 25 日正式发布，该示范文本借鉴 FIDIC（菲迪克）等国际工程总承包模式先进经验，结合国内实践情况，对规范当事人权利义务、减少纠纷、提高项目管理能力等方面起到了重要作用。《房屋建筑和市政基础设施项目工程总承包管理办法》和《建设项目工程总承包合同（示范文本)》的配套出台，进一步规范了工程总承包模式在我国的发展，极大程度上助力了我国建筑业的转型升级，因此工程总承包模式也被业界称为继 1.0 施工总承包模式之后的 2.0 版本。

以此为基础，在朱树英老师的领导下，建纬所作为主编单位牵头编制了在中国工程咨询协会立项的《工程总承包合同争议评审指南》团体标准；受中华全国律师协会委托，建纬所还牵头编写了《律师办理建设工程总承包项目法律业务操作指引》（已修改)，为提升律师队伍办理工程总承包项目法律服务质量起到了积极的保障作用。建纬的律师们在完善工程组织实施方式的研究中不断成长，持续不断地为行业贡献专业的力量。

▲朱树英与韩如波在《工程总承包合同争议评审指南》团体标准评审会上

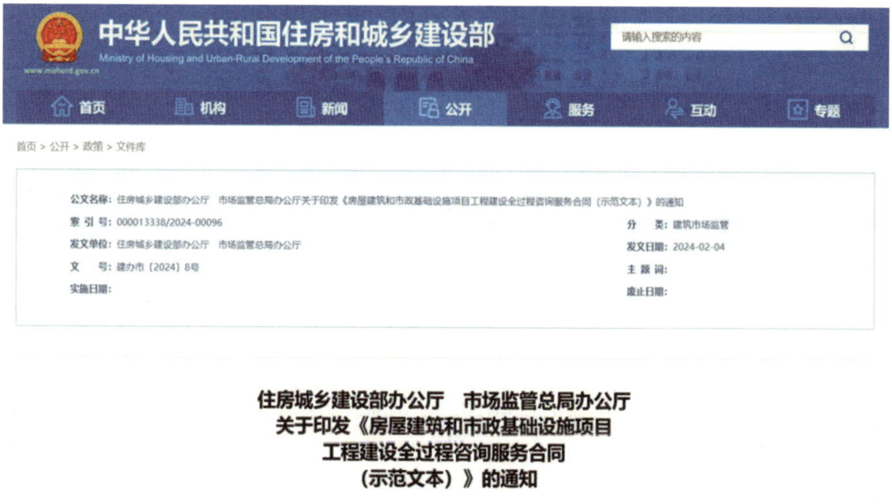

▲2024 年 2 月 4 日，住房城乡建设部办公厅、市场监管总局办公厅正式印发《房屋建筑和市政基础设施项目工程建设全过程咨询服务合同（示范文本）》，引发行业关注。该示范文本在 2019 年由建纬所和同济大学共同组成的课题组完成起草任务，建纬研究院院长朱树英任该课题组组长，建纬所多位律师加入课题组参与具体起草工作

2019 年年初，住建部将完善编制《房屋建筑和市政基础设施项目工程建设全过程咨询服务合同（示范文本）》的任务交给建纬所；在课题组负责人朱树英老师的带领下，由我具体负责组织多位合伙人和专业律师投入其

中。在建纬所全过程咨询业务中心专业优势的加持下，经过反复研讨和外部专家论证，住房城乡建设部办公厅、市场监管总局办公厅于2024年2月4日正式发布了该示范文本。《建设项目工程总承包合同（示范文本）》和《房屋建筑和市政基础设施项目工程建设全过程咨询服务合同（示范文本）》的先后发布实施，促进了工程组织实施方式的完善，是有力推动我国建筑业转型升级的“两翼齐飞”。

二、重任在肩，进一步完善工程组织实施方式研究任重道远

2021年3月，在《房屋建筑和市政基础设施项目工程总承包管理办法》施行一周年之际，为了进一步推动国内工程总承包模式转型升级的高质量健康发展，朱老师高瞻远瞩地提出并安排建纬所举办“工程总承包法规制度宣传周”系列活动。连续7天，该活动从不同角度宣传工程总承包法规制度以及相关法律服务的特色，受到了社会各界的广泛关注，吸引了超10万人关注，公众对于工程总承包模式的了解从这一刻开始又深了一步。但实际上早在2018年1月，建纬所便率先成立了工程总承包业务部；承蒙朱树英老师信任，由我担任部门主任，最先在全国范围内研究工程总承包专业法律服务。建纬工程总承包业务部的发展，伴随着国家工程组织实施方式研究和改革的节奏，始终致力于工程总承包模式的推广和宣传。也是自2018年，在朱老师的引领和影响下，我全面开始了完善工程组织实施方式的法律研究和法律服务的职业之路。

在深度参与国家工程总承包管理办法和示范文本编制的基础上，我对外开展工程总承包模式特征、项目管理能力提升、法律法规示范文本宣贯、工程总承包模式风险管理等调研、交流、培训、宣讲至今已达400多次；有幸和朱老师一起荣获智合法律新媒体旗下智拾网2021年度十佳导师、2023年度优秀导师等荣誉称号。

▲韩如波律师在“工程总承包法规制度宣传周”系列活动上作主题分享

▲朱树英（左）与韩如波（右）荣获智合法律新媒体旗下智拾网2023年度优秀导师合照

配合朱树英老师，这几年我具体负责了中国工程咨询协会团体标准《工程总承包合同争议评审指南》《政府投资工程总承包项目风险管控指南》的编制，参与了中国工程咨询协会团体标准《全过程工程咨询服务导则》和中国工程建设标准化协会团体标准《医院建设项目工程总承包管理标准》的编写。

学习朱树英老师的榜样力量，我不断进行专业研究并组织建纬律师在工程总承包领域编写出版专著。在法律出版社出版的《房屋建筑和市政基础设施项目工程总承包管理办法理解与适用》《工程总承包（EPC/DB）诉讼实务》《工程总承包全过程法律风险管理实务》《工程总承包项目〈发包人要求〉编写指南》《建设项目工程总承包合同纠纷仲裁案件的审理指南理解与适用》等著作中，朱树英老师担任主编，我担任副主编。一本本著作凝聚了建纬律师的专业力量和服务于建筑业改革，提升律师专业化发展的理念。这几年我先后在深圳国际仲裁院、珠海国际仲裁院以及南京、杭州等地仲裁机构担任仲裁员，担任赣江新区国际仲裁院 EPC 仲裁中心副主任并被评为 2023 年度先进工作者。2022 ~ 2023 年近两年时间里，建纬所和赣江新区国际仲裁院联合进行工程总承包纠纷仲裁案件审理规则的调研和研讨，并形成了《建设项目工程总承包合同纠纷仲裁案件的审理指南》的重要研究成果，同时为该指南配备了 30 多万字的理解与适用书籍，为国内仲裁机构提升新型施工组织实施方式工程总承包模式纠纷案件审理的质量，贡献了建纬的专业力量。

▲建纬工程总承包业务部合影

朱老师一直以“业精于勤”的理念教导我们，在朱老师的带领和指导下，以及团队小伙伴们的共同努力下，6 年多的时间里，建纬工程总承包业务部为银川滨河黄河大桥、杭绍台高铁、兰州水源地等众多大型或重点项目提供工程总承包全过程或专项法律服务。建纬工程总承包的法律服务包括覆盖招投标阶段、签约阶段、项目建设期间、变更索赔商法融合阶段、结算阶段、企业合同标准文本编制、工程总承包全过程服务等诸多阶段或方面的系列产品，法律服务项目从传统房建和市政基础设施向工业项目、水利项目、铁路项目、公路项目、能源项目、新基建项目、PPP 项目等领域拓展。

以上成绩的取得，与朱老师的指导和直接参与密切相关，朱老师用他的实际行动和卓越成就奠定了建纬所在国内工程总承包领域法律服务品牌的引领地位。我作为一个始终工作在实务一线的专业律师，感恩朱老师的一路引领和教导，我也深知完善工程组织实施方式研究的脚步不能停歇，未来的工作仍然任重道远。

三、砥砺传承，后建纬时代以完善新质工程组织实施方式为己任

建纬所在 2021 年年初进行了管理层调整，由邵万权律师任事务所主任，朱树英老师任建纬研究院院长。在新一届管委会的领导下，在“专业化、品牌化、规模化”理念的引领下，建纬所不断深耕专业，提出“市场化、规范化、国际化”的新发展理念。2023 年 9 月 17 日召开的上海市第十二届律师代表大会第一次会议，选举建纬所主任邵万权律师担任第十二届上海市律师协会会长，更加奠定了建纬所持续致力于建设工程、房地产、不动产金融、基础设施领域专业化法律服务的信心和决心。2023 年 12 月 30 日，建纬总分所管委会会议讨论决定，在建纬总分所组建工程总承包、全过程咨询等 24 个业务研究中心，集建纬全国 32 家办公室的专业力量，持续致力于工程组织实

施方式研究的法律服务，并开始探索细分专业，在铁路项目、水利项目、新能源、数据中心等领域深入研究相应领域特性的工程总承包法律服务。

▲韩如波律师在建纬深圳办公室20周年系列活动上发言

建纬律师在朱树英老师和邵万权主任的领导下，持续加大对工程组织实施方式研究的力度。2023年开始，建纬所在2.0版本工程总承包模式的基础上，结合国际形势和行业现状着手启动3.0版本的投资—融资—建设—运营一体化建设总承包模式的研究，进行国内外工程建设模式的调研，并组建了相应课题组。已经接近75岁高龄的朱树英老师再次“挂帅”，选定课题组成员，不辞辛苦多次组织召开课题研讨会议，并赴昆明、深圳、成都、苏州、广州等地进行投资建设总承包项目实地调研，组织开展投资建设总承包合同系列示范文本的编制工作，进一步推动国内工程建设和组织实施方式与国际接轨，提升国内企业海外投资与建设的运营管理和风险管控能力。朱老师这种勤奋、敬业、奉献的精神，让我们备感敬仰，也让我暗下决心：一定要以朱老师为榜样，不断学习，不断前行。

▲建纬"投资建设总承包系列合同课题组启动会"与朱树英和韩如波一行赴中亿丰建设集团为投建营一体化工程建设总承包课题做调研

时代的洪流滚滚向前，中国建筑业持续健康发展的脚步不会停歇，建纬律师在朱树英老师的引领和感召下，勇当排头兵，积极投身新质工程组织实施方式研究的热情和决心亦不会消退。多年以来，建纬律师在朱树英老师的带领下，已经走出了一条超前、务实的专业发展之路，后续建纬律师将会在邵万权主任的领导下继续秉持至诚、优质的服务理念，以完善新质工程组织实施方式为己任，为中国建筑业的高质量发展贡献建纬律师的专业力量！

建纬律师砥砺前行32载，取得了一系列重要荣誉奖项和辉煌成就，也正是朱树英老师传奇人生的完美写照。作为建纬人，我们永远感恩朱树英老师的一路引领，建纬人将在新一届管委会的正确领导下，持续致力于建筑工程房地产及相关领域法律服务的研究和能力提升，致力于工程组织实施方式的研究。我也必将以此为己任，和全体建纬人共同努力，始终以朱树英老师为榜样，深入研究工程组织实施方式的完善，大力加强投资建设总承包模式的学习和研究，助力行业与国际接轨，为国家建筑业改革工程组织实施方式的完善贡献建纬的专业力量，为客户提供更加优质高效的法律服务，推动建纬的持续发展和品牌建设。

作者简介

韩如波，上海市建纬律师事务所副主任，工程总承包业务部主任，全过程咨询业务中心主任。

中国土木工程学会建筑市场与招标投标研究分会副理事长，《中国勘察设计》理事会副理事长，中国建筑业协会法律服务工作委员会（人民法院调解平台）调解员，全国建设工程招标投标行业一体化服务平台专家，中国国际经济贸易仲裁委员会争议评审专家，横琴国际商事调解中心调解员，中国中小商业企业协会商事调解工作委员会调解员。

深圳国际仲裁院、赣江新区国际仲裁院、珠海国际仲裁院以及杭州、南京、玉林、鹰潭、遵义等地仲裁机构仲裁员，贵阳仲裁委员会建设工程仲裁院顾问，赣江新区国际仲裁院工程总承包（EPC）中心副主任。

常州大学非诉讼研究院专家兼建纬实践基地主任，中南财经政法大学法律专业合作硕士研究生指导教师。

2013 ~2023 年度 ENR（美国《工程新闻记录》）/建筑时报最值得推荐的60 位中国工程法律专业律师，2017 年度“中国建筑业年度人物”，钱伯斯 2020 亚太榜单建筑工程领域受认可律师，连续荣获钱伯斯大中华区 2023、2024 建筑工程领域上榜律师，连续荣获 Benchmark Litigation 2022、2023 亚太/中国地区榜单建筑工程领域诉讼之星。

住建部房屋建筑和市政基础设施项目工程总承包管理办法、完善工程组织实施方式研究、建筑工程施工发包与承包违法行为认定查处管理办法课题组副组长，中国土木工程学会建筑市场与招标投标研究分会《建筑法》修订小组专家，《建设项目工程总承包合同（示范文本）》（GF -2020 -0216）、《房屋建筑和市政基础设施项目工程建设全过程咨询服务合同（示范文本）》（GF -2024 -2616）编制主要参与人。

法律出版社出版以下著作的副主编：《房屋建筑和市政基础设施项目工程总承包管理办法理解与适用》《工程总承包（EPC/DB）诉讼实务：基于

裁判文书网之大数据检索研析》《工程总承包全过程法律风险管理实务》《工程总承包项目〈发包人要求〉编写指南》《〈建设项目工程总承包合同纠纷仲裁案件的审理指南〉理解与适用》。中国建材工业出版社出版的建设工程招标采购从业人员职业能力认定辅导教材系列的《建设工程招标采购合同管理》主编。

智合法律新媒体旗下智拾网2021 年度十佳导师、2023 智拾网年度优秀导师、《建筑时报》2023 年度工程法律金牌讲师。

59 吾辈之师

——朱树英大律师

郑金都

引 言

如果说本书第51篇，曹义孙教授以近万字的内容，类似报告文学的写作风格来讲述他与朱树英的渊源；那么中华全国律师协会副会长、浙江六和律师事务所首席合伙人郑金都律师则是用短小精悍的篇幅高度评价了朱树英。

相识相知20年，郑金都副会长在谈到朱树英时，并没有选择给我们去讲那些他与朱树英之间的小故事，而是围绕“律师之师”“造价师之师”这两幅题字展开。看似只讲结果，只说态度，但细细品来，是否有种“山不在高，有仙则名；水不在深，有龙则灵”的感觉。千言万语汇聚成“吾辈之师”——四个字足矣。

▲郑金都

我是郑金都，浙江六和律师事务所首席合伙人，兼任中华全国律师协会副会长。2023 年 11 月 17 日，我们应邀去上海市建纬律师事务所签订战略合作协议，签约前到律所参观，一走进朱树英大律师的办公室，映入眼帘的是两幅题字，一幅是“律师之师”，一幅是“造价师之师”。这两个称谓于朱大律师而言是当之无愧的，这样的行业和专业地位，纵观全国，无出其右。

▲2023 年到访建纬律师事务所参观交流

我认识朱大律师已近 20 个年头，他在繁忙的办案之余，经常风尘仆仆地到全国各地为律师传道授业解惑。自 2006 年开始，在我担任两届浙江省省直律师协会会长和两届浙江省律师协会会长期间，曾多次邀请朱大律师来浙授课和研讨交流，在我心目中他就是我们律师的老师。“天下桃李，悉在公门矣”足以概括朱大律师的为师之路。2023 年上半年我和上海律协前任会长季诺聊天时，方得知他原是朱大律师的徒弟。更没想到的是，2023 年下半年上海律协换届时，新当选的会长邵万权更是朱大律师的徒弟和接班人。由此可见，他一人先后带教培养出了前后两任上海律协会长，堪称中国律界奇迹，“律师之师”非他莫属。

▲六和所与建纬所签署战略合作协议

另外，“造价师之师”不仅是律师界之外人士对他的高度评价，也是我们平时强调的专业律师懂专业的最高境界。从事建筑房地产业务的律师要懂造价，但要成为造价师心目中的老师谈何容易。冰冻三尺，非一日之寒。虽然获此殊荣与朱大律师早年的学习和工作背景有关，但更重要的是他一辈子都秉持不断学习和钻研的精神。他的敬业专业，他的坚持学习，他的育人风范，都值得吾辈学习，他是吾辈敬仰之师。

作者简介

郑金都，一级律师，浙江六和律师事务所首席合伙人，现任中华全国律师协会副会长、浙江省法学会副会长，曾任浙江省律师协会会长、浙江省政协委员等职。

60 专业为本、利他为魂

——持续发展的建纬文化

邵万权

引言

今天的建纬处于一个“交替期”，外界对此用“平稳过渡”来形容，但编者却更喜欢“无欲则刚”四个字。“无欲”并非说邵万权主任不求上进，相反，是他所总结的“利他”。自利则生，利他则久——这个“他”，不但代表员工、客户，还包括合作伙伴、公共关系、社区民众和其他利益相关者。因此，他所主导的文化不在于一砖一瓦，而在于追求全体员工物质和精神两方面幸福的同时，承担起一个企业应有的社会责任和义务。

行文至此，已是全书最后一篇文章。当初排篇布局时，就想好将建纬律师事务所主任邵万权的文章作为压轴，一方面寓意传承发展，另一方面也寓意一个新时代的开启。所谓“船到中流浪更急，人到半山路更陡”，我们由衷期待在利他精神的引领下，建纬的明天会更好！

▲邵万权

当下，对于律所管理的研究和探讨越来越多。从讨论“提成制与公司制”，到讨论“专业化与规模化”“市场化与国际化”，再到讨论“后台与中台”“管理与赋能”“法律科技和网络流量”，并且也越来越关注律所的文化建设。例如，在建纬所成立 31 周年的 2023 年 12 月 29 日，建纬第 31 家上海虹桥办公室成立时举办的“自贸区法律服务高端论坛”，就是体现建纬文化内核的典型代表。

在法律服务行业竞争日趋激烈的今天，律所的文化建设已成为推动律所持续发展的重要力量。律所的文化不仅影响着律师的行为模式和工作态度，还决定了律所的服务品质和市场竞争力。

作为律所主任和管理合伙人，我也经常会参加一些讨论律所管理的论坛或座谈会，也会被邀请就律所管理与文化建设分享一些经验。每当遇到这类情况，我都会强调，律所的文化不是说出来的，而是由律所每个人实打实地做出来的。在建纬，从创始人开始，一直秉持的文化内涵归纳起来就是“专业为本、利他为魂”。

▲邵万权律师在建纬上海虹桥办公室成立时举办的“自贸区法律服务高端论坛”上致辞

一、"专业"是建纬的核心竞争力

每一位建纬人在入职建纬后就会慢慢发现，在建纬的所见所闻皆和"专业化"相关：

专业的业务领域。建纬成立于1992年，当时的律所名称是"上海市建设律师事务所"。律所名称中的"建设"两字，以及设立批文中"在业务上应着重在房地产和其他城市建设的法律服务方面努力开拓，形成专业特色"的内容，都体现了事务所的专业基因。自设立以来，尤其是在1995年改制为合伙制（律所名称也更名为"上海市建纬律师事务所"）后，建纬始终坚持"专业化"的发展定位，专注于建设工程及房地产领域，为中央电视台新址、港珠澳大桥、上海浦东国际机场、上海金融交易广场、深圳平安国际金融中心、深交所营运中心、宁波中心大厦、杭台高铁EPC项目、巴基斯坦风电EPC项目、赞比亚水电站EPC项目、缅甸公路建设项目等国内外诸多重大工程项目提供专业法律服务，保驾护航。30多年来，建纬根据客户的需求不断深耕建工地产领域，在事务所内部进行精细化分工并衍生了各具特色的业务部门。目前，事务所已经在传统建设工程与房地产业务的基础上，推出了不动产金融、工程总承包、国际工程、项目投资并购、自然资源与基础设施、城市更新、水项目、不良资产、工程保险、合规与风控等多项专业法律产品，从建工地产专业向建工地产全行业逐步覆盖。

持续的专业研究。在建纬，创始人朱树英老师在律所设立之初就提出"超前、务实、至诚、优质"的八字方针。他一直倡导的理念是，专业律师不仅要有解决实务问题的处理能力，更要有参与制定行业标准的责任担当。作为住建部市场监管司的法律顾问，朱老师自身也是数十年如一日地投入大量时间在专业研究工作上。在朱老师的带领下，建纬律师参与了一系列国家部委层面的课题、立法和示范文本的编制：

- 2012年，建纬所成为住建部制定2013年版《建设工程施工合同

（示范文本）》（GF－2013－0201）课题组组长单位。

● 2014 年，建纬所获住建部《建筑工程施工转包违法分包等违法行为认定查处管理办法》课题组任命，配合国务院开展“工程质量两年治理行动”，独家完成了该管理办法的起草工作。

● 2016 年，建纬所完成住建部修订《建设工程施工专业分包合同（示范文本）》《建设工程施工劳务分包合同（示范文本）》课题工作。

● 2017 年，建纬所参与《房屋建筑和市政基础设施项目工程总承包管理办法》课题组，作为该办法起草单位，于 2019 年完成住建部和国家发改委联合征求修改意见的《房屋建筑和市政基础设施项目工程总承包管理办法》送审稿，完成住建部和市场监管总局的《建设项目工程总承包合同（示范文本）》初稿。

● 2019 年，建纬所作为全国唯一一家入选的律师事务所，承担国家发改委投资司的“政府投资项目事中事后监管制度研究”课题研究。

● 2019 年，建纬所完成住建部委托的《建设项目全过程工程咨询服务合同（示范文本）》讨论稿起草工作。

● 2021 年，建纬所完成《中华全国律师协会律师办理建设工程法律业务操作指引》《中华全国律师协会律师办理建设工程总承包实施阶段法律业务操作指引》《中华全国律师协会律师办理建设工程总承包结算阶段法律业务操作指引》的编写任务。

● 2022 年，在新冠疫情期间，建纬律师依然承接并完成了大量的课题研究任务：

住建部《注册建造师执业管理办法（试行）》修订工作；

国务院国资委《中央企业合规管理办法》意见建议起草工作；

住建部《建筑业企业资质标准》修改建议起草工作；

住建部“建造师管理制度体系研究”课题研究；

中国工程咨询协会《工程总承包合同争议评审指南》团体标准编写工作；

中国工程咨询协会《全过程工程咨询服务导则》团体标准评审工作；

住建部“中国长租房市场可持续发展研究”课题研究；

住建部、人力资源和社会保障部《建筑工人实名制管理办法（试行)》修改建议起草工作；

《建设项目工程总承包合同纠纷仲裁案件的审理指南》编写工作；

中国土木工程学会建筑市场与招标投标研究分会《建设工程招标采购合同管理》编写工作；

住建部、人力资源和社会保障部《建筑工人简易劳动合同（示范文本)》编制工作。

专业知识的总结与分享。朱树英老师一直要求建纬律师要“能说会写”，他还专门写了两本书《苦寒磨砺筑方圆——律师演讲技能提升之道》《苦寒磨砺筑方圆——律师写作技能提升之道》，分享如何提高律师演讲和写作能力的经验，鼓励律师不断总结和自我提升。所以，建纬人办案之余，都要写大量的专业文章，甚至是参与书籍的编写。据不完全统计，截至2023年8月，建纬律师出版的书籍已达69本，其中，朱老师个人编著的书籍就有20本。曾有刚毕业入职建纬的小伙伴戏称“入职建纬感觉就像是又考了个研，还有那么多要写要研究的工作”。并且，对于专业研究的成果和经验，建纬也不会秘而不宣，反而会通过线下线上的讲课、微信公众号文章等方式，在业界传播和分享。“建纬律师”微信公众号自2015年9月创立以来，累计关注人数13万余人，发布“建纬观点”原创专业文章1600余篇，总阅读量超490万。建纬人用自己的勤勉和思考，推进城乡发展综合法律服务知识分享，并获得了行业的认可。在2020年至2023年，“建纬律师”微信公众号连续4年荣获《建筑时报》颁发的全国建筑业“最具影响力”微信公众号荣誉。

▲建纬律师出版的书籍（图片摄于建纬北京办公室文化墙）

专业人才的汇聚。一家律所最核心的财富就是人才。建纬长期坚持在建工地产领域的专业化发展模式，也吸引了大量行业内的专业人才加入。建纬律师中，除了来自院校的法律专业人才，还有来自房地产企业、施工企业、设计公司、监理公司、造价咨询公司的复合型人才。据统计，至2023年年底，建纬总分所共有各类中、高级专业技术人员200余名，有90人具有两种及以上专业执业资格或职称，其中58名律师具有一级建造师资格，31名律师具有一级造价工程师资格，14名律师具有监理工程师资格，还有25名律师具有高级工程师资格。在中国律所中，可能也只有建纬集中了如此之多的工程技术专业复合型律师，这也为建纬的专业交流、专业研究奠定了坚实的基础。

总分所以专业为纽带。建纬目前已在全国设立31家分所，律师总数已经突破1500人。在逐步向全国布局的过程中，“专业”起到了关键的纽带作用。在律师行业规模化发展的浪潮中，建纬的核心管理合伙人经过探索和讨论，形成了一个心得——作为一家专业所，建纬的规模化不应单纯关注分所的数量，而是应当关注分所布点与建纬专业板块的关联度。我们的目标是深耕我们的专业领域，而不是牺牲我们的专业标签去追求规模化。因此，结合建工地产法律服务的属地化特征可以看到，在建纬全国的总分所布局上，我们更多地与全国经济中心城市以及建设工程和房地产业务较为集中的地区相匹配；同时结合国家政策，比如西部开发发展、“一带一路”倡议、《长江保护法》、水资源利用等国家政策进行布局；并在总分所对于专业化发展高度认同的基础上，通过总分所之间的业务合作、协同作战，形成分所所在城市、区域与全国的品牌互动，以此来解决业务驱动共同发展的问题。

▲建纬 2023 年总分所主任年终工作会议

二、“利他”是诸多建纬人潜移默化的引领

所谓“利他”，是指个体在行为选择上优先考虑他人或集体的利益，而非仅仅追求个人利益。在建纬，有很多优秀的老建纬人，言传身教，以实际行动引领着大家，不仅关注自身的职业发展，更重视对同事、行业乃至社会的贡献。

朱树英老师曾说过：“来自社会回馈社会，建纬人要积极参与公益事业，帮困扶贫，履行社会责任。”诚如其言，一直以来，与建纬专业之路并行不悖的，是一条洒满阳光的温暖公益之路：2004 年，东南亚海啸，建纬人募集善款 11 万元；2005 年 11 月，建纬所捐赠 20 万元，在云南红河州建造“建纬——他期”希望小学；2008 年，汶川地震，建纬人两天内捐款数就达 30 余万元，其中朱老师个人捐款 20 万元；2015 年、2022 年，朱老师先后两次共向华东政法大学捐款 300 万元设立“树英奖学金”；2020 年新冠疫情，建纬第一时间向武汉华中科技大学同济医学院附属协和医院以及华中科技大学同济医学院附属同济医院各捐款 50 万元用于一线医护人员的慰问，之后党支部又组织了第二轮捐款，各地分所也纷纷响应，此次疫情建纬共计捐款 136 万余元。一路以来，建纬多次荣获行业公益影响力组织奖项，朱老师也荣获“上海律师行业公益之星”荣誉称号。

▲朱树英律师荣获“上海律师行业公益之星”称号及“上海市律师行业发展贡献纪念”奖牌

建纬的公益之路上也不乏青年律师的身影。在所里有一位被大家亲切地称为“大潘”的青年女律师潘佳莹，她多年来积极参与各类公益活动，比如被海军军医大学第二附属医院聘为“法律援助进军营”活动公益律师、参加上海青年律师志愿者大队黄浦分队等，为政府、机构整合青年律师资源，组建法律援助青年骨干律师团队，在提升弱势群体基础性公共法律服务工作质量中贡献了自己的力量。在黄浦区淮海中路街道社区党群服务中心的法律咨询接待室里，经常能看到潘佳莹律师的身影，她或为社区居民解疑答惑，或埋首桌前钻研案情，用自己的专业知识，耐心地服务好每一位前来咨询的居民。据不完全统计，潘律师年度提供法律援助服务超过500个小时，承办了包括未成年人犯罪、老年人赡养纠纷、劳资纠纷等在内的各种社区居民的“难点”官司。她用专业的法律知识，贴心的服务态度，赢得了无数居民和法援服务对象的称赞，也让居民们对“建纬律师”有了更加直观而深刻的印象。

▲2018年8月，建纬律师被海军军医大学第二附属医院聘为“法律援助进军营”活动公益律师（前排左四为建纬所潘佳莹律师、前排右四为建纬所王勇律师）

2022年是建纬所设立30周年，建纬人在2022年中策划并举办了一系列的专业活动来迎接建纬30周年，并在12月29日当日承办了高规格的“外滩金融法律论坛”，旨在以专业人的特有方式庆祝建所30周年。在各方的协同努力下，当天的活动圆满成功。然而，第二天我们方才得知，建纬的创始合伙人、原党支部书记魏康寿律师，因病离世。更令人感动的是，魏律师去世时间是2022年12月25日，为不影响事务所30周年的庆典活动，魏律师家属在最悲痛的时刻还是选择将消息推迟告知事务所，讣告从缓丧事从简。魏律师虽然离我们而去，但他留下了一颗金子般的心，值得我们铭记与缅怀。

▲建纬承办第十一届外滩金融法律论坛

正是在一辈辈建纬人潜移默化的影响下，利他精神逐步融入建纬的日常工作和文化建设中。我想，这可能是为什么在塞班岛发现同事意外落海后，我会第一时间不假思索跳下海去救人，闻讯而至的建纬家人们会用绳索把大家串在一起共同保护海里同事的原因，也是为什么越来越多的建纬人会参与法律公益活动，参与法律援助工作的原因，更是为什么越来越多的建纬人在朱老师的引领下致力于推动法律服务行业专业化建设和发展的原因，以及为什么建纬能够在2021年顺利完成内部传承，调整管理架构的原因。

在一家优秀的律师事务所里，向优秀的前辈学习，与优秀的同仁同行，努力成为后人的优秀前辈，在这个过程中，律所内在的文化建设必不可缺。建纬“专业为本、利他为魂”的律所文化，是提升律所整体形象和社会责任感的关键。在未来的发展征程中，建纬仍将基于深厚的建纬文化底蕴，不断探索和创新，将传承与发展充分结合，实现长远发展，书写法律服务行业的新篇章。

作者简介

邵万权，上海市建纬律师事务所党总支书记、主任，上海市律师协会会长，上海市法学会兼职副会长，中国房地产业协会理事，中国法学会民事诉讼法学研究会理事，上海市房产经济学会法律专业委员会会长，住房和城乡建设部建筑市场监管司法律顾问，上海市黄浦区人民政府法律顾问。担任上海国际仲裁中心、上海仲裁委员会、赣江新区国际仲裁院以及宁波、廊坊、怀化等多地仲裁委员会仲裁员。

执业 25 年以来，承办众多重大建设工程、房地产项目非诉讼及诉讼法律服务，获第五届“东方大律师”、上海市优秀律师、上海优秀房地产专业青年律师、上海市司法行政系统先进个人等荣誉。获评 ENR/建筑时报 2013、2015、2017 年度“最值得推荐 60 位中国工程法律专业律师”；钱伯斯（Chambers and Partners）《亚太法律指南》（Asia-Pacific Guide）：“房地产（中资律师事务所）”领域 2022 年度至 2023 年度“第一等”、“建筑工程（中资律师事务所）”领域 2018 年度至 2020 年度“第二等”。《商法》“The A-List 法律精英：2023 年中国业务睿见领袖”；LEGALBAND 中国顶级律师排行榜“房地产与建筑工程”领域 2020 年度至 2023 年度“第一梯队”、“基础设施与项目融资”领域 2020 年度至 2023 年度“第一梯队”、2021 年度“管理合伙人 15 强”；入围国际知名法律媒体《亚洲法律杂志》2022 年度“华东地区管理合伙人”大奖等。

话说建纬 | 后记

感谢上苍，感谢时代；感谢同行，感谢建纬

朱树英

看着自2023年9月30日以来《话说建纬》栏目一篇篇情真意切的文章，一张张感人肺腑的面庞，我的脑海里不断跳出的两个字就是“感谢”。以《话说建纬——创始人一甲子的专业积淀与引领》为书名总结我专业从业60年的经历，一共60篇文章终于全部成稿，我成为被“话说”的主角，心情异常激动。我1965年初中毕业考入上海市第八建筑工程公司技工学校，同年8月30日去上海市第八建筑工程公司（以下简称八建公司）报到，自此便开始了我逐渐了解并深刻领悟建筑行业的过程和磨砺；在上海建工工作了28年后，我又从1992年4月开始了为建设领域提供专业法律服务的长期历练，到今年已历时32年，从踏上工作开始已长达60年。就本人而言，在这值得好好回首总结的当口，本书副主编、事务所原先的小编顾卓敏似乎是不经意的即时创意，加上自告奋勇的建纬杭州办公室陈沸主任策马扬鞭出任主编，终于促成了本书的连篇成稿和即将出版。朱某人真是何德何能，承蒙各位作者的如此关注和如此高看，说一句“感谢”已不足以表达内心的真情实感。

▲朱树英

一、发自内心的诚挚感谢

回顾一甲子所走过的路程，感谢上苍让我至今还能继续坚持自己所热爱的事业，也感谢时代给予我施展个人才志的一方天地。近些年，不少朋友劝我：你已撰写十本专著，应该写一本自传，这当然也是我自己的意愿。现在好了，本书60位作者从不同阶段、不同角度、不同站位、不同层面帮我回顾并总结了我人生的两大阶段：从八建公司技校木工班就学，到转学徒当木工，再到在八建公司先后担任专职教师、工会干事、经理秘书到法律顾问室主任的28年专业积淀；以及从担任建设所（后改名建纬所）主任，到确立专业定位、形成专业品牌、发挥专业效应、实现专业引领，历经32年的从业经历。据此，这本书纯粹是“他传”；同时，我也认真通读了全书60篇文章，并对其所涉的故事内容和情景细节给予了参谋和核对，因此，也可权作“自传”。至于为什么要写这本书？诚如本书主编在倚马而成的开篇大作中所说“这也是中国未来的法律人面临的历史重任”，能够如此这般，幸甚幸甚。

本书共60篇文章，建纬总分所的同仁仅有9篇，占总数的15%，其余51篇都是律师同行、业内外的学者、机关事业单位领导等人士赐予，其中浙江律师占比奇重，共有6篇，达10%：由建纬杭州办公室陈沸主任开篇，全国律协副会长、浙江六和所主任郑金都压尾，还有浙江楷立所主任任旭荣、浙江大公所创始主任李旺荣、浙江导司所副主任周丽霞和浙江论剑所主任陈庆林共6位律师赐稿，集中反映出我作为上海律师，却受到浙江律师的特别关注。对此，我深表诚挚的谢意。我和浙江律师的情分，当从作者任旭荣的老师——原浙江星韵所主任、杭州市律师协会会长、全国律协民事业务委员会（以下简称全国律协民委会）主任曹星大律师说起。曹大律师在众多浙江专业律师外认可并挑选我参加全国律协民委会，之后又推荐我先后担任全国律协民委会秘书长、副主任和主任，于是我才得以抓住发挥专业才华的重要机遇。

给这本书不吝赐稿的学者，有华东政法大学校长叶青、南开大学教授何红锋、上海对外贸易学院法学院原院长周汉民、山西大学法学院教授周子良、天津理工大学教授尹贻林和中国政法大学教授曹义孙六位博士生导师，人数也占了全部作者的10%。学术界“大咖”的捧场也使本书蓬荜生辉，这集中反映出学术界对本书的高度重视。本书的作者还有原八建公司八〇二工程队党总支书记、上海中心项目副书记宣学明，原八建公司党委副书记、建工集团党委办公室主任朱洁士，原建设部体改法规司司长朱中一，上海市司法局原局长缪晓宝，96岁高龄的上海市律师协会原会长王文正，中国建设工程造价管理协会常务副主任吴佐民等六位老领导，他们的赐稿也占比10%。资深学者和历任领导以自身经历的故事积极参与回顾和总结，提升了《话说建纬——创始人一甲子的专业积淀与引领》一书反映建纬专业发展的高度、力度和深度。所以，我在此除了对各位作者表示真诚的敬意和由衷的感谢，再无其他需要多言了。

二、律所文化的专业传承

本书共60篇大作，其中前19篇，主要是总结我在建工行业工作时专业积淀的过程；从第20篇至第54篇的35篇，主要是总结我在律师行业专业发展的情况；从第55篇到第60篇的6篇，则是寄予建纬继续精专创新、努力奋发的期望。

分析、总结我一辈子60年的工作经历和建纬成立至今32年的专业发展历程，一定还得是“旁观者清”。

▲朱树英在木工满师时做的小板凳

第1篇是我60年前的同学刘东平的文章《朱树英——上海八建技工学校65－1木工班最出挑的同学》一文介绍了我做木工时的故事，尤其是我学徒满师考试作品并使用至今的小板凳的照片，给关注该文的3450名读者留下了深刻的印象。第18篇——上海年轻律师中的后起之秀、申浩所田庭峰主任的《从建纬成立之初的“基因”看律所未来发展的高度》一文，提出了律所发展的“基因”说，认为建纬的基因就是价值观和律所文化，就是专业精神和工匠精神；建纬之所以能够成为一家专业律所的参天大树，完全是其成立之初的“基因”使然。第19篇——本书副主编，目前已是上海市第六人民医院宣传文明处副处长的顾卓敏的《唯同行，方攀高；唯偕行，方致远》一文，提出了律所成长的“细胞”说，认为建纬的律所文化，除了“基因工程”还有“细胞工程”，勤奋好学的“精神内核”以及积极向上的“包容合作”就是建纬的优良“细胞”。他们都认为：建纬的“基因”和“细胞”共同构成律所成长、壮大的企业文化。本书副主编顾卓敏，因编写每篇精彩的引言还演化出新的故事。本书第42篇《梯山航海，师者掌舵，不畏波澜阔》一文的作者，家事“大伽”律师谭芳，2024年3月1日应邀去顾卓敏所在单位上海市第六人民医院发表法律主题演讲“探索幸福：夫妻共同成长的幸福密码”，两位素不相识的作者因同在本书撰写专业传承文章而相识并成了好朋友。

▲左一是顾卓敏，左三是谭芳

说到企业文化，我的老单位上海建工的老领导，1985年就任八建公司党委副书记，后任建工集团党委办公室主任的朱洁士，从先是关注建纬成立30年时出版的《三十而立　卓越之路——上海市建纬律师事务所半甲子发展纪实》一书，到《话说建纬》栏目延续的企业文化。撰写了本书第8篇《挥不去的建工情和同行缘》一文。从关注我1984年参加上海虹桥机场改扩建工程的现场表现，到我从事律师工作的点点滴滴，他出于真诚和友善，对建纬文化专业传承提出慎重建议：盛世修志，目前建纬律师事务所有条件、有必要、有能力编纂自己的志书，发挥志书“存史、资政、育人”

的功能，为中国建筑界和法律界留下20世纪90年代到21世纪20年代中国法制建设的珍贵史料，为后人留下一份宝贵的精神财富。

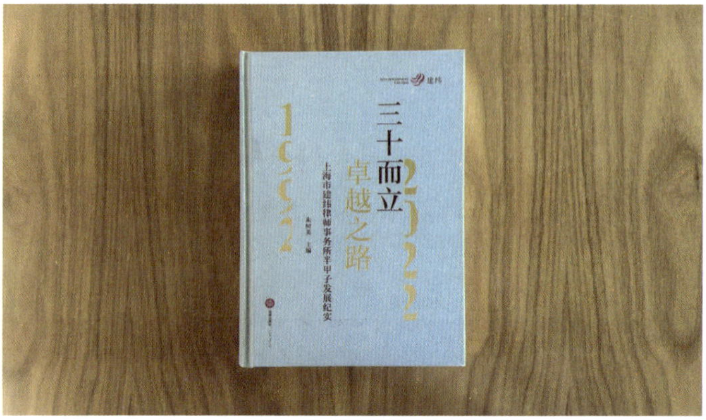

▲《三十而立　卓越之路——上海市建纬律师事务所半甲子发展纪实》

基于本人曾有在职就读中文专业4年的教育经历，以及当过企业领导秘书的工作锻炼，我在紧张的律师工作之余，从2001年到2020年近20年中先后撰写、出版过10本建设工程和房地产领域的专著，这可以算得上是引领律师专业发展的身体力行了。对此，律师行业内的评价很客观、很公正，尤其是2001年、2002年出版的被律师行业称为“黄皮书”的《建设工程法律实务》和《房地产开发法律实务》。很多现在近50岁且已经成名的专业律师，在本书撰稿时都高度评价该“黄皮书”对自己专业成长的影响。例如全国律协建房委前后三个副主任，本书第34篇文章作者闵三军、第35篇文章作者杨家学、第36篇文章作者张霄云，都介绍了各自受“黄皮书”影响的情况。

三、期盼建纬的再次腾飞

《话说建纬——创始人一甲子的专业积淀与引领》以10%的篇幅即最后6篇，表达对建纬未来的展望和期许。在前54篇梳理和总结了专业积淀和专业传承的基础上，对于律所文化的专业传承，当下律师界几乎无人不知的智合创始人、董事长洪祖运以自己独特的视野，在本书第55篇《精专创新中见证专业的底蕴》一文中，总结了建纬对内对外专业传承的宝贵经验。建纬的好朋友、时下律师行业大名鼎鼎的律新社首席执行官王凤梅女士的第56篇《建纬传承“三让”：君子之风，山高水长》一文，以细腻的笔风和独特的视角，介绍了建纬成立30年时开始的主任交接以及之前长达10年新老交替的历程，展示了建纬平稳过渡、和谐传承的佳话。本书第59篇是现任全国律协副会长、浙江六和所管委会主任郑金都的文章《吾辈之师——朱树英大律师》，其以简练的篇幅，从六和所与建纬所签订战略合作协议说起。

▲朱树英律师与三位建纬接班人（从左至右依次为邵万权、宋仲春、韩如波）

成立32年的建纬，已成为由上海总所和31个各地办公室共32个单位合成的专业大所，律师人数超过1500人。在我担任律所主任时的2020年12月28日，建纬组建了总分所管理委员会，由建纬非常优秀的深圳办公室贺倩明、昆明办公室李俊华、长沙办公室戴勇坚、杭州办公室陈沸、郑州办公室栗魁和福州办公室林桢6个分所主任，和总所管理委员会的邵万权、韩如波、宋仲春、陈军和我5人，共11人组成总分所管理委员会。这个分所主任人数占优的总分所管理委员会，成为建纬未来发展继续腾飞的压舱石。本书第57、58、60篇文章的作者，是新老交替后的建纬总所现任领导，即已兼任上海律师协会会长的主任邵万权、分管建纬工程总承包业务的副主任韩如波以及分管不动产金融业务的副主任宋仲春。他们分别从各自职责职能和分管的专业业务方向，对后建纬时代的专业发展及其继续腾飞，描绘了未来发展的目标和前景。前述智合洪祖运的文章《精专创新中见证专业的底蕴》称其为“建纬天团”。“三驾马车”的志同道合、并驾齐驱，预示着建纬未来顺利发展的趋势和前景。

全书最后6篇文章，在之前总结专业积淀和专业引领的基础上，指出了建纬未来的精专创新和发展前景，使全书更完整，更丰满。

CITY DEVELOPMENT LAW FIRM 建纬

▲建纬标志

“桃花潭水深千尺，不及汪伦送我情。”谨对两位主编的精心筹划和辛勤劳作，以及全书共60位作者，尤其是百忙之中抽出时间的所外作者，51位不吝赐稿的各位好友，致以由衷的感激和诚挚的谢意。

作者简介

朱树英，上海建纬律师事务所创始主任，建纬研究院院长，中国建设工程造价管理协会专家委员会副主任，国家住房和城乡建设部建筑市场监管司法律顾问，中国房地产业协会法律事务专业委员会执行主任，赣江新区国际仲裁院副院长。

曾连续担任上海市政协第十、十一届委员。2007年获评上海市首届“东方大律师”。获第二届优秀中国特色社会主义事业建设者、全国优秀律师及上海市劳动模范称号。先后负责《房屋建筑和市政基础设施项目工程总承包管理办法》及《建设工程施工合同（示范文本）》的起草、修订工作，2018 年以“中国工程合同示范文本奠基人和法律专业咨询服务开拓者”名义入选中国工程咨询博物馆“名人堂”。

朱树英律师承办过近千件有关建筑、房地产领域案件，在建设领域首创全过程法律服务，擅长解决建设领域疑难复杂的法律问题。承办由青海省高级人民法院一审、最高人民法院二审改判的施工合同固定单价调整案件，载入最高人民法院公报。